A. Robbins: Grenzenlose Energie

Anthony Robbins

Grenzenlose Energie

Das Power-Prinzip

RENTROP
VERLAG

Titel der amerikanischen Originalausgabe: »Unlimited Power«

Aus dem Amerikanischen von Charlotte Franke und Christian Quatmann

Wir haben ein Produkt geschaffen, das sich durch hohe Umweltverträglichkeit in Produktion und Recycling auszeichnet. Die Verpackungsfolie aus Polyethylen (PE) ist in der Herstellung physiologisch unbedenklich; sie verbrennt rückstandsfrei zu Kohlendioxid und Wasser. Gleiches gilt für die Polypropylenfolie, mit der der Schutzumschlag kaschiert ist. Geklebt wurde mit Dispersionsklebstoff auf Wasserbasis, also ohne Lösungsmittel. Die Buchdeckel enthalten 2 mm starke Graupappe aus 100 Prozent Recyclingmaterial. Das Papier ist chlorfrei Klasse A nach schwedischer Umweltnorm.

Die Deutsche Bibliothek – CIP-Einheitsaufnahme
Robbins, Anthony: Grenzenlose Energie: das Power-Prinzip/Anthony Robbins.
(Aus dem Amerikan. von Charlotte Franke u. Christian Quatmann).
- 7. Aufl. -
Bonn: Rentrop, 1994
Einheitssacht.: Unlimited power »dt.«
ISBN 3-8125-0142-2

7. Auflage Juni 1994

Satz: Kort Satz GmbH, München
Druck: Paderborner Druck Centrum, Paderborn
Umschlaggestaltung: Thomas Lutz, Bernkastel-Kues
Herstellung: Dirk Rolke, Bonn
Herstellungsleitung: Monika Graf, Bonn

Verlag Norman Rentrop, Theodor-Heuss-Str. 4, 53177 Bonn,
Tel. 0228/82050, Telefax 0228/359710
ISBN 3-8125-0142-2

Danksagung

Je länger ich darüber nachdachte, wem ich alles für tatkräftige Unterstützung, Anregung und Mithilfe danken müßte, die das Zustandekommen dieses Buches überhaupt erst ermöglicht haben, um so länger wurde meine Liste. Zuerst möchte ich meiner Frau und meiner Familie danken, in deren Umgebung ich meiner Inspiration Tag und Nacht freien Lauf lassen konnte und bei denen meine Ideen stets auf offene Ohren stießen.

Und danach mußten meine vielen Gedanken natürlich geordnet und redigiert werden, was Peter Apllebome und Henry Golden in gemeinsamer Arbeit ganz hervorragend besorgt haben. In den verschiedenen Entwicklungsstadien des Manuskriptes waren die Vorschläge von Wyatt Woodsmall und Ken Blanchard außerordentlich wertvoll. Ohne den Einsatz von Jan Miller und Bob Asahina, die gemeinsam mit den Mitarbeitern von Simon & Schuster mit mir die letzten Änderungen vornahmen, wäre das Buch wohl nie zustande gekommen.

Die Lehrer, die mir durch ihre Persönlichkeit, ihre Methoden und ihre Freundschaft am meisten geholfen haben – angefangen bei Mrs. Jane Morrison und Richard Cobb bis hin zu Jim Rohn, John Grinder und Richard Bandler – werde ich nie vergessen.

Dank gebührt auch den Künstlern, dem Sekretariat und dem Forschungsteam, die alle unter äußerst starkem Termindruck standen. Rob Evans, Dawn Aaris, Donals Bodenbach, Kathy Woody und natürlich auch Patricia Valiton.

Und nicht zuletzt gilt mein besonderer Dank dem Team des Robbins Research Institute, den Leitern der einzelnen Zentren und den vielen hundert Mitgliedern überall im Land, die mich täglich unterstützen, indem sie unsere Botschaft in der ganzen Welt verbreiten.

Dieses Buch ist der größten Kraft gewidmet,
über die Sie verfügen,
Ihrer Fähigkeit zu lieben,
sowie all denen, die Ihnen helfen,
die magische Wirkung dieser Kraft zu entfalten.
In meinem Fall waren das vor allem Jairek, Joshua,
Jolie, Tyler, Becky und Mom.

Inhalt

Vorwort

Als mich Tony Robbins bat, das Vorwort für dieses Buch zu schreiben, war ich aus mehreren Gründen sehr erfreut darüber. Zuerst einmal finde ich, daß Tony ein ganz unglaublicher junger Mann ist. Wir begegneten uns erstmals im Januar 1985, als ich am Bob Hope Desert Classic Pro-Am-Golfturnier in Palm Springs teilnahm. Auf dem Weg zum Essen kam ich mit meinem australischen Freund Keith Punch an einem Schild vorbei, das für Tony Robbins' Feuerlauf-Seminare warb. »Entfesseln Sie Ihre verborgenen Kräfte«, stand auf dem Schild. Ich hatte schon von Tony gehört, und jetzt war meine Neugier geweckt. Da Keith und ich bereits ein wenig getrunken hatten und kein Risiko eingehen wollten, beschlossen wir, das Seminar zwar zu besuchen, aber nicht über glühende Kohlen zu laufen.

Während der nächsten viereinhalb Stunden sah ich Tony dabei zu, wie er eine große Menschenmenge hypnotisierte – Geschäftsleute, Hausfrauen, Ärzte, Rechtsanwälte und andere mehr. Wenn ich ›hypnotisieren‹ sage, dann meine ich damit nicht irgendeine Art schwarze Magie. Durch seine Ausstrahlung, seinen Charme und sein umfassendes Wissen über das menschliche Verhalten zog Tony alle in seinen Bann. Für mich war es das anregendste und erbauendste Seminar, dem ich in den letzten zwanzig Jahren, also seit ich mich mit dem Manager-Training befasse, beigewohnt habe. Am Ende schritten außer Keith und mir alle über einen fast fünf Meter langen ›Teppich‹ aus heißen Kohlen, die schon den ganzen Abend gebrannt hatten. Niemand verletzte sich. Es war ein erstaunlicher Anblick und eine erhebende Erfahrung für alle.

Für Tony hat das Feuer eine metaphorische Bedeutung. Er vermittelt keine mystischen Fertigkeiten, vielmehr leitet er seine Klienten ganz pragmatisch dazu an, etwas zu tun, vor dem sie sich fürchten; denn die Fähigkeit, sich selbst dazu zu überwinden, das zu tun, was nötig ist, um Erfolg zu haben, egal wie schwer es sein mag, bedeutet wahre Macht. Der erste Grund, warum ich so erfreut war, dieses Vorwort schreiben zu dürfen, liegt also in meiner großen Achtung und Bewunderung für Tony Robbins.

Der zweite Grund, warum ich dieses Vorwort so gern schreibe, ist, daß dieses Buch jedem zeigen wird, wie tief und umfassend Tonys Denken ist. Er ist mehr als ein mitreißender Redner. Mit seinen fünfundzwanzig Jahren ist er bereits jetzt einer der führenden Köpfe auf dem Gebiet der psychologischen Motivations- und Leistungsforschung. Ich glaube, daß dieses Buch das Standardwerk für die Bewegung zur Ausschöpfung des menschlichen Potentials darstellt. Tonys Gedanken über Gesundheit und Streß, über die Bedeutung unserer Zielsetzungen und die Macht unserer Vorstellungskraft treffen genau ins Schwarze und sind für jeden, der persönliche Höchstleistungen erzielen will, eine Pflichtlektüre.

Meine Hoffnung ist, daß Ihnen dieses Buch genauso viel gibt, wie es mir gegeben hat. Obgleich es umfangreicher ist als *Der Minuten-Manager,* hoffe ich, daß Sie bereit sind, dabeizubleiben und das Buch zu Ende zu lesen, damit Sie Tonys Gedankengängen folgen und mit ihnen Ihre eigenen Zauberkräfte entfesseln können.

KENNETH BLANCHARD, PH. D.
Mitautor von Der Minuten-Manager

Einführung

Mein ganzes Leben lang hatte ich Schwierigkeiten, in der Öffentlichkeit zu sprechen, sogar bei Filmaufnahmen. Unmittelbar vor den Szenen, in denen ich mitspielte, wurde ich krank. Angesichts dieser schrecklichen Angst vor öffentlichen Auftritten läßt sich denken, wie gespannt ich war, als ich erfuhr, daß mich Anthony Robbins, der Mann, der Angst in Kraft verwandelt, heilen könne.

Obgleich ich mehr gespannt war, als ich die Gelegenheit erhielt, Tony Robbins kennenzulernen, hegte ich dennoch Zweifel. Ich hatte vom NLP und all den anderen Methoden gehört, die Tony beherrscht, aber schließlich hatte ich schon unzählige Stunden und viele tausend Dollar darauf verwendet, professionelle Hilfe zu finden.

Früher hatten die Fachleute mir immer gesagt, daß ich kaum erwarten dürfe, in kurzer Zeit von meiner tiefsitzenden Angst geheilt zu werden. Sie verordneten mir wöchentliche Besuche bei ihnen, um sich endlos mit meinem Problem zu beschäftigen.

Als ich Tony kennenlernte, war ich überrascht, wie groß er war. Es kommt sehr selten vor, daß ich jemandem begegne, der noch größer ist als ich. Er muß an die zwei Meter groß sein und mindestens zweihundertvierzig Pfund wiegen. Sehr jung, sehr freundlich. Wir setzten uns, und ich war schrecklich nervös, als er über mein Problem zu sprechen begann.

Dann fragte er, was ich erreichen, und wie ich mich verändern wolle. Ich hatte zunächst das Gefühl, meine krankhafte Furcht werde nur noch größer. Aber Tonys besänftigende Stimme begann, mich in ihren Bann zu ziehen, und ich hörte ihm zu.

Ich ließ meine panikartige Furcht, vor der Öffentlichkeit zu sprechen, wieder aufleben und ersetzte sie dann plötzlich durch neue Gefühle, durch Stärke und Selbstvertrauen. Tony hatte mich dazu gebracht, in Gedanken zu einem Zeitpunkt zurückzukehren, an dem ich auf der Bühne gestanden und eine überzeugende Rede gehalten hatte. Während ich nun in Gedanken sprach, ›ankerte‹ mich Tony. ›Anker‹ sind spezifische Reize, die ich abrufen kann, um meine Ruhe und mein Selbstvertrauen zu stärken, während ich spreche. Sie werden in diesem Buch alles über sie erfahren.

Während des 45minütigen Gesprächs hielt ich die Augen geschlossen, und hörte Tony zu. In regelmäßigen Abständen berührte er meine Knie und Hände. Auf diese Weise ankerte er meinen Zustand. Danach stand ich auf: Ich hatte mich noch nie so entspannt, ruhig und friedlich gefühlt. Ich fühlte jetzt überhaupt keine Schwäche mehr. Jetzt traute ich mir plötzlich zu, die Fernsehshow in Luxemburg zu moderieren, bei der an die vierhundertfünfzig Millionen Menschen zuschauen würden.

Wenn Tonys Methoden bei anderen genauso gut funktionieren wie bei mir, dann werden die Menschen in der ganzen Welt davon profitieren. Es gibt Menschen, die im Bett liegen und so gut wie tot sind. Die Ärzte haben ihnen mitgeteilt, daß sie Krebs haben. Die betreffenden Kranken sind darüber so entsetzt, daß ihr Körper völlig verkrampft. Wenn nun aber meine lebenslange Angst innerhalb einer einzigen Stunde ausgemerzt werden kann, dann müßten Tonys Methoden auch dazu in der Lage sein, all jenen zu helfen, die an irgendeiner Krankheit leiden – emotional, mental oder physisch. Auch Sie können von Ihren Ängsten, Ihrer Verkrampfung und Ihren Befürchtungen befreit werden. Ich glaube, es ist außerordentlich wichtig, daß wir nicht länger damit warten. Warum sollten Sie vor Wasser, großen Höhen, öffentlichen Reden, Schlangen, Ihrem Chef, Mißerfolg oder dem Tod Angst haben?

Ich bin von solchen Angstgefühlen befreit, und dieses Buch bietet Ihnen die gleiche Chance. Es wird Ihnen nicht nur helfen, sich von Ihren Ängsten zu befreien, sondern es zeigt Ihnen auch, wie man jede erwünschte Form menschlichen Verhaltens hervorbringen kann. Wenn Sie die Informationen, die Sie in diesem Buch erhalten, beherzigen, so werden Sie Ihren Körper und Ihren Geist völlig unter Kontrolle haben – und damit auch Ihr Leben.

Sir Jason Winters
Autor von *Killing Cancer*

Erfolg heißt:

Oft und viel lachen; die Achtung intelligenter Menschen und die Zuneigung von Kindern gewinnen; die Anerkennung aufrichtiger Kritiker verdienen und den Verrat falscher Freunde ertragen; Schönheit bewundern, in anderen das Beste finden; die Welt ein wenig besser verlassen, ob durch ein gesundes Kind, ein Stückchen Garten oder einen kleinen Beitrag zur Verbesserung der Gesellschaft; wissen, daß wenigstens das Leben eines anderen Menschen leichter war, weil du gelebt hast. Das bedeutet, nicht umsonst gelebt zu haben.

RALPH WALDO EMERSON

I

DAS MODELLIEREN HERAUSRAGENDER LEISTUNGEN

1

Das Privileg der Könige

Das große Ziel des Lebens ist nicht Wissen, sondern Handeln.

THOMAS HENRY HUXLEY

Ich hatte schon vor mehreren Monaten von ihm gehört. Es hieß, daß er jung, wohlhabend, gesund, glücklich und erfolgreich sei. Ich mußte mich selbst davon überzeugen. Ich beobachtete ihn genau, als er das Fernsehstudio verließ, und ich ließ ihn während der darauffolgenden Wochen nicht mehr aus den Augen. Dabei stellte ich fest, daß Staatspräsidenten ebenso wie Durchschnittsbürger seinen Rat suchten. Ich sah ihn mit Verfechtern einer gesunden und natürlichen Ernährung diskutieren, Geschäftsleute ausbilden, mit Sportlern arbeiten und behinderte Kinder unterrichten. Er machte einen unglaublich glücklichen Eindruck und schien seine Frau, die ihn auf all seinen Reisen rund um den Globus begleitete, sehr zu lieben. Und als sie alles erledigt hatten, war es Zeit, nach San Diego zurückzufliegen, um mit der Familie ein paar Tage in ihrem Schloß zu verbringen, das hoch über dem Pazifischen Ozean aufragte.

Wie kam es, daß dieser fünfundzwanzig Jahre junge Mann, der nur eine Highschool-Ausbildung besaß, in so kurzer Zeit so viel erreicht hatte? Schließlich hatte er noch drei Jahre zuvor in einem vierzig Quadratmeter großen Junggesellenappartement gewohnt und sein Geschirr in der Badewanne abgewaschen. Wie hatte er sich von einem außerordentlich unglücklichen Menschen mit dreißig Pfund Übergewicht, Kontaktschwierigkeiten und begrenzten Aussichten zu einer so gefaßten, gesunden, geachteten Persönlichkeit mit zahlreichen Freunden und der Möglichkeit zu unbegrenztem Erfolg entwickeln können?

Es scheint alles so unglaublich, aber was mich am meisten erstaunt, ist der Umstand, daß diese Geschichte meine eigene ist. ›Seine‹ Geschichte ist auch meine Geschichte.

Ich will ganz gewiß nicht behaupten, daß mein Leben von beispiellosem Erfolg sei. Denn natürlich haben wir alle verschiedene Träume und Vorstellungen davon, was wir aus unserem Leben machen wollen. Darüber hinaus ist mir völlig klar, daß es nicht das wahre Maß persönlichen Erfolgs ist, viele Menschen zu kennen, weit gereist zu sein und materiellen Reichtum zu besitzen. Für mich ist Erfolg das beständige Streben danach, ›mehr‹ zu werden. Erfolg zu haben, heißt emotional, sozial, geistig, physiologisch, intellektuell und finanziell zu wachsen, während man gleichzeitig andere positiv beeinflußt. An der Straße zum Erfolg wird immer gebaut. Erfolg ist ein Weg, der immer weitergeht, kein Ziel, das es zu erreichen gilt.

Der wesentliche Punkt meiner Geschichte ist schnell erzählt. Indem ich die Prinzipien anwandte, die Sie in diesem Buch kennenlernen werden, war es mir nicht nur möglich, mein Selbstvertrauen zu erhöhen, sondern auch beachtlich mehr in meinem Leben zu erreichen. Ich habe dieses Buch geschrieben, um mit Ihnen das zu teilen, was dazu geführt hat, daß sich mein Leben zum Besseren veränderte. Ich hoffe sehr, daß die Techniken, Strategien, Fertigkeiten und die Grundeinstellung, die ich auf diesen Seiten niedergelegt habe, für Sie genauso nützlich sein werden, wie sie es für mich gewesen sind. Wir alle haben die Macht, die größten Träume unseres Lebens in die Tat umzusetzen. Diese Macht liegt in uns selbst. Es wird Zeit, sie freizusetzen!

Wenn ich daran denke, wie schnell ich meine Träume in meine heutige Wirklichkeit verwandeln konnte, verspüre ich ein fast unbeschreibliches Gefühl von Dankbarkeit und Ehrfurcht. Trotzdem bin ich weit davon entfernt, eine Ausnahme zu sein. Denn wir leben in einem Zeitalter, in dem die Menschen, fast über Nacht, wunderbare Dinge leisten und Erfolge erzielen können, die vorher unvorstellbar für sie waren. Steve Jobs, zum Beispiel, Gründer von ›Apple-Computers‹, war ein Junge in Blue jeans, ohne Geld; doch dann entwickelte er einen Heimcomputer, und schaffte es schneller als jeder andere in der Geschichte, eine Computerfirma aufzubauen. Oder Ted Turner. Er entschied sich für ein Medium, das es bis dahin noch gar nicht richtig gab – das Kabelfernsehen –, und schuf ein Weltreich. Oder Persönlichkeiten aus der Unterhaltungsbranche wie Steven Spielberg oder Bruce Springsteen oder Geschäftsleute wie Lee Iacocca oder Ross Perot, Gründer von ›Electronic-Daten-Systems‹. Was sonst haben sie gemeinsam als einen erstaunlichen, wunderbaren Erfolg? Die Antwort lautet natürlich – Macht. Sie haben Macht.

Macht ist ein stark gefühlsbesetztes Wort. Die Menschen reagieren auf dieses Wort ganz unterschiedlich. Für manche Menschen hat Macht einen negativen Beigeschmack. Andere Menschen gieren nach Macht. Wieder andere fühlen sich von ihr abgestoßen, als handele es sich dabei um etwas Verdorbenes oder Zwielichtiges. Wieviel Macht wollen Sie haben? Wieviel Macht, dürfen Sie selbst erlangen, wieviel Macht dürfen Sie entwickeln? Was bedeutet Ihnen Macht wirklich?

Ich meine mit Macht nicht, daß Sie Menschen beherrschen sollen. Ich meine damit nicht etwas, das man mißbraucht. Ich trete auch nicht dafür ein, daß Sie das tun sollen. Diese Art Macht hält selten lange vor. Aber Sie sollten sich darüber klar sein, daß Macht eine beständige Größe in unserer Welt ist. Entweder Sie bestimmen Ihr Denken selbst, oder jemand anderer bestimmt es für Sie. Entweder Sie entscheiden selbst was Sie tun, oder jemand anderer entscheidet für Sie. Für mich ist Macht letztlich die Fähigkeit, Ihr Leben zu verändern, Ihr Denken zu bestimmen und ›die Umstände‹ für und nicht gegen sich wirken zu lassen. Wirkliche Macht wird geteilt, nicht aufgezwungen. Sie ist die Fähigkeit, sich die menschlichen Bedürfnisse klarzumachen und zu erfüllen – sowohl die eigenen, als auch die Bedürfnisse der Menschen, an denen einem etwas liegt. Sie ist die Fähigkeit, das eigene persönliche Königreich zu lenken – die eigenen Gedanken, das eigene Verhalten –, so daß Sie das erreichen, was Sie erreichen wollen.

Die Macht, unser Leben zu bestimmen, hat im Laufe der Menschheitsgeschichte viele verschiedene und gegensätzliche Formen angenommen. In sehr früher Zeit war Macht einfach ein Ergebnis der körperlichen Kraft. Der Stärkste und Schnellste hatte die Macht, sowohl sein eigenes Leben zu lenken als auch das der Menschen um ihn herum. In der weiteren Entwicklung der Zivilisation wurde Macht vererbt. Der König, der sich mit den Symbolen seiner Macht umgab, regierte mit unverkennbarer Autorität. Andere konnten Macht erlangen, indem sie sich mit ihm verbanden. Dann, zu Beginn des industriellen Zeitalters, wurde das Kapital zur Macht. Wer über Geld und Produktionsmittel verfügte, beherrschte den industriellen Prozeß. All diese Dinge spielen auch heute noch eine Rolle. Es ist besser, Kapital zu haben, als keines zu haben. Es ist besser, physisch stark als schwach zu sein. Doch die größte Quelle der Macht ist heute das spezialisierte Wissen.

Die meisten von uns haben schon davon gehört, daß wir im Zeitalter der Information leben. Wir sind nicht mehr nur eine industrielle, sondern auch eine kommunikative Kultur. Wir leben in einer Zeit, in der neue Ideen, Bewegungen und Konzepte die Welt fast täglich verändern, egal, ob sie nun so tiefgreifend sind wie die Quantenphysik oder so banal wie der am besten vermarktete Hamburger. Wenn es etwas gibt, das die moderne Welt kennzeichnet, dann ist es der massive, fast unvorstellbare Fluß an Informationen – und damit an Veränderungen. Aus Büchern, Filmen, Videoclips und Computerchips kommen diese neuen Informationen zu uns wie eine Datenflut, die man sehen, fühlen und hören kann. In unserer Gesellschaft bedeuten Wissen und die Verfügungsgewalt über die Kanäle des Informationsflusses unbegrenzte Macht. Jon Kenneth Galbraith schrieb in diesem Zusammenhang: »Geld ist der Treibstoff der industriellen Gesellschaft. Aber der Treibstoff, die Macht in der Informationsgesellschaft, ist das

Wissen. Heute gibt es eine neue Klassenstruktur – diejenigen, die Informationen besitzen, und diejenigen, die ohne sie auskommen müssen. Diese neue Klasse hat ihre Macht nicht durch Geld errungen, auch nicht durch Grundbesitz, sondern durch Wissen.«

Das Aufregende an dieser neuen Entwicklung ist, daß der Schlüssel zur Macht uns heute allen zugänglich ist. Wenn man im Mittelalter nicht gerade ein König war, hätte man sicherlich große Schwierigkeiten gehabt, einer zu werden. Wenn man zu Beginn der industriellen Revolution kein Kapital besaß, so bestanden nur geringe Chancen, welches anzusammeln, aber heute kann jedes Kind in Blue jeans eine Firma aufbauen, die die Welt verändert. In der modernen Welt macht das Wissen die Könige. Wer zu bestimmten Formen spezialisierten Wissens Zugang hat, kann auf vielerlei Weise unsere gesamte Welt verändern.

Nun stellt sich uns allerdings eine Frage. Ganz sicher ist in den Vereinigten Staaten das spezialisierte Wissen, das nötig ist, um sein Leben zu verändern, jedem verfügbar, – in jedem Buchladen, in jedem Videogeschäft, in jeder Bücherei. Man kann es in Vorträgen, Seminaren und Kursen erwerben. Und wir wollen alle erfolgreich sein. Die Bestsellerlisten sind voll von Büchern, die Ratschläge erteilen, wie sich die persönlichen Leistungen steigern lassen: *The One Minute Manager (dt.: Der Minutenmanager), In Search of Excellence (dt.: Auf der Suche nach Spitzenleistungen), Megatrends, What They Don't Teach You at Harvard Business School (Dt.: Was man an der Havard Business School nicht lernt)...,* die Liste ließe sich beliebig fortsetzen. Die Informationen sind also vorhanden. Warum aber bringen manche Menschen ganz fabelhafte Ergebnisse hervor, während andere Mühe damit haben, überhaupt zurechtzukommen? Warum sind wir nicht alle mächtig, glücklich, wohlhabend, gesund und erfolgreich?

Der Grund dafür ist, daß selbst im Zeitalter der Information Informationen allein nicht genügen. Wenn wir nichts weiter benötigten als Ideen und positives Denken, hätten wir als Kinder alle Ponys gehabt und würden heute ein ›Traumleben‹ führen. Es ist das Handeln, das jedem großen Erfolg vorausgeht. Nur die Tat schafft Ergebnisse. Das Wissen ist nur eine potentielle Macht, bis es in die Hände von jemandem gelangt, der weiß, wie er mit diesem Wissen wirksam umgehen kann. Tatsächlich ist ›Macht‹ nichts anderes als *die Fähigkeit zu handeln.*

Was wir im Leben tun, wird dadurch bestimmt, wie wir mit uns selbst kommunizieren. In der Welt von heute ist die Qualität des Lebens abhängig von der Qualität der Kommunikation. Was wir uns vorstellen, was wir uns selbst sagen, wie wir uns bewegen und wie wir die Muskeln in unserem Körper benutzen, welchen Gesichtsausdruck wir aufsetzen, das alles ist ausschlaggebend dafür, wieviel wir von dem, was wir wissen, auch benutzen können. Oft begehen wir den Fehler, zu glauben, daß sehr erfolgreiche Menschen, die wir vor uns sehen, deshalb so erfolgreich sind, weil sie irgendein besonderes Talent besitzen. Doch bei näherem Hinsehen erkennen wir, daß das größte Talent, das diese außerordentlich erfolgreichen Menschen über den Durchschnittsmenschen hinaus besitzen, ihre Fähigkeit ist, sich zum Handeln zu motivieren. Das ist ein ›Talent‹, das jeder von uns in sich entwickeln kann. Auch andere Menschen besaßen das gleiche Wissen wie Steve Jobs. Auch andere als Ted Turner hätten darauf kommen können, daß das Kabelfernsehen ein riesiges wirtschaftliches Potential in sich birgt, aber Turner und Jobs waren fähig zu handeln, und indem sie handelten, haben sie die Welt verändert.

Wir alle erzeugen zwei Arten von Kommunikation, durch die unsere Lebenserfahrung geprägt ist. Erstens unterhalten wir eine innere Kommunikation; dazu gehören unsere Vorstellungen, unsere Gedanken und Gefühle. Zweitens gibt es eine äußere Kommunikation. Worte, Tonfall, Gesichtsausdruck, Gesten und physische Handlungen. Jede Kommunikation, in die wir ›verwickelt‹ sind, ist eine Handlung, eine Ursache. Jede Kommunikation hat deshalb eine Wirkung auf uns selbst und andere.

Kommunikation ist Macht. Diejenigen, die ihre wirksame

Anwendung beherrschen, haben Einfluß darauf wie sie die Welt erleben und wie die Welt sie erlebt. Jedes Verhalten und jedes Gefühl hat seine Wurzeln in irgendeiner Form von Kommunikation. Jene Menschen, die die Gedanken, Gefühle und Handlungen der meisten von uns beeinflussen, wissen zugleich auch am besten, wie sie dieses Werkzeug der Macht handhaben müssen. Denken Sie an die Menschen, die unsere Welt verändert haben – John F. Kennedy, Thomas Jefferson, Martin Luther King Jr., Franklin Delano Roosevelt, Winston Churchill, Mahatma Gandhi. Oder denken Sie – mit weitaus unbehaglicheren Gefühlen – etwa an Hitler. All diese Männer hatten eines gemeinsam – sie waren Meister der Kommunikation. Sie konnten ihre Visionen, ob es sich nun darum handelte, Menschen in den Weltraum zu transportieren oder ein von blindem Haß getriebenes Reich zu schaffen, mit einer derartigen Vollkommenheit an andere weitergeben, daß sie beeinflußt haben, wie Massen von Menschen dachten und handelten. Durch die Macht der Kommunikation haben sie die Welt verändert.

Ist es nicht genau dasselbe, was einen Spielberg, einen Springsteen, einen Iacocca, einen Fonda oder einen Reagan von anderen Menschen unterscheidet? Sind sie nicht alle Meister im Umgang mit dem Werkzeug der menschlichen Kommunikation oder der Beeinflussung anderer? In vergleichbarer Weise wie diese Menschen die Massen durch ihre kommunikativen Fähigkeiten bewegt haben, können wir auch die Mittel der Kommunikation benutzen, um uns selbst zu bewegen.

Der Umfang in dem wir die äußere Kommunikation mit der Welt meistern, bestimmt den Grad des Erfolgs, den wir bei anderen haben – unseren persönlichen sowie unseren sozialen und finanziellen Erfolg. Und was noch wichtiger ist: Der Grad des Erfolgs, den man innerlich erfährt – Glück, Freude, Begeisterung, Liebe – ist das direkte Ergebnis davon, wie man mit sich selbst kommuniziert. Was man fühlt, ist nicht das Ergebnis davon, was einem im Leben widerfahren ist – es ist unsere *Interpretation* dessen, was geschieht. Das Leben erfolgreicher Menschen hat uns wieder und wieder gezeigt, daß die Qualität unseres Lebens nicht davon bestimmt wird, was mit uns geschieht, sondern vielmehr davon, wie wir mit dem, was geschieht, umgehen.

Sie selbst entscheiden, was Sie fühlen und wie Sie handeln, und zwar ausgehend von dem, wie Sie die Welt wahrnehmen. Nichts hat irgendeine Bedeutung außer der Bedeutung, die Sie ihm geben. Bei den meisten von uns läuft dieser Prozeß der Interpretation automatisch ab, aber wir können uns diese Macht zurückerobern und die Art und Weise, wie wir die Welt erleben, augenblicklich verändern.

Dieses Buch handelt davon, wie man gezielt und angemessen handelt, um große Erfolge zu erzielen. Wenn ich Ihnen in zwei Worten sagen wollte, wovon dieses Buch handelt, dann müßte ich sagen: *Resultate erzielen!* Denken Sie darüber nach. Ist dies nicht eigentlich genau das, woran Sie wirklich interessiert sind? Vielleicht möchten Sie eine andere Einstellung zu sich und zu der Welt, in der Sie leben, haben. Vielleicht wären Sie gern in der Lage, besser zu kommunizieren, würden gern tiefere, liebevollere Beziehungen entwickeln, schneller lernen, gesünder sein oder mehr Geld verdienen. All diese Dinge können Sie erreichen und noch viel mehr, wenn Sie die Informationen, die Ihnen dieses Buch liefert, wirksam anwenden. Bevor Sie neue Ergebnisse erzielen, müssen Sie sich jedoch darüber klar sein, daß Sie bereits welche erzielt haben, wenn auch nicht unbedingt solche, die Sie sich wünschen. Die meisten von uns halten ihren geistigen Zustand, also ihr Denken und Fühlen – für etwas, das ihrer Kontrolle entzogen ist. In Wahrheit jedoch kann man die eigenen geistigen Aktivitäten und das eigene Verhalten in einem Maß kontrollieren, wie man dies früher nie für möglich gehalten hätte. Wenn man deprimiert ist, dann hat man diesen Zustand, den wir Depression nennen, selbst herbeigeführt und erzeugt. Wenn man begeistert ist, dann hat man auch diese Begeisterung selbst geschaffen.

Es ist wichtig, sich daran zu erinnern, daß einem Gefühle, beispielsweise Depressionen, nicht einfach widerfahren. Man

›fängt‹ sich keine Depression ›ein‹. Man erzeugt sie selbst, wie alles andere im Leben, und zwar durch ganz spezielles geistiges und physisches ›Verhalten‹. Um deprimiert zu sein, muß man das Leben auf eine ganz bestimmte Weise betrachten. Man muß sich bestimmte Dinge sagen, und zwar in genau dem richtigen Tonfall. Man muß eine ganz bestimmte Körperhaltung einnehmen und auf eine ganz besondere Art atmen. Wenn Sie deprimiert sein wollen, dann ›hilft‹ es beispielsweise sehr, wenn Sie die Schultern hängen lassen und andauernd zu Boden blicken. Wenn Sie in einem traurigen Ton sprechen und sich die allerschlimmsten Dinge, die einem im Leben widerfahren könnten, plastisch vorstellen, dann ist das ebenfalls eine große Hilfe. Wenn man die chemischen Vorgänge in seinem Körper durcheinanderbringt, indem man sich einer Hungerkur unterzieht oder übermäßig viel Alkohol trinkt oder Drogen nimmt, dann verhilft man dem Körper zu einem niedrigeren Blutzuckerspiegel, was praktisch einer Garantie für Depressionen gleichkommt.

Ich möchte hier nur hervorheben, daß es schon einige Mühe kostet, Depressionen zu erzeugen. Es bedeutet harte Arbeit und erfordert ganz bestimmte Handlungen. Manche Menschen haben diesen Zustand allerdings schon so oft herbeigeführt, daß es für sie ganz einfach ist, ihn immer wieder von neuem zu ›aktivieren‹. Tatsächlich übertragen sie dieses innere Kommunikationsmuster häufig auch auf alle äußeren Ereignisse. Manche Menschen erreichen so viele sekundäre Gewinne – etwa die Aufmerksamkeit anderer, deren Zuneigung und Liebe –, daß sie diese Art der Kommunikation als einen ganz natürlichen Zustand ansehen. Sie identifizieren sich mit diesem Zustand. Wir können unsere geistigen und physischen ›Handlungen‹ jedoch verändern und dadurch auch unmittelbar unsere Gefühle und Verhaltensweisen ändern.

Man kann sich in Begeisterung versetzen, indem man den Standpunkt einnimmt, der dieses Gefühl hervorruft. Man kann sich in Gedanken all die Dinge vorstellen, die dieses Gefühl hervorrufen. Man kann Tonfall und Inhalt des inneren

Dialogs verändern. Man kann die Körperhaltung und den Atemrhythmus annehmen, die den Körper in diesen Zustand versetzen, und schon wird sich ein Gefühl der Begeisterung einstellen. Wenn man mitfühlend sein möchte, braucht man die körperlichen und geistigen ›Handlungen‹ nur dahingehend zu verändern, daß der Zustand des Mitfühlens hergestellt wird. Das gleiche gilt auch für Liebe oder jedes andere Gefühl.

Wenn Sie Ihre eigene innere Kommunikation in Ihre Kontrolle bringen möchten, so müssen Sie vorgehen wie ein Film- oder Theaterregisseur. Um genau die Wirkung zu erzielen, die er haben möchte, manipuliert der Regisseur eines Films das, was wir sehen und hören. Wenn er möchte, daß wir uns fürchten, dreht er vielleicht die Lautstärke auf und bringt gerade im richtigen Augenblick einige Spezialeffekte auf die Leinwand. Wenn er möchte, daß wir begeistert sind, wird er die Musik, die Beleuchtung und alles andere im Bild so arrangieren, daß genau diese Wirkung erzielt wird. Aus ein und demselben Ereignis kann ein Regisseur eine Tragödie oder eine Komödie machen, das hängt einzig und allein davon ab, wie er es auf die Leinwand bringt. In vergleichbarer Weise kann man auch die Bilder im eigenen Gehirn manipulieren: Man kann die geistigen Aktivitäten, die jeder körperlichen Handlung zugrunde liegen, steuern. Man kann das Licht und den Ton der positiven Botschaften im Gehirn verstärken, und man kann die Bilder und den Ton der negativen Botschaften abschwächen. Man kann sein Gehirn genauso meisterhaft bedienen, wie Spielberg oder Scorsese ihre Apparaturen bedienen.

Einiges von dem, was ich Ihnen im folgenden erläutern werde, wird schwer zu glauben sein. Wahrscheinlich werden Sie nicht glauben, daß es möglich ist, einen anderen Menschen anzusehen und genau zu wissen, was er denkt, oder daß es möglich ist, über seine stärksten Ressourcen innerhalb eines Augenblicks verfügen zu können. Aber wenn man vor einhundert Jahren behauptet hätte, daß die Menschen heute zum Mond fliegen würden, wäre man ganz bestimmt für verrückt erklärt worden. Wenn man gesagt hätte, daß es möglich sei, in fünf Stunden von New York nach Los Angeles zu gelangen, wäre man bestimmt als Phantast abgetan worden. Dabei brauchten wir nur zu lernen, bestimmte Techniken und die Gesetze der Aerodynamik zu beherrschen, um all diese Dinge zu ermöglichen. Tatsächlich arbeitet heute bereits ein Flugzeughersteller an einer Flugmaschine, die, wie es heißt, Menschen innerhalb von zwölf Minuten von New York nach Kalifornien transportieren wird. Ganz ähnlich können auch Sie die ›Gesetze‹ außerordentlicher Leistungen erlernen, die Ihnen Zugang zu Ressourcen verschaffen werden, von denen Sie bis jetzt noch nichts gewußt haben.

Jeder Einsatz zahlt sich vielfach aus.
Jim Rohn

Menschen, die herausragende Leistungen erzielt haben, sind die richtigen Schritte bis zum Erfolg gegangen. Ich habe sie in den ›Grundregeln des Erfolgs‹ zusammengefaßt. Der erste Schritt in dieser Richtung besteht darin, genau Ihr Ziel zu kennen und präzise zu bestimmen was Sie wollen. Der zweite Schritt besteht darin, zu handeln – denn sonst werden Ihre Wünsche immer Träume bleiben. Sie müssen die Handlungen ausführen, von denen Sie glauben, daß sie mit der größten Wahrscheinlichkeit zu dem gewünschten Ziel führen. Ihre Handlungen werden jedoch nicht immer die gewünschten Ergebnisse hervorbringen, so daß der dritte Schritt darin besteht, die Wahrnehmungsfähigkeit zu entwickeln, die nötig ist, um zu erkennen, welche Reaktionen und Ergebnisse Ihre Handlungen bewirkt haben, und so schnell wie möglich feststellen zu können, ob Sie sich Ihrem Ziel annähern oder entfernen. Man muß wissen, was die Handlungen, die man unternimmt, bewirken, ganz gleich ob es sich dabei um ein Gespräch oder um alltägliche Lebensgewohnheiten handelt. Auch wenn Sie nicht das gewünschte Ergebnis erzielen, können Sie zur Kenntnis nehmen, welche Folgen Ihr Verhalten gehabt hat und so aus jeder Erfahrung, die Sie machen, Nutzen ziehen. Dann folgt der vierte Schritt, der darin besteht, Flexibilität zu entwickeln und das eigene Verhalten so lange ändern zu können, bis Sie das bekommen, was Sie haben wollen. Wenn Sie sich erfolgreiche Menschen ansehen, werden Sie feststellen, daß sie diese Schritte genau befolgen. Sie haben mit einem Ziel begonnen, denn wenn es kein Ziel gibt, kann man auch keines erreichen. Sie haben gehandelt, denn Wissen allein genügt nicht. Sie hatten die Fähigkeit, andere zu ›lesen‹, zu erkennen, welche Wirkung sie erzielt hatten. Und sie haben sich immer wieder umgestellt, haben ihr Verhalten so lange variiert, bis sie den Weg zu ihrem Ziel gefunden hatten.

Zum Beispiel Steven Spielberg. Mit sechsunddreißig Jahren war er bereits der erfolgreichste Filmemacher der Geschichte. Er ist verantwortlich für vier der zehn erfolgreichsten Filme der Kinogeschichte. Er ist auch der Regisseur von *E.T.,* dem meistbesuchten Film aller Zeiten. Wie konnte er so jung zu diesem Erfolg kommen? Die Geschichte ist bemerkenswert.

Seit seinem zwölften oder dreizehnten Lebensjahr wußte Spielberg, daß er Filmregisseur werden wollte. Sein ganzes Leben änderte sich, als er mit siebzehn eines Nachmittags die Universal Studios besuchte. Die Führung, der er sich angeschlossen hatte, führte jedoch nicht in die Aufnahmestudios, in denen etwas passierte, und Spielberg, der sein Ziel kannte, handelte. Er schlich sich davon, um bei richtigen Filmaufnahmen zuzusehen. Am Ende lernte er den Direktor der Drehbuchabteilung von Universal Studios kennen, der sich eine Stunde lang mit ihm unterhielt und Interesse an Spielbergs frühen Filmen zeigte.

Bei den meisten Leuten wäre die Geschichte an diesem Punkt zu Ende gewesen. Aber Spielberg war nicht wie die meisten Leute. Er hatte ›Power‹. Er wußte, was er wollte. Er lernte aus diesem ersten Besuch und änderte seine Taktik. Am nächsten Tag zog er einen Anzug an, nahm die Aktentasche seines Vaters mit, in der sich nur ein Sandwich und zwei Schokoladenriegel befanden, und ging wieder auf das Filmgelände als gehöre er dorthin. Am Tor passierte er forsch den Portier.

Er fand einen ausrangierten Wohnwagen und klebte mit Plastikbuchstaben ›Steven Spielberg, Regisseur‹ an die Tür. Dann verbrachte er den Sommer damit, Regisseure, Autoren und Redakteure kennenzulernen, lebte am Rande der Welt, nach der er sich sehnte, lernte aus jeder Unterhaltung, beobachtete und entwickelte eine genauere Wahrnehmung dafür, worum es beim Filmemachen ging.

Mit zwanzig schließlich – als er schon in den Studios ein und aus ging – zeigte Steven in den Universal Studios einen kleinen Film, den er selbst gedreht hatte. Sofort bot man ihm einen Sieben-Jahres-Vertrag an; er sollte eine Fernsehserie inszenieren. Er hatte seinen Traum Wirklichkeit werden lassen.

Hat sich Spielberg an die ›Grundregeln des Erfolgs‹ gehalten? Ganz sicher hat er das getan. Er wußte genau, was er wollte. Er hat gehandelt. Er hatte die Wahrnehmungsfähigkeit, zu bemerken, welche Resultate er mit seinen Handlungen erreichte, ob er sich seinem Ziel näherte oder davon entfernte. Und er hatte die Flexibilität, sein Verhalten zu ändern, um zu erreichen, was er wollte. Praktisch jeder erfolgreiche Mensch, den ich kenne, tut genau das gleiche. Erfolgreiche Menschen haben die Fähigkeit, ihr Verhalten zu ändern und flexibel zu reagieren, bis sie die Art von Leben führen, die sie sich wünschen.

Barbara Black von der juristischen Fakultät der Columbia University hatte sich immer vorgestellt, eines Tages einmal Dekanin dieser Universität zu werden. Als junge Frau brach sie in diese männliche Domäne ein und legte später ihre Abschlußprüfung an der juristischen Fakultät ab. Dann beschloß sie, ihre beruflichen Ziele erst einmal zurückzustellen, bis sie ein anderes Ziel erreicht habe – die Gründung einer Familie. Neun Jahre später beschloß sie, sich wieder ihrem ersten, dem beruflichen Ziel zu widmen, sie schrieb sich in einen Fortgeschrittenenkursus in Yale ein und erwarb die notwendigen Fertigkeiten für Lehre und Forschung, die sie zu ›dem Job führten, den sie sich immer gewünscht hatte‹. Sie hat zunächst ihr Glaubenssystem erweitert – dann hat sie ihre

Methode geändert und beide Ziele miteinander verbunden, und jetzt ist sie Dekanin einer der angesehensten juristischen Fakultäten Amerikas. Sie hat den Rahmen gesprengt und bewiesen, daß Erfolg auf allen Ebenen gleichzeitig möglich ist. Hat sie die ›Grundregeln des Erfolgs‹ angewandt? Natürlich hat sie das getan. Sie wußte, was sie wollte, und sie hat sich darum bemüht. Wenn ihr etwas nicht gelang, hat sie es immer wieder anders versucht, bis sie gelernt hatte, ihr Leben zu meistern. Sie leitet nicht nur eine der bedeutendsten juristischen Fakultäten Amerikas, sondern ist gleichzeitig auch Mutter und hat eine Familie zu versorgen.

Hier ein weiteres Beispiel. Haben Sie schon einmal von Kentucky-Hähnchen gehört? Wissen Sie, wie Colonel Sanders sein Hähnchen-Imperium aufgebaut hat, das ihn zum Millionär machte und die Eßgewohnheiten einer ganzen Nation veränderte?

Als er anfing, war er nicht viel mehr als ein aus dem Dienst ausgeschiedener Offizier mit einem Hähnchenrezept. Das war alles. Keine Organisation. Nichts. Er besaß ein kleines Restaurant, das kurz vor der Pleite stand, weil die Hauptstraße des betreffenden Ortes verlegt worden war. Als er seine erste Sozialhilfe in Empfang nahm, überlegte er, ob er mit seinem Hähnchenrezept nicht vielleicht etwas Geld verdienen könne. Sein erster Gedanke war, es an Restaurantbesitzer zu verkaufen, die ihm dafür einen Prozentsatz ihres Umsatzes abgeben sollten.

Das ist natürlich nicht unbedingt der beste Einfall, um ein Geschäft zu beginnen. Und wie sich dann herausstellte, machte ihn das auch nicht gerade zum Großverdiener. Er fuhr im ganzen Land herum, schlief in seinem Auto, versuchte jemanden zu finden, der ihn unterstützte. Er änderte seine Idee immer wieder und ging weiter von einer Tür zur anderen. Eintausendundneunmal wurde er abgewiesen, und dann passierte etwas ganz Wunderbares. Jemand sagte: »Ja.« Der Oberst war im Geschäft.

Wie viele von Ihnen haben ein Rezept? Wie viele von Ihnen haben die physische Kraft und das Charisma eines robusten alten Mannes in einem weißen Anzug? Oberst Sanders verdiente ein Vermögen, weil er die Fähigkeit besaß, energisch und gezielt zu handeln. Er besaß die Power, die notwendig ist, um zu erreichen, was er sich am meisten wünschte. Er besaß die Fähigkeit, eintausendmal das Wort ›nein‹ zu hören und trotzdem so weiter mit sich zu kommunizieren, daß es ihm möglich war, an die nächste Tür zu klopfen, in der festen Überzeugung, diesmal Erfolg zu haben.

Auf die eine oder andere Art ist alles in diesem Buch darauf ausgerichtet, Ihrem Gehirn wirkungsvolle Signale zu geben, die Sie in die Lage versetzen, erfolgreich zu handeln. Fast jede Woche halte ich ein viertägiges Seminar ab, mit dem Thema ›Die Revolution des Geistes‹. In diesen Seminaren zeige ich den Teilnehmern, wie sie ihre geistigen Fähigkeiten am besten nutzen können, aber auch, wie sie essen, atmen und ihren Körper trainieren müssen, um ihre Energie auf einen Höchststand zu bringen. Der erste Abend dieser viertägigen Veranstaltung steht unter dem Motto ›Furcht in Macht verwandeln‹. Das Seminar soll die Menschen dazu befähigen, zu handeln, anstatt sich durch ihre Angst vom Handeln abhalten zu lassen. Am Ende des Seminars erhalten die Teilnehmer Gelegenheit, über ein Feuer zu gehen – einen drei bis vier Meter langen Teppich aus glühendheißen Kohlen, und in einigen meiner Fortgeschrittenen-Gruppen gab es auch schon Teilnehmer, die mehr als zwölf Meter über brennende Kohlen gegangen sind. Die Medien waren von diesem Feuerlauf so fasziniert, daß ich manchmal fürchtete, die eigentliche Botschaft des Feuerlaufens könne darüber verlorengehen. Es geht ja letztlich nicht darum, über Feuer laufen zu können. Sie können davon ausgehen, daß es keinen besonderen wirtschaftlichen oder gesellschaftlichen Vorteil bringt, in einem Zustand der Verzückung über heiße Kohlen zu spazieren. Der Gang über das Feuer vermittelt vielmehr die Erfahrung der eigenen Macht und ist darüber hinaus eine Metapher für das, was möglich ist, eine Gelegenheit, das zu erreichen, was die meisten bis dahin für unmöglich gehalten haben.

Seit vielen tausend Jahren wird der Gang über das Feuer in

vielen verschiedenen Versionen praktiziert. In manchen Teilen der Welt gilt er als Test des religiösen Glaubens. Wenn ich hingegen einen Gang über glühende Kohlen durchführe, dann ist das nicht Teil einer religiösen Erfahrung im üblichen Sinn. Es ist eine Erfahrung über die Macht des eigenen Glaubens. Die Menschen erleben auf sehr unmittelbare Weise, daß sie sich ändern und über sich hinauswachsen können, daß sie Dinge tun können, die sie nie für möglich gehalten hätten. Sie erleben, daß sie ihre größten Ängste und Einschränkungen selbst erzeugen, indem sie ihren eigenen Projektionen zum Opfer fallen.

Ob man nun über das Feuer gehen kann oder nicht, hängt davon ab, ob man es fertigbringt, so mit sich selbst zu kommunizieren, daß man sich entschließt, zu handeln, trotz der alten Angst-Programme, die Ihnen ständig eingeben, was alles passieren könnte. Die Botschaft ist, daß Menschen so gut wie alles tun können, wenn sie nur ihre Ressourcen so organisieren, daß sie wirklich daran glauben und dann auch handeln können.

All das weist auf eine einfache, unausweichliche Tatsache hin: *Erfolg ist kein Zufall.* Es ist nicht die Willkür des Schicksals, die erfolgreiche und erfolglose Menschen unterscheidet. Es gibt gültige, logische Handlungsmuster, ganz bestimmte Wege, die zu außerordentlichen Leistungen führen und die jeder von uns in seinem Leben nutzen kann. Wir können alle diesen Zauber in uns entfesseln. Wir müssen nur lernen, unsere geistige und körperliche Kraft so vorteilhaft einzusetzen, wie es tatsächlich möglich ist.

Haben Sie sich je gefragt, was ein Spielberg und ein Springsteen gemeinsam haben könnten? Was haben ein John F. Kennedy und ein Martin Luther King Jr. gemeinsam? Was hat sie dazu gebracht, so viele Menschen auf einer so tiefen Gefühlsebene zu erreichen? Was unterscheidet einen Ted Turner und eine Tina Turner von anderen Menschen? Sie alle haben beständig gehandelt, wirksam gehandelt, um ihre Träume zu verwirklichen. Doch was bringt sie dazu, Tag für Tag alles, was in ihnen steckt, bei allem, was sie tun, einzusetzen? Dafür gibt es natürlich viele Gründe. Aber ich glaube, daß es im wesentlichen sieben Charakterzüge sind, die all diese Erfolgsmenschen besitzen, sieben Eigenschaften, die sie dazu anspornen, das zu tun, was nötig ist, um Erfolg zu haben. Die sieben wesentlichen Voraussetzungen, auch für Ihren Erfolg, sind:

1. Leidenschaft

All diese Menschen haben ein Motiv, ein sie verzehrendes und anspornendes Motiv, das sie dazu antreibt, zu handeln, zu wachsen, mehr zu sein! Es gibt ihnen die Kraft, ihren Erfolg voranzutreiben und ihr wahres Potential auszuschöpfen. Es ist die Leidenschaft, die einen Sportler veranlaßt, sich immer wieder auf das Spielfeld zu stürzen, als sei er ein Anfänger, der sein erstes Oberligaspiel bestreitet. Es ist die Leidenschaft, die die Handlungen eines Lee Iacocca von denen so vieler anderer unterscheidet. Es ist die Leidenschaft, die den Computerwissenschaftler über Jahre hinweg dazu verleitet, immer neue Erkenntnisse zu gewinnen und technische Leistungen zu erbringen, die es Männern und Frauen ermöglicht haben, in den Weltraum zu reisen. Es ist die Leidenschaft, die die Menschen veranlaßt, lange aufzubleiben und früh aufzustehen. Es ist Leidenschaft, die die Menschen in ihren Beziehungen suchen. Leidenschaft gibt dem Leben Kraft und Bedeutung. Ohne Leidenschaft gibt es keine Größe. Ohne den leidenschaftlichen Wunsch, etwas Großes zu leisten – sei es als Sportler oder als Künstler, als Wissenschaftler oder als Geschäftsmann –, ohne diese Leidenschaft geht nichts! In Kapitel 10 werden Sie erfahren, wie sich diese innere Kraft durch eigene Ziele aktivieren läßt.

2. Glaube

Jedes religiöse Buch auf diesem Planeten spricht von der Macht und der Wirkung des Glaubens. Die Menschen, die in großem Maßstab Erfolg haben, unterscheiden sich stark in ihrem Glauben von denjenigen, die keinen Erfolg haben. Unser Glaube daran, was wir sind und was wir sein können, ist ausschlaggebend für das, was wir sein werden. Wenn wir an Zauberei glauben, wird unser Leben von Zauberei erfüllt sein. Wenn wir glauben, daß unserem Leben enge Grenzen gesteckt sind, dann bewegen wir uns auch tatsächlich innerhalb dieser Grenzen. Das, was wir für wahr halten, was wir für möglich halten, wird zu dem, was wahr ist, wird zu dem, was möglich ist. Dieses Buch wird Ihnen eine sehr genaue, wissenschaftliche Methode vorführen, wie Sie Ihren Glauben verändern und sich der Mittel bedienen können, die Sie an Ihr Wunschziel bringen. Viele Menschen besitzen Leidenschaft, aber ihre einschränkenden Glaubenssätze über sich selbst und ihre Möglichkeiten hindern sie daran, so zu handeln, daß ihr Traum auch Wirklichkeit werden kann. Menschen, die Erfolg haben, wissen, was sie wollen, und glauben, daß sie es erreichen werden. In den Kapiteln 4 und 5 werden Sie mehr darüber erfahren, was Glaube bedeutet, und wie man ihn nutzen kann.

Leidenschaft und Glaube liefern den Antrieb zu hohen Leistungen. Doch der Antrieb allein ist noch nicht genug. Denn wenn er allein ausreichte, dann könnte man bereits mit Hilfe dieser Kräfte eine Rakete starten und in den Himmel schießen. Außer den Antrieb benötigen wir noch einen Weg und ein Gespür für das logisch richtige Vorgehen. Um unser Ziel zu erreichen, benötigen wir

3. Strategien

Eine Strategie ist der Prozeß, durch den Ressourcen organisiert werden. Als sich Steven Spielberg entschloß, Filme zu machen, hat er sich einen Plan zurechtgelegt, der ihm Zugang zu der Welt verschaffen würde, die er erobern wollte. Er überlegte, was er lernen wollte, wen er kennen und was er tun müßte. Er besaß Leidenschaft, und er besaß Glauben, aber er hatte auch eine Strategie, wie er seine Pläne am wirksamsten in die Tat umsetzen könnte. Alle guten Entertainer, Politiker, Eltern und Arbeitgeber wissen, daß es, um erfolgreich zu sein, nicht genügt, Ressourcen zu haben. Man muß diese Ressourcen auch wirksam einsetzen. Man muß erkennen, daß die besten Anlagen und Absichten auch den für ihre Verwirklichung geeigneten Weg finden müssen. Sie können eine Tür eintreten, Sie können aber auch nach dem Schlüssel suchen, der sie öffnet und unversehrt läßt. In den Kapiteln 7 und 8 werden Sie alles über die Strategien erfahren, die zu besonderen Leistungen führen.

4. Klarheit der Werte

Wenn wir daran denken, was Amerika groß gemacht hat, dann denken wir an Patriotismus und Stolz, Toleranz und Freiheitsliebe. All das sind Werte, grundsätzliche, ethische und moralische Urteile darüber, was wichtig ist, was wirklich zählt. Werte sind spezifische Glaubenssysteme darüber, was für unser Leben richtig und falsch ist. Sie sind unsere Urteile darüber, was das Leben lebenswert macht. Viele Menschen haben keine klare Vorstellung von dem, was für sie wichtig ist. Häufig tun sie Dinge, über die sie später unglücklich sind, einfach deshalb, weil sie sich nicht darüber im klaren sind, was entsprechend ihrer unbewußten Überzeugung für sie und für andere richtig ist. Wenn wir die Menschen betrachten, die großen Erfolg haben, dann stellen wir fest, daß diese fast immer einen klaren Sinn für das haben, was wirklich wichtig ist. Denken Sie zum Beispiel an Ronald Reagan, John F. Kennedy, Martin Luther King Jr., John Wayne, Jane Fonda. Jeder von ihnen hatte eine andere Vision, aber was sie gemeinsam haben, ist eine starke moralische Basis, einen Sinn für das, was sie sind und warum sie das tun, was sie tun. Das richtige Verständnis der Grundwerte unseres Lebens ist ein wichtiger Schlüssel des Erfolges. Wir werden uns in Kapitel 17 ausführlicher mit dieser Frage beschäftigen.

Sie werden wahrscheinlich bemerkt haben, daß all diese Voraussetzungen des Erfolges zusammenhängen oder miteinander in Wechselwirkung stehen. Wird Leidenschaft durch Glaubenssätze beeinflußt? Selbstverständlich. Je stärker wir daran glauben, daß wir etwas erreichen können, um so eher sind wir gewöhnlich bereit, etwas zu investieren, um unser Ziel zu erreichen. Genügt der Glaube allein, um hohe Leistungen zu erbringen? Der Glaube ist zwar eine gute Voraussetzung, aber wenn man glaubt, daß man einen Sonnenaufgang sehen wird, wenn man nach Westen läuft, wird man eine Enttäuschung erleben. Werden unsere Strategien von unseren Werten beeinflußt? Mit Sicherheit. Wenn Ihre Erfolgsstrategie es erforderlich macht, daß Sie Dinge tun, die mit Ihren Wertvorstellungen nicht übereinstimmen, dann wird auch die beste Strategie nichts nützen. Wie eng dieser Zusammenhang ist, können wir immer wieder an Menschen beobachten, die am Anfang Erfolg haben, am Ende aber ihren eigenen Erfolg sabotieren. Das Problem ist in diesem Fall, daß es einen inneren Konflikt zwischen den Werten und der Strategie dieser Menschen gibt.

In ähnlicher Weise sind die vier Voraussetzungen, die wir bereits behandelt haben, untrennbar mit einer wichtigen Eigenschaft verbunden:

5. Energie

Energie kann die starke, freudige Hingabe eines Bruce Springsteen oder einer Tina Turner sein. Sie kann in der unternehmerischen Dynamik eines Donald Trump oder eines Steve Jobs zum Ausdruck kommen. Sie kann in der Vitalität eines Ronald Reagan oder einer Katharine Hepburn spürbar werden. Es ist fast unmöglich, durch Bequemlichkeit zu außergewöhnlichen Leistungen zu gelangen. Menschen, die besondere Leistungen hervorbringen, ergreifen die sich ihnen bietenden Gelegenheiten beim Schopf und machen das Beste daraus. Sie leben so, als seien sie von den wunderbaren Möglichkeiten, die sich ihnen jeden Tag bieten, besessen, und als wüßten sie, daß es etwas gibt, wovon man nie genug haben kann: Zeit. Es gibt auf dieser Welt viele Menschen, die etwas haben, woran sie fest glauben. Sie kennen die Strategie, die sie zur Erreichung ihres Zieles führt, und sie stehen auf einem Fundament überzeugender Grundwerte, aber sie besitzen einfach nicht genügend Vitalität, um so zu handeln, wie sie handeln müßten. Überragender Erfolg ist nicht zu trennen von der physischen, intellektuellen und geistigen Energie, die es uns erlaubt, das Beste aus dem zu machen, was wir haben. In Kapitel 9 und 10 werden Sie Möglichkeiten kennenlernen, Ihre Vitalität zu steigern.

6. Kooperationsfähigkeit

Fast alle erfolgreichen Menschen besitzen die außergewöhnliche Fähigkeit, eine Verbindung zu anderen Menschen herzustellen, auch wenn sie verschiedener Herkunft und Weltanschauung sind. Sicher gibt es gelegentlich ein verrücktes, einzelgängerisches Genie, das etwas erfindet, wodurch dann die Welt verändert wird. Aber wenn dieses Genie die ganze Zeit in einem einsamen Gehege verbringt, dann wird es vielleicht auf einer Ebene Erfolg haben, aber auf vielen anderen nicht. Große Erfolgsmenschen, die Kennedys, die Kings, die Reagans, die Gandhis – besitzen alle die Fähigkeit, eine Verbindung zu vielen Millionen Menschen zu erzeugen. Aber der wirkliche Erfolg findet nicht auf der Bühne der Welt statt. Er entsteht in den tiefsten Winkeln unseres eigenen Herzens. Jeder braucht dauerhaft liebevolle Bindungen zu anderen Menschen. Ohne solche Bindungen ist jeder Erfolg, jede Leistung hohl und leer. In Kapitel 13 werden Sie mehr über diese Bindungen erfahren.

Der letzte Schlüssel zum Erfolg ist etwas, worüber wir bereits eingangs gesprochen haben.

7. Kommunikationsfähigkeit

Damit sind wir sozusagen beim eigentlichen Thema dieses Buches. Die Art und Weise, wie wir mit anderen und mit uns selbst kommunizieren, ist letztlich für die Qualität unseres Lebens bestimmend. Menschen, die im Leben Erfolg haben, haben gelernt, jede Herausforderung, die ihnen das Leben stellt, zu meistern, und diese Erfahrung ermöglicht es ihnen, ihre Lebensumstände erfolgreich zu beeinflussen. Vom Erfolg weniger verwöhnte Menschen nehmen die Mißgeschicke des Lebens hin und akzeptieren sie als gegebene Einschränkungen. Menschen, die unser Leben und unsere Kultur prägen, sind Meister der Kommunikation mit anderen. Sie alle besitzen die Fähigkeit, ihre Visionen und Sehnsüchte, ihre Freude und ihre Begeisterung anderen Menschen zu vermitteln. Es ist die Beherrschung der Kommunikation, die großartige Eltern, Künstler, Politiker oder Lehrer ausmacht. Fast jedes Kapitel in diesem Buch hat auf die eine oder andere Weise mit Kommunikation zu tun, damit, daß Trennendes überwunden, neue Wege geschaffen, neue gemeinsame Ideen entwickelt werden.

Der erste Teil dieses Buches zeigt Ihnen, wie Sie die Kontrolle über Ihren Geist und Körper erlangen und beide wirksamer einsetzen können als je zuvor. Sie werden die Faktoren kennenlernen, die Einfluß auf Ihre innere Kommunikation haben und es Ihnen ermöglichen, diese bewußt zu steuern.

Im zweiten Teil werden wir versuchen, herauszufinden, was Sie in Ihrem Leben wirklich erreichen wollen und wie Sie wirksamer mit anderen kommunizieren und die Muster im Verhalten anderer Menschen besser erkennen können.

Im dritten Teil dieses Buchs werden wir gleichsam aus der Vogelperspektive betrachten, wie wir uns verhalten, was uns motiviert und welchen Beitrag wir auf einer höheren, überindividuellen Ebene leisten können. Er handelt davon, wie Sie die Fähigkeiten, die Sie erworben haben, anwenden und eine Führungspersönlichkeit werden können.

Als ich dieses Buch schrieb, hatte ich mir ursprünglich zum Ziel gesetzt, ein Buch über die menschliche Entwicklung zu schreiben – ein Buch, dessen Gegenstand die neuesten Erkenntnisse über das menschliche Verhalten sein sollten. Ich wollte Ihnen die Fähigkeiten und Strategien vermitteln, die es Ihnen ermöglichen, alles, was Sie an Ihrem Verhalten ändern möchten, auch tatsächlich ändern zu können, und zwar schneller als Sie sich dies je hätten träumen lassen. Ich wollte Ihnen – auf eine sehr konkrete Weise – die Möglichkeit geben, die Qualität Ihrer Lebenserfahrung unmittelbar zu verbessern. Ich wollte Ihnen etwas in die Hand geben, auf das Sie immer wieder zurückgreifen könnten, um daraus einen Nutzen für Ihr Leben zu ziehen. Mir war klar, daß viele der

Fragestellungen, die ich in diesem Buch behandle, für sich allein genommen bereits ganze Bücher füllen können. Aber ich wollte Ihnen auch umfassende Informationen geben, Ihnen ein Wissen vermitteln, das in jedem Bereich anwendbar ist. Ich hoffe, daß Sie alles das in diesem Buch wiederfinden.

Als ich das Manuskript fertiggestellt hatte, reagierten alle, die es lasen, wohlwollend, außer in einem Punkt. Einige meiner Freunde sagten: »Das sind ja zwei Bücher, die du geschrieben hast. Warum teilst du sie nicht auf, das eine veröffentlichst du jetzt, und das andere verkaufst du in etwa einem Jahr?« Mein Ziel war es, Ihnen, dem Leser, so viel Informationen wie möglich zu geben. Und zwar so schnell wie möglich. Ich wollte sie Ihnen nicht tröpfchenweise servieren. Allerdings befürchtete ich, manche meiner Leser würden vielleicht nicht einmal bis zu den Teilen des Buches gelangen, die ich für die wichtigsten halte. Ich hatte nämlich versehentlich gehört, Untersuchungen hätten gezeigt, daß weniger als zehn Prozent der Menschen, die ein Buch kaufen, beim Lesen über das erste Kapitel hinausgelangen. Zuerst erschien mir diese Statistik unglaubwürdig. Dann erinnerte ich mich jedoch daran, daß weniger als drei Prozent der US-Bürger finanziell unabhängig sind, weniger als zehn Prozent konkrete Ziele besitzen und nur fünfunddreißig Prozent der amerikanischen Frauen – und noch weniger Männer – das Gefühl haben, sie seien in guter körperlicher Verfassung. Mir fiel außerdem ein, daß in vielen US-Bundesstaaten eine von zwei Ehen mit der Scheidung endet. Offensichtlich leben nur wenige Menschen das Leben, von dem sie träumen. Warum? Weil es beschwerlich ist, weil es beständiges Handeln erfordert.

Bunker Hunt, der texanische Ölmilliardär, wurde einmal gefragt, ob er den Menschen einen Rat geben könne, wie man zum Erfolg gelangt. Er sagte, es sei einfach, Erfolg zu haben: Erstens muß man sich darüber klar werden, was genau man will; zweitens entschließt man sich, den Preis dafür zu zahlen, um es zu verwirklichen – und dann zahlt man diesen Preis. Wenn man den zweiten Schritt nicht tut, wird man auf lange Sicht nie erhalten, was man will. Ich nenne die Menschen, die wissen, was sie wollen, und die bereit sind, den Preis zu zahlen, ›die handelnde Minderheit‹, im Vergleich zu ›der redenden Mehrheit‹. Ich möchte Sie daher bitten, sich mit dem in diesem Buch angebotenen ›Material‹ spielerisch zu befassen, das Buch zu Ende zu lesen, sich an Ihren neu gewonnenen Erkenntnissen zu erfreuen und andere daran teilhaben zu lassen.

In diesem Kapitel habe ich die Betonung auf wirksames Handeln gelegt. Doch es gibt viele Möglichkeiten des Handelns. Die meisten beruhen weitgehend auf Versuch und Irrtum. Die meisten Menschen, die es zu großen Erfolgen gebracht haben, mußten unzählige Male einen neuen Zugang finden, bevor sie erreicht hatten, was sie wollten. Das Prinzip ›Versuch und Irrtum‹ ist gut und schön, mit einer Einschränkung: Es verbraucht enorme Mengen der einzigen Ressource, von der niemand je genug haben wird – Zeit.

Was wäre, wenn es möglich wäre, den Lernprozeß gezielt zu beschleunigen? Was wäre, wenn ich Ihnen zeigen könnte, wie Sie all das lernen können, was Menschen, die Außergewöhnliches geleistet haben, bereits beherrschen? Was, wenn Sie in wenigen Minuten lernen könnten, wofür ein anderer Jahre benötigt hat? Wie das möglich ist? – Durch ›Modellieren‹, einen Prozeß, der es ermöglicht, überragende Fähigkeiten anderer exakt zu reproduzieren. Was genau tun besonders erfolgreiche Menschen, das sie so sehr von all den anderen abhebt, die nur vom Erfolg träumen?

Lassen Sie uns das herausfinden...

2

Der Unterschied, der einen Unterschied macht

Das Komische am Leben ist:
Wenn man darauf besteht, nur das Beste zu bekommen, dann bekommt man es häufig auch.

W. SOMERSET MAUGHAM

Er fuhr mit hundert Stundenkilometern über den Highway, als es plötzlich passierte. Irgend etwas neben der Straße zog seine Aufmerksamkeit auf sich, und als er wieder nach vorn sah, blieb ihm nur eine Sekunde Zeit, um zu reagieren. Es war fast zu spät. Der Lastwagen vor ihm war ganz unerwartet zum Stehen gekommen. Um sein Leben zu retten, ließ er sich mit seinem Motorrad seitlich auf die Straße fallen. Es schien eine Ewigkeit zu dauern. Und dann rutschte er qualvoll langsam unter den Lastwagen. Der Tankdeckel flog von seinem Motorrad, und das Schlimmste, was geschehen konnte, geschah tatsächlich. Das Benzin floß aus dem Tank aus und entzündete sich. Als er das Bewußtsein wiedererlangte, lag er mit schrecklichen Schmerzen in einem Krankenhausbett, unfähig, sich zu bewegen, kaum imstande, zu atmen. Drei Viertel seiner Körperoberfläche waren mit Verbrennungen dritten Grades bedeckt. Doch er weigerte sich, aufzugeben. Er kämpfte gegen den Tod an, kämpfte um sein Leben. Er begann eine Karriere als Geschäftsmann, nur um einen weiteren niederschmetternden Schlag zu erhalten: Bei einem Flugzeugabsturz wurde er von der Taille abwärts gelähmt, für den Rest seines Lebens.

Im Leben eines jeden Menschen kommt eine Zeit, in der alles, was in ihm steckt, gefordert wird, eine Zeit, in der...

das Leben ›unfair‹ erscheint. Eine Zeit, in der unser Glaube, unsere Werte, unsere Geduld, unsere Leidenschaft, unsere Widerstandskraft bis an ihre äußerste Grenze strapaziert werden. Manche Menschen nehmen derartige Prüfungen als Gelegenheit wahr, um bessere Menschen zu werden – andere lassen sich von solchen negativen Lebenserfahrungen zerstören.

Haben Sie sich je überlegt, was die Menschen dazu bringt, auf Herausforderungen des Lebens so verschieden zu reagieren? Ich habe viel darüber nachgedacht. Es hat mich mein ganzes Leben lang immer fasziniert, zu sehen, was die Menschen dazu bringt, sich so zu verhalten, wie sie es tun. Solange ich mich erinnern kann, war ich geradezu davon besessen, zu erfahren, was manche Männer und Frauen von ihren Altersgenossen unterscheidet. Wodurch werden Führungspersönlichkeiten geschaffen, Menschen, die es zu etwas bringen? Woher kommt es, daß es auf dieser Welt so viele Menschen gibt, die ein schönes Leben führen, obgleich sie fast jedes mögliche Mißgeschick heimgesucht hat, während andere unter der Last ihres Schicksals zerbrechen und in Verzweiflung, Wut und Niedergeschlagenheit leben?

Nun möchte ich Ihnen die Geschichte eines anderen Mannes erzählen, damit Sie den zwischen beiden Männern bestehenden Unterschied erkennen. Das Leben dieses Mannes scheint viel mehr von Freude erfüllt als das des ersten. Er ist unglaublich wohlhabend, ein sehr talentierter Entertainer, mit einer riesigen Fangemeinde. Mit zweiundzwanzig ist er das jüngste Mitglied in Chicagos berühmter Theatertruppe Second City. Er wird schnell der anerkannte Star des Ensembles. Bald darauf hat er einen sagenhaften Theater-Erfolg in New York. Er wird einer der größten Fernsehstars der siebziger Jahre, später ein großer Filmstar. Er betätigt sich in der Musikbranche und hat auch hier Erfolg. Er hat Dutzende von Freunden, die ihn bewundern, ist glücklich verheiratet, besitzt wunderbare Wohnungen in New York und Martha's Vineyard. Er scheint alles zu haben, was sich ein Mensch nur wünschen kann.

Welcher dieser beiden Männer würden Sie lieber sein? Man kann sich kaum jemanden vorstellen, der das Leben des ersten dem des zweiten vorziehen würde.

Aber ich will Ihnen ein wenig mehr über diese beiden Menschen erzählen. Der erste ist einer der vitalsten, stärksten und erfolgreichsten Menschen, die ich je kennengelernt habe. Er heißt W. Mitchell. Er lebt, ist zufrieden und wohlauf. Seit seinem schrecklichen Motorradunfall hat er mehr Erfolg und Freude gehabt, als die meisten Menschen in ihrem ganzen Leben. Er unterhält enge persönliche Beziehungen zu einigen der einflußreichsten Menschen in Amerika. Er ist Millionär. Er hat sich sogar für einen Sitz im Kongreß beworben, obgleich sein Gesicht auf groteske Weise verunstaltet ist. Der Slogan seiner Wahlkampagne? »Schicken Sie mich in den Kongreß, und ich garantiere Ihnen, dort nicht nur ein weiteres hübsches Gesicht abzugeben.« Er hat eine erfüllende Beziehung zu einer bemerkenswerten Frau und kandidiert für den Gouverneursposten von Colorado.

Der zweite ist jemand, den Sie vermutlich gut kennen, ein Mann, der Ihnen wahrscheinlich schon viel Freude und Spaß bereitet hat. Sein Name ist John Belushi. Er war einer der am meisten bejubelten Komiker unserer Zeit und einer der erfolgreichsten in der Unterhaltungsbranche der siebziger Jahre. Belushi hat das Leben unzähliger Menschen bereichert, nur sein eigenes nicht. Als er mit dreiunddreißig Jahren an ›akuter Kokain- und Heroinvergiftung‹ starb, waren nur wenige, die ihn kannten, überrascht. Der Mann, der alles besaß, war zu einem aufgedunsenen, stark vorgealterten Drogensüchtigen geworden. Äußerlich besaß er alles. Innerlich war er seit Jahren leer. Es gibt viele solcher Beispiele. Haben Sie schon mal von Pete Strudwick gehört? Er hatte bei seiner Geburt weder Hände noch Füße und wurde später ein Marathonläufer, der inzwischen fünfundzwanzigtausend Meilen zurückgelegt hat. Denken Sie an die erstaunliche Geschichte von Helen Keller, oder an Candy Lightner, die den ›Verein der Mütter gegen Trunkenheit am Steuer‹ gegründet hat. Sie hat ein schreckliches Schicksal erlebt – ihre Tochter wurde von einem betrunkenen Autofahrer überfahren –, und sie hat eine Organisation gegründet, die wahrscheinlich Hunderte – vielleicht sogar Tausende – Leben gerettet hat. Denken Sie dann an das andere Extrem, an Menschen wie Marilyn Monroe oder Ernest Hemingway, die großen Erfolg hatten und doch ihrem Leben selbst ein Ende bereiteten.

Ich frage Sie daher: Was ist der Unterschied zwischen denen, die erreichen, was sie sich vornehmen, und denen, die scheitern? Was ist der Unterschied zwischen denen, die alles zu können scheinen, und denen, die versagen? Was ist der Unterschied zwischen denen, die handeln, und denen, die untätig bleiben? Warum kommen manche Menschen über schreckliche, unvorstellbarer schwere Erfahrungen hinweg und machen ihr Leben zu einem Triumph, während andere trotz aller Vorteile, die sie besitzen, ihr Leben in eine Katastrophe verwandeln? Warum können manche Menschen jede Erfahrung positiv für sich nutzen, während andere daran zerbrechen? Was ist der Unterschied zwischen W. Mitchell und John Belushi? Was ist der Unterschied, der zwischen diesen beiden Leben besteht?

Diese Frage hat mich mein ganzes bisheriges Leben verfolgt. Als ich älter wurde, sah ich Menschen, die alle möglichen Reichtümer besaßen – großartige Jobs, wundervolle Beziehungen und einen gesunden Körper. Ich wollte unbedingt wissen, wodurch sich ihr Leben von meinem und dem meiner Freunde so stark unterschied. Der Unterschied liegt einzig und allein in der Art und Weise, wie wir mit uns selbst kommunizieren und wie wir handeln. Was tun wir, wenn wir alles versuchen, was in unserer Macht steht, und uns trotzdem nichts gelingt? Menschen mit Erfolg haben nicht weniger Probleme als Menschen ohne Erfolg. Die einzigen Menschen, die keine Probleme haben, liegen auf den Friedhöfen. Nicht das, was mit uns geschieht, bestimmt über Erfolg oder Mißerfolg. Es ist die Art und Weise, wie wir das, was geschieht, wahrnehmen und wie wir damit umgehen, die den Unterschied ausmacht.

Als W. Mitchell erfuhr, daß sein Körper zu drei Vierteln

mit Verbrennungen dritten Grades bedeckt war, konnte er sich entscheiden, wie er diese Nachricht verarbeiten wollte. Er konnte dieses Ereignis zum Anlaß nehmen, zu sterben, zu leiden oder sich dazu entschließen, ihm eine andere Bedeutung zu geben. Er beschloß, sich immer wieder zu sagen, daß er diese Erfahrung aus einem ganz bestimmten Grund gemacht habe und daß sie ihm eines Tages bei der Verfolgung seines Zieles helfen würde, einen Beitrag in dieser Welt zu leisten. Als Folge davon schuf er für sich den Glauben und die Werte, die sein Leben von nun an bestimmten – und zwar in einem positiven Sinn, obwohl er gelähmt war.

Aber wie brachte Pete Strudwick die Kraft auf, den Pike's Peak mitzulaufen, den schwierigsten Marathon auf der Welt, obgleich er doch weder Hände noch Füße besaß? Ganz einfach. Indem er lernte, seine innere Kommunikation zu beeinflussen. Wenn ihm sein Körper Signale gab, die er früher als Schmerz, Leistungsgrenze oder Erschöpfung interpretiert hatte, änderte er nun einfach ihre Bedeutung und setzte die Kommunikation mit seinem Nervensystem in einer Weise fort, die es ihm ermöglichte, weiterzulaufen.

Die Dinge ändern sich nicht,
nur wir verändern uns.
HENRY DAVID THOREAU

Mich hat vor allem immer interessiert, wie es manche Menschen anstellen, ihre Ziele zu erreichen. Schon vor langer Zeit wurde mir klar, daß Erfolg Hinweise hinterläßt, daß Menschen, die außerordentliche Ergebnisse erzielen, ganz besondere Dinge tun, um zu diesen Ergebnissen zu gelangen. Mir wurde klar, daß es nicht genügte, einfach nur zu wissen, daß ein W. Mitchell, ein Pete Strudwick so mit sich selbst kommunizierten, daß sie gleichsam automatisch die entsprechenden Ergebnisse hervorbrachten. Ich mußte *genau* wissen, wie sie es taten. Ich glaubte, ich könnte die gleichen Resultate erzielen, wenn ich nur ganz genau so handeln würde, wie sie es getan hatten. Mit anderen Worten, wenn es jemanden gab, der selbst angesichts widrigster Umstände Mitleid haben konnte, so müßte es mir möglich sein, seine Strategie herauszufinden und selbst auch mitfühlender werden zu können. Wenn ein Mann und eine Frau eine erfolgreiche Ehe führen und sich nach fünfundzwanzig Jahren immer noch lieben, dann müßte ich herausfinden können, welche Handlungen dazu geführt, welche Überzeugungen ihnen das ermöglicht hatten und diese Handlungen und Überzeugungen für mich selbst übernehmen können, um ähnliche Ergebnisse in meinen eigenen Beziehungen zu erreichen. Ein Ergebnis hatte ich damals bereits erzielt – ich hatte es zu einem beachtlichen Übergewicht gebracht. Ich begann mir darüber klar zu werden, daß ich nichts anderes zu tun brauchte, als Menschen nachzuahmen, die schlank waren; ich mußte nur herausfinden, was sie aßen, wie sie aßen, was sie dachten, woran sie glaubten, um dann das gleiche Ergebnis zu erzielen wie sie. Auf diese Weise bin ich meine überschüssigen dreißig Pfund losgeworden. Danach habe ich mit meinen Finanzen und meinen persönlichen Beziehungen das gleiche gemacht. Ich begann Menschen zu untersuchen, die Hervorragendes geleistet hatten. Und auf meiner Suche nach außergewöhnlichen Leistungen studierte ich jeden Weg, der sich mir bot.

Dann wurde ich auf eine Wissenschaft aufmerksam, die als *Neurolinguistisches Programm* – kurz *NLP* – bekannt ist. NLP untersucht, wie Kommunikation, verbale wie nonverbale, unser Nervensystem beeinflußt. Jede Fähigkeit, die wir haben, beruht auf der Fähigkeit, unser Nervensystem zu steuern. Menschen, die in der Lage sind, herausragende Ergebnisse zu erzielen, können in besonders effektiver Weise mit ihrem Nervensystem kommunizieren. Das *NLP* untersucht, wie Menschen mit sich selbst kommunizieren, um optimale Zustände herzustellen und so eine möglichst große Auswahl an Verhaltensmöglichkeiten zu haben. Der Name ›Neurolinguistisches Programmieren‹ ist, obgleich eine zutreffende Bezeichnung der Methode, vielleicht die Ursache dafür, daß Sie noch nie etwas davon gehört haben. Früher befaßten sich hauptsächlich Therapeuten und eine kleine Gruppe von

Geschäftsleuten mit NLP. Als ich zum ersten Mal von dieser Wissenschaft erfuhr, wurde mir sofort klar, daß es etwas völlig anderes war, als alles, was ich zuvor kennengelernt hatte. Ich habe einmal einem NLP-Anwender zugesehen, der mit einer Frau arbeitete, die seit mehr als drei Jahren wegen einer Phobie in therapeutischer Behandlung war. Nach fünfundvierzig Minuten war sie ihre Phobie los. Ich war fasziniert. Ich mußte alles darüber erfahren! (Übrigens ist es gar nicht so selten, daß dasselbe Ergebnis bereits nach fünf oder zehn Minuten erzielt wird.) Das NLP ist eine Methode, die es uns ermöglicht, unser Gehirn systematisch zu steuern. Es lehrt uns, nicht nur unsere eigenen Zustände und Verhaltensweisen zu steuern, sondern auch die Zustände und Verhaltensweisen anderer. Kurz, es ist eine Wissenschaft, die untersucht, wie wir unser Gehirn optimal nutzen und die Ergebnisse erzielen können, die wir uns wünschen. NLP war also genau das, wonach ich suchte. Damit war es möglich das Geheimnis zu klären, wie manche Menschen es fertigbringen, ständig das zu erreichen, was ich als optimale Ergebnisse bezeichne. Wenn jemand fähig ist, am Morgen schnell, leicht und voller Energie aufzuwachen, dann ist das ein optimales Ergebnis. Die nächste Frage lautet: Wie hat er das geschafft? Da Handlungen der Ursprung jedes Ergebnisses sind – welche besonderen mentalen oder physischen Handlungen haben dann den neurophysiologischen Prozeß erzeugt, der den besagten Menschen am Morgen schnell und leicht aus dem Schlaf erwachen läßt? Eine der Vorannahmen des NLP besagt, daß wir alle den gleichen neurologischen Bedingungen unterliegen. Jede Leistung, zu der ein Mensch auf dieser Welt in der Lage ist, können Sie auch vollbringen, wenn Sie Ihr Nervensystem auf die gleiche Weise aktivieren, wie er es tut. Der Prozeß, genau und im einzelnen herauszufinden, was bestimmte Menschen tun, um ein ganz spezielles Ergebnis zu erzielen, wird ›Modellieren‹ genannt.

Um es zu wiederholen: Wenn es für jemand anderen möglich ist, ist es auch für Sie möglich. Es geht nicht darum, ob Sie genau die gleichen Ergebnisse erzielen wie ein anderer

Mensch; es geht vielmehr um die Strategie – darum, *wie* dieser andere Mensch die Ergebnisse erzielt hat. Wenn sich jemand sehr leicht Telefonnummern merken kann, können Sie diese Fähigkeit ›modellieren‹ und es in wenigen Minuten auch erlernen. Wenn Sie jemanden kennen, der sehr gut mit seinem Kind kommuniziert, dann können Sie es ebenfalls. Wenn es für jemanden leicht ist, morgens schnell aufzuwachen, dann können Sie es auch. Modellieren Sie einfach die Art und Weise wie diese Menschen ihr Nervensystem einsetzen. Natürlich sind manche Aufgaben komplexer als andere, und man braucht vielleicht etwas länger, um herauszufinden, wie man sie modellieren und reproduzieren kann. Aber wenn Sie es wirklich lernen wollen und den nötigen Glauben haben, der Sie unterstützt, während Sie es versuchen, können Sie praktisch jede Leistung modellieren.

Bestimmt kommt häufig vor, daß jemand jahrelang nach dem Prinzip ›Versuch und Irrtum‹ vorgeht, um herauszufinden, was er tun muß, um ein ganz bestimmtes Ergebnis zu erzielen. Sie können seine Strategie dann übernehmen, das Verhalten modellieren, das er über mehrere Jahre hinweg vervollkommnet hat und innerhalb weniger Wochen oder Monate – also in wesentlich kürzerer Zeit als der Betreffende selbst gebraucht hat, ähnliche Resultate erzielen.

Die beiden Männer, die das ›Neurolinguistische Programm‹ im wesentlichen entwickelt haben, heißen John Grinder und Richard Bandler. Grinder ist einer der bedeutendsten Linguisten unserer Zeit. Bandler ist Mathematiker, Gestalttherapeut und Computerfachmann. Die beiden Männer beschlossen, ihr Wissen gemeinsam der Aufgabe zu widmen, Menschen zu modellieren, die die Besten auf ihrem Gebiet waren. Sie suchten nach Menschen, die das konnten, was sich die meisten Menschen wünschen – nämlich Veränderungen erzielen. Sie sahen sich etwa erfolgreiche Geschäftsleute und Therapeuten an, um die Essenz aus den Erfahrungen und Fertigkeiten zu gewinnen, die diese durch jahrelangen Versuch und Irrtum erworben hatten.

Bandler und Grinder sind vor allem dadurch bekannt geworden, daß sie eine Reihe sehr wirksamer Interventionsmuster entwickelt haben, indem sie Milton Erickson, einen der besten Hypnotherapeuten, Virginia Satier, eine exzellente Familientherapeutin, und Gregory Batson, einen Anthropologen, modellierten. Sie fanden zum Beispiel heraus, wie es V. Satier wiederholt gelang, auch in den Fällen Partnerschaftsprobleme zu lösen, bei denen andere Therapeuten keinen Erfolg gehabt hatten. Sie deckten die Handlungsmuster auf, die den Erfolgen dieser außergewöhnlichen Frau zugrunde lagen. Und sie gaben diese Handlungsmuster an ihre Studenten weiter, die sie dann anwendeten und die gleichen Ergebnisse wie diese außergewöhnliche Therapeutin erzielen konnten, auch wenn sie nicht deren jahrelange Erfahrung besaßen. Ausgehend von den grundlegenden Mustern, die sie bei diesen drei Meistern modelliert hatten, begannen Bandler und Grinder eigene Muster zu entwickeln, die sie dann auch lehrten. Diese Muster wurden unter dem Begriff *Neurolinguistisches Programmieren* – NLP – bekannt.

Doch diese beiden genialen Wissenschaftler haben viel mehr getan, als diese äußerst wirksamen Veränderungsmuster zu entdecken. Sie haben uns, was noch viel wichtiger ist, gezeigt, wie man innerhalb kurzer Zeit lernen kann, menschliche Spitzenleistungen nachzuvollziehen.

Der Erfolg dieser Methode ist inzwischen legendär. Aber auch wenn die Mittel zur Verfügung stehen, deren wir bedürfen, um unser Verhalten positiv zu verändern, so verfügen die meisten von uns jedoch nicht über die notwendige Energie, um Bandlers und Grinders Erkenntnisse auf wirksame und angemessene Weise anzuwenden. Auch hier zeigt sich wieder einmal: Wissen allein ist nicht genug. Erst das Tun bringt Ergebnisse hervor. Je mehr ich über das NLP las, um so mehr wunderte ich mich, wie wenig über den Prozeß des ›Modellierens‹ zu finden war. Denn für mich ist das der direkteste Weg zu persönlichem Erfolg. Denn durch Modellieren kann ich jedes Ergebnis erreichen, wenn ich nur bereit bin, die notwendige Zeit und Anstrengung aufzuwenden. Wenn man Erfolge haben will, muß man nur eine Möglichkeit finden, diejenigen, die bereits Erfolg haben, zu modellieren. Das heißt, man muß herausfinden, was sie im einzelnen getan haben, um die besagten Ergebnisse zu erzielen. Wenn Sie als Freund, als Partner, als Sportler oder als Geschäftsmann besser werden wollen, brauchen Sie nur einen Menschen zu finden, der sich in einem dieser Bereiche besonders hervorgetan hat.

Menschen, die die Welt bewegen und aufrütteln, sind häufig professionelle Modellierer – Menschen, die gelernt haben, so viel wie möglich aus den Erfahrungen anderer zu lernen, um nicht jede Erfahrung selbst machen zu müssen. Sie verstehen es, klugen Gebrauch von ihrer Zeit zu machen, einem Gut, von dem niemand je genug haben wird. Wenn man sich die Bestsellerliste der *New York Times* ansieht, so kann man feststellen, daß die meisten Bücher, die die Liste anführen, darstellen, wie man etwas effektiver tun kann. Peter F. Druckers neuestes Buch heißt *Innovation and Entrepreneurship* (dt.: *Die Chance des Unternehmers*). Darin legt Drucker dar, was man tun muß, um ein erfolgreicher Unternehmer zu werden. Er macht deutlich, daß Innovation ein ganz besonderer, zielgerichteter Prozeß ist und daß überhaupt nichts Geheimnisvolles oder Magisches daran ist, ein erfolgreicher Unternehmer zu sein. Es ist nicht in unserer genetischen Ausstattung festgelegt, es ist etwas das sich erlernen läßt. Klingt bekannt, nicht wahr? Seine Geschicklichkeit im Modellieren hat Drukker zu einem Pionier auf dem Gebiet moderner Management-Techniken gemacht. Das Buch *Der Minuten-Manager* (von Kenneth Blanchard und Spencer Johnson) bietet ein Modell menschlicher Kommunikation, und zeigt, wie man Beziehungen vereinfachen und verbessern kann. Das Buch ist entstanden, indem einige der erfolgreichsten amerikanischen Manager modelliert wurden. Auch mein Buch enthält eine ganze Reihe von Modellen, die zeigen, wie man seinen Geist, seinen Körper und seine Kommunikationsverhalten so steuern kann, daß dabei herausragende Ergebnisse für alle Beteiligten erzielt werden. Doch es ist nicht nur mein Ziel, Ihnen diese Erfolgsmuster zu vermitteln, sondern auch, Ihnen zu zeigen, wie Sie eigene Modelle entwickeln können.

Man kann einem Hund Dinge beibringen, die ihn für bestimmte Zwecke tauglicher machen. Das gleiche gilt für den Menschen. Aber mir geht es vor allem darum, daß Sie den Prozeß lernen, der es Ihnen ermöglicht, besondere Leistung zu wiederholen. Ich möchte Ihnen einige der wirksamsten Methoden des NLP nahebringen. Doch ich möchte nicht nur, daß Sie ein NLP-Anwender werden. Ich möchte, daß Sie ein Modellierer werden, jemand, der besondere Leistung wahrnimmt und sie erwirbt, jemand der beständig nach neuen und wirksamen Möglichkeiten sucht, seine Wünsche zu verwirklichen. Um Spitzenleistungen modellieren zu können, müssen Sie zum Detektiv, zum Forscher werden. Sie müssen Fragen stellen und alle Hinweise verfolgen, die Sie zum Erfolg führen können.

Ich habe den besten Pistolenschützen der U.S. Army beigebracht, beim Schießen noch bessere Ergebnisse zu erzielen, indem sie zuerst genau herausfinden, was für hervorragende Ergebnisse im Pistolenschießen wichtig ist. Ich selbst habe es zum Karatemeister gebracht, indem ich genau beobachtet habe, was Karatemeister denken und tun. Ich habe die Leistungen von Berufssportlern und Olympiateilnehmern verbessert, indem ich das modelliert habe, was sie taten, wenn sie ihre besten Leistungen erzielten, und ihnen dann gezeigt habe, wie sie gezielt diese Leistungen wiederholen konnten.

An die Erfolge anderer anzuknüpfen, ist einer der grundlegenden Aspekte des Lernens. In der Technik baut jeder Fortschritt auf den vorangegangenen Entdeckungen und Erkenntnissen auf. Im Geschäftsleben können sich Firmen, die nicht aus der Vergangenheit lernen, die nicht mit den neuesten Informationen umzugehen verstehen, nicht behaupten.

Aber das menschliche Verhalten ist einer der wenigen Aspekte unseres Lebens, die wir weiterhin mit Hilfe altmodischer Theorien und Erkenntnisse zu verstehen und zu beeinflussen suchen. Viele von uns orientieren sich noch immer an einem Modell des neunzehnten Jahrhunderts, wenn sie verstehen möchten, wie das Gehirn funktioniert und welche Gesetzmäßigkeiten unserem Verhalten zugrunde liegen. Wir versehen einen Zustand mit dem Etikett ›Depression‹, und schon bald halten wir uns für depressiv. In Wahrheit wirken solche Begriffe häufig als sich selbst erfüllende Prophezeiungen. Dieses Buch stellt Ihnen eine einfache Technik vor, die Sie verwenden können, um für sich die Lebensqualität zu schaffen, die Sie sich wünschen.

Bandler und Grinder stellten fest, daß es drei wesentliche Faktoren gibt, die berücksichtigt werden müssen, wenn wir menschliche Höchstleistungen reproduzieren wollen. Es handelt sich dabei um drei Arten mentaler und physischer Handlungen, die starken Einfluß auf die Qualität der Ergebnisse haben, die wir erzielen. Sie können sie sich als drei Türen vorstellen, die zu einem prächtigen Festsaal führen.

Die erste Tür ist das *Glaubenssystem* eines Menschen. Was ein Mensch glaubt, was er für möglich oder unmöglich hält, bestimmt zu einem großen Ausmaß über das, was er kann oder nicht kann. Es gibt ein amerikanisches Sprichwort, das heißt: »Ob du nun glaubst, daß du etwas tun kannst, oder ob du glaubst, daß du es nicht kannst, du wirst immer recht behalten.« In gewisser Weise ist das richtig, denn wenn man glaubt, daß man etwas nicht tun kann, sendet man ständig Botschaften an sein Nervensystem, die die Fähigkeit, dieses Ergebnis zu erzielen, einschränken oder sogar ganz blockieren. Wenn man andererseits ständig Botschaften an sein Nervensystem aussendet, die besagen, daß man eine bestimmte Sache tun kann, dann signalisieren diese Botschaften dem Gehirn, es möge die gewünschten Ergebnisse produzieren, wodurch die Möglichkeit für deren Verwirklichung tatsächlich geschaffen ist. Wenn Sie also das Glaubenssystem eines anderen Menschen modellieren können, so haben Sie bereits den ersten Schritt getan, um so handeln zu können, wie er handelt, und das heißt, Sie können auch ähnliche Ergebnisse erzielen wie dieser andere Mensch. Wir werden uns hier noch ausführlicher mit der Bedeutung von Glaubenssystemen befassen.

Die zweite Tür ist die *geistige Syntax* eines Menschen. Die geistige Syntax ist die Art und Weise, wie ein Mensch seine

Gedanken organisiert. Die Syntax ist wie ein Code. Eine Telefonnummer zum Beispiel besteht aus sieben Ziffern, aber Sie müssen diese Ziffern in der richtigen Reihenfolge wählen, um den Anschluß zu erhalten, den Sie möchten. Genauso verhält es sich, wenn Sie den Teil des Gehirns und Nervensystems aktivieren möchten, der Ihnen jeweils am wirksamsten dabei helfen kann, das gewünschte Resultat zu erzielen. Das gleiche gilt für die Kommunikation. Häufig können Menschen nicht gut miteinander kommunizieren, weil sie einen verschiedenen Code, eine andere mentale Syntax verwenden. Man muß solche Codes entschlüsseln, um durch die zweite Tür zu gelangen. Nur so ist es möglich, die Eigenschaften eines Menschen zu modellieren. Mit der Syntax werden wir uns in Kapitel 7 beschäftigen.

Die dritte Tür ist die *Physiologie.* Geist und Körper stehen miteinander in Verbindung. Sie bilden eine Einheit. Die Art und Weise, wie Sie Ihre Physiologie einsetzen – wie Sie atmen, welche Körperhaltung Sie einnehmen, welchen Ausdruck Sie Ihrem Gesicht geben, wie Sie sich bewegen – bestimmt letztlich darüber, in welchem Zustand Sie sich befinden. Und der Zustand, in dem Sie sich befinden, bestimmt die Auswahl und Qualität Ihres Verhaltens. Wir werden uns in Kapitel 9 mit der Physiologie beschäftigen.

Modellieren ist etwas, was wir ohnehin ständig tun. Wie lernt ein Kind sprechen? Wie lernt ein junger Sportler von einem erfahrenen? Wie entscheidet sich ein Geschäftsmann am Anfang seiner Karriere, welche Struktur er seiner Firma geben soll? Hier ein einfaches Beispiel aus der Geschäftswelt. Viele Menschen verdienen eine Menge Geld an einer ›Lücke‹. Wir leben in einer Kultur, die so gleichförmig ist, daß etwas, das an einem Ort funktioniert, sehr häufig auch an einem anderen funktionieren wird. Wenn jemand in einem Einkaufszentrum in Detroit erfolgreich Schokoladenplätzchen verkauft, dann bestehen gute Aussichten, daß dieses Geschäft auch in einem Einkaufszentrum in Dallas gut läuft. Wenn jemand in Chicago ein Geschäft aufgezogen hat, das kostümierte Boten vermietet, dann bestehen gute Aussichten, daß ein solches Geschäft auch in Los Angeles oder New York funktioniert. Das einzige, war manche tun, um geschäftlichen Erfolg zu haben, besteht darin, etwas zu finden, das an einem Ort bereits Erfolg gehabt hat, und dann das gleiche tun. Sie nehmen also einfach ein bewährtes System und kopieren es – oder verbessern es nach Möglichkeit sogar noch. Wer das tut, hat den Erfolg praktisch schon in der Tasche. Die Japaner beherrschen diese Methode geradezu meisterhaft. Was ist der Grund für den atemberaubenden Erfolg der japanischen Wirtschaft? Ist es die Innovation? Manchmal! Doch wenn man sich die industrielle Entwicklung der vergangenen zwanzig Jahre genauer ansieht, wird man feststellen, daß nur sehr wenige der bedeutenden neuen Produkte oder technischen Entwicklungen ihren Anfang in Japan genommen haben. Die Japaner greifen Ideen und Produkte, die hier entstehen auf – vom Automobil bis zur Halbleitertechnik – und ahmen sie minutiös nach, indem sie die besten Elemente beibehalten und den Rest verbessern.

Warum hat W. Mitchell nicht nur überlebt, sondern ist sogar besonders erfolgreich geworden, nach einer Erfahrung, wie sie niederschmetternder kaum sein kann? Als er im Krankenhaus lag, lasen ihm seine Freunde Berichte über Menschen vor, die großes Unglück erfahren und überlebt hatten. Diese positiven Modelle waren stärker als die negativen Erfahrungen, denen er ausgesetzt war. Der Unterschied zwischen erfolgreichen und erfolglosen Menschen liegt nicht darin, was sie besitzen, sondern darin, wie sie ihre Wahrnehmungen und Ressourcen organisieren, darin, wie sie ihre Lebenserfahrung nutzen. Durch das Modellieren ist es mir gelungen, sehr schnelle Resultate für mich und andere zu erzielen. Ich suchte weiter nach Denk- und Handlungsmustern, die innerhalb kurzer Zeit zu hervorragenden Resultaten führen. Ich nenne diese zusammengefaßten Muster *Strategien der Erfolgsmaximierung*. Diese Strategien stellen die Grundlage dieses Buches dar. Doch ich möchte eines noch klarstellen. Mein Ziel ist nicht nur, daß Sie lernen, die Muster, die ich hier beschreibe, zu beherrschen. Sie sollen eigene Muster, eigene Strategien entwickeln. Luhn Grinder hat mich gelehrt, niemals allzu bedingungslos an etwas zu glauben, da es immer Situationen geben wird, in denen die betreffende Methode nicht funktioniert. NLP ist ein mächtiges Werkzeug, und nichts weiter – ein Werkzeug, das man verwenden kann, um eigene Ideen, eigene Strategien und eigene Erkenntnisse zu entwickeln. Doch vergessen Sie nicht, daß keine Strategie immer funktioniert. Das Modellieren ist gewiß nichts Neues. Jeder große Erfinder hat die Erfindungen anderer modelliert, um etwas völlig Neues zu schaffen. Jedes Kind modelliert die Welt, die es um sich vorfindet.

Doch der Unterschied ist der, daß die meisten von uns nur zufällig und sehr ungenau modellieren. Wir greifen wahllos das eine oder andere von dieser und jener Person auf und übersehen dabei etwas weit Wichtigeres bei jemand anderem. Wir modellieren hier etwas Gutes und dort etwas Schlechtes. Wir versuchen, jemanden, den wir schätzen, zu modellieren, müssen aber feststellen, daß wir gar nicht wissen, wie wir das genau anstellen sollen.

Aus dem Zusammentreffen von Vorbereitung und Gelegenheit entsteht das, was wir Glück nennen.
ANTHONY ROBBINS

Betrachten Sie dieses Buch als eine Anleitung zum bewußten und präzisen ›Modellieren‹, als eine Chance für Sie, sich etwas bewußt zu machen, das Sie schon Ihr ganzes Leben lang getan haben.

Sie können überall bemerkenswerte Ressourcen und Strategien entdecken. Ich möchte Sie dazu bringen, wie ein Modellierer zu denken und sich ständig der Muster und Handlungsweisen bewußt zu sein, die zu herausragenden Leistungen führen. Wenn jemand etwas Herausragendes tut, sollten Sie sich sofort die Frage stellen: »Wie hat er dieses Ergebnis erzielt?« Ich hoffe, daß Sie weiterhin bei allem, was Sie sehen, nach dem Besonderen, nach dem Zauber Ausschau halten und herauszufinden versuchen, wie es zustande kommt –

und so lernen, Außergewöhnliches zu leisten, wann immer Sie wollen.

Als nächstes wollen wir nun erforschen, wodurch in verschiedenen Situationen unser Verhalten bestimmt wird. Konzentrieren wir uns daher jetzt auf...

3

Die Macht innerer Zustände

Es ist der Geist, der gut oder böse macht,
der traurig oder glücklich, reich oder arm macht.

EDMUND SPENSER

Hatten Sie je das Gefühl, auf Erfolgskurs zu sein, das Gefühl, daß Ihnen überhaupt nichts mißlingen kann? Haben Sie je eine Zeit erlebt, da alles glatt zu laufen schien? Vielleicht bei einem Tennisspiel, als jeder Ihrer Bälle die Linie traf, oder bei einem Geschäftstreffen, als Sie durch Schlagfertigkeit glänzten. Vielleicht gab es einmal eine Zeit, da Sie sich über sich selbst wunderten, weil Sie etwas so Heldenhaftes oder Bemerkenswertes vollbrachten, wie Sie es sich nie zugetraut hätten. Wahrscheinlich haben Sie auch schon einmal einen Tag erlebt, an dem Ihnen einfach nichts gelang, an dem Ihnen selbst Dinge, die Ihnen sonst leicht von der Hand gehen, mißraten sind und jeder Schritt falsch, jede Tür versperrt war und alles, was Sie taten, schiefging.

Wo liegt der Unterschied? Sie sind doch ein und dieselbe Person. Sie haben dieselben Mittel zu Ihrer Verfügung. Warum erzielen Sie also das eine Mal niederschmetternde und das andere Mal fabelhafte Ergebnisse? Wie kommt es, daß die besten Sportler an einem Tag Glanzleistungen zeigen und am nächsten keinen einzigen Ball treffen?

Der Unterschied liegt in dem neurophysiologischen Zustand, den Sie erleben. Es gibt beflügelnde Zustände – Vertrauen, Liebe, innere Stärke, Freude, Begeisterung, in denen wir aus einem großen Reservoir an persönlichen Möglichkeiten schöpfen, und es gibt lähmende Zustände – Verwirrung,

Depression, Furcht, Angst, Trauer, Frustration –, die uns jede Kraft nehmen. Jeder von uns erlebt ›gute‹ und ›schlechte‹ Zustände. Haben Sie es schon einmal erlebt, daß in einem Restaurant eine mürrische Kellnerin ungeduldig Ihre Bestellung aufgenommen hat? Glauben Sie, daß sie sich immer so verhält? Es ist möglich, daß sie ein sehr schweres Leben hat und immer so ist. Wahrscheinlicher ist jedoch, daß sie gerade einen schlechten Tag hat, weil sie an zu vielen Tischen gleichzeitig bedienen muß und möglicherweise noch von einigen Gästen angeschnauzt worden ist. Sie ist deshalb noch lange kein schlechter Mensch; sie befindet sich nur gerade in einem sehr ressourcearmen Zustand. Wenn Sie ihren Zustand verändern können, können Sie ihr Verhalten ändern. Das Verständnis der Bedeutung von Zuständen ist der Schlüssel, um den Prozeß von Veränderung und das Geheimnis von Spitzenleistungen zu begreifen. Unser Verhalten ist das Ergebnis des Zustandes, in dem wir uns befinden. Wir machen immer das Beste mit den Ressourcen, die uns zur Verfügung stehen, aber manchmal befinden wir uns in einem Zustand, in dem wir einfach über keine Ressourcen verfügen. Es gab Zeiten in meinem Leben, da ich in manchen Zuständen Dinge getan oder gesagt habe, die mir später peinlich waren oder die ich später bereut habe. Vielleicht ist es Ihnen auch schon einmal so ergangen. Es ist wichtig, sich an diese Zeiten zu erinnern, wenn jemand Sie schlecht behandelt. Auf diese Weise können Sie verständnisvoll reagieren anstatt zornig zu werden und so den Fehler vermeiden, Menschen mit ihren Verhaltensweisen gleichzusetzen. Die Lösung liegt darin, die Verantwortung für unsere Zustände und somit auch unser Verhalten zu übernehmen. Wie wäre es, wenn Sie nur mit dem Finger zu schnippsen bräuchten und so jederzeit einen dynamischen, ressourcevollen Zustand herstellen könnten, – einen Zustand, in dem Sie davon überzeugt sind, daß Sie Erfolg haben werden, vor Energie sprühen und Ihr Geist hellwach ist? Nun, das ist nicht so schwer, wie Sie vielleicht glauben.

Wenn Sie dieses Buch zu Ende lesen, werden Sie erfahren, wie Sie sich in Ihre ressourcevollsten Zustände versetzen können, und wie Sie sich, wann immer Sie wollen, aus beeinträchtigenden Zuständen befreien können. Vergessen Sie nicht, der Schlüssel zur Macht liegt im Handeln. Mein Ziel ist es, Ihnen zu zeigen, wie Sie die Zustände, die zu entschlossenem, kongruentem Handeln führen, nutzen können. In diesem Kapitel werden Sie erfahren, was Zustände sind und wie sie funktionieren. Und Sie werden auch lernen, warum wir unsere Zustände unter Kontrolle bringen können, um sie zu unserem Vorteil einzusetzen.

Ein ›Zustand‹ kann als die Summe der millionenfachen neurologischen Prozesse definiert werden, die in unserem Körper stattfinden, er ist, mit anderen Worten, die Gesamtsumme unserer Erfahrung zu einem beliebigen Zeitpunkt unseres Lebens. Die meisten unserer Zustände entstehen ohne unsere bewußte Steuerung. Wir sehen etwas und reagieren durch einen bestimmten Zustand darauf. Dieser Zustand kann hilfreich und nützlich, oder einengend und hinderlich sein. So oder so, die meisten von uns tragen nicht gerade viel dazu bei, ihre Zustände unter Kontrolle zu bringen. Der Unterschied zwischen Menschen, die ihre Ziele im Leben nicht erreichen, und solchen, die sie erreichen, besteht darin, daß jene sich nicht in einen hilfreichen Zustand versetzen können und diese beständig Zustände herstellen können, die sie in ihren Bemühungen unterstützen.

So gut wie alles was wir uns wünschen, hat damit zu tun, bestimmte Zustände zu erreichen. Machen Sie sich eine Liste all der Dinge, die Sie in Ihrem Leben gerne haben möchten. Wünschen Sie sich Liebe? Nun, Liebe ist ein Zustand, ein Gefühl, das wir uns gegenseitig signalisieren und das aufgrund verschiedener Reize, die von außen auf uns einwirken, in uns entsteht. Zuversicht? Respekt? Das alles sind Zustände, die wir selbst herstellen. Wir erzeugen sie in uns. Vielleicht wollen Sie Geld? Dabei geht es Ihnen aber bestimmt nicht nur um die kleinen Papierscheine, auf denen Gesichter berühmter Persönlichkeiten abgedruckt sind. Sie wollen das, was Geld für Sie verkörpert: Liebe, Zuversicht, Freiheit oder was immer sonst Sie durch Geld zu erreichen hoffen. Den Schlüssel zu

Liebe, zu Freude, zu Einfluß und Macht, nach denen sich manch einer jahrelang sehnt – die Fähigkeit, das eigene Leben zu lenken – besitzt nur der, der weiß, wie er seine Zustände steuern und einsetzen kann.

Der Schlüssel, um seine Zustände erfolgreich nutzen und herstellen zu können, liegt in der Fähigkeit, die eigene Gehirnaktivität steuern zu können. Um dazu in der Lage zu sein, müssen wir zunächst eine Vorstellung davon haben, wie unser Gehirn funktioniert.

DENNIS DER BÖSE

Wie kommt es,
daß einem dummes Zeug so gescheit vorkommt,
während man es tut?

Wir müssen wissen, wie ein bestimmter Zustand überhaupt zustande kommt. Seit Jahrhunderten sind die Menschen davon fasziniert, ihre Zustände, und damit ihr Erleben der Welt verändern zu können. Sie haben Fasten, Drogen, Rituale, Musik, Sex, Essen, Hypnose und Gesänge zu diesem Zweck eingesetzt. Diese Methoden sind alle durchaus nützlich, unterliegen aber auch bestimmten Einschränkungen. Ich werde Ihnen deshalb ein paar einfachere Techniken verraten, die genauso wirksam sind und in vielen Fällen sogar schneller und präziser funktionieren.

Wenn unser Verhalten das Ergebnis des Zustandes ist, in dem wir uns jeweils befinden, dann können wir uns in einem ressourcevollen Zustand anders verhalten als in einem ressourcelosen. Die nächste Frage lautet somit: Wodurch wird der Zustand, in dem wir uns jeweils befinden, hervorgerufen? Ein Zustand hat zwei Hauptbestandteile. Der erste sind unsere internalen Repräsentationen und der zweite ist der Zustand und der Gebrauch unserer physiologischen Vorgänge. Das was Sie sich in einer Situation vorstellen und sagen, wie auch die Art und Weise, in der Sie das tun, bestimmt Ihren Zustand und somit das Verhalten, das Sie wählen.

Wie reagieren Sie zum Beispiel, wenn Ihr Partner viel später als versprochen nach Hause kommt? Nun, Ihr Verhalten wird hauptsächlich davon abhängen, in welchem Zustand Sie sich gerade befinden, wenn die geliebte Person zurückkehrt, und dieser Zustand wird in hohem Maße durch die Vorstellungen bestimmt, die Sie sich von dem Grund der Verspätung gemacht haben. Wenn Sie sich seit Stunden vorgestellt haben, daß dieser Mensch, an dem Sie hängen, einen Unfall gehabt hat und nun blutverschmiert in dem Autowrack verletzt, in einem Krankenhaus oder gar tot auf einer Bahre liegt, werden Sie ihn vermutlich unter Tränen und mit einem Seufzer der Erleichterung begrüßen wenn er plötzlich ins Zimmer kommt, oder Sie schließen ihn in die Arme und fragen danach, was passiert ist. Dieses Verhalten ergibt sich aus einem Zustand der Sorge. Wenn Sie sich statt dessen aber vorgestellt haben, daß der geliebte Mensch eine heimliche Affäre hat, oder wenn

WIE WIR ZUSTÄNDE UND VERHALTENSWEISEN ERZEUGEN

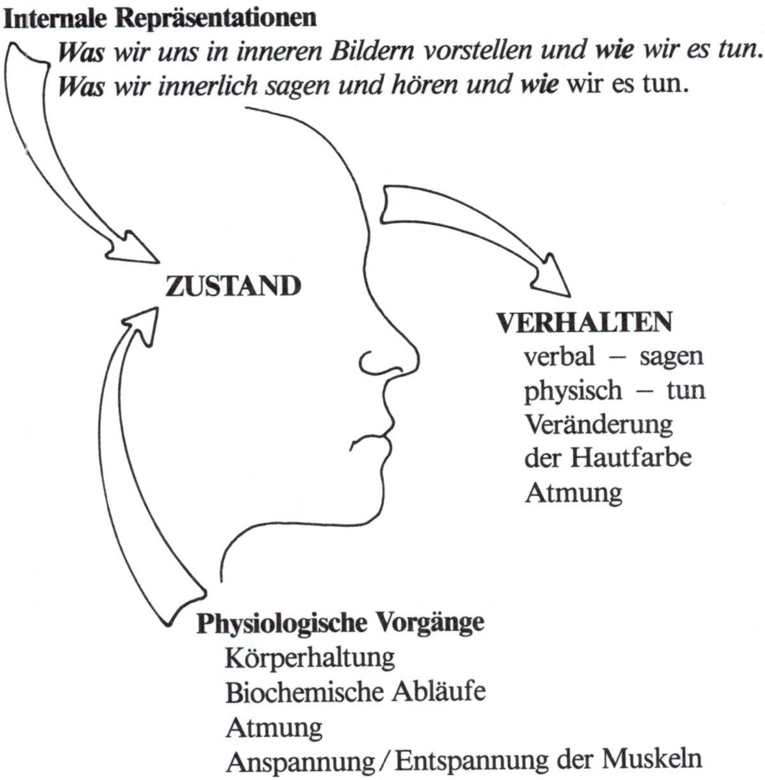

Sie sich immer wieder eingeredet haben, daß er nur zu spät kommt, weil er sich einfach nicht um Ihre Zeit oder Ihre Gefühle kümmert, dann werden Sie ihm, als Folge Ihres Zustandes, einen völlig anderen Empfang bereiten, wenn er nach Hause kommt. Denn aus diesem Zustand ergibt sich ein völlig anderes Verhalten.

Die nächste Frage lautet nun: Was veranlaßt einen Menschen dazu, die Sorge zum Ausgangspunkt seiner inneren Vorstellungen zu machen, während sich ein anderer etwas ausmalt, das ihn in einen Zustand des Mißtrauens oder des

Zorns versetzt? Diese unterschiedlichen Reaktionen können viele Ursachen haben. Vielleicht haben wir die Reaktionen modelliert, die unsere Eltern oder andere Vorbilder auf ähnliche Situationen zeigten.

Wenn zum Beispiel Ihre Mutter, als Sie noch ein Kind waren, sich immer Sorgen gemacht hat, sobald Ihr Vater einmal nicht rechtzeitig nach Hause gekommen ist, dann entwikkeln Sie in einem ähnlichen Fall auch Vorstellungen, die dazu führen, daß Sie sich Sorgen machen. Wenn Ihre Mutter häufig gesagt hat, daß sie Ihrem Vater nicht trauen könne, dann haben Sie unter Umständen dieses Muster modelliert. Unsere Glaubenssysteme, Einstellungen, Werte und frühere Erfahrungen mit der betreffenden Person, werden zusammen unsere Repräsentationen von ihrem Verhalten beeinflussen.

Doch es gibt einen Faktor, der unsere Wahrnehmung und Repräsentation der Welt noch nachhaltiger beeinflußt, und das ist unsere Physiologie und die Art und Weise, wie wir sie einsetzen. Der Grad der Anspannung unserer Muskeln, unsere Ernährung und Atmung, das allgemeine Niveau der biochemischen Vorgänge in unserem Körper, dies alles übt einen großen Einfluß auf unseren Zustand aus. Unsere internalen Repräsentationen und unsere Physiologie bilden eine kybernetische Schleife. Alles, was das eine beeinflußt, beeinflußt automatisch auch das andere. Somit bedeutet eine Veränderung unseres Zustandes sowohl eine Veränderung unserer internalen Repräsentationen als auch unserer Physiologie. Wenn sich Ihr Körper zu dem Zeitpunkt, da Ihr Partner oder Kind eigentlich schon zu Hause sein sollte, in einem ressourcevollen Zustand befindet, dann werden Sie sich wahrscheinlich vorstellen, daß die betreffende Person gerade auf dem Heimweg, aber im Verkehr steckengeblieben ist. Wenn Sie sich jedoch, aus welchen Gründen auch immer, in einem Zustand der Verspannung befinden, sehr müde sind, Schmerzen haben oder Ihr Blutzuckerspiegel abgesunken ist, dann werden Sie sich die Situation auf eine Weise vorstellen, die Ihre negativen Gefühle nur noch verstärkt. Überlegen Sie doch einmal: Nehmen Sie die Welt nicht auf eine andere Weise wahr, wenn Sie sich frisch und voller Energie fühlen, als wenn Sie sich abgespannt oder krank fühlen? Ihre physiologische Verfassung verändert buchstäblich die Art und Weise, wie Sie die Welt wahrnehmen und erleben. Wenn Ihnen alles schwierig oder unangenehm vorkommt, reagiert Ihr Körper dann nicht auch auf diese Stimmung und verkrampft sich? Diese beiden Faktoren, unsere internalen Repräsentationen und unsere Physiologie stehen also in ständiger Wechselbeziehung zueinander und schaffen den Zustand, in dem wir uns befinden. Dieser Zustand bestimmt dann über die Art unseres Verhaltens. Wenn wir also unser Verhalten kontrollieren und steuern wollen, so müssen wir unsere internalen Repräsentationen und unsere Physiologie kontrollieren und bewußt steuern. Stellen Sie sich nur einmal vor, Sie seien fähig, Ihren Zustand zu jedem Zeitpunkt hundertprozentig unter Kontrolle zu haben!

Bevor wir unser Erleben der Welt in den Griff bekommen und steuern können, müssen wir zuerst verstehen, wie es überhaupt entsteht. Als Säugetier erhält und repräsentiert der Mensch Informationen über seine Umgebung durch spezialisierte Rezeptoren und Sinnesorgane. Es gibt fünf Sinnesorgane: Schmecken, Riechen, Sehen, Hören, Fühlen. Die meisten der Entscheidungen, die in der Folge unser Verhalten beeinflussen, treffen wir vor allem unter Berücksichtigung von nur drei dieser Sinnesorgane: dem Sehen, dem Hören und dem Fühlen.

Spezialisierte Rezeptoren übermitteln Reize von außen an das Gehirn. Durch die Prozesse der Generalisierung, Verzerrung und Tilgung verarbeitet das Gehirn diese elektrischen Signale und bildet daraus eine gefilterte internale Repräsentation.

Daher entspricht Ihre innere Wahrnehmung von einem äußeren Ereignis nicht genau dem, was tatsächlich geschehen ist, sondern stellt vielmehr eine ganz persönliche Repräsentation dar. Das Bewußtsein eines Menschen kann nicht alle Signale verarbeiten, die in seinem Gehirn eintreffen. Wahrscheinlich würden wir verrückt werden, wenn wir die vielen tausend Reize, die ständig auf uns einstürmen, angefangen vom Pulsschlag am linken Finger bis hin zum Zittern des Ohrläppchens, ständig bewußt auswerten müßten. Daher filtert das Gehirn die Informationen, die es erhält, und speichert nur solche, die es benötigt oder später zu benötigen glaubt, und erlaubt dem Bewußtsein, den Rest zu ignorieren.

Dieser Prozeß des Filterns erklärt die große Variationsbreite menschlicher Wahrnehmungen. Zwei Menschen können denselben Verkehrsunfall beobachten, aber völlig verschiedene Berichte darüber abgeben. Der eine hat vielleicht mehr darauf geachtet, was er gesehen hat, während für den anderen das, was er gehört hat, von größerer Bedeutung war. Die beiden haben das Gesehene aus verschiedenen Blickwinkeln erlebt. Die Physiologie der beiden ist bereits unterschiedlich. Der eine hat vielleicht besonders gute Augen, während der andere ganz allgemein in schlechter körperlicher Verfassung ist. Vielleicht war einer von ihnen selbst schon einmal in einen Unfall verwickelt und hat eine lebhafte Vorstellung davon gespeichert. Wie auch immer – die beiden werden von ein und demselben Ereignis sehr verschiedene Repräsentationen haben. Und sie werden auch diese Wahrnehmungen und internalen Repräsentationen als neue Filter speichern, durch die sie in Zukunft die Welt erleben werden.

Ein wichtiger Grundsatz des *Neurolinguistischen Programmierens* lautet: »Die Landkarte ist nicht das Gebiet.« In diesem Zusammenhang schreibt Alfred Korzybski in seinem Buch *Science & Sanity*: Wichtige Merkmale von Landkarten sollten nicht unbemerkt bleiben: Eine Landkarte ist nicht das Gebiet, das auf ihr abgebildet ist, sondern sie weist nur – falls die Abbildung korrekt ist – eine ähnliche Struktur mit dem Gebiet auf, woraus sich auch ihre Nützlichkeit ergibt. Das bedeutet für das Individuum, daß seine internale Repräsentation keine genaue Wiedergabe eines Ereignisses ist. Sie ist immer nur eine durch unsere persönlichen Glaubenssysteme, Einstellungen und sogenannte Metaprogramme gefilterte Interpretation. Einstein hat einmal gesagt: »Wer sich als

Richter über Wahrheit und Erkenntnis erhebt, wird dem Gelächter der Götter zum Opfer fallen.«

Da wir aber somit nicht wissen, wie die Dinge wirklich sind, sondern nur, wie wir sie uns repräsentieren – sollten wir sie uns dann nicht gleich auf eine Weise repräsentieren, die uns und anderen nutzt, anstatt uns selbst Beschränkungen aufzuerlegen? Der Schlüssel dazu liegt im erfolgreichen Organisieren unseres Gedächtnisses – in der Ausbildung von Repräsentationen, die eine Person beständig in ressourcevolle Zustände führen. Bei jedem Ereignis können Sie Ihre Aufmerksamkeit auf eine Fülle verschiedener Aspekte richten. Selbst der erfolgreichste Mensch kann sich vorstellen, wie etwas nicht funktioniert, und sich in einen Zustand der Depression, der Frustration oder des Zorns versetzen – oder er kann seine Aufmerksamkeit auf die Dinge in seinem Leben richten, die gut funktionieren. Ganz gleich wie schrecklich eine Situation auch ist, Sie können sie immer in einer Weise repräsentieren, daß sie Ihnen Kraft gibt.

Erfolgreiche Menschen sind in der Lage, sich ständig Zugang zu ihren ressourcevollsten Zuständen zu verschaffen. Macht nicht gerade das den Unterschied zwischen erfolgreichen und erfolglosen Menschen aus? Erinnern Sie sich wieder an W. Mitchell. Das Entscheidende war nicht das, was ihm passiert ist, sondern die Art und Weise, wie er das Geschehene repräsentiert hat. Obwohl er entsetzliche Verbrennungen erlitten hatte und später am ganzen Körper gelähmt war, fand er eine Möglichkeit, sich in einen ressourcevollen Zustand zu versetzen. Vergessen Sie nicht: Nichts ist an sich gut oder schlecht: Der Wert entsteht durch die Art und Weise, wie wir es repräsentieren. Wir können die Dinge auf eine Weise repräsentieren, die uns in einen positiven Zustand versetzt, oder wir können genau das Gegenteil tun. Nehmen Sie sich einen Augenblick Zeit und erinnern Sie sich an eine Gelegenheit, in der Sie sich in einem außerordentlich positiven Zustand befunden haben.

Das gleiche tun wir beim Feuerlaufen. Wenn ich Sie auffordern würde, dieses Buch wegzulegen und über einen ›Teppich‹ aus heißen Kohlen zu gehen, so würden Sie wahrscheinlich nicht sofort bereitwillig aufstehen und meiner Bitte Folge leisten, denn Sie glauben nicht, daß Sie es tun können, und Sie haben vielleicht noch keine ressourcevollen Gefühle und Zustände im Zusammenhang mit dieser Aufgabe entwickelt. Wenn ich also darüber rede, werden Sie vermutlich nicht in einen Zustand geraten, der Sie veranlassen würde, diese Handlung durchzuführen.

Menschen lernen durch das Feuerlaufen, wie sie ihren Zustand und ihr Verhalten in einer Weise ändern können, die es ihnen ermöglicht, zu handeln und neue Ergebnisse zu erzielen, obwohl sie vielleicht Angst haben oder sich auf andere Weise eingeengt fühlen. Menschen, die über das Feuer laufen können, sind noch die gleichen, die sie waren, als sie es für unmöglich hielten. Aber sie haben gelernt, wie sie ihre Physiologie und ihre internalen Repräsentationen davon, was für sie möglich oder unmöglich ist, so verändern können, daß Feuerlaufen von etwas Erschreckendem zu etwas Machbarem wird.

Sie sind nun in der Lage, sich in einen sehr ressourcevollen Zustand zu versetzen, und aus diesem Zustand heraus können sie handeln und Ziele erreichen, die sie früher für unmöglich gehalten haben.

Das Feuerlaufen hilft Menschen dabei, eine neue internale Repräsentation ihrer Möglichkeiten zu bilden. Wenn nämlich das Feuerlaufen, das ihnen ursprünglich so unmöglich erschienen ist, nur eine geistige Einschränkung war, dann können doch auch andere ›Unmöglichkeiten‹ sehr wohl möglich sein? Es ist *eine* Sache über die Macht von Zuständen zu reden, es ist eine andere, diese Macht zu erleben. Und genau das bewirkt das Feuerlaufen. Es schafft einen neuen Begriff von Glaubenssystemen und von menschlichen Möglichkeiten, und es vermittelt den Menschen ein neues Gefühl und eine Zustandsverknüpfung, die ihr Leben erleichtert und es ihnen ermöglicht, mehr zu erreichen, als sie je für ›möglich‹ gehalten haben. Es beweist ihnen, daß ihr Verhalten das Ergebnis ihrer Zustände ist, denn innerhalb eines einzigen Augenblicks können sie, indem sie ein paar Veränderungen in ihrer Repräsentation der Aufgabe vornehmen, so zuversichtlich werden, daß sie wirksam handeln. Natürlich gibt es viele Möglichkeiten, dieses Ziel zu erreichen. Das Feuerlaufen ist nur eine ziemlich spektakuläre und aufregende Demonstration dieses Zusammenhangs, die die Beteiligten kaum wieder vergessen.

Der Schlüssel zu den Ergebnissen, die Sie wünschen, liegt darin, Ihre Repräsentationen so zu gestalten, daß sie einen Zustand bewirken, der ressourcevoll genug ist, daß Sie das Verhalten ausführen können, das Sie zum Ziel führt. Wenn Ihnen das nicht gelingt, dann bedeutet das gewöhnlich, daß auch der Versuch mißlingen wird, das Gewünschte zu erlangen. Wenn ich Ihnen sage: »Lassen Sie uns über Feuer laufen«, dann werden die Reize, die ich Ihnen vermittels meiner Worte und meiner Körpersprache gebe, in Ihr Gehirn gelangen, wo Sie sich dann eine Repräsentation erzeugen. Wenn Sie sich Menschen vorstellen, die mit einem Ring in der Nase an irgendeinem schrecklichen Ritual teilnehmen, oder andere, die am Marterpfahl verbrennen, werden Sie in keinem besonders guten Zustand sein. Wenn Sie sich eine Repräsentation davon machen, wie Sie selbst in Flammen aufgehen, werden Sie vermutlich in einem noch schlechteren Zustand sein.

Wenn Sie sich jedoch Menschen vorstellen, die in die Hände klatschen, tanzen, feiern, und ein Bild der Freude und Ausgelassenheit vor Ihrem geistigen Auge entstehen lassen, dann geraten Sie in einen völlig anderen Zustand. Wenn Sie sich vorstellen, wie Sie gesund und fröhlich herumlaufen, und sich dabei sagen: »Ja, das kann ich ganz bestimmt tun« und Ihren Körper in eine Haltung der Zuversicht bringen, dann werden die entsprechenden Nervensignale Sie in einen Zustand versetzen, aus dem heraus Sie sehr wahrscheinlich handeln und über das Feuer gehen würden. Das gleiche gilt für alles andere im Leben. Wenn wir uns vorstellen, daß etwas nicht funktionieren wird, dann wird es auch nicht funktionieren. Wenn wir aber eine Repräsentation schaffen, daß etwas möglich ist, schaffen wir damit zugleich auch die inneren Voraussetzungen, die wir benötigen, um den Zustand zu erzeugen, der es uns gestattet, positive Ergebnisse zu erzielen. Der Unterschied zwischen einem Ted Turner, einem Lee Iacocca, einem W. Mitchell und anderen Menschen ist der, daß sie sich die Welt als einen Ort vorstellen, an dem sie jedes Ergebnis, das sie sich wünschen, erreichen können. Natürlich gelingt es uns manchmal selbst in unseren besten Zuständen nicht, das zu erreichen, was wir wollen, doch mit dem angemessenen Zustand schaffen wir zugleich immer auch die größte Wahrscheinlichkeit, um unsere Ressourcen wirksam zu nutzen.

Die nächste Frage lautet nun: Wenn die internalen Repräsentationen und die Physiologie eines Menschen zusammenwirken und den Zustand schaffen, aus dem sein Verhalten hervorgeht – wie genau wird dann das konkrete Verhalten bestimmt, das er in diesem Zustand zeigt? Der eine wird aus einem Zustand der Liebe heraus jemanden umarmen, während ein anderer möglicherweise nur von seiner Liebe erzählt. Die Antwort lautet: Wenn wir uns in einem bestimmten Zustand befinden, verfügt unser Gehirn über verschiedene Verhaltensmöglichkeiten. Die Anzahl der Verhaltensmöglichkeiten, die einem Menschen zur Verfügung stehen, wird durch die Modelle bestimmt, die er von der Welt hat. Manche Menschen haben im wesentlichen ein Modell dafür, wie sie reagieren können, wenn sie wütend werden, und schlagen einfach zu, so wie sie es bei ihren Eltern gesehen haben. Oder sie haben früher einmal mit diesem Verhalten gute Erfahrungen gemacht und es in ihrem Gedächtnis als wirksame Verhaltensmöglichkeit für die Zukunft gespeichert. Wir alle haben bestimmte Sichtweisen, ›Modelle‹, der Welt in unseren Köpfen, die unsere Wahrnehmung der Umgebung beeinflussen. Aus den Menschen, die wir kennen, den Büchern, die wir lesen, den Filmen und Fernsehsendungen, die wir sehen, bauen wir uns eine Vorstellung von der Welt und von dem, was in ihr möglich ist. In W. Mitchells Fall war es die Erinnerung an einen bestimmten Mann, den er als Kind gekannt hatte, die sein Leben formte. Dieser Mann war gelähmt und hatte dennoch aus seinem Leben einen Erfolg gemacht. Mitchell besaß also ein ›Modell‹, das ihm dabei half, seine Situation so zu repräsentieren, daß sie ihn nicht daran hinderte, äußerst erfolgreich zu sein.

Wenn wir andere Menschen modellieren möchten, müssen wir herausfinden, welche Glaubenssysteme es ihnen ermöglichen, sich die Welt so zu repräsentieren, daß sie erfolgreich handeln können. Wir müssen genau herausfinden, wie sie ihre Erfahrung der Welt repräsentiert haben. Welche visuellen Vorgänge spielen sich in ihrem Gehirn ab? Was sagen sie? Was fühlen sie? Um es noch einmal zu wiederholen: Wenn wir in unserem Körper genau die gleichen Botschaften erzeugen wie unsere Vorbilder, dann können wir auch ähnliche Resultate erzielen wie diese. Das ist das Ziel des Modellierens.

Eine der Tatsachen in unserem Leben ist, daß wir immer Ergebnisse produzieren. Wenn Sie nicht bewußt entscheiden, welche Ergebnisse Sie erzielen möchten und sich die eigenen Ziele nicht entsprechend repräsentieren, dann wird irgendein äußerer Auslöser – eine Unterhaltung, eine Fernsehshow oder sonst irgend etwas – ›Zustände‹ erzeugen, die zu Verhaltensweisen führen, die für Sie nicht hilfreich sind. Das Leben ist wie ein Fluß. Es ist ständig in Bewegung, und Sie sind dem Fluß hilflos ausgeliefert, wenn Sie nicht ganz gezielt handeln, um in eine bestimmte Richtung zu kommen. Wenn Sie nicht den Samen der gewünschten Resultate ausgesät haben, wird das Unkraut ganz von selbst wachsen. Wenn wir unseren Geist und unsere Zustände nicht ganz bewußt steuern, werden die Umstände beliebige, möglicherweise unerwünschte Zustände hervorbringen. Das kann katastrophale Folgen haben. Daher ist es entscheidend, daß wir beständig das Tor zu unserem Geist bewachen und wissen, auf welche Weise wir uns die Ereignisse repräsentieren. Das Unkraut in unserem Garten muß täglich gejätet werden!

Ein gutes Beispiel für die Macht unserer Zustände ist der Akrobat Karl Wallenda von den Flying Wallendas. Er hatte seit vielen Jahren akrobatische Kunststücke in der Luft vorgeführt und nie die Möglichkeit des Scheiterns in Betracht gezogen. Ein Sturz war in seinem Denken einfach nicht vorgesehen. Einmal erwähnte er dann plötzlich seiner Frau gegenüber, daß er sich in Gedanken habe stürzen sehen. Zum ersten Mal hatte er sich eine Repräsentation davon geschaffen, wie er stürzte. Drei Monate, nachdem er zum ersten Mal darüber gesprochen hatte, stürzte er in den Tod. Manche Menschen würden sagen, er habe eine Vorahnung gehabt. Eine andere Sichtweise wäre die, daß er seinem Nervensystem ständig eine Repräsentation, ein Signal gab, das ihn in einen Zustand versetzte, der den Sturz begünstigte. Er gab seinem Gehirn eine neue Richtung vor, in die es arbeiten konnte, und am Ende tat es das dann auch. Das ist der Grund dafür, warum es so entscheidend ist, sich im Leben auf das zu konzentrieren, was man will, und nicht auf das, was man nicht will.

Wenn Sie Ihre Aufmerksamkeit ständig auf negative Ereignisse richten, auf all die Dinge und Möglichkeiten, die Sie nicht wollen, dann versetzen Sie sich in einen Zustand, der gerade diese Möglichkeiten wahrscheinlicher macht. Sind Sie zum Beispiel eifersüchtig? Nein, Sie sind es nicht! Vielleicht haben Sie in der Vergangenheit schon einmal den Zustand der Eifersucht erlebt und ein entsprechendes Verhalten gezeigt. Aber Sie sind nicht Ihr Verhalten. Wenn Sie erst einmal solche Generalisierungen über sich selbst zulassen, erzeugen Sie einen Glauben, der auch in Zukunft Ihr Verhalten bestimmen wird. Denken Sie daran, daß Ihr Verhalten das Ergebnis Ihres Zustandes, und Ihr Zustand das Ergebnis Ihrer internalen Repräsentationen und Ihrer Physiologie ist. Beides können Sie in wenigen Augenblicken ändern. Wenn Sie früher eifersüchtig waren, dann bedeutet das einfach, daß Sie die Dinge auf eine Weise repräsentiert haben, die diesen Zustand bewirkt haben. Jetzt können Sie die Dinge auf eine neue Art und Weise repräsentieren, und so Zustände und das entsprechende Verhalten herbeiführen. Denken Sie daran, Sie haben immer die Wahl, wie Sie sich die Dinge repräsentieren. Wenn Sie sich vorstellen, daß Ihr Geliebter oder Ihre Geliebte Sie betrügt, werden Sie schon bald in einem Zustand der Wut und des Zorns sein. Machen Sie sich klar, daß Sie keinen Beweis für die Richtigkeit Ihres Verdachts haben, aber Ihr Körper reagiert dennoch so, als ob Ihre Vermutung wahr wäre und Sie, wenn der geliebte Mensch nach Hause kommt, bereits mißtrauisch oder zornig sind. Wie werden Sie diesen Menschen, den Sie lieben, in einem solchen Zustand wohl behandeln? Wahrscheinlich nicht gerade gut. Sie werden ihn beschuldigen oder verbal angreifen, oder es zunächst bei Ihren unguten ›Gefühlen‹ belassen und sich innerlich auf Vergeltung vorbereiten.

Denken Sie daran: Dieser Mensch, den Sie lieben, hat vielleicht überhaupt nichts getan, aber das Verhalten, das Sie in diesem Zustand hervorbringen, wird Ihren Partner wahrscheinlich dazu veranlassen, sich jemand anderem zuzuwenden! Wenn Sie eifersüchtig sind, sind Sie es, der diesen Zustand herstellt. Sie können jedoch ebensogut Ihre negativen Bilder in die Vorstellung umwandeln, daß sich Ihr Partner bemüht, rechtzeitig nach Hause zu kommen. Diese neue Vorstellung wird Sie in einen Zustand versetzen, in dem Sie sich, wenn er endlich nach Hause kommt, in einer Weise verhalten können, die ihm das Gefühl gibt, geliebt zu werden, und er sich noch stärker wünscht, mit Ihnen zusammen zu sein. Manchmal kann es vorkommen, das jemand, den Sie lieben, tatsächlich das tut, was Sie sich vorstellen. Aber wozu Gefühle verschwenden, bevor Sie sich ganz sicher sind? Meistens ist es ziemlich unwahrscheinlich, daß es wirklich geschehen ist, und Sie haben sich und dem anderen nur unnötigen Kummer bereitet.

Jeder Handlung geht ein Gedanke voraus.
RALPH WALDO EMERSON

Wenn wir die Kontrolle über unsere innere Kommunikation übernehmen und visuelle, auditive und kinästhetische Signale von unseren Zielen erzeugen, können wir hervorragende positive Ergebnisse erzielen, selbst in Situationen, in denen die Chancen für einen Erfolg begrenzt oder gar nicht vorhanden zu sein scheinen. Die erfolgreichsten Manager, Trainer und Eltern können sich und anderen die Umstände so repräsentieren, daß das Nervensystem auch in scheinbar hoffnungslosen Situationen Erfolgssignale empfängt. Sie halten sich und andere in einem sehr ressourcevollen Zustand, so daß sie immer wieder von vorne beginnen können, bis sie schließlich Erfolg haben.

Wahrscheinlich haben Sie schon von Mel Fisher gehört. Er hat siebzehn Jahre lang nach einem im Meer versunkenen Schatz gesucht und am Ende Gold und Silber im Wert von über vierhundert Millionen Dollar entdeckt. Ein Mitglied der Mannschaft wurde gefragt, warum die Mannschaft so lange bei der Stange geblieben sei. Der Mann erwiderte, daß Mel einfach die Fähigkeit besitze, andere Menschen in einen Zustand der Spannung zu setzen. Jeden Tag habe Fisher ihm und der Mannschaft erklärt: »Heute ist der Tag.« Und am Ende des Tages: »Morgen ist der Tag.« Aber Worte allein genügen nicht. Er sagte es mit Überzeugung in der Stimme, und seine Aussage entsprach seinen eigenen Vorstellungen und Gefühlen. Jeden Tag versetzte er sich in einen Zustand, der es ihm ermöglichte, weiterzumachen, bis er Erfolg hatte. Fisher ist ein klassisches Beispiel für die Anwendung der ›Grundregeln des Erfolgs‹. Er kannte sein Ziel, er handelte, er lernte – aus dem was funktionierte, und wenn etwas nicht glückte, versuchte er etwas anderes, bis er schließlich Erfolg hatte.

Einer der besten Motivatoren, die ich kenne, ist Dick Tomey. Er war der Footballtrainer der Universität von Hawaii. Er verstand wirklich, wie die internalen Repräsentationen der Menschen ihre Leistungen beeinflussen. Einmal, bei einem Spiel gegen die Mannschaft der Universität von Wyoming, wurde sein Team vom Platz gefegt. Zur Halbzeit stand es 22:0, und sein Team wirkte nicht so, als gehöre es in die gleiche Klasse wie die Mannschaft aus Wyoming.

Sie können sich vorstellen, in welchem Zustand sich Tomeys Spieler befanden, als sie in der Halbzeit in die Kabinen gingen. Er warf einen Blick auf ihre hängenden Köpfe und den deprimierten Ausdruck in ihren Augen, und es wurde ihm klar, daß er sie in einen besseren Zustand versetzen müsse, wenn sie in der zweiten Hälfte überhaupt eine Chance haben sollten. Bei der Physiologie, in der sie sich befanden, würden sie an nichts anderes denken können als an Mißerfolg, und es würde ihnen nie und nimmer gelingen, zu gewinnen.

Daher zog Dick eine Mappe mit Zeitungsartikeln hervor, die er im Laufe der Jahre gesammelt hatte. In jedem dieser Artikel war beschrieben, wie andere Teams, die einen viel größeren Rückstand erreicht hatten, gegen diese anscheinend unmögliche Situation angekämpft und das Spiel am Ende doch noch gewonnen hatten. Er zeigte seinen Spielern diese Artikel, und es gelang ihm, ihnen den Glauben zu vermitteln, daß sie immer noch in der Lage seien, die verlorenen Punkte gutzumachen – und dieser Glaube (internale Repräsentation) versetzte sie in einen völlig neuen neurophysiologischen Zustand. Was geschah? Tommys Spieler kehrten in der zweiten Halbzeit auf den Platz zurück und spielten das Spiel ihres Lebens, sie ließen Wyoming während der ganzen zweiten Halbzeit nicht ein einziges Mal zum Zuge kommen und gewannen am Ende mit 27:22. Sie schafften es, weil sie fähig waren, ihre internalen Repräsentationen zu ändern – ihren Glauben in bezug auf das, was möglich ist.

Vor nicht sehr langer Zeit flog ich gemeinsam mit Ken Blanchard, dem Koautor von *Der Minuten-Manager,* in einem Flugzeug. Er hatte gerade für den *Golf Digest* einen Artikel geschrieben. Er hatte bei einem der führenden Golflehrer der Vereinigten Staaten trainiert und so sein Handicap verringert. Er sagte, er habe eine Menge nützlicher Unterscheidungen gelernt, es bereite ihm jedoch Mühe, sie sich alle zu merken. Ich erklärte ihm, daß er sich gar nicht alle Details zu merken brauche. Ich fragte ihn statt dessen, ob er je einen Golfball absolut perfekt getroffen hatte. Er bejahte das. Ich fragte ihn, ob es ihm schon öfter gelungen sei. Er bejahte wieder. Dann erklärte ich ihm, daß die zur Organisation seiner Ressourcen notwendige Strategie bereits in seinem Unterbewußtsein gespeichert sei. Er brauche nichts weiter zu tun, als sich in den Zustand zu versetzen, in dem er die Informationen verwenden könne, über die er bereits verfügte. Ich verbrachte ein paar Minuten damit, ihm zu erklären, wie er sich in diesen

Zustand versetzen und diese Informationen abrufen könnte. (Sie werden diese Technik in Kapitel 17 kennenlernen.) Was passierte? Er ging los und spielte die beste Runde seit fünfzehn Jahren; er verbesserte sich um fünfzehn Schläge. Warum? Weil es nichts gibt, was soviel Macht besitzt wie ein ressourcevoller Zustand. Er hatte Zugang zu allem, was er benötigte. Er brauchte nur zu lernen, wie er es bewußt einsetzen konnte.

Denken Sie daran – unser Verhalten ist das Ergebnis des Zustandes, in dem wir uns befinden. Wenn Sie nur einmal erfolgreich gehandelt haben, so können Sie dies jederzeit wieder tun, wenn Sie die geistigen und physischen Abläufe wiederholen, die zu Ihrem Erfolg geführt haben. Vor der Olympiade 1984 arbeitete ich mit Michael O'Brien zusammen, einem Schwimmer, der die 1500 m Freistil mitschwamm. Er hatte viel trainiert, hatte aber trotzdem das Gefühl, noch nicht seine ganze Kraft eingesetzt zu haben. Er hatte offenbar eine Reihe geistiger Sperren errichtet, die ihn blockierten. Er hatte Befürchtungen darüber, was der Erfolg für ihn bedeuten könnte – und so setzte er sich die Bronzemedaille oder vielleicht noch die Silbermedaille zum Ziel. Er war nicht der Favorit für die Goldmedaille. Der Favorit, George DiCarlo, hatte Michael schon mehrmals besiegt.

Ich verbrachte eineinhalb Stunden mit Michael und half ihm dabei, den Zustand zu modellieren, in dem er seine Spitzenleistungen erreicht hatte – das heißt, ich ließ ihn herausfinden, wie er seine ressourcenvollste Physiologie herstellen könne. Was er sich vorgestellt, was er sich gesagt und was er gefühlt hatte, als es ihm einmal gelungen war, George DiCarlo in einem Wettkampf zu schlagen. Wir bestimmten die einzelnen geistigen und physiologischen Verhaltenselemente, die er bisher bei gewonnenen Kämpfen eingesetzt hatte. Wir verbanden den Zustand, in dem er sich bei dieser Gelegenheit befunden hatte, mit einem automatischen Auslöser, dem Knall der Startpistole. Ich fand heraus, daß er bei der einen Gelegenheit, als er George DiCarlo besiegt hatte, direkt vor dem Start ›Huey Lewis and the News‹[1] gehört hatte. An dem Tag,

[1] amerikanische Rockgruppe (Anm. des Ü.)

an dem das Olympische Finale stattfand, tat er alles ganz genauso; er führte genau die gleichen Verhaltensweisen aus wie an dem Tag seines damaligen Sieges und hörte sich sogar kurz vor dem Start noch Huey Lewis an. Er besiegte George DiCarlo und gewann die Goldmedaille mit vollen sechs Sekunden Vorsprung.

In dem Film *The Killing Fields* ist eine erstaunliche Szene, die ich nicht vergessen werde. Darin kommt ein etwa zwölf oder dreizehn Jahre altes Kind vor, welches das Chaos während des Krieges in Kambodscha miterlebt. Bei einer Gelegenheit schießt es aus reiner Ohnmacht jemanden nieder. Diese Szene ist außerordentlich schockierend. Wie, um alles in der Welt, fragt man sich, bringt es ein zwölfjähriges Kind fertig, so etwas zu tun? Nun, zwei Dinge fallen mir in diesem Zusammenhang auf. Erstens: Das Kind ist durch seine bisherigen Lebensbedingungen in einen schrecklichen, gewalttätigen Zustand geraten.

Zweitens: Es lebt in einer Umgebung, die nur Krieg und Zerstörung kennt, so daß es dort gar nicht so ungewöhnlich ist, einfach zum Maschinengewehr zu greifen. Das Kind hat bereits oft gesehen, wie andere das getan haben. Ich versuche, mich zwar im allgemeinen auf positivere Zustände zu konzentrieren, aber diese Szene zeigt auf dramatische Weise, daß wir in gewissen Zuständen Dinge tun können – seien sie nun gut oder schlecht – die wir in keinem anderen Zustand tun würden. Ich betone das immer wieder, damit Sie es wirklich verinnerlichen: *Das Verhalten eines Menschen ist immer das Resultat des Zustandes, in dem er sich gerade befindet. Wie er sich in einem bestimmten Zustand im einzelnen verhält, hängt von den ›Modellen‹ ab, die er von der Welt hat* – das heißt, von den Strategien, die er gespeichert hat. Ich hätte Michael O'Brian nie allein dazu bringen können, die olympische Goldmedaille zu gewinnen. Zuerst mußte er während des größten Teils seines Lebens Strategien speichern, seine Muskeln zu trainieren, usw. Ich habe nur herausgefunden, wie er seine wirksamsten Ressourcen, seine Erfolgsstrategien, in genau dem Zeitpunkt einsetzen konnte, in dem er sie brauchte.

Die meisten Menschen unternehmen sehr wenig, um den Zustand, in dem sie sich befinden, bewußt zu steuern. Sie wachen deprimiert oder voller Energie auf. Angenehme Erfahrungen beflügeln sie, schlechte machen sie niedergeschlagen. Die Menschen unterscheiden sich sehr stark in ihrer Fähigkeit, eigene Ressourcen einsetzen zu können. Bei Sportlern läßt sich das am deutlichsten erkennen. Niemand hat ununterbrochen Erfolg, aber es gibt Sportler, die die Fähigkeit besitzen, sich fast nach Belieben in einen ressourcevollen Zustand zu versetzen. Warum hat Reggie Jackson fast alle seine Läufe gewonnen? Wie konnten Larry Bird oder Jerry West aus fast jeder Lage mit unfehlbarer Präzision den Korb treffen? Ganz einfach. Sie haben es verstanden, ihre Kräfte immer dann zu mobilisieren, wenn sie diese am meisten benötigten, wenn der Druck am größten war.

Den eigenen Zustand beeinflussen zu können, ist der Wunsch jedes Menschen. Jeder versucht Glück, Freude, Begeisterung und Zufriedenheit zu erleben oder Frustration, Zorn, Ärger, Langeweile zu überwinden. Was tun die meisten dafür? Sie stellen den Fernseher an, der ihnen neue Bilder und Vorstellungen liefert, die sie verinnerlichen können, die sie erheitern und ihre Frustration vergessen lassen. Sie gehen zum Essen in ein Restaurant, rauchen eine Zigarette oder nehmen Drogen. Im günstigsten Fall machen sie Körperübungen. Das einzige Problem bei alledem ist nur, daß die Wirkungen nicht dauerhaft sind. Wenn das Fernsehprogramm zu Ende ist, haben sie wieder dieselben Repräsentationen von ihrem Leben wie zuvor. Sobald die Wirkung des stimmungsverändernden Mittels vergeht, fallen sie ihnen wieder ein, und sie fühlen sich wieder schlecht. Jetzt müssen sie den Preis für die vorübergehende Zustandsveränderung zahlen. Im Gegensatz dazu möchte ich Ihnen in diesem Buch zeigen, wie Sie Ihre internalen Repräsentationen und Ihre Physiologie ohne künstliche Hilfsmittel und die sich langfristig daraus ergebenden Probleme verändern können.

Warum greifen so viele Menschen zu Drogen? Nicht, weil sie sich gern Nadeln in den Arm stechen, sondern weil ihnen der Rauschzustand gefällt und sie keine andere Möglichkeit kennen, ihn sich zugänglich zu machen. Ich habe schon mit Kindern zu tun gehabt, die harte Drogen nahmen, diese Abhängigkeit aber nach einem Feuerlauf aufgegeben haben, weil sie dadurch eine andere Möglichkeit erfahren haben, denselben Zustand zu erleben. Ein Junge, der sechseinhalb Jahre lang Heroin genommen hatte, sagte nach dem Feuerlauf zu der Gruppe: »Es ist vorbei. Ich habe noch nie etwas erlebt – auch nicht mit Heroin – das auch nur annähernd so gut war, wie das Gefühl nach dem Feuerlauf.«

Das bedeutet nicht, daß er nun regelmäßig über das Feuer laufen muß. Er mußte nur diesen Zustand in regelmäßigen Abständen wiedererleben. Dadurch, daß er etwas getan hatte, das ihm vorher unmöglich erschienen war, konnte er eine neue Vorstellung davon entwickeln, wie er sich selbst in bessere Zustände bringen könnte.

Die Menschen, die außergewöhnliche Leistungen erbracht haben, verstehen es meisterhaft, die Ressourcen in ihrem Gehirn zu aktivieren. Das unterscheidet sie von anderen. Die wichtigste Aussage dieses Kapitels ist, daß Ihr jeweiliger Zustand eine ungeheuere Macht hat, und daß Sie diese Macht kontrollieren können. Sie brauchen nicht mehr wehrlos allem ausgeliefert zu sein, was Ihnen widerfährt. Es gibt einen Faktor, der im voraus darüber bestimmt, wie unsere Erfahrungen im Leben repräsentiert werden – ein Faktor, der unsere Wahrnehmung der Welt filtert. Dieser Faktor bestimmt auch, welche Zustände wir in bestimmten Situationen immer wieder erleben werden. Ich spreche von der vielleicht größten Kraft überhaupt, von unseren Überzeugungen, unseren Glaubenssätzen.

4

Glaube: Der Ursprung des Erfolgs

Der Mensch ist das, woran er glaubt.

Anton Tschechow

In seinem Buch ›Der Arzt in uns selbst‹ erzählt Norman Cousins eine sehr lehrreiche Geschichte über Pablo Casals, einen der großen Musiker des zwanzigsten Jahrhunderts. Die Geschichte handelt vom Glauben und einem erfüllten, langen Leben.

Cousins beschreibt seine Begegnung mit Casals, die kurz vor dem neunzigsten Geburtstag des großen Cellisten stattfand. Cousins erzählt, daß es fast schmerzhaft gewesen sei, mitanzusehen, wie der alte Mann seinen Tag begann. Er litt an Arthritis und war so gebrechlich, daß er sogar beim Anziehen Hilfe benötigte. Sein Atem ging schwer, man hörte, daß er lungenkrank war. Sein Gang war schlurfend, sein Körper nach vorn gebeugt, sein Kopf gesenkt. Die Hände waren geschwollen, seine Finger verkrampft. Er sah sehr alt und sehr müde aus.

Noch vor dem Frühstück ging Casals zum Klavier hinüber, einem der vielen Instrumente, die er meisterhaft beherrschte. Mit großer Mühe ließ er sich auf dem Klavierstuhl nieder. Es schien ihn große Anstrengung zu kosten, seine verkrampften, geschwollenen Finger auf die Tastatur zu legen.

Und dann passierte etwas absolut Unvorstellbares. Casals verwandelte sich vor Cousins' Augen in einen anderen Menschen. Er veränderte seinen Zustand, und gleichzeitig veränderte sich auch sein Körper. Plötzlich bewegte er sich und begann zu spielen; seine Körperhaltung veränderte sich merklich, und er spielte auf dem Klavier, wie man es nur von einem gesunden, kräftigen Pianisten erwarten würde. Cousins schreibt: »Die Finger lösten sich aus ihrer Verkrampfung und streckten sich den Tasten entgegen, wie sich die Blüten einer Pflanze dem Sonnenlicht entgegenstrecken. Sein Rücken straffte sich. Er schien freier zu atmen.« Schon allein der Gedanke daran, Klavier zu spielen, veränderte ihn – seinen Zustand und seinen Körper. Casals begann mit Bachs *Wohltemperiertem Klavier*; er spielte mit viel Einfühlungsvermögen und großer Beherrschtheit. Danach spielte er Brahms, und seine Finger schienen geradezu über die Tasten zu rasen. »Sein ganzer Körper schien mit Musik erfüllt. Er saß nicht mehr steif und zusammengesunken da, sondern geschmeidig und erhaben und völlig gelöst. Als Casals dann aufstand, schien er ein völlig anderer Mensch zu sein. Er stand hochaufgerichtet da und schien viel größer zu sein als vorher; er ging, ohne auch nur im geringsten die Füße über den Boden zu schleifen. Dann schritt er zum Frühstückstisch hinüber, aß herzhaft und machte anschließend einen Spaziergang am Strand.«

Wenn vom *Glauben* die Rede ist, so denken wir gewöhnlich an Konfessionen oder Doktrinen, und diese Interpretation des Wortes ist auch meist zutreffend. Aber in seiner ursprünglichen Bedeutung ist jedes leitende Prinzip ein Glaube, jede Überzeugung oder Leidenschaft, die dem Leben einen Sinn und eine Richtung geben kann. Wir sind einer Unzahl von Reizen ausgesetzt. Der Glaube ist gleichsam ein Filter, der unsere Wahrnehmungen von der Welt vorsortiert und strukturiert. Der Glaube ist wie ein Befehlshaber des Gehirns. Wenn wir kongruent glauben, daß etwas wahr ist, dann ist dies, als würden wir unserem Gehirn einen Befehl geben, wie es das, was passiert, repräsentieren soll. Casals glaubte an die Musik und die Kunst. Das war es, was seinem Leben Schönheit, Ordnung und Erhabenheit gegeben hat und ihn immer noch täglich Wunder vollbringen ließ. Weil er an die Kraft seiner Kunst glaubte, konnte er auf kaum zu glaubende Weise daraus schöpfen. Sein Glaube verwandelte ihn täglich von einem müden alten Mann in ein vitales Genie. Er hielt ihn im wahrsten Sinne des Wortes am Leben.

John Stuart Mill hat einmal geschrieben: »Ein Mensch, der glaubt, ist so stark wie neunundneunzig andere, die nur Interesse haben.« Genau das ist der Grund dafür, warum der Glaube das Tor zu außerordentlichen Leistungen öffnet. Unser Glaube bestimmt auf unmittelbare Weise unser Nervensystem. Wenn Sie glauben, daß etwas wahr ist, kommen Sie buchstäblich in einen Zustand, in dem es für Sie wahr ist. Wenn Sie mit Ihrem Glauben richtig umgehen, kann er zu einer ungeheueren Kraft in Ihrem Leben werden. Andererseits kann ein einschränkender Glaube, eine genauso starke, zerstörerische Kraft entfalten. In der ganzen Menschheitsgeschichte haben Religionen Millionen von Menschen die Kraft und die Stärke gegeben, Dinge zu tun, die sie bis dahin nicht für möglich gehalten hatten. Der Glaube hilft uns, die stärksten Ressourcen tief in uns zu erschließen und sie für unsere Ziele einzusetzen.

Der Glaube ist ein Kompaß, der uns zu unseren Zielen führt und uns die Sicherheit gibt, daß wir dorthin gelangen werden. Ohne Glauben oder die Fähigkeit, ihn zu nutzen, können Menschen schnell die Kraft zum Leben verlieren. Sie sind wie ein Boot ohne Segel und ohne Ruder. Mit einem starken Glauben, der Ihrem Leben eine Richtung gibt, haben Sie die Kraft, zu handeln und sich die Welt zu schaffen, die Sie sich wünschen. Der Glaube hilft Ihnen zu sehen, wonach Sie trachten und er gibt Ihnen die Kraft, es zu erreichen.

Es gibt in der Tat keine stärkere steuernde Kraft für menschliches Verhalten als den Glauben. Die menschliche Geschichte ist im wesentlichen die Geschichte des menschlichen Glaubens. Die Persönlichkeiten, die die Geschichte verändert haben – ob Jesus Christus, Mohammed, Kopernikus, Kolumbus, Edison oder Einstein – waren Menschen, die unseren Glauben verändert haben. Um unser Verhalten zu ändern, müssen wir mit unserem Glauben anfangen. Wenn wir außerordentliche Leistungen vollbringen wollen, müssen wir zunächst lernen, den Glauben derjenigen zu modellieren, die sie bereits erreicht haben.

Je näher wir uns mit menschlichem Verhalten befassen, um so deutlicher wird uns, welche außerordentliche Macht der Glaube über unser Leben hat. Diese Kraft widersetzt sich den logischen Modellen von der Welt, die die meisten von uns haben. Selbst auf der physiologischen Ebene beherrscht der Glaube (als kongruente internale Repräsentation) unsere Wirklichkeit. Vor nicht sehr langer Zeit wurde eine bemerkenswerte Studie über Schizophrenie veröffentlicht. In dem Bericht ist unter anderem die Rede von einer Frau, deren Blutzuckerspiegel gewöhnlich völlig normal war. Doch wenn sie glaubte, daß sie Diabetikerin sei, veränderte sich ihr gesamter physiologischer Zustand, und ihre Werte entsprachen tatsächlich denen einer Diabetikerin. Ihr Glaube war so ihre Wirklichkeit geworden.

In der gleichen Richtung sind unzählige Untersuchungen durchgeführt worden. So hat man beispielsweise Versuchspersonen in einen hypnotischen Zustand versetzt und sie dann mit einem Stück Eis berührt, das man ihnen gegenüber als heißes Metall darstellte. In allen Fällen bildete sich an der Berührungsstelle eine Blase. Ausschlaggebend war nicht die Realität, sondern der Glaube, das, was wir dem Nervensystem unmittelbar signalisieren. Unser Gehirn tut nur das, was wir ihm sagen.

Die meisten von uns kennen den Placebo-Effekt. Menschen, denen man sagt, daß ein Medikament eine bestimmte Wirkung haben werde, erleben diesen Effekt häufig tatsächlich, auch wenn das Medikament keinerlei Wirkstoffe enthält.

Norman Cousins, der aus eigener Erfahrung weiß, welche Kraft der Glaube für die Überwindung einer Krankheit darstellt, folgert daraus: »Medikamente sind nicht immer notwendig. Der Glaube an die Genesung ist unverzichtbar.« Eine bemerkenswerte Untersuchung über Placebos wurde an Patienten mit offenen Geschwüren vorgenommen. Sie wurden in zwei Gruppen aufgeteilt. Der ersten Gruppe wurde mitgeteilt, daß sie ein neues Medikament erhalten würden, das mit Sicherheit zu einer Besserung führen werde. Den Versuchspersonen der zweiten Gruppe wurde mitgeteilt, daß sie ein Testpräparat erhalten würden, über dessen Wirkung bisher nur sehr wenig bekannt sei. In der ersten Gruppe trat bereits nach kurzer Zeit bei siebzig Prozent der Versuchspersonen eine deutliche Besserung ein. In der zweiten Gruppe betrug diese Rate fünfundzwanzig Prozent. In beiden Fällen bekamen die Patienten ein Placebo verabreicht – nur gingen die beiden Gruppen von verschiedenen Grundannahmen aus. Noch bemerkenswerter sind die zahlreichen Untersuchungen, die belegen, daß Versuchspersonen, die Medikamente mit starken Nebenwirkungen erhalten hatten, keine Beeinträchtigung erlebten, wenn man ihnen erklärt hatte, daß sie nach Einnahme der Präparate eine Zustandsverbesserung erleben würden.

Andere Untersuchungen haben gezeigt, daß die Wirkung, die jemand durch Medikamente erlebt, fast immer mit seinen Erwartungen übereinstimmt. Auf diese Weise konnten Versuchspersonen selbst nach Einnahme von Amphetaminen eine beruhigende Wirkung erleben und sich durch Barbiturate angeregt fühlen. »Die ›Wunderwirkung‹ der Medikamente liegt immer im Glauben der Person begründet, nicht in den Medikamenten selbst«, folgerte Andrew Weil, der diese Untersuchung durchführte. Die Konstante in all diesen Fällen war der Glaube, der als ein kongruentes, beständiges Signal an das Gehirn und Nervensystem weitergegeben wurde. Trotz der großen Wirksamkeit dieses Prozesses ist daran nichts Geheimnisvolles. Der Glaube ist nichts anderes als ein Zustand, eine internale Repräsentation, die unser Verhalten bestimmt. Der Glaube kann uns Möglichkeiten eröffnen und uns darin bestärken, daß wir vollbringen oder erreichen werden, was wir uns vorgenommen haben, er kann uns aber auch lähmen und uns den Erfolg unmöglich, unsere Einschränkungen unüberwindlich erscheinen lassen. Wenn man an den Erfolg glaubt, so hat man auch die Kraft, ihn zu erlangen. Wenn man hingegen an Versagen glaubt, dann werden die entsprechenden Botschaften auch tatsächlich dazu führen. Vergessen Sie eines nicht: Ob Sie nun sagen, daß Sie etwas tun können, oder ob Sie sagen, daß Sie etwas nicht tun können – Sie werden immer recht haben. Beide Arten des Glaubens besitzen eine große Macht. Die Frage ist nun: Welche Art des Glaubens sollte man annehmen?

Der Ursprung besonderer Leistungen liegt in der Erkenntnis, daß wir unseren Glauben selbst wählen können. Gewöhnlich denken wir nicht so, aber das, was wir glauben, liegt in unserer Entscheidung. Sie können einen Glauben wählen, der Sie einschränkt, oder Sie können sich für einen Glauben entscheiden, der Sie unterstützt. Sie haben somit die Chance, sich die Glauben auszusuchen, die zu Erfolg und zu gewünschten Resultaten führen und die aufzugeben, die Sie beschränken und lähmen.

Viele Menschen halten den Glauben für ein statisches, intellektuelles Konzept, etwas, das keinen Bezug zu unseren Handungen und Ergebnissen hat.

Diese Vorstellung ist völlig falsch. Der Glaube ist das Tor zu besonderen Leistungen, gerade weil er alles andere als statisch ist und sehr viel mit unseren Handlungen und Ergebnissen zu tun hat. Der Glaube, den wir haben, bestimmt, wieviel von unserem Potential wir einsetzen können. Der Glaube kann unsere Ideen beflügeln oder hemmen. Stellen Sie sich beispielsweise folgende Situation vor. Jemand sagt zu Ihnen: »Würdest du mir bitte das Salz geben«, und während Sie ins Nebenzimmer gehen, sagen Sie: »Aber ich weiß nicht, wo es ist.« Nachdem Sie eine Weile gesucht haben, rufen Sie: »Ich kann das Salz nicht finden.« Dann kommt jemand anderer, nimmt das Salz vor Ihnen vom Regal und sagt: »Es steht direkt vor deiner Nase, du Dummkopf. Wenn es eine Schlange gewesen wäre, hätte sie dich gebissen.« Als Sie »Ich kann nicht« sagten, haben Sie Ihrem Gehirn den Befehl gegeben, das Salz nicht zu finden. Denken Sie daran: Jede menschliche Erfahrung, alles, was Sie je gesagt, gesehen, gehört, gefühlt, gerochen oder geschmeckt haben, ist in Ihrem Gehirn gespeichert. Wenn Sie als kongruent behaupten, Sie könnten sich nicht erinnern, haben Sie damit recht. Aber wenn Sie kongruent behaupten, sich erinnern zu können, dann geben Sie Ihrem Nervensystem einen Befehl, der den Weg zu dem Teil Ihres Gehirns freimacht, der möglicherweise die Antwort, die Sie benötigen, liefern kann.

Sie können es, weil Sie glauben, daß Sie es können.
VERGIL

Noch einmal also: Was sind Glaubenssätze? Es sind erworbene Wahrnehmungstendenzen, die unsere Kommunikation mit uns selbst in einer konsistenten Weise beeinflussen. Wie entstehen Glaubenssätze? Warum haben manche Menschen einen Glauben, der sie zum Erfolg führt, und andere einen Glauben, der sie immer wieder scheitern läßt? Wenn wir einen Glaubenssatz modellieren wollen, der zu besonderen Leistungen führt, müssen wir zunächst einmal herausfinden, wie dieser Glaube entsteht.

Unsere Umgebung. Hier finden wir zahllose Beispiele für die Regel, daß Erfolg zu mehr Erfolg und Mißerfolg zu noch mehr Mißerfolg führt. Der wahre Schrecken des Lebens in den Slums sind nicht die tägliche Frustration und Entbehrung. Diese können überwunden werden. Der wirkliche Alptraum ist die Wirkung, die die Umwelt auf den Glauben und die Träume der Menschen ausübt. Wenn man nichts anderes sieht als Mißerfolg und Verzweiflung, ist es sehr schwer, internale Repräsentationen aufzubauen, die Erfolg ermöglichen. Vielleicht erinnern Sie sich – im vorigen Kapitel haben wir gesagt, daß wir alle ständig etwas modellieren. Wenn Sie umgeben von Wohlstand und Erfolg aufwachsen, können Sie leicht Wohlstand und Erfolg modellieren. Wenn Sie in Armut und Verzweiflung aufwachsen, dann werden das die Modelle für Ihre Möglichkeiten werden. Albert Einstein hat gesagt: »Wenige Menschen sind dazu fähig, Meinungen, die sich von den Vorurteilen ihrer sozialen Umwelt unterscheiden, mit Gleichmut auszudrücken. Die meisten Menschen sind sogar unfähig, sich andere Meinungen überhaupt zu bilden.«

In einem meiner Modellierungskurse führe ich eine Übung durch, in der wir die Glaubenssysteme und Strategien von Menschen untersuchen, die in den Slums großer Städte leben. Wir bitten sie, der Gruppe von ihrem Leben und ihrer jetzigen Situation zu erzählen und uns zu sagen, wie es ihrer Meinung nach dazu gekommen ist. Dann vergleichen wir sie mit Menschen, die trotz schwerer physischer oder emotionaler Schicksalsschläge ihr Leben bewältigt haben.

Erst kürzlich hatten wir in einer Sitzung einen 28jährigen Mann bei uns. Kräftig, intelligent, körperlich gesund und mit sympathischem Äußeren. Warum war er unglücklich, warum lebte er auf der Straße, während W. Mitchell – dem, zumindest dem Augenschein nach, weniger Ressourcen zur Verfügung standen, sein Leben zu ändern – glücklich war? Mitchell ist in einer Umgebung aufgewachsen, die ihm Beispiele lieferte, die ihm Modelle dafür gab, wie Menschen große Schwierigkeiten überwanden und ein friedvolles Leben führten. Das formte seinen Glauben: »Das kann ich auch.« Im Gegensatz dazu wuchs dieser junge Mann, nennen wir ihn John, in einer Umgebung auf, in der es solche Modelle nicht gab. Seine Mutter war eine Prostituierte; sein Vater kam ins Gefängnis, weil er jemanden erschossen hatte. Als er acht Jahre alt war, gab ihm sein Vater zum ersten Mal Heroin. Diese Umgebung hat mit Sicherheit seinen Glauben über das, was möglich ist, wesentlich geprägt, nämlich wenig mehr als zu überleben. Auch der Weg dorthin war vorgegeben: Ein Leben auf der Straße, Diebstähle, Drogen, um das Leid zu betäuben. Er glaubte, daß andere Menschen einen immer übervorteilen, wenn man nicht ständig wachsam war, daß keinem an jemand anderem etwas lag und so weiter. Wir arbeiteten mit diesem Mann eine ganze Nacht lang und änderten sein Glaubenssystem (wie in Kapitel 6 beschrieben). Er ging danach nicht wieder zurück auf die Straße. Seit jener Nacht nimmt er auch keine Drogen mehr. Er suchte sich eine Arbeit und neue Freunde. Er lebt in einer neuen Umgebung, mit einem neuen Glauben, mit neuen Zielen, neuen Erfahrungen.

Benjamin Bloom von der Universität in Chicago hat an hundert außerordentlich erfolgreichen jungen Sportlern, Musikern und Studenten Untersuchungen vorgenommen. Er war erstaunt, als er feststellte, daß die meisten dieser jungen, sehr begabten Menschen am Anfang keineswegs großartige Talente gezeigt hatten.

Statt dessen hatten die meisten von ihnen liebevolle Aufmerksamkeit, Anleitung und Unterstützung genossen und haben dann begonnen, sich zu entwickeln. Der Glaube, daß sie etwas Besonderes werden könnten, war schon vorhanden, bevor auch nur das geringste Anzeichen für große Talente zu entdecken war.

Die Umwelt ist vielleicht der wesentliche Faktor für die Entstehung eines Glaubens, aber sie ist nicht der einzige. Wenn sie es wäre, würden wir in einer statischen Welt leben, in der die Kinder reicher Eltern immer nur in Reichtum, die Kinder armer Eltern immer nur in Armut leben würden. Doch es gibt noch andere Erfahrungen und Möglichkeiten des Lernens, die zur Entstehung eines Glaubens beitragen können.

Große und kleine Ereignisse können dazu beitragen, unsere Überzeugungen zu stärken. Es gibt bestimmte Ereignisse im Leben eines Menschen, die er nie vergessen wird. Wo waren Sie an dem Tag, an dem John F. Kennedy ermordet wurde? Wenn Sie alt genug sind, um sich überhaupt daran zu erinnern, werden Sie es mit Sicherheit noch wissen. Dieser Tag hat die Weltanschauung vieler Menschen für immer verändert. Jeder von uns hat ähnliche Erfahrungen gemacht, die er nie wieder vergessen wird, Augenblicke, die einen so starken Eindruck hinterlassen haben, daß sie für immer in unserer Erinnerung bleiben. Diese Art von Erfahrungen können Glaubenssätze erzeugen, die unser Leben verändern. Als ich dreizehn war, überlegte ich mir, was ich mit meinem Leben tun wollte, und beschloß, einmal ein großer Sportreporter zu werden. Eines Tages las ich in der Zeitung, daß Howard Cosell an diesem Tag in einem Buchgeschäft unserer Stadt sein neues Buch signieren sollte. Ich dachte, wenn ich ein großer Sportreporter werden will, muß ich die Leute, die in diesem Beruf tätig sind, interviewen. Warum also nicht gleich ganz oben anfangen? Nach der Schule lieh ich mir einen Kassettenrekorder und bat meine Mutter, mich zu diesem Buchladen zu fahren. Als ich ankam, stand Mr. Cosell gerade auf, um zu gehen. Ich geriet in Panik. Außerdem war er von Reportern umgeben, die sich alle darum drängten, einen letzten Kommentar von ihm zu bekommen. Ich drängelte mich an den Reportern vorbei, um in Mr. Cosells Nähe zu gelangen. Ich sprach mit Lichtgeschwindigkeit, erzählte ihm von meinen Plänen, und bat ihn um ein kurzes Interview. Trotz der vielen Reporter, die auf ihn warteten, gab Howard Cosell mir ein persönliches Interview.

Diese Erfahrung veränderte meinen Glauben in bezug auf das, was möglich ist. Ich lernte auch, daß man jeden ansprechen kann und es sich wirklich lohnt, wenn man sagt was man will. Durch Howard Cosell ermutigt, fing ich an, für eine Tageszeitung zu schreiben, und damit begann auch meine Karriere auf dem Gebiet der Kommunikation.

Der dritte Weg, um Glaubenssätze auszubilden, ist Wissen. Unmittelbare Erfahrung ist eine Möglichkeit, Wissen zu sammeln. Bücher oder Filme bieten andere Möglichkeiten; so kann man lernen, wie die Welt von anderen dargestellt wird. Wissen ermöglicht uns, die Einschränkungen, die uns unsere Umwelt auferlegt, zu überwinden. Ganz gleich, wie schlimm die Welt ist, in der Sie leben, wenn Sie von den Leistungen anderer lesen, können Sie sich den Glauben erzeugen, der es Ihnen erlaubt, Erfolg zu haben. Robert Curvin, ein farbiger Politologe, beschrieb in der *New York Times,* wie das Beispiel von Jackie Robinson, dem ersten farbigen Spieler der amerikanischen Oberliga, schon als Kind sein Leben verändert hat. »Meine Bewunderung für ihn bereicherte mich; sein Beispiel ermutigte mich, meine eigenen Erwartungen höher zu schrauben.«

Frühere Erfolgserlebnisse bieten die vierte Möglichkeit, Resultate zu erzielen. Der sicherste Weg, um daran zu glauben, daß Sie etwas Bestimmtes tun können, besteht darin, es einmal zu tun, nur ein einziges Mal. Wenn man einmal Erfolg gehabt hat, ist es weitaus leichter, zu glauben, daß man wieder Erfolg haben wird. Ich mußte die erste Fassung dieses Buches in weniger als einem Monat schreiben, um den Abgabetermin einzuhalten. Ich war nicht sicher, ob ich es schaffen würde. Aber nachdem ich an einem einzigen Tag ein ganzes Kapitel geschrieben hatte, wußte ich, daß ich es konnte. Ich war fähig, in mir den Glauben zu erzeugen, der mich befähigte, dieses Buch rechtzeitig zu Ende zu bringen.

Journalisten geht es mit ihren Terminen häufig genauso. Nur wenige Dinge im Leben sind so entsetzlich, wie zu wissen, daß man innerhalb einer Stunde oder in noch kürzerer Zeit etwas zu Papier bringen muß. Die meisten Journalisten fürchten das zu Beginn ihrer Laufbahn mehr als alles andere in diesem Beruf. Doch wenn sie es ein- oder zweimal geschafft haben, wissen sie, daß sie es auch in Zukunft tun können. Sie werden nicht klüger oder schneller, sie glauben einfach daran, daß sie eine Story in kürzester Zeit schreiben können, und stellen fest, daß sie es tatsächlich können. Das gleiche gilt für Schauspieler, Geschäftsleute oder Menschen in beliebigen anderen Lebensbereichen. Der Glaube, daß man ›es‹ nun kann, wird so zu einer sich selbst erfüllenden Prophezeiung.

Die fünfte Möglichkeit, Überzeugungen zu etablieren, besteht darin, die Erfahrungen, die Sie in Zukunft gern machen möchten, in der Vorstellung zu erleben, als würde sie gegenwärtig stattfinden. So wie frühere Erfahrungen Ihre internale Repräsentation und dadurch Ihren Glauben über das, was möglich ist, verändern können, so kann die Vorstellung davon, wie Sie sich Dinge in Zukunft wünschen, das gleiche bewirken. Ich nenne das die *Ergebnisse im voraus erleben.* Wenn das, was Sie um sich sehen, Sie nicht dabei unterstützt, in einen positiven Zustand zu kommen, dann schaffen Sie sich in Ihrer Vorstellung die Welt, die Sie haben möchten, machen Sie in Gedanken die Erfahrung, die Sie sich wünschen und verändern Sie so Ihren Zustand, Ihren Glauben und Ihr Verhalten. Eine Frage: Ist es für einen Geschäftsmann einfacher, zehntausend oder hunderttausend Dollar zu verdienen? Es ist einfacher, hunderttausend Dollar zu verdienen und ich will Ihnen auch sagen, warum. Wenn es Ihr Ziel ist, zehntausend Dollar zu verdienen, wollen Sie im Grunde nichts anderes als genug Geld zu verdienen, um Ihre Rechnungen zu bezahlen. Wenn das Ihr einziges Ziel ist, wenn das der Grund ist, warum Sie so hart arbeiten, glauben Sie dann wirklich, daß Sie bei Ihrer Arbeit in einem guten, ressourcevollen Zustand sein werden. Versetzt es Sie etwa in Hochstimmung, wenn Sie denken: Ich muß so viel arbeiten, damit ich endlich meine Rechnungen bezahlen kann? Ich weiß zwar nicht, wie es mit Ihnen ist, aber mich bringt so etwas nur schwer auf Touren.

Aber Verkauf bleibt Verkauf. Sie müssen genauso viele Leute anrufen, dieselben Leute treffen, dieselben Produkte anbieten, ganz gleich, wieviel Sie damit zu verdienen hoffen. Daher ist es sehr viel aufregender, sehr viel verlockender, mit dem Ziel loszuziehen, hunderttausend anstatt zehntausend Dollar verdienen zu wollen. Dieser Zustand wird Sie wahrscheinlich sehr viel stärker aktivieren, alles zu tun, Ihre ganzen Kräfte einzusetzen, als wenn Sie nur hoffen, genug zu verdienen, um über die Runden zu kommen.

Geld ist natürlich nicht die einzige Möglichkeit, sich zu motivieren. Was immer Ihr Ziel sein mag – wenn Sie sich eine klare Vorstellung davon machen, was Sie wollen, und zwar so, als wenn Sie es bereits erreicht hätten, dann werden Sie sich dadurch in einen Zustand versetzen, der Ihnen hilft, das gewünschte Ziel zu erreichen.

All diese Möglichkeiten helfen Ihnen, Ihren Glauben zu mobilisieren. Die meisten von uns kommen eher zufällig zu dem Glauben, den sie haben. Wir schnappen – gute oder schlechte – Dinge von unserer Umgebung auf. Doch eine der wesentlichen Aussagen dieses Buchs ist, daß der Mensch kein Blatt im Wind ist. Sie haben Einfluß auf das, was Sie glauben. Sie können andere bewußt modellieren. Sie können Ihr Leben gezielt steuern, Sie können sich verändern. Wenn es ein Schlüsselwort in diesem Buch gibt, dann lautet es: Veränderung. Ich möchte Ihnen die Frage stellen, die ich für die wichtigste halte: Was halten Sie von sich selbst und was glauben Sie, wozu Sie fähig sind? Bitte überlegen Sie einen Augenblick, und schreiben Sie dann fünf verschiedene Glaubenssätze auf, die in der Vergangenheit Ihre Handlungsweise bestimmt haben.

1. ______________________________

2. ______________________________

3. ______________________________

4. ______________________________

5. ______________________________

Stellen Sie jetzt eine Liste von wenigstens fünf positiven Glaubenssätzen auf, die Ihnen dabei helfen können, Ihre wichtigsten Ziele zu erreichen.

1. ______________________________

2. ______________________________

3. ______________________________

4. ______________________________

5. ______________________________

Ich möchte dazu bemerken, daß jede Ihrer Aussagen einen zeitlichen Bezug hat und nur im Zusammenhang mit Ihrer jetzigen Verfassung gültig ist. Sie ist keine absolute Wahrheit.

Sie kann verändert werden. Sie haben vermutlich inzwischen bemerkt, welch schädliche Auswirkungen ein negativer Glaube auf Ihren persönlichen Erfolg hat. Deshalb sollten Sie sich vergegenwärtigen, daß Sie Glaubenssysteme genausogut verändern können wie Ihren Haarschnitt, Ihre Vorliebe für eine besondere Art von Musik oder Ihre Beziehung zu einer anderen Person. Wenn Sie einen Honda fahren, aber mit einem Chrysler, Cadillac oder Mercedes zufriedener wären, liegt es an Ihnen selbst, diese Situation zu verändern.

Ihre internalen Repräsentationen und Ihre Glaubenssätze wirken auf sehr ähnliche Weise. Wenn Sie sie nicht mögen, können Sie sie verändern. Doch auch hier gibt es eine Hierarchie, eine Stufenleiter von Glaubenssystemen. Es gibt Kernglaubenssätze, Überzeugungen, die so fundamental sind, daß wir für sie sterben würden. Patriotismus, Familie und Liebe gehören für viele dazu. Aber unser Leben ist zum größten Teil von ganz bestimmten Glaubenssätzen, Erfolgs- und Glücksmöglichkeiten beherrscht, die wir im Verlauf von Jahren unbewußt angenommen haben. Das Entscheidende ist, sich diese Glaubenssätze bewußt zu machen und dafür zu sorgen, daß Sie in ihrem Sinne wirken.

Wir haben über die Bedeutung des Modellierens gesprochen. Die Fähigkeit zu modellieren beginnt mit der Fähigkeit, den Glauben anderer Menschen zu modellieren. Modellieren braucht manchmal Zeit, aber wenn Sie lesen, denken und hören, können Sie den Glauben der erfolgreichsten Menschen auf unserem Planeten modellieren. Als J. Paul Getty seinen Aufstieg begann, beschloß er, zunächst herauszufinden, was erfolgreiche Menschen glauben, und machte sich dann daran, ihren Glauben zu modellieren. Sie können gezielt seinen und den Glauben anderer erfolgreicher Unternehmer modellieren, indem Sie ihre Autobiographien lesen. Unsere Bibliotheken sind voll von Antworten auf die Frage, wie man Spitzenleistungen erreichen kann.

Woher kommen Ihre persönlichen Glaubenssätze? Von dem Mann auf der Straße? Von Funk und Fernsehen? Verdanken wir sie jemand, der irgendwann am längsten und lautesten gesprochen hat? Wenn Sie Erfolg haben wollen, ist es klug, sich sorgfältig zu überlegen, was man glauben will, anstatt wahllos jeden Glauben zu übernehmen, dem man begegnet. Es ist wichtig, uns immer wieder vor Augen zu halten, daß das Potential, das wir verwirklichen, die Ergebnisse, die wir erzielen, alle Teile eines dynamischen Prozesses sind, der mit unserem Glauben beginnt. Das folgende Diagramm gibt diesen Vorgang wieder:

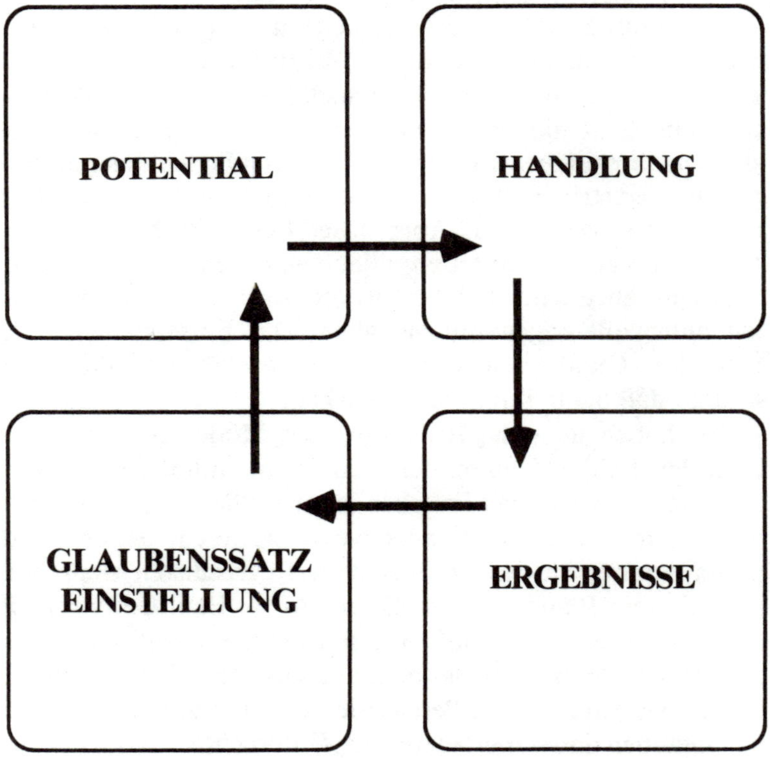

Nehmen wir einmal an, jemand glaubt, er sei in irgendeiner Hinsicht unzulänglich, z. B. ein schlechter Schüler. Wenn er schon von vornherein Mißerfolgserwartungen hat, wieviel von seinem Potential wird er dann wohl einsetzen? Nicht sehr viel. Er hat sich bereits eingeredet, daß er etwas nicht kann.

Er hat seinem Gehirn bereits signalisiert, Mißerfolge zu erwarten. Wie wird er mit dieser Art von Erwartungen wohl handeln? Wird er zuversichtlich, energisch, kongruent und selbstbewußt handeln?

Wird sein Handeln sein wirkliches Potential widerspiegeln? Vermutlich nicht. Wenn man davon überzeugt ist, daß man keinen Erfolg haben wird, warum sollte man sich dann noch große Mühe geben? Man hat also mit einem Glauben begonnen, der das hervorhebt, was man nicht tun kann, und der dem Nervensystem beständig signalisiert, auf eine bestimmte Weise zu reagieren. Man hat also nur einen begrenzten Teil seines Potentials angezapft und kann nur halbherzig und zögernd handeln. Welche Ergebnisse können so entstehen? Mit ziemlicher Wahrscheinlichkeit nur sehr unbefriedigende. Was werden diese unbefriedigenden Ergebnisse wiederum in bezug auf spätere Vorhaben bewirken? Höchstwahrscheinlich werden sie den negativen Glauben nur noch bestärken, mit dem diese ganze Kette begonnen hat. Das Beispiel zeigt eine klassische abwärts gerichtete Spirale. Mißerfolg führt zu Mißerfolg. Menschen, die unglücklich sind und ein ›bedrükkendes‹ Leben führen, haben oft so lange ohne die gewünschten Erfahrungen leben müssen, daß sie nicht mehr daran glauben, sie überhaupt noch herbeiführen zu können. Sie tun so gut wie nichts mehr, um ihr Potential zu nutzen, sondern versuchen nur noch herauszufinden, wie sie sich ihr Leben so einrichten können, daß sie so wenig wie möglich tun müssen. Dieses Verhalten führt natürlich zu weiteren trübseligen Ergebnissen, die ihnen noch mehr von ihrem Glauben nehmen, falls das überhaupt möglich ist.

Sehen wir uns diese Fragen noch einmal aus einer anderen Perspektive an. Nehmen wir an, Sie beginnen etwas mit großen Erwartungen, oder mehr noch, Sie glauben mit jeder Faser Ihres Herzens, daß Sie Erfolg haben werden. Wenn Sie mit dieser direkten, klaren Botschaft über das, was geschehen wird, beginnen – wieviel von Ihrem Potential werden Sie dann aktivieren? Wahrscheinlich einen recht großen Teil. Wie werden Sie sich dieses Mal verhalten? Werden Sie widerwillig und halbherzig an die Sache herangehen? Natürlich nicht! Sie sind gespannt, Sie sind voller Energie, Sie hegen große Erwartungen, Sie glauben an den Erfolg, Sie gehen aufs Ganze. Wenn Sie soviel Einsatz zeigen – was für Resultate werden Sie dann wohl erzielen? Wahrscheinlich ziemlich gute. Wie wird sich das auf Ihren Glauben auswirken, auch in Zukunft Großes leisten zu können? Es wird das genaue Gegenteil des oben beschriebenen Teufelskreises sein. Dieses Mal wird der Erfolg weiteren Erfolg bewirken und jeder Erfolg wird Ihren Glauben bestärken und Sie zu noch größeren Vorhaben ermutigen.

Haben auch ressourcevolle Menschen Mißerfolge? Ganz bestimmt. Garantiert bereits ein positiver Glaube, daß Sie von nun an nur noch Erfolg haben werden? Natürlich nicht. Wenn Ihnen jemand erzählt, daß er eine Zauberformel besitzt, die ihm ständigen, ungetrübten Erfolg garantiert, dann halten Sie am besten Ihre Brieftasche fest und machen sich schleunigst davon. Doch es hat sich immer wieder gezeigt, daß Menschen, die ermutigende Glaubenssysteme beibehalten, immer wieder von neuem anfangen und genug Ressourcen mobilisieren können, um schließlich doch Erfolg zu haben. Abraham Lincoln hat eine Reihe wichtiger Wahlen verloren, aber er hat nie aufgehört, daran zu glauben, daß er am Ende Erfolg haben würde. Er schöpfte Kraft aus jedem Erfolg und ließ sich von Mißerfolgen nie entmutigen. Sein Glaubenssystem zielte auf große Leistungen, und er hat sie erreicht. Sein Handeln hat die Geschichte der Vereinigten Staaten geprägt.

Manchmal ist es nicht einmal notwendig, an etwas zu glauben oder eine besondere Einstellung zu haben, um Erfolg zu erzielen. Manchmal bringen Menschen außergewöhnliche Leistungen nur deshalb zustande, weil sie nicht wissen, daß etwas schwierig oder unmöglich ist. Manchmal genügt es schon, einfach keinen einschränkenden Glauben zu haben. Das beweist die Geschichte eines jungen Mannes, der während einer Mathematikstunde einschlief. Am Ende des Unterrichts wachte er auf, sah auf die Tafel und schrieb die beiden Aufgaben ab, die dort standen. Er nahm an, daß es sich dabei um die Hausaufgaben handelte. Er ging nach Hause und arbeitete den ganzen Tag und die ganze Nacht. Er konnte die Aufgaben nicht lösen, aber er versuchte es immer wieder, eine ganze Woche lang. Schließlich hatte er eine Aufgabe gelöst und brachte sie mit in die Schule. Der Lehrer war fassungslos. Wie sich herausstellte, war die Aufgabe, die er gelöst hatte, angeblich nicht lösbar. Hätte der Schüler das gewußt, so hätte er sie wahrscheinlich auch nicht lösen können. Doch da er sich nicht einredete, daß die Aufgabe unlösbar sei – sondern von dem genauen Gegenteil ausgegangen war – konnte er einen Lösungsweg finden.

Eine andere Möglichkeit, Ihren Glauben zu ändern, besteht darin, eine Erfahrung zu machen, die der Glaube widerlegt. Das ist ein weiterer Grund, warum wir über das Feuer laufen. Es ist mir gleichgültig, ob Menschen über glühende Kohlen gehen können, es ist mir jedoch nicht gleichgültig, wenn Menschen etwas tun können, das sie vorher nicht für möglich gehalten haben. Wenn Ihnen etwas gelingt, das Sie bisher für absolut unmöglich gehalten haben, dann zwingt Sie das, Ihre Glaubenssätze neu zu überdenken.

Das Leben ist differenzierter und komplexer als manche von uns annehmen. Falls Sie es also noch nicht getan haben, dann überprüfen Sie jetzt Ihre Glaubenssysteme und entscheiden Sie, welche Glaubenssätze Sie verändern wollen und welche neuen Glaubenssätze Sie annehmen wollen.

Die nächste Frage lautet: Ist die folgende Figur konkav oder konvex?

Das ist eine dumme Frage, denn die Antwort hängt ganz davon ab, von welcher Seite man sie betrachtet.

Ihre Realität ist die Realität, die Sie selbst schaffen.

Wenn Sie positive internale Repräsentationen oder Glaubenssätze haben, dann nur deshalb, weil Sie selbst sie erzeugt haben. Wenn Sie negative Repräsentationen und Glaubenssätze haben, dann haben Sie auch diese selbst geschaffen. Es gibt viele Glaubenssätze, die besondere Leistungen begünstigen, und ich haben sieben davon ausgewählt, die mir besonders wichtig erscheinen. Ich nenne sie...

5

Die sieben Lügen des Erfolgs

Der Geist ist eine Stätte für sich,
er kann aus dem Himmel eine Hölle
und aus der Hölle einen Himmel machen.

JOHN MILTON

Die Welt, in der wir leben, ist die Welt, in der zu leben wir uns entschieden haben, ob bewußt oder unbewußt. Wenn wir Glück wählen, werden wir es erhalten. Wenn wir Trübsal wählen, werden wir es auch erhalten. Wie wir im letzten Kapitel gesehen haben, ist der Glaube der Ursprung für große Leistungen. Unsere Glaubenssätze sind spezifische, dauerhafte Regeln, nach denen wir unsere Wahrnehmung organisieren. Es sind grundlegende Entscheidungen darüber, was wir im Leben wahrnehmen wollen und wie wir folglich leben wollen. Von dieser Entscheidung hängt es ab, wann wir unser Gehirn an- und abschalten. Der erste Schritt in Richtung auf besondere Leistungen besteht also darin, die Glaubenssätze zu finden, die uns an das von uns gewünschte Ziel führen.

Der Weg zum Erfolg besteht darin, Ihr Ziel zu erkennen, zu handeln, das daraus folgende Feedback erkennen zu können, und die Flexibilität zu besitzen, so lange Ihr Verhalten zu verändern, bis Sie Erfolg haben. Das gleiche gilt für Glaubenssätze. Sie müssen den Glaubenssatz finden, der Ihr Ziel unterstützt, der Sie dorthin bringt, wo Sie hin wollen. Wenn Ihre Glaubenssätze das nicht leisten, müssen Sie sie loswerden und neue finden.

Manche Menschen wundern sich, wenn ich von den ›Lügen‹ des Erfolgs spreche. Wer möchte schon nach einer

Lüge leben? Ich meine damit nichts anderes, als daß wir nicht wissen, wie die Welt wirklich ist. Wir wissen nicht, ob die Linie konkav oder konvex ist. Wir wissen nicht, ob unser Glaube richtig oder falsch ist. Was wir wissen können, ist nur, ob er funktioniert – uns unterstützt, unser Leben bereichert, bessere Menschen aus uns macht, uns und anderen hilft.

Das Wort ›Lüge‹ wird in diesem Kapitel immer wieder auftauchen, um uns ständig daran zu erinnern, daß wir nicht wissen, wie die Dinge wirklich sind. Sobald wir zum Beispiel wissen, daß die Linie konkav ist, haben wir nicht länger die Freiheit, sie als konvex anzusehen. Das Wort ›Lüge‹ bedeutet nicht ›hinterlistig‹ oder ›unerheblich‹, es soll uns vielmehr daran erinnern, daß wir, egal wie sehr wir auch an unseren Überzeugungen hängen, offen sein sollten für andere Möglichkeiten und für permanentes Lernen. Ich schlage vor, Sie sehen sich diese sieben Glaubenssätze zunächst einmal an und entscheiden dann, ob sie für Sie nützlich sind. Ich habe sie bei erfolgreichen Menschen, die ich modelliert habe, immer wieder angetroffen. Um außerordentliche Leistungen zu modellieren, müssen wir mit dem Glaubenssystem außerordentlicher Menschen beginnen. Diese sieben Glaubenssätze haben Menschen befähigt, sich stärker einzusetzen, mehr zu tun, energischer zu handeln um bedeutendere Resultate zu erzielen. Ich behaupte nicht, daß es die einzigen Glaubenssätze sind, die zum Erfolg führen. Sie stellen nur einen Anfang dar. Sie haben bei anderen gewirkt, und ich möchte, daß Sie ausprobieren, ob sie nicht vielleicht auch bei Ihnen funktionieren.

Grundsatz 1: Alles geschieht aus einem bestimmten Grund und zu einem bestimmten Zweck und kann von Nutzen für uns sein.

Erinnern Sie sich noch an die Geschichte von W. Mitchell? Was war der zentrale Glaube, der ihm geholfen hat, sein Unglück zu überwinden? Er beschloß, was mit ihm geschehen war auf jede nur mögliche Weise für sich zu nutzen. Erfolgreiche Menschen besitzen die Fähigkeit, sich auf das zu konzentrieren, was in einer Situation möglich ist, auf die positiven Ergebnisse, die aus ihr entstehen könnten. Ganz gleich, wieviel negatives Feedback sie von ihrer Umgebung bekommen, sie denken immer an die Möglichkeiten, die in der Situation bestehen. Sie denken, daß alles, was ihnen widerfährt, aus einem bestimmten Grund geschieht und ihnen nützen kann. Sie glauben, daß jedes Unglück bereits die Saat für einen Ausgleich oder Gewinn in sich birgt.

Ich garantiere Ihnen, daß Menschen, die außergewöhnlichen Erfolg haben, so denken. Betrachten Sie Ihr eigenes Leben. Es gibt eine unendliche Anzahl von Möglichkeiten, auf eine beliebige Situation zu reagieren. Nehmen wir einmal an, Ihre Firma erhält einen Vertrag nicht, mit dem Sie gerechnet haben und der Ihnen nach Ihrer Meinung zugestanden hätte. Einige wären gekränkt und enttäuscht. Sie blieben möglicherweise zu Hause und schmollen oder gehen aus und betrinken sich. Andere wären zornig. Sie schimpfen auf die Firma, die den Vertrag vergeben hat, oder stellen sich vor, daß sie es mit lauter Ignoranten zu tun haben. Sie könnten ihren Mitarbeitern die Schuld dafür geben, daß ein so sicher scheinendes Geschäft nicht zustande gekommen ist.

Auf diese Weise können Sie etwas Dampf ablassen, aber das würde auch nicht mehr viel helfen. Es würde Sie dem gewünschten Ziel kein bißchen näher bringen. Es setzt sehr viel Disziplin voraus, die eigenen Schritte zurückzuverfolgen, schmerzhafte Lektionen zu lernen, Fehler einzusehen und sich nach neuen Möglichkeiten umzusehen. Aber das ist der einzige Weg, um aus einem negativen ein positives Ergebnis zu machen.

Ein gutes Beispiel dafür ist Marilyn Hamilton, eine frühere Lehrerin und Schönheitskönigin, die jetzt als erfolgreiche Geschäftsfrau in Fresno, Kalifornien, lebt. Sie hat einen schrecklichen Unfall überlebt. Als sie neunundzwanzig war, stürzte sie über eine Felsklippe und ist seither von der Hüfte abwärts gelähmt und an einen Rollstuhl gefesselt.

Marilyn Hamilton hätte mit Sicherheit eine Menge Dinge

finden können, die ihr nun unmöglich geworden waren. Statt dessen hat sie sich auf die Möglichkeiten konzentriert, die ihr offenstanden. Es gelang ihr, in ihrer Tragödie eine Chance zu erkennen. Am Anfang war sie wegen ihres Rollstuhls frustriert. Sie empfand ihn als einengend, fühlte sich zur Unbeweglichkeit verdammt. Nun, Sie oder ich wüßten wahrscheinlich nicht, wie wir die Besonderheiten eines Rollstuhls beurteilen sollten. Doch Marilyn Hamilton konnte es. Sie erkannte, daß sie auf geradezu einzigartige Weise dazu prädestiniert war, einen besseren Rollstuhl zu entwerfen. Daher entwickelte sie gemeinsam mit zwei Freunden den Prototyp eines neuen Rollstuhls.

Die drei gründeten eine Firma namens Motion Designs. Diese Firma ist jetzt ein großes Unternehmen, das die gesamte Rollstuhltechnik revolutioniert hat und 1984 mit dem Preis für das erfolgreichste Unternehmen Kaliforniens ausgezeichnet wurde. Ihren ersten Arbeiter stellten sie 1981 ein, und jetzt haben sie achtzig Angestellte und mehr als achthundert Vertragshändler.

Ich weiß nicht, ob Marilyn Hamilton sich je bewußt hingesetzt und versucht hat, ihre Glaubenssätze herauszufinden, aber sie hat aus einem dynamischen Glauben an ihre Möglichkeiten heraus gehandelt. Praktisch jeder große Erfolg funktioniert nach diesem Prinzip.

Nehmen Sie sich einen Augenblick Zeit, und denken Sie wieder an Ihre Glaubenssätze. Erwarten Sie in der Regel, daß sich die Dinge zum Guten oder zum Schlechten entwickeln? Erwarten Sie, daß Ihre Bemühungen Erfolg haben, oder erwarten Sie, daß sie umsonst sind? Sehen Sie immer zunächst die Möglichkeiten, die sich aus einer Situation ergeben, oder nur die Hindernisse? Viele Menschen neigen dazu, sich mehr auf die negativen als auf die positiven Aspekte zu konzentrieren. Um das zu ändern, muß man sich über diese Neigung zunächst einmal klar werden. Der Glaube an Einschränkungen schränkt den Menschen tatsächlich ein. Wir müssen diese Einschränkungen daher beseitigen und aus dem Bewußtsein unserer Ressourcen heraus handeln. Die großen Persönlichkeiten unserer Zeit sind Menschen, die die Möglichkeiten erkennen, die in einer Wüste einen Garten finden können. Unmöglich? Was geschah in Israel? Wenn Sie einen starken Glauben an die Möglichkeiten haben, die sich bieten, ist die Wahrscheinlichkeit groß, daß Sie sie auch verwirklichen können.

Grundsatz 2: Es gibt keinen Mißerfolg. Es gibt nur Resultate. Das ist fast eine Ableitung aus dem ersten Grundsatz, und sie ist genauso wichtig wie dieser. Die meisten Menschen in unserer Kultur sind darauf programmiert, sich vor Mißerfolg zu fürchten. Und doch kann sich jeder von uns an Momente in seinem Leben erinnern, als er etwas Bestimmtes erreichen wollte, aber etwas anderes herauskam. Wir alle sind schon einmal durch eine Prüfung gefallen, hatten eine unglückliche Liebesgeschichte, eine erfolglose Geschäftsidee. Ich verwende in diesem Buch immer wieder die Worte ›Ergebnis‹ und ›Resultat‹, weil erfolgreiche Menschen immer nur das Endergebnis vor Augen haben. Sie sehen keinen Mißerfolg. Sie glauben nicht an ihn. Sie können mit dem Begriff überhaupt nichts anfangen.

Jeder Mensch erzielt beständig irgendein Ergebnis. Die großen Persönlichkeiten unserer Kultur sind nicht Menschen, die keine Mißerfolge hatten, sondern einfach Menschen, die wissen, daß, wenn sie etwas zu erreichen versuchen und ihnen dies nicht gelingt, sie trotzdem etwas daraus gelernt haben; sie haben eine Erfahrung gemacht. Sie verwenden das, was sie gelernt haben, und versuchen es noch einmal. Sie wählen einen neuen Zugang und erhalten neue Resultate.

Denken Sie doch einmal darüber nach. Was ist der wichtigste Vorteil, den Sie heute gegenüber gestern haben? Die Antwort lautet natürlich: Erfahrung. Menschen, die sich vor Mißerfolgen fürchten, machen schon im voraus internale Repräsentationen davon, was schiefgehen könnte. Genau das hindert sie daran, das zu tun, was nötig ist, um den gewünschten Erfolg zu erzielen. Haben Sie Angst vor einem Mißerfolg? Nun, was halten Sie vom Lernen? Sie können aus jeder menschlichen Erfahrung lernen und dadurch bei allem, was Sie tun, Erfolg haben.

Mark Twain hat einmal gesagt: »Es gibt keinen traurigeren Anblick als einen jungen Pessimisten.« Er hatte recht. Menschen, die an den Mißerfolg glauben, fristen mit Sicherheit ein mittelmäßiges Dasein. Der Mißerfolg ist etwas, das in den Gedanken von Menschen, die Großes erreichen, einfach nicht vorkommt. Sie halten sich nicht damit auf. Sie investieren keine unangenehmen Gefühle in etwas, das nicht funktioniert.

Ich möchte Ihnen nun die Lebensgeschichte eines Mannes erzählen, der

- mit 31 eine geschäftliche Pleite erlebte,
- mit 32 einen Wahlkampf verlor,
- mit 34 erneut eine Pleite erlebte,
- mit 35 den Tod seiner Geliebten verwinden mußte,
- mit 36 einen Nervenzusammenbruch hatte,
- mit 38 eine Wahl verlor,
- mit 43 im Kongreß unterlag,
- mit 46 im Kongreß unterlag,
- mit 48 im Kongreß unterlag,
- mit 55 im Kampf um einen Senatorenplatz unterlag,
- mit 56 sein Ziel, Vizepräsident zu werden, nicht erreichte,
- mit 58 im Kampf um einen Senatorensitz unterlag,
- mit 60 zum Präsidenten der Vereinigten Staaten gewählt wurde.

Der Mann heißt Abraham Lincoln. Hätte er je Präsident werden können, wenn er seine Wahlniederlagen als Mißerfolge angesehen hätte? Wahrscheinlich nicht. Es gibt auch eine vielzitierte Geschichte über Thomas Edison. Nachdem er 9999 Mal versucht hatte, die Glühbirne zu entwickeln und keinen Erfolg damit hatte, fragte ihn jemand: »Werden Sie es auf zehntausend Mißerfolge bringen?« Und er antwortete: »Ich hatte keinen einzigen Mißerfolg. Ich habe nur immer wieder neue Möglichkeiten entdeckt, die elektrische Glühbirne nicht zu erfinden.« Er hatte herausgefunden, wie verschiedene Handlungen zu unterschiedlichen Resultaten führten.

Unsere Zweifel sind Verräter;
sie lassen uns das Gute verlieren,
das wir oft erringen könnten,
weil wir den Versuch fürchten.
WILLIAM SHAKESPEARE

Gewinner, Führungspersönlichkeiten, Meister – Menschen mit persönlicher Macht –, sie alle wissen, daß es nur ein Feedback ist, wenn man mit dem, was man tut, nicht das gewünschte Ergebnis erreicht. Dieses Feedback verwenden sie dann, um noch feinere Unterscheidungen darüber zu treffen, was sie tun müssen, um die gewünschten Ergebnisse zu erzielen. Buckminster Fuller schrieb einmal: »Alles was die Menschen gelernt haben, haben sie durch Erfahrung von Versuch und Irrtum gelernt. Lernen geschieht nur durch Fehler.« Manchmal lernen wir aus eigenen Fehlern, manchmal aus den Fehlern anderer. Nehmen Sie sich eine Minute Zeit, um über die fünf schlimmsten sogenannten ›Mißerfolge‹ Ihres Lebens nachzudenken. Was haben Sie aus diesen Erfahrungen gelernt? Möglicherweise gehört genau das zu den wertvollsten Lektionen, die Sie in Ihrem Leben erhalten haben.

Buckminster Fuller verwendet die Metapher eines Schiffsruders. Er sagt, wenn das Ruder eines Schiffs zu der einen oder zu der anderen Seite abgewinkelt ist, so neigt das Schiff dazu, sich stärker zu drehen, als es der Steuermann beabsichtigt hat. Er muß diese Kursabweichung daher korrigieren und in einem nicht endenden Prozeß von Handlung und Reaktion, Anpassung und Korrektur das Schiff in die ursprüngliche Richtung zurückbringen. Stellen Sie sich das vor – ein Steuermann auf ruhiger See, der sein Boot vorsichtig in die Zielrichtung bringt, indem er Tausende unvermeidbarer Abweichungen von seinem Kurs korrigiert. Das ist ein schönes Bild, und ein wunderbares Modell für das Bemühen, erfolgreich zu leben. Aber die meisten von uns denken nicht so. Jeder Irrtum, jeder Fehler bedeutet für sie eine emotionale Belastung und ist in ihren Augen Mißerfolg.

Viele Menschen leiden zum Beispiel unter ihrem Übergewicht. Das ändert jedoch nichts an ihrem Übergewicht. Zumindest könnten sie die Tatsache würdigen, daß sie ein Resultat ohne Zweifel erreicht haben, nämlich überschüssiges Fett anzusammeln, und daß sie nun ein neues Ergebnis erzielen können, nämlich schlank zu werden. Dieses neue Ergebnis könnten sie erzielen, wenn sie sich auf neue Weise verhalten würden.

Wenn Sie nicht sicher sind, welche Handlungen angemessen sind, um zu diesem Resultat zu gelangen, dann machen Sie es einfach wie jemand, der es geschafft hat, dünner zu werden. Finden Sie heraus, was dieser Mensch im einzelnen getan hat, geistig und physisch, um dünn zu bleiben. Vollziehen Sie seine Handlungen nach, und Sie werden zu den gleichen Resultaten gelangen. Solange Sie Ihr überschüssiges Gewicht als einen Mißerfolg ansehen, werden Sie wie gelähmt sein. Doch in dem Augenblick, da Sie es als ein Resultat ansehen, das Sie selbst erreicht haben und daher auch wieder ändern können, ist Ihnen der Erfolg sicher.

An Mißerfolge zu glauben, heißt, seinen Geist zu vergiften. Wenn wir negative Emotionen speichern, dann beeinflussen wir die physiologischen Vorgänge in unserem Körper, unser Denken und unseren Zustand. Die Furcht vor dem Versagen stellt die größte Einschränkung für sehr viele Menschen dar. Robert Schuller, ein Lehrer des ›Möglichkeitsdenkens‹, stellt eine großartige Frage: ›Was würden Sie alles versuchen, wenn Sie wüßten, daß Sie auf jeden Fall Erfolg haben?‹ Denken Sie darüber nach. Wie würden Sie diese Frage beantworten? Wenn Sie wirklich glauben würden, daß Sie keinen Mißerfolg haben können, wäre es doch möglich, völlig neue Dinge anzupacken und neue wünschenswerte Ergebnisse zu erzielen. Sollen Sie es nicht einfach mal versuchen? Ist das nicht die einzige Möglichkeit, zu wachsen? Ich schlage daher vor, Sie beginnen sich gleich jetzt darüber klar zu werden, daß es so etwas wie Mißerfolge nicht gibt. Es gibt nur Resultate. Sie bringen immer ein Resultat hervor. Wenn es nicht das sein sollte, das Sie gewollt haben, dann brauchen Sie nur etwas anderes zu tun, um so zu anderen Ergebnissen zu gelangen.

Streichen Sie das Wort ›Mißerfolg‹ aus Ihrem Wortschatz, machen Sie in diesem Buch einen Kreis um das Wort ›Ereignis‹ und stellen Sie sich darauf ein, aus jeder Erfahrung zu lernen.

Grundsatz 3: Übernehmen Sie Verantwortung, was immer geschieht.

Ein anderes Merkmal, das große Führungspersönlichkeiten und Erfolgsmenschen haben, ist, daß sie aus dem Glauben heraus handeln, ihre Welt selbst zu schaffen. Ein Satz, den man immer wieder von ihnen hört, lautet: »Ich bin dafür verantwortlich. Ich werde mich darum kümmern.«

Es ist kein Zufall, daß diese Einstellung bei Erfolgsmenschen immer wieder anzutreffen ist. Erfolgsmenschen neigen dazu, bei jedem Anlaß, egal, ob angenehm oder unangenehm, zu glauben, daß sie selbst die Situation geschaffen haben. Wenn auch vielleicht nicht durch ihr Handeln, dann vielleicht durch ihre innere Haltung und die Art ihrer Gedanken. Ich weiß nicht, ob das stimmt. Kein Wissenschaftler kann sagen, ob wir durch unsere Gedanken die Realität schaffen. Doch es ist eine nützliche Lüge. Daher habe ich beschlossen, sie zu übernehmen. Ich glaube, daß wir uns unsere Erfahrungen im Leben selbst schaffen – entweder durch unser Verhalten oder durch unsere Gedanken – und daß wir aus beidem etwas lernen können.

Wenn Sie nicht glauben, daß Sie Ihre Welt selbst schaffen, sei es nun durch Ihre Erfolge oder durch Ihre Mißerfolge, dann liefern Sie sich damit den Umständen aus. Dann passieren die Dinge einfach mit Ihnen. Dann sind Sie ein Objekt, kein Subjekt. Wenn ich das glauben würde, würde ich mich auf der Stelle auf und davon machen und mich nach einer anderen Kultur, einer anderen Welt, einem anderen Planeten umsehen. Was hätte ich dann hier noch verloren, wenn ich doch nur das Produkt zufälliger Kräfte wäre?

Das Maß an Verantwortung, das ein Mensch anzunehmen bereit ist, ist meiner Meinung nach einer der wichtigsten Indikatoren, an denen sich seine Größe und seine Reife messen lassen. Es ist auch ein Beispiel dafür, wie Glaubenssätze andere Glaubenssätze unterstützen und welche Kraft aus einem kohärenten Glaubenssystem entstehen kann. Wenn Sie nicht an Mißerfolg glauben, wenn Sie wissen, daß Sie Ihr Ziel erreichen werden, dann haben Sie nichts zu verlieren, und alles zu gewinnen, wenn Sie Verantwortung übernehmen. Wenn es in Ihrer Verantwortung ist, werden Sie auch Erfolg haben.

John F. Kennedy besaß diesen Glauben. Es wird behauptet, Kennedy sei erst durch den Schweinebucht-Vorfall zu einem wirklichen politischen Führer geworden, als er vor dem amerikanischen Volk stand und zugab, daß die Aktion in der Schweinebucht ein schwerer Fehler gewesen sei, der nie hätte passieren dürfen – und die volle Verantwortung dafür übernahm. Dadurch wurde er von einem fähigen jungen Politiker zu einer wahren Führerpersönlichkeit. Kennedy tat, was jede große Führungspersönlichkeit tun muß. Wer die Verantwortung übernimmt, besitzt die Macht. Wer sich vor der Verantwortung drückt, wird entmachtet.

Das gleiche Prinzip trifft auch auf den persönlichen Bereich zu. Fast jeder kennt die Erfahrung, daß etwas, was er gesagt oder getan hat, von Dritten anders aufgefaßt wurde, als er beabsichtigt hatte. Sie versuchen jemandem mitzuteilen, daß Sie ihn lieben, oder Verständnis für seine Probleme haben. Statt dieser positiven Botschaft kommt bei ihm eine negative an. Der andere wird wütend oder böse. Häufig neigen wir dazu, nun selbst auch böse zu werden und dem anderen die Schuld zu geben, ihn für alles Unangenehme in der Situation verantwortlich zu machen. Das ist zwar der leichteste Ausweg aus dieser Situation, aber nicht immer der klügste. Denn vielleicht war die Art und Weise, wie wir miteinander gesprochen haben, der eigentliche Auslöser. Sie können noch immer das eigentliche Ziel Ihrer Kommunikation erreichen, wenn Sie sich daran erinnern, was Sie bei dem anderen hervorrufen wollten. Es liegt an Ihnen selbst, etwa am Ton Ihrer Stimme oder an Ihrem Gesichtsausdruck, etwas zu ändern. Die Bedeutung einer Kommunikation ist die Reaktion, die sie bewirkt. Durch eine Veränderung Ihres Verhaltens können

Sie auch Ihre Kommunikation verändern. Wenn Sie Verantwortung übernehmen, haben Sie die Macht, das Ergebnis, das Sie erzielen, zu ändern.

Grundsatz 4: Man muß nicht alles verstehen, um es verwenden zu können.
Viele erfolgreiche Menschen halten sich an diesen nützlichen Glaubenssatz. Sie sind der Meinung, daß sie nicht alles über eine Sache wissen müssen, um es nutzen zu können. Sie befassen sich nur mit dem Wesentlichen, ohne die Notwendigkeit zu verspüren, sich mit jedem einzelnen Detail auseinanderzusetzen. Wenn man die Menschen untersucht, die Macht haben, stellt man fest, daß sie über viele Dinge ein allgemeines Wissen besitzen, sich aber häufig nur wenig um die Details ihres Geschäfts kümmern. Im ersten Kapitel haben wir darüber gesprochen, wie Modellieren dem Menschen etwas sehr Wertvolles ersparen kann – Zeit. Wenn wir erfolgreiche Menschen beobachten und feststellen, was genau sie tun, um die gewünschten Ergebnisse zu erzielen, dann können wir auch ihre Handlungen – und somit ihre Ergebnisse – nachvollziehen, und zwar in weitaus kürzerer Zeit; Zeit ist etwas, das Sie von niemand anderem bekommen können. Erfolgreiche Menschen geizen ausnahmslos mit ihrer Zeit. Sie suchen das Wesentliche in einer Situation, holen sich heraus, was sie benötigen, und kümmern sich nicht um den Rest. Wenn sie sich natürlich für irgend etwas interessieren, wenn sie beispielsweise verstehen wollen, wie ein Motor funktioniert oder wie ein Produkt hergestellt wird, dann nehmen sie sich die nötige Zeit, um etwas darüber zu erfahren. Doch sie wissen immer ganz genau, wieviel Zeit sie benötigen. Sie wissen immer, was wesentlich ist und was nicht.

Ich könnte wetten, daß Sie eine ziemlich vage und flüchtige Antwort hätten, wenn ich Sie bitten würde, mir die Elektrizität zu erklären. Trotzdem haben Sie keine Hemmungen, den Schalter anzudrehen und Licht zu machen. Ich glaube nicht, daß viele von Ihnen zu Hause sitzen und mein Buch bei Kerzenschein lesen. Erfolgreiche Menschen können gut zwischen dem unterscheiden, was sie verstehen müssen und was nicht. Um die Informationen in diesem Buch wirksam anwenden zu können, müssen Sie sich darüber im klaren sein, daß zwischen Anwendung und Wissen immer ein Gleichgewicht bestehen sollte. Sie können sich ewig damit beschäftigen, die Wurzeln zu finden, oder Sie können lernen, die Früchte zu ernten. Erfolgreiche Menschen besitzen nicht unbedingt immer die meisten Informationen oder das größte Wissen. Es hat in Stanford und bei Cal Tech wahrscheinlich viele Wissenschaftler und Techniker gegeben, die mehr über Computerschaltkreise wußten als Steve Jobs oder Steve Wozniak – nur haben es diese beiden verstanden, ihr Wissen am erfolgreichsten anzuwenden. Sie waren es, die Resultate hervorgebracht haben.

Grundsatz 5: Menschen sind Ihre größte Ressource.
Menschen, die schon hervorragende Resultate erzielt haben, behandeln andere fast immer mit Achtung und Respekt. Sie haben einen Sinn für Teamarbeit, für gemeinsame Ziele und für Gemeinschaft. Wenn man aus den neuen Büchern über Management wie *In Search of Excellence* (dt.: Auf der Suche nach Spitzenleistungen) oder *The One Minute Manager* (dt.: Der Minutenmanager) einen Schluß ziehen will, dann ist es der, daß es ohne gute zwischenmenschliche Kontakte keinen langanhaltenden Erfolg gibt, da der Weg zum Erfolg darin besteht, ein erfolgreiches Team aufzustellen, das gut zusammenarbeitet. Sie kennen die Berichte über japanische Fabriken, in denen Arbeiter und Direktoren in derselben Cafeteria essen und beide Seiten teilhaben bei der Beurteilung von Leistungen. Der Erfolg bestätigt nur, welche Wunder möglich sind, wenn wir die Menschen respektieren, anstatt sie zu manipulieren.

Als Thomas J. Peters und Robert H. Waterman, die Autoren von *Auf der Suche nach Spitzenleistungen,* die Faktoren herausfilterten, die eine Firma groß machen, war einer der wesentlichen Punkte, den sie fanden, die intensive Beschäftigung der Betriebsführung mit den Menschen. »Es gibt in hervorragenden Geschäftsunternehmen kaum ein wichtigeres Thema als die Achtung des Vorgesetzten vor dem Individuum«, schreiben sie. Firmen, die Erfolg haben, behandeln ihre Mitarbeiter mit Achtung und Würde und betrachten sie als Partner, nicht als Werkzeuge. Achtzehn von zwanzig leitenden Angestellten von Hewlett-Packard erklärten zum Beispiel, daß der Erfolg der Firma in der mitarbeiterorientierten Haltung zu suchen sei.

H. P. ist kein Einzelhändler, und auch keine Dienstleistungsfirma, die vom guten Willen einer bunt gestreuten Kundschaft abhängt.

Hewlett-Packard beschäftigt sich mit den komplizierten Bereichen moderner Technologie. Aber selbst dort ist man sich darüber im klaren, daß der erfolgreiche Umgang mit Mitarbeitern eine unabdingbare Voraussetzung des Erfolgs ist.

Wie für viele der Grundsätze, die hier erwähnt wurden, läßt sich auch über diesen leichter reden als ihn in die Tat umzusetzen. Der Gedanke, andere Menschen mit Achtung zu behandeln, – sei es nun in der eigenen Familie oder im Geschäftsleben – ist ein häufiges Lippenbekenntnis. Es ist nicht immer ganz so leicht, es auch zu tun.

Behalten Sie beim Lesen dieses Buches bitte immer das Bild des Steuermannes im Gedächtnis, der immerzu den Kurs seines Schiffes korrigiert, während sich dieses dem Ziel nähert. Der gleiche Grundsatz gilt für das Leben im allgemeinen. Wir müssen ständig wachsam sein, unser Verhalten korrigieren und unsere Handlungen immer wieder neu überprüfen, um sicherzustellen, daß wir in die gewünschte Richtung gehen. Zu behaupten, man behandle Menschen mit Respekt und es zu tun, ist zweierlei. Wer diesem Grundsatz jedoch treu ist, kann am besten zu einem anderen sagen: »Wie können wir es besser machen?« – »Wie können wir das zustande bringen?« – »Wie können wir bessere Ergebnisse erzielen?« – Er weiß, daß einer allein, wie brillant er auch sein mag, nur sehr schwer die zusammenwirkenden Talente eines ganzen Teams ersetzen kann.

Grundsatz 6: Arbeit ist Spiel.
Kennen Sie jemanden, der großen Erfolg mit etwas hatte, das ihm verhaßt war? Ich nicht. Eine wesentliche Voraussetzung des Erfolgs besteht darin, das, was man tut, mit den eigenen Neigungen zu verbinden. Pablo Picasso hat einmal gesagt: »Wenn ich arbeite, entspanne ich mich; Nichtstun oder Besucher unterhalten, macht mich müde.«

Wahrscheinlich können wir nicht so gut malen wie Picasso, aber wir können alle unser mögliches tun, um eine Arbeit zu finden, die uns belebt und anregt. Wir können bei jeder Arbeit viel von dem nutzen, was wir im Spiel tun würden. Mark Twain hat gesagt: »Das Geheimnis des Erfolgs liegt darin, sich in seiner Arbeit entspannen zu können (»The secret of success is making your vocation your vacation«). Genau das scheinen erfolgreiche Menschen zu tun.

Es ist in diesen Tagen viel von Workaholics‹ die Rede. Es gibt auch tatsächlich eine Reihe von Menschen, für die die Arbeit zu einer Sucht geworden ist. Sie scheinen keinen Spaß an ihrer Arbeit zu finden, aber sie sind an einen Punkt gelangt, da sie nichts anderes mehr tun können.

Wissenschaftler haben an einigen dieser ›Workaholics‹ einige erstaunliche Dinge festgestellt. Einige scheinen von ihrer Arbeit fast manisch besessen, weil sie diese lieben. Ihre Arbeit fordert sie heraus, sie regt sie an, sie bereichert ihr Leben. Diese Menschen finden in ihrer Arbeit das, was die meisten von uns im Spiel finden. Sie betrachten sie als eine Möglichkeit, ihre Kräfte einzusetzen, Neues zu lernen, unbekannte Wege zu erforschen.

Eignen sich manche Jobs besser für diesen Zweck als andere? Natürlich! Daher kommt es darauf an, sich um diese Jobs zu bemühen. Auch hier wirkt wieder eine nach oben führende Spirale. Wenn Sie Ihre Arbeit kreativ ausführen, hilft es Ihnen dabei, eine Arbeit zu finden, die noch besser ist als die erste. Wenn Sie zu der Überzeugung gelangen, daß Arbeit nur Quälerei ist, die dazu dient, einen Gehaltsscheck nach Hause bringen zu können, dann wird sie höchstwahrscheinlich auch nie etwas anderes für Sie sein.

Wir sprachen an anderer Stelle von der Kraft, die von einem kohärenten Glaubenssystem ausgeht, in dem sich die Glaubenssätze gegenseitig stützen. Hier ist ein weiteres Beispiel dafür.

Ich glaube nicht, daß es viele Jobs gibt, die völlige Sackgassen sind. Es gibt nur Menschen, die den Sinn für Möglichkeiten verloren haben, Menschen, die sich dafür entschieden haben, keine Verantwortung zu übernehmen, Menschen, die beschlossen haben, an den Mißerfolg zu glauben. Ich will damit nicht sagen, daß Sie arbeitssüchtig werden sollen. Ich rate Ihnen nicht, sich dafür zu entschließen, Ihr Leben in Zukunft nur an Ihrer Arbeit zu orientieren. Aber ich glaube, daß Sie Ihr Leben und Ihre Arbeit bereichern, wenn Sie ihr die gleiche Neugier und Vitalität entgegenbringen, die Sie einem Spiel widmen.

Grundsatz 7: Es gibt keinen bleibenden Erfolg ohne Hingabe. Erfolgreiche Menschen glauben an die Macht des Engagements. Wenn es einen einzigen Glaubenssatz gibt, der vom Erfolg fast untrennbar zu sein scheint, dann ist es der, daß es ohne Hingabe keinen großen Erfolg gibt. Erfolgreiche Menschen in verschiedensten Bereichen sind nicht unbedingt die Besten oder die Intelligentesten, Schnellsten und Stärksten. Es sind diejenigen mit der größten Hingabe. Die große russische Ballerina Anna Pawlowa hat einmal gesagt: »Ein Ziel zu verfolgen, ohne innezuhalten: Das ist das Geheimnis des Erfolgs.« Es ist eine andere Formulierung für unsere Grundregel des Erfolgs: sein Ziel kennen, das modellieren, was funktioniert, handeln, Feedback wahrnehmen können und so lange etwas Neues probieren, bis das Ziel erreicht ist.

Wir finden das in allen Bereichen bestätigt, selbst in solchen, in denen natürliche Begabung der stärkste Faktor zu sein scheint. Nehmen wir den Sport. Was macht Larry Bird zu einem der besten Basketballspieler? Viele Menschen fragen sich das zu Recht. Er ist langsam. Er kann nicht springen. Zwischen all den grazilen Gestalten sieht er manchmal so aus, als würde er in Zeitlupe spielen. Aber wenn man genauer hinsieht, so stellt man fest, daß Larry Bird Erfolg hat, weil er überaus engagiert ist. Er trainiert härter, er hat mehr geistige Disziplin, er spielt härter, er will den Erfolg mehr als alle anderen. Er holt mehr aus sich heraus als die anderen. Tom Watson, der berühmte Golfspieler, war in Stanford nicht besonders gut. Er war nichts weiter als einer im Team. Aber sein Coach bewundert ihn noch heute. Er sagt: »Ich habe noch nie jemanden gesehen, der mehr trainiert hat.« Die rein physische Begabung sagt beim Sport noch gar nichts. Es ist die Hingabe, die die gute von der sehr guten Leistung trennt.

Hingabe ist in allen Bereichen eine wichtige Komponente für den Erfolg. Vor seiner großen Zeit war Dan Rather in Huston eine Legende als der am härtesten arbeitende Fernsehreporter. Noch heute erzählt man sich von dem Bericht, den er von einem Baum aus machte, als ein Hurrikan die texanische Küste entlang fegte. Vor einiger Zeit hörte ich jemanden sagen, Michael Jackson sei über Nacht zum Star geworden. Über Nacht? Besitzt Michael Jackson großes Talent? Ganz gewiß. Aber er arbeitet daran, seit er fünf Jahre alt ist. Seit dieser Zeit ist er im Unterhaltungsgeschäft tätig. Er singt, er tanzt, er schreibt seine Songs. Bestimmt besaß er auch ein natürliches Talent. Außerdem wuchs er in einer Umgebung auf, die dieses Talent förderte; er entwickelte einen Glauben, der ihn weiterbrachte – er hatte viele erfolgreiche Vorbilder zur Verfügung; er hatte eine Familie, die ihn unterstützte. Doch das Wesentliche war sein Wille, den Preis zu zahlen. Erfolgreiche Menschen sind bereit, zu tun, was getan werden muß, um ihr Ziel zu erreichen. Es versteht sich von selbst, daß kein Dritter dabei geschädigt werden darf. Das unterscheidet sie von den anderen.

Gibt es noch andere Glaubenssätze, die zu besonderen Leistungen führen? Sicher gibt es die. Wenn Sie sie berücksichtigen, um so besser. Auch in diesem Buch werden noch Unterscheidungen getroffen und Einblicke gewährt, die Sie diesen hinzufügen können. Denken Sie daran: *Der Erfolg hinterläßt Spuren.* Beobachten Sie Menschen, die Erfolg haben, genau. Finden Sie heraus, woran sie im wesentlichen glauben und wodurch sie fähig sind, ständig wirksam zu handeln und herausragende Ergebnisse zu erzielen. Die beschriebenen sieben Glaubenssätze haben schon bei vielen Menschen Wunder bewirkt, und ich glaube, daß sie auch bei Ihnen Wunder bewirken werden, wenn Sie sie annehmen.

Ich höre fast, was einige jetzt denken: Was passiert aber, wenn ich Grundsätze habe, die mich nicht unterstützen? Was, wenn meine Grundsätze negativ sind und nicht positiv? Wie kann ich meine Glaubensgrundsätze verändern? Sie haben bereits den ersten Schritt getan. Sie haben es sich bewußt gemacht. Sie wissen, was Sie wollen. Der zweite Schritt ist handeln, lernen, Ihre internalen Repräsentationen und Ihren Glauben zu kontrollieren, lernen, Ihr Gehirn zu steuern.

Bis jetzt haben wir nur die Elemente genannt, die, wie ich glaube, zu besonderen Leistungen führen. Wir haben gesagt, daß Wissen das Privileg der Könige sei, daß die Meister der Kommunikation wissen, was sie wollen, daß sie wirksam handeln und ihr Verhalten so lange immer wieder verändern, bis sie die von ihnen gewünschten Ergebnisse erzielt haben. In Kapitel 2 haben wir gelernt, daß man durch Modellieren zu besonderen Leistungen gelangt. Wenn wir Menschen finden, die großen Erfolg haben, so können wir die Handlungen, mit denen sie erfolgreiche Ergebnisse erzielen, modellieren und in kürzerer Zeit als unsere Vorbilder zu ähnlichen Ergebnissen gelangen wie sie. In Kapitel 3 haben wir über die Macht verschiedener Zustände gesprochen. Wir haben gesehen, daß Menschen, die sich in einem ressourcevollen neurophysiologischen Zustand befinden, ressourcevolles und effektives Verhalten an den Tag legen. In Kapitel 4 haben wir etwas über das Wesen des Glaubens erfahren und darüber, wie ausschlaggebend der Glaube sein kann. In diesem Kapitel haben wir schließlich die sieben Glaubenssätze des Erfolgs erforscht, die der Grundstein für besondere und herausragende Leistungen sind.

Als nächstes werde ich Ihnen nun Techniken zeigen, die Ihnen helfen, das, was Sie bisher gelernt haben, anzuwenden.

6

Den Geist beherrschen – Wie Sie Ihr Gehirn steuern können

Suchen Sie nicht nach Fehlern,
suchen Sie nach Lösungen.

HENRY FORD

Dieses Kapitel handelt davon, wie man Lösungen findet. Bis jetzt haben wir davon gesprochen, was Sie tun können, wenn Sie Ihr Leben ändern wollen, welche Zustände Sie stärken und welche Zustände Sie lähmen. Jetzt werden Sie erfahren, wie Sie Ihren Zustand ändern können, damit Sie fähig sind, zu erreichen, was immer Sie wollen und wann Sie es wollen. Gewöhnlich mangelt es uns nicht an Ressourcen, sondern es mangelt uns an Kontrolle über unsere Ressourcen. Dieses Kapitel handelt davon, wie Sie Kontrolle gewinnen, wie Sie aus Ihrem Leben mehr machen, wie Sie Ihren Zustand, Ihr Verhalten und damit auch Ihre Resultate verändern können – und zwar innerhalb weniger Augenblicke.

Das Modell der Veränderung, das ich lehre und das durch das *Neurolinguistische Programmieren* zur Verfügung gestellt wird, unterscheidet sich von dem vieler Therapieschulen. Viele Therapeuten glauben, daß man, um sich zu verändern, weit zurück zu tiefliegenden negativen Erfahrungen gehen und diese noch einmal erleben muß. Das beruht auf der Vorstellung, daß negative Erfahrungen sich wie eine Flüssigkeit in Menschen ansammeln, bis am Ende kein Platz mehr ist und sie überfließen. Die einzige Möglichkeit, um das zu verändern, besteht nach dieser Auffassung darin, die betreffenden Ereignisse noch einmal zu erleben und noch einmal die

Schmerzen zu ertragen, um sich dann ein für allemal von ihnen zu befreien.

Meine Erfahrung hat mir jedoch gezeigt, daß diese Methode nicht sehr wirksam ist, um Menschen dabei zu helfen, mit ihren Problemen fertig zu werden. Denn wenn man jemanden auffordert, noch einmal zu irgendeinem Trauma zurückzukehren, und es noch einmal zu erleben, versetzen Sie ihn damit in einen sehr unangenehmen und ressourcearmen Zustand. In einem so ressourcearmen Zustand ist es sehr schwer, neue ressourcevolle Verhaltensweisen zu entwickeln und gute Ergebnisse zu erzielen. Tatsächlich kann eine solche Auseinandersetzung mit dem Problem das schmerzhafte oder ressourcelose Muster sogar noch verstärken. Wenn man sich immer wieder in einen lähmenden und schmerzhaften Zustand begibt, wird es viel wahrscheinlicher, daß dieser Zustand auch in der Zukunft weiterbesteht. Je häufiger man eine Erfahrung neu erlebt, um so wahrscheinlicher ist es, daß man sich daran gewöhnt. Vielleicht ist das der Grund, warum die meisten der traditionellen Therapien so viel Zeit brauchen, um zu Ergebnissen zu gelangen.

Einige meiner Freunde sind Therapeuten. Sie machen sich ernsthaft Gedanken über ihre Patienten und sie glauben, daß sie mit ihrer Therapieform etwas ändern können. Das stimmt. Eine traditionelle Therapie führt zu Resultaten. Die Frage ist nur, ob diese Resultate nicht auch mit weniger Schmerzen für den Patienten erzielt werden könnten, und sogar in weitaus kürzerer Zeit? Die Antwort ist Ja – wenn wir das Vorgehen der erfolgreichsten Therapeuten modellieren, wie es Bandler und Grinder getan haben. Wenn Sie ein grundsätzliches Verständnis davon haben, wie Ihr Gehirn funktioniert, können Sie sogar Ihr eigener Therapeut, Ihr eigener Berater werden. Sie können sogar über die Möglichkeit der Therapie hinausgehen und lernen, jedes Gefühl und jedes Verhalten in wenigen Augenblicken zu ändern.

Um wirksamere Resultate hervorzubringen, muß man zunächst ein neues Modell für den Prozeß der Veränderung schaffen. Wenn Sie daran glauben, daß sich Ihre Probleme ansammeln, bis sie überfließen, dann werden Sie auch genau das erleben. Statt an Schmerzen zu glauben, die sich häufig wie eine tödliche Flüssigkeit in uns stauen, verstehe ich unsere neurologische Aktivität eher als eine Jukebox. Wir machen beständig Erfahrungen, die aufgezeichnet werden. Wir speichern sie in unserem Gehirn wie Schallplatten in einer Jukebox und können unsere gespeicherten Erfahrungen wie Schallplatten auch jederzeit abspielen, wenn in unserer Umgebung der entsprechende Reiz ausgelöst, der richtige Knopf gedrückt wird.

Wir können also wählen, ob wir uns an Erfahrungen erinnern und Knöpfe drücken wollen, die glückliche und fröhliche Lieder spielen, oder solche, die Schmerzen auslösen. Wenn Ihr therapeutisches Vorgehen darin besteht, den Knopf zu drücken, der immer wieder Schmerzen auslöst, dann verstärken Sie damit vielleicht nur den negativen Zustand, den Sie verändern wollen.

Ich glaube, daß Sie etwas völlig anderes tun müssen. Vielleicht brauchen Sie Ihre Musikbox einfach nur umzuprogrammieren, damit sie ein ganz anderes Lied spielt. Sie drükken denselben Knopf, aber anstatt des traurigen Liedes ertönt ein fröhliches, mitreißendes. Oder Sie können eine neue Aufnahme von dem Lied machen – Sie können die alten Erinnerungen einfach neu arrangieren.

Wichtig dabei ist, daß Sie keine Platten horten, die Sie nicht mehr spielen und auf diese Weise unnötig Platzmangel schaffen. Das wäre absurd. Denn so einfach wie es ist, eine Jukebox neu zu programmieren, so einfach ist es auch, die Programme zu verändern, die ressourcearme Gefühle erzeugen. Wir brauchen nicht erst all die erinnerten Schmerzen neu zu erleben, um unseren Zustand zu verändern. Statt dessen müssen wir aus unserer negativen Repräsentation eine positive machen, die automatisch ausgelöst wird und uns ermöglicht, positive Ergebnisse zu erzielen. Wir müssen die Kreisläufe stärker aktivieren, die zu Begeisterung führen, und die Kreisläufe abstellen, die Leid erzeugen.

Das *Neurolinguistische Programmieren* befaßt sich mit der

Struktur der menschlichen Erfahrung, nicht mit deren Inhalt. Die Verfechter dieser Methode sind – auf einer ganz persönlichen Ebene – mitfühlend, aber sie kümmern sich nicht darum, was früher alles geschehen ist. Worum sie sich allerdings mit Nachdruck kümmern, ist, wie Menschen das, was geschehen ist, in ihrem Kopf darstellen. Wie unterscheidet sich ein Zustand der Depression von einem Zustand der Begeisterung? Der wesentliche Unterschied liegt in der Art und Weise, wie Sie Ihre internalen Repräsentationen strukturieren.

Kein Ereignis hat irgendeine Macht über mich, außer der, die ich ihm in meinen Gedanken gebe.
Anthony Robbins

Unsere internalen Repräsentationen werden durch unsere fünf Sinne gebildet – Sehen, Hören, Tasten, Schmecken und Riechen. Mit anderen Worten, wir erfahren die Welt durch visuelle, auditive, kinästhetische, gestatorische, obfaktorische (Geruchs-)Empfindungen. Alle Erfahrungen, die wir in unserem Gehirn gespeichert haben, werden also durch diese Sinne repräsentiert, vor allem durch die drei wichtigsten – den visuellen, den auditiven und den kinästhetischen Kanal.

Durch sie wird unsere internale Repräsentation von Ereignissen gebildet. Ihre fünf Sinne sind die Medien, die an jeder Ihrer Erfahrungen oder an jedem beliebigen Ergebnis beteiligt sind. Erinnern Sie sich: Wenn jemand fähig ist, ein bestimmtes Resultat zu erzielen, dann handelt es sich dabei um ein Resultat, das durch bestimmte Handlungen, geistige wie physische, erzeugt wird. Wenn Sie diese Handlungen nachvollziehen, können Sie auch die Ergebnisse, die er erzielt, wiederholen. Um ein bestimmtes Ergebnis zu erzielen, müssen Sie wissen, welche ›Zutaten‹ notwendig sind. Die ›Zutaten‹ jeder menschlichen Erfahrung kommen von unseren fünf Sinnen. Allerdings genügt es nicht, nur zu wissen, welche Zutaten benötigt werden. Um das gewünschte Ergebnis zu erzielen, müssen Sie genau wissen, wieviel von jeder Zutat Sie benötigen. Wenn Sie zuviel oder zuwenig von einer besonderen Zutat beigeben, werden Sie nicht das Resultat hervorbringen, das Sie angestrebt haben.

Wenn Menschen etwas verändern wollen, so entweder ihren Zustand oder ihr Verhalten oder beides. Viele Raucher versuchen z. B. immer wieder, ihren physischen und geistigen Zustand zu verändern, wie auch ihr Verhaltensmuster, ständig nach einer Zigarette zu greifen. In dem Kapitel über die Wirkung von Zuständen haben wir verdeutlicht, daß es zwei Möglichkeiten gibt, den ›Zustand‹ und somit das Verhalten eines Menschen zu verändern – durch eine Veränderung seiner Physiologie, die eine Veränderung seines Gefühls und seines Verhaltens zur Folge haben wird, oder durch eine Veränderung seiner internalen Repräsentationen. Dieses Kapitel handelt davon, wie Sie lernen können, Ereignisse auf eine Weise zu repräsentieren, die Sie zu ressourcevollen Gefühlen und zu Verhalten führt, mit dem es Ihnen gelingt, Ihre Ziele zu erreichen.

Es gibt zwei Aspekte unserer internalen Repräsentationen, die wir verändern können. Wir können verändern, *was* wir uns vorstellen – anstatt uns beispielsweise die schlimmste Möglichkeit vorzustellen, können wir uns die beste, angenehmste Möglichkeit vorstellen. Oder wir können verändern, *wie* wir uns etwas vorstellen. Viele haben bestimmte Auslösemechanismen in ihrem Gehirn, die ganz bestimmte Reaktionen hervorrufen. Zum Beispiel werden manche Menschen stark motiviert, wenn sie sich etwas als sehr groß vorstellen. Für andere macht der Tonfall ihrer inneren Stimme einen entscheidenden Unterschied. Jeder von uns hat besondere Submodalitäten, die unmittelbare Reaktionen in uns auslösen. Wenn wir erst einmal die verschiedenen Möglichkeiten entdeckt haben, wie wir Ereignisse repräsentieren, und wie uns diese Repräsentationen beeinflussen können, dann können wir Einfluß auf diese Vorgänge nehmen und damit beginnen, die Dinge so zu repräsentieren, daß sie uns beflügeln und nicht einengen.

Wenn jemand ein Ergebnis erzielt, das wir modellieren

möchten, müssen wir mehr wissen, als nur, daß er sich in seinem Kopf etwas vorgestellt und etwas zu sich gesagt hat. Um wirklich Zugang zu dem zu haben, was im Gehirn eines anderen Menschen vor sich geht, brauchen wir mehr. Hier kommen die *Submodalitäten* ins Spiel. Sie sind die genauen Mengen an Zutaten, die erforderlich sind, um ein Ergebnis zu erzielen. Sie sind die kleinsten und präzisesten Bausteine, aus denen sich menschliche Erfahrungen zusammensetzen. Um eine visuelle Erfahrung verstehen und kontrollieren zu können, müssen wir mehr darüber wissen. Wir müssen wissen, ob sie hell oder dunkel, schwarz, weiß oder farbig ist, ob sie sich bewegt oder stillsteht. Genauso müssen wir wissen, ob eine auditive Kommunikation laut oder leise, nah oder fern, wohltönend oder blechern klingt. Wir müssen wissen, ob wir mit unserem Tastsinn etwas Weiches oder Hartes, Flexibles oder Starres fühlen. Ich habe auf den folgenden Seiten eine Liste von Submodalitäten zusammengestellt.

Eine weitere Entscheidung ist, ob ein Bild assoziiert oder dissoziiert ist. Bei einem assoziierten Bild ist es so, als wäre man wirklich dort. Sie sehen die Situation aus Ihren Augen, hören und fühlen, was Sie tatsächlich hören und fühlen würden, wenn Sie zu dem gegebenen Zeitpunkt an dem betreffenden Ort wären. Bei einem dissoziierten Bild betrachten Sie sich selbst von außen. Wenn Sie ein dissoziiertes Bild von sich selbst sehen, ist es so, als würden Sie sich in einem Film sehen.

Nehmen Sie sich nun einen Augenblick Zeit, und erinnern Sie sich an ein angenehmes Erlebnis, das Sie in letzter Zeit hatten. Versetzen Sie sich in Gedanken in diese Erfahrung zurück. Sehen Sie, was Sie mit Ihren eigenen Augen gesehen haben: Bilder, Farben, Helligkeit. Hören Sie wieder, was Sie gehört haben: Stimmen, Geräusche. Fühlen Sie, was Sie gefühlt haben: Emotionen, Temperatur usw. Erleben Sie noch einmal, wie es war. Treten Sie jetzt aus Ihrem Körper heraus, und fühlen Sie, wie Sie sich von diesem Ereignis entfernen, aber nur so weit, daß Sie sich immer noch aus der Ferne in dieser Situation sehen können. Stellen Sie sich dieses Erlebnis vor, als würden Sie sich in einem Film sehen. Wie unterschei-

LISTE MÖGLICHER SUBMODALITÄTEN

Visuell:

1. Film oder Standbild
2. panoramisch oder begrenzt (falls begrenzt – Form des Rahmens)
3. farbig oder schwarzweiß
4. Helligkeit
5. Größe des Bildes (Lebensgröße, größer oder kleiner als lebensgroß)
6. Größe des zentralen Gegenstands (oder der zentralen Gegenstände)
7. Betrachter innerhalb oder außerhalb des Bildes
8. Entfernung des Bildes vom Betrachter
9. Entfernung des zentralen Gegenstandes vom Betrachter
10. Dimensionalität
11. Intensität der Farbe (oder Schwarzweißzeichnung)
12. Kontraste
13. Bewegung (wenn ja, schnell oder langsam)
14. Fokus
15. unterbrochener oder fester Fokus
16. Perspektive
17. Zahl der Bilder (in welcher Reihenfolge)
18. Ort
19. sonstige

Auditiv:

1. Lautstärke
2. Rhythmus (regelmäßig, unregelmäßig)
4. Modulation (betonte Wörter? Wenn ja, wie betont?)
5. Tempo
6. Pausen
7. Tonart
8. Timbre
9. Einheitlichkeit des Tons (rauh, weich)
10. Tonquelle – in Bewegung oder statisch
11. Ort
12. sonstige

Kinästhetisch:	**Bei Schmerzen:**
1. Temperatur	1. Prickeln
2. Beschaffenheit des Objekts	2. heiß – kalt
3. Vibration	3. Muskelanspannung
4. Druck	4. stechend – stumpf
5. Bewegung	5. Druck
6. Dauer	6. Dauer
7. gleichmäßig – mit Unterbrechungen	7. mit Unterbrechungen (zum Beispiel Pochen)
8. Intensität	8. Ort
9. Gewicht	9. sonstige
10. Dichte	
11. Ort	
12. sonstige	

den sich Ihre Gefühle? In welchem Fall waren Ihre Gefühle intensiver, im ersten oder im zweiten? Der Unterschied zwischen diesen beiden Erfahrungen ist der Unterschied – zwischen einer assoziierten und einer dissoziierten Erfahrung. Durch Submodalitätsunterscheidungen, wie etwa Assoziation beziehungsweise Dissoziation, können Sie Ihre Erfahrungen radikal ändern. Erinnern Sie sich: Wir haben gelernt, daß jedes menschliche Verhalten das Ergebnis des Zustands ist, in dem man sich befindet, und daß die Zustände durch innere Repräsentationen geschaffen werden – das was wir uns vorstellen, was wir uns selbst sagen. Genauso wie ein Filmregisseur die Wirkung ändern kann, die sein Film auf die Zuschauer ausübt, können Sie die Wirkung ändern, die Erfahrungen auf Sie selbst ausüben. Ein Regisseur kann den Kamerawinkel verändern, die Lautstärke und die Art der Musik, die Geschwindigkeit, die Farbe und die Qualität des Bildes, und so jeden beliebigen Zustand in den Zuschauern auslösen. Sie können Ihr Gehirn auf die gleiche Weise steuern, um einen Zustand oder ein Verhalten herbeizuführen, das Sie an Ihr Ziel führt oder Ihre Bedürfnisse befriedigt.

Ich möchte Ihnen zeigen, wie das geht. Es ist sehr wichtig, daß Sie diese Übungen auch tatsächlich durchführen, daher sollten Sie vielleicht jede Aufgabe erst einmal durchlesen und sie dann erst durchführen, bevor Sie weiterlesen. Vielleicht macht es mehr Spaß, wenn Sie die Übungen zusammen mit jemand anderem machen. So können Sie einmal Ihren Partner durch die Übung führen und sie selbst erleben.

Ich möchte Sie nun bitten, an ein sehr angenehmes Erlebnis zu denken. Es kann erst vor kurzem oder schon vor längerer Zeit stattgefunden haben. Schließen Sie einfach die Augen, entspannen Sie sich und denken Sie daran. Lassen Sie jetzt dieses Bild heller und immer heller werden. Während das Bild heller wird, können Sie spüren, wie sich Ihr Zustand verändert. Als nächstes möchte ich, daß Sie dieses Bild näher zu sich heranholen. Halten Sie dann inne und vergrößern Sie es. Was passiert, wenn Sie das Bild verändern? Die Intensität der Erfahrung verändert sich, nicht wahr? Für die meisten Menschen schafft es eine noch angenehmere, stärkere internale Repräsentation des besagten Erlebnisses, wenn sie eine schöne Erinnerung größer und heller machen und näher heranholen. Die internale Repräsentation wird dadurch stärker und schöner. Sie versetzt Sie in einen noch angenehmeren Zustand.

Jeder Mensch hat Zugang zu den drei Modalitäten oder Repräsentationssystemen – Sehen, Hören und Fühlen. Aber jeder nutzt auch die einzelnen Repräsentationssysteme in verschiedenem Maße. Viele Menschen kommunizieren mit ihrem Gehirn vor allem in einem visuellen Bezugsrahmen. Sie reagieren auf die Bilder, die sie in ihrem Kopf sehen. Andere sind vorwiegend auditiv, wieder andere kinästhetisch veranlagt. Diese Menschen reagieren besonders stark auf das, was sie hören oder fühlen. Nachdem Sie also den visuellen Bezugsrahmen verändert haben, wollen wir das gleiche mit den anderen beiden Repräsentationssystemen probieren.

Nehmen Sie wieder die angenehme Erinnerung, mit der wir soeben gearbeitet haben. Lassen Sie die Stimmen oder Geräusche, die Sie hören, lauter werden. Geben Sie ihnen mehr

Rhythmus, mehr Baßtöne bei, verändern Sie das Timbre. Lassen Sie alles stärker und eindringlicher werden. Machen Sie jetzt das gleiche mit den kinästhetischen Submodalitäten. Lassen Sie die Erinnerung wärmer, weicher und sanfter werden als sie es vorher war. Was geschieht mit Ihren Gefühlen?

Nicht alle Menschen reagieren auf die gleiche Art und Weise. Vor allem kinästhetische Stichworte rufen bei verschiedenen Menschen unterschiedliche Reaktionen hervor. Sie haben bereits festgestellt, daß die Erfahrung stärker wurde, wenn das Bild heller oder größer wurde. Dadurch wurde die innere Vorstellung intensiver, ansprechender und hat Sie vor allem auch in einen positiveren ressourcevolleren Zustand versetzt. Wenn ich diese Übungen in Sitzungen durchführe, kann ich genau sehen, was im Kopf eines Menschen vor sich geht, indem ich einfach seine Physiologie beobachte. Er atmet tiefer durch, seine Schultern straffen sich, sein Gesicht entspannt sich, sein ganzer Körper wird lebendiger.

Versuchen wir dasselbe mit einem negativen Bild. Denken Sie jetzt an etwas, das Sie geärgert und Ihnen Leid verursacht hat. Nehmen Sie dieses Bild, und lassen Sie es heller werden, holen Sie es dichter an sich heran. Lassen Sie es größer werden. Was geht jetzt in Ihrem Gehirn vor sich? Die meisten Menschen stellen fest, daß sich ihr negativer Zustand durch diese Vorstellung intensiviert. Die unangenehmen Gefühle, die Sie zuvor erleben, werden noch stärker. Und nun stellen Sie das Bild dahin zurück, wo es vorher war. Was geschieht, wenn Sie es kleiner und dunkler machen und es weiter in den Hintergrund rücken? Versuchen Sie es, und achten Sie auf die Veränderung Ihrer Gefühle. Sie werden feststellen, daß die negativen Gefühle schwächer werden.

Versuchen Sie dasselbe mit den anderen Sinnesmodalitäten. Hören Sie auf Ihre innere Stimme oder was sonst in Ihrer Erfahrung vor sich geht. Lassen Sie es innerlich in einem lauten Stakkato erklingen. Lassen Sie Ihre Empfindungen härter und fester werden. Es ist wahrscheinlich, daß jetzt das gleiche passiert wie vorher – das negative Gefühl verstärkt sich.

Doch ich möchte nicht, daß Sie die Übung nur auf eine akademische Weise verstehen. Ich möchte, daß Sie diese Übungen konzentriert und intensiv ausführen und darauf achten, welche Sinnesmodalitäten oder Submodalitäten die stärkste Wirkung auf Sie haben. Vielleicht möchten Sie in Gedanken diese Schritte noch einmal durchgehen und sich darüber klar werden, wie die Veränderung des Bildes Ihr Gefühl verändert.

Nehmen Sie das negative Bild, mit dem Sie angefangen haben, und machen Sie es jetzt kleiner. Achten Sie darauf, was passiert, während das Bild schrumpft. Machen Sie es jetzt unscharf, verschwommen, dunkler. Entfernen Sie sich jetzt davon – schieben Sie es zurück, bis Sie es kaum noch erkennen können. Nehmen Sie dann das Bild und stellen Sie sich vor, es stünde in hellem Sonnenlicht. Achten Sie auf das, was Sie hören, sehen und fühlen, während es aus der Welt verschwindet.

Machen Sie jetzt das gleiche mit der auditiven Modalität. Verringern Sie die Lautstärke der Stimmen, die Sie hören, machen Sie die Stimmen eintöniger. Nehmen Sie den Rhythmus und den Schwung weg. Wiederholen Sie dann das Ganze mit Ihren kinästhetischen Wahrnehmungen. Verändern Sie das Bild so, daß es sich dünn, ohne Substanz und schlaff anfühlt. Was geschieht mit Ihrem negativen Bild, wenn Sie das tun? Bei den meisten Menschen verliert das Bild seine Macht – es wird schwächer, weniger schmerzhaft oder verschwindet sogar ganz. Sie können also etwas, das Ihnen in der Vergangenheit große Schmerzen bereitet hat, hernehmen und wirkungslos machen. Sie können es auflösen und völlig verschwinden lassen.

Ich glaube, diese kurze Übung hat Ihnen bereits gezeigt, wie wirksam diese Methode ist. In wenigen Minuten haben Sie ein positives Gefühl verstärkt. Auf die gleiche Weise haben Sie einem negativen Bild seine Macht genommen. Früher waren Sie Ihren inneren Vorstellungen völlig ausgeliefert. Jetzt wissen Sie, daß Sie das nicht zulassen müssen.

Sie haben im wesentlichen zwei Möglichkeiten, Ihr Leben

zu leben. Sie können Ihrem Gehirn wie bisher freien Lauf lassen. Sie können zulassen, daß es Ihnen jedes Bild, jedes Geräusch oder jedes Gefühl vorgibt und dann automatisch darauf reagieren, wie ein Pawlowscher Hund, der auf ein Klingelzeichen reagiert. Oder Sie können Ihr Gehirn bewußt steuern und ihm ganz gezielt Signale geben. Sie können schlechten Erfahrungen und Bildern ihre Stärke und Kraft nehmen. Sie können sie in einer Weise repräsentieren, daß Sie davon nicht mehr überwältigt werden, Sie können sie auf eine Größe zusammenschrumpfen lassen, mit der Sie umgehen können, und die es Ihnen ermöglicht, Sie angemessen zu verarbeiten.

Hat nicht jeder schon einmal vor einer Aufgabe gestanden, die so groß war, daß sie unerfüllbar schien und deshalb erst gar nicht in Angriff genommen wurde? Wenn Sie sich diese Aufgabe als ein kleines Bild vorstellen, dann werden Sie das Gefühl bekommen, damit fertig zu werden und die Sache in die Hand nehmen zu können, anstatt sich davon entmutigen zu lassen. Ich weiß, das hört sich vielleicht ein bißchen vereinfachend an, aber wenn Sie es versuchen, werden Sie feststellen, daß Sie durch die Veränderung Ihrer Repräsentationen auch Ihr Gefühl in bezug auf eine Aufgabe und somit auch Verhalten ändern können.

Sie wissen jetzt natürlich auch, daß Sie gute Erfahrungen einfach intensivieren können. Sie können die kleinen Freuden des Lebens größer machen, Ihre Tage schöner gestalten und sich selbst leichter und fröhlicher fühlen. Das ist eine gute Möglichkeit, Ihrem Leben mehr Freude und Schwung zu geben.

Es gibt nichts Gutes oder Böses,
erst unsere Gedanken machen es dazu.
WILLIAM SHAKESPEARE

Erinnern Sie sich an das erste Kapitel, in dem wir über das Privileg der Könige gesprochen haben? Der König kann sein Königreich regieren. Nun, Ihr Königreich ist Ihr Gehirn. So wie der König sein Königreich regieren kann, so können Sie Ihr Gehirn regieren – wenn Sie gelernt haben, wie Sie Ihre Erfahrungen repräsentieren können. Alle Submodalitäten, mit denen wir uns beschäftigt haben, signalisieren dem Gehirn, wie es sich zu fühlen hat. Vergessen Sie nicht, wir haben keine Ahnung, wie das Leben wirklich ist. Wir wissen nur, wie wir selbst das Leben repräsentieren. Wenn wir also ein negatives Bild haben, das wir uns groß, hell, mächtig und volltönend vorstellen, dann vermittelt unser Gehirn eine niederschmetternd große und starke negative Erfahrung. Wenn wir aber dieses negative Bild nehmen und es verkleinern, verdunkeln, in einen festen Rahmen stellen, dann nehmen wir ihm seine Macht, und unser Gehirn wird darauf entsprechend reagieren. Anstatt uns in einen negativen Zustand zu versenken, schütteln wir das Bild einfach ab oder gehen ohne besondere Aufregung damit um.

Unsere Sprache gibt uns viele Beispiele für die Wirkung unserer internalen Repräsentation. Was meinen wir damit, wenn wir sagen, daß ein Mensch eine ›strahlende‹ Zukunft hat? Was fühlen wir, wenn jemand sagt, die Zukunft sehe trüb aus? Was wollen Sie ausdrücken, wenn Sie von einem Schatten sprechen, der über etwas liegt? Was meinen wir, wenn wir sagen, jemand mache aus einer Mücke einen Elefanten oder habe ein verzerrtes Bild von etwas? Was meinen Menschen, wenn sie sagen, daß ihnen etwas schwer im Magen liegt oder daß sie sich gegen etwas sperren? Was meinen Sie, wenn Sie sagen, daß sich etwas richtig anhört oder daß bei Ihnen der Groschen fällt oder daß Ihnen ein Licht aufgeht?

Wir neigen dazu, diese Redewendungen einfach als Metaphern anzusehen, aber das sind sie nicht. Gewöhnlich sind es sehr präzise Beschreibungen von dem, was in unserem Kopf vor sich geht. Denken Sie daran zurück, wie es war, als Sie eine unangenehme Erinnerung vergrößert haben. Erinnern Sie sich, wie dadurch die negativen Aspekte der Erfahrung verstärkt wurden und Sie in einen negativen Zustand versetzt wurden? Können Sie sich eine bessere Möglichkeit denken, diese Erfahrung zu beschreiben, als zu sagen, daß Sie die

Sache aufgeblasen haben? Wir wissen also instinktiv, wieviel Macht unsere geistigen Bilder besitzen. Vergessen Sie nicht: Wir sind in der Lage, unser Gehirn zu beherrschen, wir brauchen uns von ihm nicht beherrschen zu lassen.

Hier ist eine einfache Übung, die schon vielen Menschen geholfen hat. Sind Sie je von einem endlosen inneren Dialog geplagt worden? Haben Sie sich je in der Lage befunden, Ihr Gehirn nicht abstellen zu können? In unserem Gehirn finden ständig Dialoge statt. Wir diskutieren das Für und Wider von Entscheidungen mit uns, bemühen uns, alte Meinungsverschiedenheiten beizulegen. Wenn Ihnen das passieren sollte, dann stellen Sie einfach die Lautstärke niedriger. Geben Sie

Worte, die auf das verwendete Repräsentationssystem hinweisen

visuell	auditiv	kinästhetisch	unspezifisch
sehen	hören	fühlen	erfahren
schauen	lauschen	berühren	verstehen
beobachten	tönen	begreifen	denken
erscheinen	Musik machen	einfangen	lernen
zeigen	harmonisieren	durchschlüpfen	handeln
dämmern	ein-/ausstellen	festhalten	entscheiden
enthüllen	ganz Ohr sein	einfühlen	motivieren
erkennen	anklingen	Kontakt herstellen	verändern
erleuchten	schweigen	rauswerfen	wahrnehmen
blinzeln	gehört werden	umdrehen	unsensibel
klar	widerhallen	hart	genau
verschwommen	taub	gefühllos	aufnehmen
deutlich	Dissonanz	bestimmt	sich bewußt sein
neblig	einstimmen	kratzen	wissen
funkelnd	Unterton	unbeweglich	
kristallklar	überhören	in den Griff bekommen	
aufblitzen	Frage	fest	
vorstellen		leiden	

REDEWENDUNG

Prädikate sind Worte, die einen Prozeß wiedergeben (Verben, Adverbien, Adjektive), und die Menschen in ihrer sprachlichen Kommunikation verwenden, um ihre Erfahrung innerlich in der visuellen, auditiven oder kinästhetischen Modalität zu repräsentieren. Einige der häufigsten Redewendungen sind unten aufgeführt.

Das Ziel bei der Verwendung von Prädikaten ist es, seine sprachliche Kommunikation der des Gegenübers anzupassen und so einen guten Rapport und Verständnis herzustellen.

visuell	**auditiv**	**kinästhetisch**
ein Blick	Hintergedanke	alles bereinigen
es scheint mir	Plappermaul	zum alten Eisen werfen
der Schatten eines Verdachts	deutlich ausgedrückt	in den Griff kriegen
Vogelperspektive	melden	sich beherrschen
einen Blick erhaschen	im einzelnen beschreiben	kühl/ruhig/ gesammelt sein
sich ausmalen	die Ohren volljammern	in der Luft hängen
schwache Sicht	sich ausdrücken	den Daumen draufhaben
von Auge zu Auge	einen Bericht geben	Verbindung aufnehmen
aufblitzen	ein Ohr leihen	getrieben werden
einen Überblick bekommen	Stimmen hören	auf die Palme bringen
einen Eindruck gewinnen	heimliche Botschaft	Hand in Hand
trüber Gedanke	den Mund halten	erhitzte Debatte
bei Licht besehen	nachfragen	festhalten
angesichts	Wort für Wort	hitzköpfig sein
meiner Ansicht nach	in Hörweite	auf dem Teppich bleiben
sieht aus wie	laut und deutlich	die Karten auf den Tisch legen
macht eine Szene	Aufmerksamkeit schenken	den Finger auf etwas haben
geistiges Bild	redegewandt	leichten Herzens
geistige Vorstellung	wie eine Katze schnurren	
geistiges Auge	deutlich reden	
ein Bild malen		

visuell	**auditiv**	**kinästhetisch**
fotografisch genaues Erinnerungsvermögen	Erinnerungen wecken	Panik machen
deutlich erkennen	Gründe darlegen	ich kann dir nicht folgen
bildhübsch	um die Wahrheit zu sagen	Kopfschmerzen bereiten
kurzsichtig	Zunge lösen	alle Fäden ziehen
angeben	eingestimmt	haarscharf
ins Leere starren	unerhört	ist mir entfallen
einen kurzen Blick werfen		eine leichte Hand haben
Tunnelblick		Haare auf den Zähnen haben
vor der Nase haben		alles auf den Kopf stellen
guter Durchblick		unter der Hand
mir ist ein Licht aufgegangen		Hals über Kopf

der Stimme in Ihrem Kopf einen sanfteren Ton, entfernen Sie sich etwas von ihr, stellen Sie sie leiser. Damit ist das Problem für die meisten Menschen behoben. Führen Sie manchmal einen inneren Dialog, der Sie jedesmal belastet? Hören Sie jetzt das gleiche noch einmal an, doch diesmal so, als würde es von einer Stimme gesprochen, die sehr sexy klingt, und in fast einschmeichelndem Ton und Tempo zu Ihnen sagt: »Das kannst du doch nicht tun.« Wie fühlen Sie sich jetzt? Vielleicht haben Sie jetzt noch viel mehr das Gefühl, Sie müßten unbedingt genau das tun, was die Stimme Ihnen verbietet. Versuchen Sie es und stellen Sie den Unterschied fest.

Machen wir noch eine Übung. Denken Sie diesmal an etwas, das Sie einmal sehr motiviert hat. Entspannen Sie sich und stellen Sie sich diese Erfahrung so deutlich wie möglich vor. Ich werde Ihnen jetzt ein paar Fragen dazu stellen. Nehmen Sie sich Zeit und beantworten Sie eine Frage nach der anderen. Es gibt keine richtigen oder falschen Antworten. Jeder Mensch reagiert darauf anders.

Wenn Sie das Bild ansehen, sehen Sie dann einen Film oder

ein Foto? Ist es in Farbe oder in Schwarzweiß? Ist es nah oder weit? Ist es links, rechts oder in der Mitte? Ist es ein assoziiertes Bild – so daß Sie es mit Ihren eigenen Augen sehen – oder ist es dissoziiert – so daß Sie es wie von außen betrachten? Hat es einen Rahmen, oder sehen Sie ein Panorama? Ist es scharf oder verschwommen, hell oder dunkel? Während Sie diese Übung machen, achten Sie ganz genau darauf, welche Submodalität bei Ihnen am stärksten ist, welche Sie am meisten beeinflußt.

Gehen Sie jetzt die für Ihre Vorstellung charakteristische auditive und kinästhetische Submodalität durch. Wenn Sie hören, was vor sich geht, hören Sie dann Ihre eigene Stimme, oder hören Sie die Stimmen anderer Menschen? Hören Sie einen Dialog oder einen Monolog? Sind die Geräusche, die Sie hören, laut oder leise? Sind sie dynamisch oder monoton? Sind sie melodisch oder abgehackt? Ist das Tempo langsam oder schnell? Kommen und gehen die Geräusche, oder bleiben sie ständig gleich? Was hören Sie vor allem – Ihre eigene Stimme oder andere Geräusche? Woher kommt der Ton – wo ist er lokalisiert? Wenn Sie das Bild jetzt fühlen, ist es hart oder weich? Ist es warm oder kalt? Ist es rauh oder glatt? Ist es biegsam oder starr? Ist es fest oder flüssig? Wo ist das Gefühl in Ihrem Körper lokalisiert? Ist es süß oder sauer?

Einige dieser Fragen kommen Ihnen zuerst vielleicht etwas schwierig vor. Wenn Sie dazu neigen, Ihre internalen Repräsentationen hauptsächlich kinästhetisch zu bilden, haben Sie vielleicht geglaubt, daß Sie gar keine Bilder machen. Denken Sie daran: Das ist ein Glauben, und solange Sie ihn haben, ist er wahr. Wenn Sie sich Ihrer Sinnesmodalitäten erst bewußt sind, werden Sie Ihre Wahrnehmungen noch verbessern können, indem Sie sich der Methode der Überlappung bedienen. Das heißt, wenn Sie, zum Beispiel, eher auditiv veranlagt sind, dann werden Sie gut daran tun, zunächst die auditiven Hinweise zu verfolgen, die Sie verwenden, um eine Erfahrung zu repräsentieren. Sie werden sich vielleicht als erstes daran erinnern, was Sie zu dem entsprechenden Zeitpunkt gehört haben. Wenn Sie sich erst einmal in diesem Zustand befinden und eine klare und überzeugende internale Repräsentation haben, ist es viel leichter, in den visuellen Bezugsrahmen zu kommen und mit visuellen Submodalitäten zu arbeiten, oder in einen kinästhetischen Bezugsrahmen und die kinästhetischen Submodalitäten anzuwenden. Gut. Sie haben jetzt also die Struktur einer ehemals starken motivierenden Erfahrung erlebt. Dann möchte ich, daß Sie an etwas denken, für das Sie gern so stark motiviert wären, um es zu tun, etwas, wofür Sie im Moment keine richtige Motivation aufbringen können. Machen Sie wieder ein geistiges Bild von diesem Ziel. Gehen Sie jetzt genau dieselben Fragen noch einmal durch. Achten Sie darauf, wie sich Ihre Antworten von denen unterscheiden, die Sie in dem Fall gegeben haben, als Sie stark motiviert waren. Wenn Sie das Bild ansehen, sehen Sie dann einen Film oder ein Foto? Machen Sie dann weiter und gehen Sie alle Fragen entsprechend den möglichen visuellen Submodalitäten durch. Überprüfen Sie dann Ihr Vorstellungsbild hinsichtlich der auditiven und kinästhetischen Modalitäten, durch die es gekennzeichnet ist. Während Sie das tun, achten Sie darauf, welche Submodalitäten am stärksten auf Sie wirken und den stärksten Einfluß auf Ihren Zustand ausüben.

Nehmen Sie dann die Situation, durch die Sie motiviert waren – nennen wir sie Erfahrung Nummer eins – und die für die Sie motiviert sein möchten – Erfahrung Nummer zwei –, und sehen Sie sich beide gleichzeitig an. Das ist nicht schwer. Stellen Sie sich Ihr Gehirn als ein Fernsehbild vor, das in zwei Hälften geteilt ist, und sehen Sie sich beide Bilder gleichzeitig an. Erkennen Sie Unterschiede hinsichtlich der Submodalitäten? Ja? Das war nicht schwer vorauszusagen, denn verschiedene Repräsentationen wirken in unterschiedlicher Weise auf unser Nervensystem. Erinnern Sie sich nun, welche Submodalitäten Sie motivieren, und korrigieren Sie dann die Submodalitäten der Situation, in der Sie bisher nicht motiviert waren (Erfahrung Nummer zwei), eine nach der anderen, bis Sie motiviert sind (wie bei Erfahrung Nummer eins). Auch hier wird es wieder individuelle Unterschiede geben, aber es ist ziemlich wahrscheinlich, daß das Bild von

Erfahrung Nummer eins heller ist als das von Erfahrung Nummer zwei. Es ist vermutlich deutlicher zu erkennen und räumlich näher. Ich möchte, daß Sie sich auf die Unterschiede zwischen den beiden Bildern konzentrieren und das zweite so lange verändern, bis es immer mehr dem ersten gleicht. Vergessen Sie nicht, das gleiche mit den auditiven und kinästhetischen Repräsentationen zu tun. Beginnen Sie jetzt.

Was für ein Gefühl haben Sie in bezug auf Erfahrung Nummer zwei? Sind Sie nun stärker dazu motiviert? Das sollten Sie, wenn Sie die Submodalitäten von Erfahrung zwei denen von Erfahrung eins angepaßt haben (wenn beispielsweise Erfahrung Nummer eins ein Film war und Erfahrung Nummer zwei ein Bild, dann machen Sie Erfahrung Nummer zwei zu einem Film). Nehmen Sie diese Korrekturen für alle drei Arten von Submodalitäten vor – die visuellen, auditiven und kinästhetischen. Wenn Sie die Submodalität finden, die Sie in einen wünschenswerten Zustand versetzt, können Sie diese in den unerwünschten Zuständen einsetzen und diese dadurch sofort ändern.

Denken Sie daran: Ähnliche internale Repräsentationen schaffen ähnliche Zustände oder Gefühle. Ähnliche Gefühle oder Zustände werden ähnliches Verhalten auslösen. Wenn Sie einmal herausgefunden haben, wodurch Sie genau motiviert werden, etwas zu tun, dann werden Sie auch in anderen Situationen wissen, was Sie tun müssen, um sich zu motivieren. Aus diesem Zustand der Motivation heraus können Sie dann leicht wirksam handeln.

Es ist wichtig zu wissen, daß uns bestimmte Submodalitäten stärker beeinflussen als andere. Ich habe zum Beispiel mit einem Jungen gearbeitet, der keine Lust hatte, in die Schule zu gehen. Die meisten visuellen Submodalitäten schienen keine große Wirkung auf ihn zu haben. Wenn er aber bestimmte Worte in einem ganz bestimmten Tonfall zu sich sagte, war er auf der Stelle dazu motiviert, in die Schule zu gehen. Wenn er motiviert war, spürte er außerdem, daß sich sein Bizeps anspannte. Wenn er nicht motiviert oder wenn er wütend war, verspannte sich sein Kiefer, und seine Stimme klang deutlich anders als sonst. Allein durch die Veränderung dieser beiden Submodalitäten konnte ich ihn fast von einem Augenblick zum anderen aus einem zornigen oder unmotivierten Zustand in einen motivierten versetzen. Wenn Sie anfangen, sich mit Modellieren zu beschäftigen, werden Sie schnell neugierig werden und genau wissen wollen, wie andere bestimmte Ergebnisse zustande bringen, sei es nun geistig oder physisch. Manchmal kommen Leute zu mir in die Beratung und sagen: »Ich bin so schrecklich deprimiert.« Ich frage nicht: »Warum sind Sie denn deprimiert?«, denn das würde sie nur noch tiefer in diesen Zustand bringen. Ich will gar nicht wissen, *warum* sie deprimiert sind, ich will wissen, *wie* sie deprimiert sind. Ich frage also: »Wie machen Sie das?« Gewöhnlich sehen sie mich dann erstaunt an, denn sie wissen nicht, daß man erst bestimmte Dinge tun muß, um deprimiert zu werden. Ich frage dann weiter: »Wenn ich an Ihrer Stelle in Ihrem Körper wäre, was müßte ich dann tun, um deprimiert zu sein? Was würde ich mir vorstellen? Was würde ich zu mir sagen? Wie würde ich es sagen? In welchem Ton würde ich es sagen?« Diese Prozesse erzeugen ganz bestimmte psychische und physische Ergebnisse. Wenn Sie die Struktur eines solchen Prozesses verändern, kann etwas anderes daraus werden als ein Zustand der Niedergeschlagenheit.

Wenn Sie erst einmal wissen, wie Sie mit Ihrem neuen Wissen umgehen können, wird es Ihnen gelingen, das eigene Gehirn zu steuern und Zustände zu schaffen, die Ihnen dabei helfen, ein Leben zu führen, wie Sie es sich wünschen und verdienen. Beispiel: Was tun Sie, um frustriert oder deprimiert zu sein? Bauen Sie in solchen Situationen in Gedanken ein übermächtiges Bild auf? Sprechen Sie in einem traurigen Tonfall zu sich selbst? Wie erzeugen Sie begeisterte, freudige Gefühle, was tun Sie, um Spaß zu haben? Machen Sie die Bilder hell? Bewegen Sie sich schnell oder langsam? In welchem Tonfall sprechen Sie, wenn Sie mit sich reden?

Angenommen, Sie kennen jemanden, der gerne arbeitet, Sie selbst arbeiten jedoch nicht gerne, möchten dies aber ändern. Was müssen Sie tun? Finden Sie heraus, was er tut, um dieses Gefühl zu erzeugen. Sie werden erstaunt sein, wie schnell Sie sich ändern können. Ich habe Menschen gesehen, die schon jahrelang erfolglos eine Therapie gemacht hatten, und die ihre Probleme, ihre negativen Zustände und ihr unangemessenes Verhalten mit Hilfe der hier beschriebenen Methode in nur wenigen Minuten verändert haben. Schließlich sind Frustration, Depression und Begeisterung keine Gegenstände. Es sind Prozesse, die durch ganz bestimmte geistige Bilder, Geräusche und Verhaltensweisen geschaffen werden, die man selbst bewußt oder unbewußt kontrolliert.

Erkennen Sie, wie Sie Ihr Leben ändern können, wenn Sie diese Werkzeuge wirksam anwenden? Wenn Sie das Gefühl der Herausforderung mögen, das die Arbeit Ihnen vermittelt, es aber hassen, das Haus zu putzen, dann können Sie zweierlei tun: eine Haushälterin engagieren oder herausfinden, welcher Unterschied zwischen Ihrer Vorstellung von Arbeit allgemein und Ihrer Vorstellung von Hausputz besteht. Indem Sie beides mit den gleichen Submodalitäten repräsentieren, werden Sie sofort den Wunsch verspüren, das Haus zu putzen. Vielleicht ist das etwas, das Sie Ihren Kindern beibringen möchten.

Was wäre, wenn Sie all die Dinge, die Sie nicht gern tun, mit den für angenehme Tätigkeiten typischen Submodalitäten versehen würden? Denken Sie daran, es gibt nur wenige Tätigkeiten, die nur ein Gefühl zulassen. Sie haben gelernt, was Spaß macht, und was Unbehagen bereitet. Sie können diese Erfahrungen in Ihrem Gehirn einfach umbenennen und unmittelbar mit einem neuen Gefühl in Zusammenhang bringen. Wie wäre es, wenn Sie Ihre Probleme verkleinern und in eine etwas größere Entfernung rücken würden? Es gibt unzählige Möglichkeiten dafür. Schließlich haben Sie das Sagen!

Es ist wichtig, darauf hinzuweisen, daß auch hier, wie bei jeder anderen Fertigkeit, Übung und Wiederholung nötig ist. Je häufiger Sie diese einfache Submodalitätenveränderung bewußt üben, um so leichter werden Sie das gewünschte Ergebnis erzielen. Vielleicht stellen Sie fest, daß eine Veränderung der Helligkeit des Bildes eine stärkere Wirkung hat als die Veränderung der Position oder Größe. Wenn Sie das wissen, können Sie, wann immer Sie etwas verändern wollen, zunächst das Bild heller machen.

Manche von Ihnen denken jetzt vielleicht: Diese Veränderung der Submodalitäten ist eine tolle Idee, aber wie kann man verhindern, daß sie sich wieder zurückverändern? Ich weiß jetzt, daß ich ändern kann, wie ich mich im Augenblick fühle, und das ist schon viel wert, aber es wäre großartig, wenn ich etwas tun könnte, damit diese Veränderung automatisch und dauerhaft ist.

Eine Möglichkeit, das zu erreichen, ist ein Prozeß, den wir die ›Swish‹-Technik nennen. Sie kann angewandt werden, um mit unseren beharrlichsten Problemen und lästigsten Gewohnheiten fertig zu werden. Die Swish-Technik nutzt internale Repräsentationen, die normalerweise ressourcearme Zustände erzeugen, und verknüpft sie automatisch mit neuen internalen Repräsentationen, die Sie in einen gewünschten, ressourcevollen Zustand versetzen. Wenn Sie zum Beispiel herausgefunden haben, welche internalen Repräsentationen Sie dazu bringen, übermäßig viel zu essen, dann können Sie mit dieser Technik eine neue internale Repräsentation von etwas schaffen, das stärker wirkt und Sie veranlaßt, sobald Sie es hören oder sehen, das Essen beiseite zu schieben. Wenn Sie die beiden Repräsentationen miteinander verbinden, sobald Sie daran denken, mehr als nötig zu essen, wird die erste Repräsentation automatisch die zweite auslösen und Sie in einen Zustand versetzen, in dem Sie nicht weiter essen möchten. Das Beste an der Swish-Technik ist, daß, wenn Sie sie einmal angewandt haben, nie wieder daran denken müssen. Der Vorgang wird automatisch und ohne bewußte Anstrengung ablaufen. Und so funktioniert die Swish-Technik:

Schritt 1: Bestimmen Sie das Verhalten, das Sie verändern möchten. Machen Sie dann eine internale Repräsentation von diesem Verhalten, so wie Sie es in der Situation aus Ihren Augen sehen. Wenn Sie aufhören wollen, an den Fingernägeln zu kauen, so stellen Sie sich ein Bild vor, auf dem Sie die Hand heben, die Finger näher zum Mund bringen und an Ihren Nägeln kauen.

Schritt 2: Wenn Sie sich ein klares Bild von dem Verhalten gemacht haben, das Sie ändern möchten, müssen Sie eine andere Repräsentation schaffen, ein Bild von sich, wie Sie gern nach der Veränderung sein möchten, und das zeigt, was diese Veränderung weiter bewirkt hat. Sie können sich vorstellen, wie Sie Ihre Finger vom Mund entfernen und dann leicht den Finger drücken, an dem Sie gerade beißen wollten. Stellen Sie sich vor, daß Ihre Nägel manikürt sind und Sie selbst elegant gekleidet, sehr sicher und selbstbewußt wirken. Das Bild, das Sie von sich in diesem gewünschten Zustand machen, sollte dissoziiert sein. Der Grund dafür ist, daß wir eine ideale internale Repräsentation schaffen wollen, die auch weiterhin eine starke Anziehungskraft auf Sie ausübt, und nicht eine, bei der Sie das Gefühl haben, sie bereits erreicht zu haben.

Schritt 3: ›Swishen‹ Sie nun beide Bilder, so daß die ressourcearme Erfahrung automatisch die ressourcevolle Erfahrung auslöst. Wenn Sie diese Auslösermechanismen verbinden, wird alles, was bisher dazu geführt hat, daß Sie an Ihren Nägeln gekaut haben, Sie von nun an in einen Zustand versetzen, in dem Sie sich auf das ideale Bild zubewegen, das Sie von sich selbst haben. Auf diese Weise schaffen Sie Ihrem Gehirn eine völlig neue Möglichkeit, mit etwas umzugehen, das Sie früher einmal gestört hat.

Der ›Swish‹ geht folgendermaßen vor: Beginnen Sie damit, sich ein großes, helles Bild von dem Verhalten zu machen, das Sie verändern möchten. Konstruieren Sie in der rechten unteren Ecke des Bildes ein kleines dunkles Bild davon, wie Sie sein möchten. Lassen Sie dann dieses kleine Bild in weniger als einer Sekunde groß und hell werden, so daß es buchstäblich das erste Bild sprengt. Sagen Sie dabei ›Swish‹, mit soviel Dynamik und Energie wie Sie können. Ich weiß, daß sich das vielleicht ein bißchen kindisch anhört, aber dieses begeisterte

›Swish‹ löst in Ihrem Gehirn eine ganze Reihe starker, positiver Signale aus. Wenn Sie beide Bilder in Gedanken hergestellt haben, sollte dieser ganze Vorgang nicht länger dauern, als Sie dazu brauchen, ›Swish‹ zu sagen. Sie haben jetzt ein großes, helles, klares und farbiges Bild davon, wie Sie sein möchten. Das alte Bild, auf dem das unerwünschte Verhalten zu sehen ist, zerspringt in tausend Stücke.

Es ist entscheidend, diese Technik schnell durchzuführen und mehrmals zu wiederholen. Sie müssen sehen und fühlen, wie das kleine, dunkle Bild groß und hell wird und dann das große Bild sprengt und durch ein noch größeres, helleres Bild ersetzt, auf dem das zu sehen ist, was Sie sich wünschen. Erleben Sie jetzt das wunderbare Gefühl, das zu sehen, was Sie erreichen möchten. Machen Sie dann für den Bruchteil einer Sekunde die Augen auf, um diesen Zustand zu unterbrechen. Schließen Sie die Augen wieder und machen Sie den ›Swish‹ noch einmal. Fangen Sie damit an, daß Sie das Verhalten, das Sie verändern möchten, in einem großen Bild sehen, und lassen Sie dann das kleine Bild an Größe und Helligkeit zunehmen und mit einem ›Swish‹ explodieren. Nehmen Sie sich Zeit, um das Gefühl zu erleben. Machen Sie dann die Augen wieder auf. Schließen Sie Ihre Augen wieder. Sehen Sie das Verhalten, was Sie ändern möchten. Sehen Sie das ursprüngliche Bild und das Idealbild. ›Swishen‹ Sie wieder! Tun Sie das fünf- oder sechsmal, so schnell Sie können. Denken Sie daran: Es muß unbedingt schnell gehen; und Sie müssen Spaß dabei haben. Sie sagen zu Ihrem Gehirn: Sieh dies, ›Swish‹, tu das, sieh dies, ›Swish‹, tu das, sieh dies, ›Swish‹, tu das – bis das alte Bild automatisch das neue Bild – den neuen Zustand und somit auch ein neues Verhalten auslöst.

Was passiert, wenn Sie jetzt das erste Bild wieder herstellen? Wenn Sie die Technik z. B. auf Fingernägelkauen angewendet haben und sich dann wieder vorstellen wollen, es zu tun, werden Sie erleben, daß es Ihnen schwerfällt. Es wird Ihnen merkwürdig vorkommen. Wenn nicht, müßten Sie die gleiche Technik noch einmal wiederholen. Diesmal müßten Sie sie deutlicher und schneller durchführen und darauf achten, das positive Gefühl, das Ihnen das neue Bild vermittelt, nur für einen kurzen Augenblick zu erleben, dann die Augen zu öffnen und den ganzen Vorgang noch einmal durchzugehen. Wenn das Bild, das Sie wählen, nicht anziehend oder verlockend genug ist, wird es nicht funktionieren. Es ist sehr wichtig, daß es außerordentlich attraktiv ist, Sie in einen stark motivierten Zustand versetzt und etwas darstellt, das Sie wirklich wollen oder das für Sie wichtiger ist als das alte Verhalten. Manchmal hilft es, neue Submodalitäten hinzuzufügen, wie Geruch oder Geschmack. Die ›Swish‹-Technik erzielt aufgrund bestimmter Neigungen des Gehirns erstaunlich schnell Ergebnisse. Unser Gehirn hat die Tendenz, sich von unangenehmen Dingen fortzubewegen und sich angenehmen zu nähern. Indem Sie das Bild, auf dem Sie nicht mehr Nägel kauen müssen, sehr viel anziehender machen, als das, auf dem Sie es tun, geben Sie Ihrem Gehirn zu verstehen, in Richtung auf welches Verhalten es sich in Zukunft bewegen soll. Ich habe diese Methode selbst angewandt, um mir abzugewöhnen, an den Fingernägeln zu kauen. Das Nägelkauen war eine völlig unbewußte Angewohnheit. An dem Tag, nachdem ich die ›Swish‹-Technik angewandt hatte, ertappte ich mich plötzlich dabei, wie ich an meinen Nägeln kaute. Ich hätte das natürlich als Mißerfolg auffassen können. Statt dessen sah ich es als einen Erfolg an, daß mir meine Angewohnheit bewußt geworden war. Dann machte ich noch einmal zehn ›Swishs‹ und seitdem habe ich nie wieder daran gedacht, an meinen Fingernägeln zu kauen.

Das gleiche können Sie mit Ängsten oder Frustrationen tun. Nehmen Sie beispielsweise etwas, das Sie nicht tun, weil Sie Angst davor haben. Stellen Sie sich dann vor, daß Sie es so tun können, wie Sie möchten. Machen Sie ein wirklich aufregendes Bild. Tauschen Sie dann die beiden Bilder siebenmal aus. Denken Sie jetzt wieder an das, wovor Sie sich gefürchtet haben. Wie fühlen Sie sich jetzt? Wenn der ›Swish‹ erfolgreich verlaufen ist, dann müßten Sie in dem Augenblick, wenn Sie an das denken, vor dem Sie sich gefürchtet haben, automatisch dazu übergehen, an das zu denken, was Sie erreichen möchten.

Ihre Gedanken können sich in einem ganz entscheidenden Punkt über die Gesetze des Universums hinwegsetzen. Sie können rückwärts gehen. Weder die Zeit noch die Ereignisse können zurückgehen – Ihre Gedanken können es. Nehmen wir einmal an, Sie kommen in Ihr Büro, und das erste, was Ihnen auffällt ist, daß ein wichtiger Bericht, den Sie benötigen, noch nicht fertiggeschrieben ist. Das Fehlen des Berichts versetzt Sie in einen nicht gerade wundervollen Zustand. Sie sind wütend und verärgert. Sie wollen schon hinauslaufen und Ihre Wut an Ihrer Sekretärin auslassen, doch das würde nicht zu dem Ergebnis führen, das Sie eigentlich wollen. Es würde eine schlimme Situation nur noch verschlimmern. Die Lösung liegt darin, Ihren Zustand zu verändern, in Gedanken zurückzugehen und sich in einen Zustand zu versetzen, der es Ihnen erlaubt, die Angelegenheit zu erledigen. Das können Sie tun, indem Sie Ihre inneren Repräsentationen neu ordnen.

Ich habe bisher immer wieder davon gesprochen, wie Sie Kontrolle über sich gewinnen und Ihre Gedanken, Ihr Gehirn steuern können, nun werden Sie sehen, wie Sie das erreichen können. Die wenigen Übungen, die Sie bisher durchgeführt haben, haben Ihnen bereits gezeigt, daß Sie die Fähigkeit haben, Ihren Zustand zu kontrollieren. Stellen Sie sich vor, wie es wäre, wenn Sie alle Ihre guten Erfahrungen strahlend hell und farbig sehen könnten: wenn sie fröhlich, rhythmisch und melodisch in Ihrem Ohr klingen würden und weiches, angenehm warmes Gefühl vermittelten. Was wäre, wenn Sie Ihre schlechten Erfahrungen – als kleine verschwommene, gerahmte Bilder, und fast unhörbare Stimmen speichern könnten, die kein Gefühl in Ihnen auslösen, weil Sie viel zu weit entfernt sind? Erfolgreiche Menschen tun das unbewußt. Sie wissen, wie sie die Lautstärke bei hilfreichen Erinnerungen aufdrehen und bei unangenehmen Erinnerungen den Ton abdrehen können. Was Sie bisher in diesem Kapitel gelernt haben, ist, wie Sie diese Menschen modellieren können.

Ich rate Ihnen damit keineswegs, Probleme einfach zu ignorieren. Manchen Dingen muß man sich stellen. Doch wir alle kennen Menschen, bei denen an einem Tag neunundneunzig Sachen geklappt haben und die trotzdem völlig deprimiert nach Hause kommen. Warum? Weil eine Sache schiefgegangen ist und sie diese eine Sache zu einem großen, hellen Bild aufgeblasen und die neunundneunzig anderen in kleine, verwischte Fotos verwandelt haben.

Viele Menschen verbringen ihr Leben auf diese Weise. Viele Klienten haben mir schon gesagt: »Ich bin immer deprimiert.« Sie sagten es fast mit Stolz, weil es Teil ihrer Weltanschauung geworden ist. Die meisten Therapeuten würden nun die lange, beschwerliche Arbeit beginnen, die Ursachen dieser Depressionen auszugraben. Sie würden ihren Patienten stundenlang über seine Depressionen reden lassen. Sie würden in der geistigen Mülltonne des Patienten wühlen, um die ersten düsteren Erfahrungen und emotionalen Kränkungen ausfindig zu machen. Solche Techniken schaffen sehr lange und sehr kostspielige therapeutische Beziehungen.

Niemand ist ständig deprimiert. Depressionen sind kein unveränderlicher Zustand wie der Verlust eines Beins. Es ist ein Zustand, in den Menschen zwar hineingeraten, aber aus dem sie auch wieder herauskommen können. Die meisten Menschen, die unter Depressionen leiden, haben zahlreiche glückliche Erfahrungen in ihrem Leben gehabt – häufig sogar überdurchschnittlich viele. Sie stellen sich diese Erfahrungen nur nicht hell, groß und assoziiert vor. Man kann sich glückliche Stunden auch aus der Ferne anstatt aus der Nähe vorstellen. Nehmen Sie sich einen Augenblick Zeit, und erinnern Sie sich an ein Ereignis, das vergangene Woche passiert ist, und schieben Sie es weit fort. Kommt es Ihnen noch immer so vor, als sei es erst vor kurzem geschehen? Was passiert, wenn Sie es näher heranholen? Kommt es Ihnen nun nicht wieder so vor, als sei es wirklich erst vor ganz kurzer Zeit geschehen? Manche Menschen schieben ihre glücklichen Erfahrungen weit von sich, so daß es ihnen vorkommt, als sei das alles schon sehr lange her; ihre Probleme bewahren sie hingegen in unmittelbarer Nähe auf. Bestimmt haben Sie schon jemanden sagen hören: »Ich muß nur etwas Abstand von meinen Problemen gewinnen.« Sie müssen nicht erst in ein entferntes

Land fliegen, um das zu erreichen. Schieben Sie Ihre Probleme nur in Gedanken weit von sich, und achten Sie einfach auf den Unterschied. Menschen, die sich deprimiert fühlen, haben ihr Gehirn vollgestopft mit großen, lauten, aufdringlichen und bedrückenden Bildern aus schlechten Zeiten und tragen nur hauchdünne, graue Vorstellungen ihrer schönen Erlebnisse in sich. Um das zu ändern, ist es nicht notwendig, sich in traurigen Erinnerungen zu wälzen; es genügt, die Submodalitäten, die Struktur der Erinnerungen, zu verändern. Verbinden Sie dann das, was Sie bisher bedrückt hat, mit neuen Repräsentationen, die es Ihnen erlauben, das Leben mit Energie, Freude, Geduld und Stärke anzugehen.

Manche werden sagen: »Einen Augenblick mal, so schnell lassen sich die Dinge doch nicht ändern.« Warum nicht? Es ist oft viel leichter, etwas schnell zu erledigen als über eine lange Zeitspanne hinweg. Das Gehirn arbeitet so. Überlegen Sie einmal, wie Sie sich einen Film ansehen. Sie sehen Tausende von Bildern und fügen sie zu einem Ganzen zusammen. Was passiert aber, wenn Sie ein Bild betrachten, dann eine Stunde später das nächste ansehen, und dann wieder einen Tag oder sogar zwei danach ein drittes? Sie hätten vermutlich nichts davon. Bei persönlichen Veränderungen ist das genauso. Wenn Sie etwas tun, wenn Sie in Gedanken sofort eine Veränderung vollziehen, Ihren Zustand und Ihr Verhalten ändern, können Sie sich damit auf eindrucksvolle Weise selbst zeigen, was alles möglich ist. Das ist wirksamer als eine monatelange, anstrengende und schmerzhafte Prozedur des Nachdenkens und Grübelns. Aus der Quantenphysik wissen wir, daß sich die Dinge nicht langsam und über große Zeiträume hinweg verändern – sie vollziehen sich in Sprüngen. Wir springen von einer Erfahrung in die nächste. Wenn Ihnen das Gefühl, das Sie erleben, nicht gefällt, dann ändern Sie Ihre Repräsentationen. Das ist alles.

Nehmen wir ein anderes Beispiel – die Liebe. Liebe ist für die meisten von uns eine wunderbare, fast mystische Erfahrung. Aus der Perspektive des Modellierens ist Liebe ein Zustand, und wird, wie alle Zustände, alle Ergebnisse, durch ganz spezielle Verhaltensweisen oder Stimuli erzeugt, die auf eine ganz bestimmte Weise wahrgenommen oder repräsentiert werden. Wie verliebt man sich? Einer der wichtigsten Wahrnehmungsmechanismen beim Verlieben besteht darin, sich mit dem zu assoziieren, was man an einem Menschen mag, und sich von allem zu dissoziieren, was man an ihm nicht mag. Sich zu verlieben ist deshalb so betörend und rauschhaft, weil es nicht ausgewogen ist. Wenn Sie verliebt sind, machen Sie keine Liste der guten und schlechten Eigenschaften eines Menschen und geben die Daten dann in einen Computer ein, um zu sehen, was unter dem Strich herauskommt. Sie sind mit einigen Merkmalen dieses Menschen, die Sie begeistern, völlig assoziiert. Sie können sich in diesem Augenblick kaum vorstellen, daß dieser Mensch auch ›Fehler‹ haben könnte.

Was zerstört eine Beziehung? Es spielen natürlich viele Faktoren eine Rolle. Einer davon könnte sein, daß man sich mit den Eigenschaften, die einem an dem anderen anfangs gefallen haben, nicht länger assoziiert. Es könnte sogar sein, daß man sich mit den unerfreulichen Erfahrungen, die man mit diesem Menschen gemacht hat, assoziiert, und sich von den angenehmen dissoziiert. Wie kann das geschehen? Jemand sieht zum Beispiel, daß sein Partner die Zahnpastatube offen gelassen hat oder seine Sachen auf dem Boden verstreut liegen läßt, und macht dann ein großes, lebendiges inneres Bild davon. Vielleicht schreibt er keine Liebesbriefe mehr. Oder sie erinnert sich daran, was er ihr in einem Streit gesagt hat, und wiederholt es immer und immer wieder in ihrem Kopf und fühlt sich dann auch wie bei jenem Streit. Sie erinnert sich vielleicht nicht mehr daran, wie zärtlich er sein kann oder was für schöne Dinge er ihr in der vergangenen Woche gesagt hat, oder wie er sie an ihrem Hochzeitstag überrascht hat. Es ließen sich unzählige Beispiele nennen. Es geht nicht darum, daß es ›falsch‹ sei, so zu reagieren. Machen Sie sich jedoch klar, daß diese Repräsentationsmuster Ihre Beziehung nicht verbessern werden. Was wäre, wenn Sie bei einem Streit plötzlich daran denken würden, wie Sie sich zum ersten Mal geküßt haben oder Hand in Hand gegangen sind – eine Gelegenheit, da der andere wirklich eine besondere Bedeutung für Sie gehabt hat – und sich dieses Bild groß, hell und ganz nah vor Ihnen vorstellen? Wie würden Sie in diesem Zustand den anderen, den Sie ja lieben, dann wohl behandeln?

Es ist wichtig, daß wir unsere Kommunikationsmuster prüfen und uns regelmäßig fragen: »Was werden die Folgen sein, wenn ich die Dinge weiterhin auf diese Weise repräsentiere? In welche Richtung führt mich mein Verhalten? Ist es das, was ich will? Jetzt ist die Gelegenheit, mir zu überlegen, was ich mit meinem geistigen und physischen Verhalten bewirke.« Warum soll man erst im nachhinein feststellen, daß etwas, das Sie leicht und mühelos hätten ändern können, Sie in eine Situation gebracht hat, die nicht Ihren Wünschen entspricht?

Es könnte sinnvoll sein, festzustellen, ob Sie in einer beständigen Weise Assoziations- beziehungsweise Dissoziationsmuster verwenden. Viele Menschen sind im allgemeinen von ihren Vorstellungen dissoziiert. Sie scheinen selten von etwas emotional berührt zu sein. Dissoziation hat ihre Vorteile; wenn Sie bei einer Sache nicht so stark emotional betätigt sind, haben Sie mehr Ressourcen zur Verfügung, um damit umzugehen. Wenn Sie jedoch ständig dissoziiert sind, geht Ihnen dabei etwas verloren, das ich als den Saft des Lebens bezeichne – die Lebensfreude. Ich habe mit einigen sehr konservativen Menschen gearbeitet, die sich selbst sehr einschränkten, in dem, was sie an Gedanken und Gefühlen ausdrückten, und ich habe ihnen geholfen, neue Wahrnehmungsmuster zu entwickeln. Allein dadurch, daß sie gelernt haben, sich stärker mit ihren internalen Repräsentationen zu assoziieren, sind sie viel vitaler geworden und machen ganz neue Erfahrungen in ihrem Leben.

Wenn andererseits der größte Teil Ihrer internalen Repräsentationen voll assoziiert ist, kann das leicht zu emotionaler Überforderung führen. Sie haben dann vielleicht große Schwierigkeiten, mit dem Leben fertig zu werden, weil Sie jedes noch so kleine Problem intensiv erleben. Ein Mensch, der sich mit allem im Leben voll assoziiert, ist außerordentlich leicht verletzbar und wird vieles zu persönlich nehmen.

Der Schlüssel zu einem erfolgreichen Leben ist ein Gleichgewicht in allen Dingen, so auch in den Wahrnehmungsfiltern von Assoziationen und Dissoziation. Wir können uns in jeder Situation entscheiden, uns zu assoziieren oder uns zu dissoziieren. Es ist jedoch wichtig, uns bewußt zu assoziieren, wenn es für uns hilfreich ist. Wir können jede Repräsentation unseres Gehirns bestimmen. Wissen Sie noch, was wir über die Macht unseres Glaubens gelernt haben? Wir haben gelernt, daß wir nicht mit einem oder mehreren Glaubenssätzen geboren werden, sondern sie ändern können. Als Kinder haben wir manche Dinge geglaubt, die wir heute für lächerlich halten. Wir haben das Kapitel über den Glauben mit einer Schlüsselfrage beendet: Wie können wir einen konstruktiven Glauben entwickeln und negative Glaubenssätze ablegen? Der erste Schritt besteht darin, uns bewußt zu werden, wie groß der Einfluß ist, der das, was wir glauben, auf unser Leben ausübt. Den zweiten Schritt haben wir in diesem Kapitel getan: Wir können die Art und Weise verändern, wie wir unsere Glaubenssätze repräsentieren. Denn wenn Sie die Struktur dessen, was Sie repräsentieren, verändern, dann verändern Sie auch Ihr Gefühl und damit Ihre Erfahrung vom Leben. Sie können jedes Ereignis in einer Weise repräsentieren, daß Sie dadurch Kraft gewinnen, und Sie können schon jetzt damit beginnen.

Denken Sie daran: Ein Glaube ist ein starker emotionaler Zustand der Gewißheit in bezug auf bestimmte Menschen, Dinge, Ideen oder Lebenserfahrungen. Wie aber entsteht diese Sicherheit? Durch bestimmte Submodalitäten. Glauben Sie, daß Sie sich einer Sache so sicher sein könnten, die in Ihrer Vorstellung dunkel, unscharf, klein und weit entfernt ist, wie Sie das bei einer Sache wären, die hell, scharf, groß und in unmittelbarer Nähe ist?

Ihr Gehirn hat darüber hinaus ein Ordnungssystem. Manche Menschen legen die Dinge, an die sie glauben, im Geiste auf der linken, die Dinge, die ihnen unsicher erscheinen, auf der rechten Seite ab. Ich weiß, das klingt komisch – aber Sie können einen Menschen, der mit diesem Ablagesystem arbeitet, schon dadurch verändern, indem Sie ihn beispielsweise dazu veranlassen, die Dinge, derer er sich nicht sicher ist, von der rechten auf die linke Seite zu legen, wo sein Gehirn normalerweise die Dinge speichert, an die er glaubt. Sobald er das tut, wird er sich dieser Sache sicher. Er beginnt dann an etwas zu glauben, von dem er bis vor kurzem noch nicht überzeugt war!

Die Veränderung des Glaubenssatzes geschieht, indem Sie die Art der Repräsentation von etwas, das Sie für wahr halten, mit der Repräsentation von etwas kontrollieren, das Ihnen unsicher erscheint. Beginnen Sie mit etwas, an das Sie mit absoluter Sicherheit glauben – zum Beispiel, Ihrem Namen, Ihrem Geburtsdatum und Geburtsort, damit, daß Sie Ihre Kinder von ganzem Herzen lieben, oder Miles Davis der größte Trompetenspieler aller Zeiten ist. Denken Sie an etwas, an das Sie felsenfest glauben, etwas, von dem Sie absolut überzeugt sind, daß es zutrifft. Denken Sie dann an etwas, dessen Sie sich nicht so sicher sind, etwas, an das Sie gern glauben würden, wovon Sie aber nicht ganz überzeugt sind. Vielleicht möchten Sie zu diesem Zweck eine der sieben Lügen des Erfolgs aus Kapitel 5 verwenden. Suchen Sie sich aber nicht etwas aus, an das Sie überhaupt nicht glauben, denn wenn Sie sagen, daß Sie etwas nicht glauben, dann bedeutet das in Wirklichkeit, Sie *glauben,* daß es nicht wahr ist.

Gehen Sie dann charakteristische Submodalitäten durch, wie wir es schon vorher im Zusammenhang mit der Frage der Motivierung getan haben. Untersuchen Sie zunächst die visuellen, auditiven und kinästhetischen Aspekte der Sache, an die Sie voll und ganz glauben. Tun Sie dann das gleiche mit der Aussage, bei der Sie nicht so sicher sind. Achten Sie auf die Unterschiede. Befinden sich die Dinge, an die Sie glauben, in Ihrer Vorstellung an einer anderen Stelle als die Dinge, deren Sie sich nicht sicher sind? Oder erscheinen Ihnen die Dinge, die Sie glauben, näher, heller oder größer als die Dinge, derer Sie sich nicht sicher sind? Ist die Vorstellung ein starres Bild und die andere ein Film? Bewegt sich das eine Bild schneller als das andere?

Tun Sie jetzt das gleiche, was wir auch bei der Motivierung getan haben. Verändern Sie die Submodalitäten des ›unsicheren‹ Vorstellungsbildes so, daß sie mit denen des ›sicheren‹ Vorstellungsbildes übereinstimmen. Verändern Sie die Farbe und den Standort. Verändern Sie die Stimme, die Tonart, das Tempo, die Klangfarbe. Verändern Sie die Submodalitäten der Oberflächenbeschaffenheit, des Gewichts, der Temperatur. Was für ein Gefühl haben Sie, nachdem Sie das getan haben? Wenn Sie das Bild, bei dem Sie sich unsicher waren, richtig verändert haben, werden Sie sich der Sache, die Sie eben noch angezweifelt haben, jetzt völlig sicher sein.

Die einzige Schwierigkeit, die viele damit haben, ist ihr Glaube, daß man die Dinge nicht einfach so schnell ändern kann. Aber vielleicht ist das etwas, was Sie möglichst schnell verändern möchten.

Die gleiche Methode könnten Sie verwenden, um festzustellen, welche Unterschiede zwischen den Dingen bestehen, die Ihnen unklar sind, und solchen, von denen Sie das Gefühl haben, sie zu verstehen. Wenn Ihnen etwas unklar ist, könnte es sein, daß Ihre internalen Repräsentationen zu klein, zu unscharf, zu dunkel oder zu weit entfernt sind, während die Dinge, die Sie verstehen, näher, heller und schärfer repräsentiert sind. Achten Sie einmal darauf, was passiert, wenn Sie Ihre Repräsentationen so ändern, daß Sie mit denen übereinstimmen, die Sie von den Dingen haben, die Sie verstehen.

Nicht bei jedem wird durch größere Nähe oder Helligkeit die Erfahrung intensiviert. Auch das Gegenteil kann passieren. Manche Menschen fühlen etwas dann besonders intensiv, wenn es dunkler oder unschärfer wird. Es gilt, herauszufinden, welche Submodalitäten für die Person entscheidend sind, der Sie bei einer Veränderung helfen wollen und dann genug persönliche Power zu haben, diese Informationen auch zu nutzen.

Was wir genaugenommen tun, wenn wir mit Submodalitäten arbeiten, ist, das System von Reizen zu verändern, das dem Gehirn sagt, mit welchen Gefühlen es auf eine Erfahrung reagieren soll. Ihr Gehirn reagiert auf alle Signale (Submodalitäten), die Sie ihm zuleiten. Wenn Sie Signale einer bestimmten Art liefern, wird Ihr Gehirn Schmerz empfinden. Wenn Sie ihm andere Submodalitäten liefern, können Sie sich schon innerhalb weniger Augenblicke ganz ausgezeichnet fühlen. Bei einem NLP-Training in Phoenix, Arizona, bemerkte ich einmal, daß eine ganze Reihe Personen im Raum sehr angespannte Gesichtsmuskeln hatten und einen Gesichtsausdruck, den ich als Ausdruck von Schmerzen deutete. Ich ging in Gedanken noch einmal durch, worüber ich gesprochen hatte, und konnte nicht finden, was bei so vielen Menschen gleichzeitig eine solche Reaktion ausgelöst haben könnte. Schließlich frage ich einen Teilnehmer: »Was fühlen Sie in diesem Augenblick?« Und er sagte: »Ich habe starke Kopfschmerzen.« Sobald er es ausgesprochen hatte, bestätigte es mir auch ein anderer Teilnehmer, und dann noch einer und noch einer. Mehr als sechzig Prozent der Personen in dem Raum hatten Kopfschmerzen. Sie sagten, daß ihnen das helle Licht, das für die Videoaufzeichnung benötigt wurde, in den Augen brenne, sie störe und ihnen regelrecht Schmerzen bereite. Darüber hinaus befanden wir uns in einem Raum ohne Fenster, und die Belüftung war vor rund drei Stunden ausgefallen, so daß es sehr stickig geworden war. All das hatte bei einigen offensichtlich eine physiologische Veränderung hervorgerufen. Blieb mir nun eine andere Möglichkeit, als das Training zu unterbrechen, damit sich jeder eine Schmerztablette besorgen konnte?

Natürlich! Unser Gehirn erzeugt Schmerzen nur dann, wenn es Reize empfängt, die auf eine bestimmte Weise repräsentiert sind. Ich ließ also einzelne die Submodalitäten ihrer Schmerzen beschreiben. Bei manchen waren die Schmerzen dumpf und pochend, bei anderen nicht. Manche erlebten den Schmerz sehr groß und hell (Sie können sich vorstellen, wie sich das anfühlt), während er bei anderen eher klein war. Ich ließ sie dann ihre Submodalitäten für Schmerz ändern, indem ich sie zuerst von dem Schmerz dissoziieren und ihn dann außerhalb von sich plazieren ließ. Ihre Gefühle änderten sich bereits, als sie die Form und die Größe des Schmerzes sehen konnten und ihn in etwa drei Meter Entfernung von sich aufstellten. Als nächstes ließ ich sie ihre Repräsentationen größer und kleiner machen, so daß sie zunächst anschwollen, dann an der Decke explodierten und zusammengeschrumpft wieder nach unten fielen. Dann ließ ich sie den Schmerz zur Sonne katapultieren und zusehen, wie er dort zerschmolz, als Sonnenschein wieder zurück auf die Erde fiel und den Pflanzen Nahrung gab. Ich fragte sie danach, wie sie sich fühlten. In weniger als fünf Minuten waren fünfundneunzig Prozent von ihnen ihre Kopfschmerzen losgeworden. Sie hatten die internalen Repräsentationen verändert, die ihr Gehirn gesteuert hatten, so daß das Gehirn jetzt neue Signale empfing und auf neue Weise reagierte. Die restlichen fünf Prozent brauchten weitere fünf Minuten, um spezifische Veränderungen ihrer Submodalitäten vorzunehmen. Einer der Männer hatte eine Migräne gehabt, und selbst er fühlte sich danach besser.

Manche Menschen, denen ich diesen Vorgang beschreibe, können kaum glauben, daß sich Schmerzen so schnell und leicht beseitigen lassen. Doch haben sie es nicht unbewußt schon selbst viele Male so getan? Können Sie sich nicht auch an eine Gelegenheit erinnern, da Sie Schmerzen hatten, dann aber von etwas anderem in Anspruch genommen wurden oder etwas Aufregendes erlebten, und sobald Sie das, was Sie dachten oder repräsentierten, geändert hatten, waren Ihre Schmerzen verschwunden? Schmerzen gehen recht schnell und kommen so lange nicht wieder, wie Sie sie nicht repräsentieren. Wenn Sie mit Ihren internalen Repräsentationen aber bewußt umgehen, können Sie Kopfschmerzen nach Belieben zum Verschwinden bringen.

Sobald Sie die Signale kennen, die bestimmte Resultate in Ihrem Gehirn bewirken, können Sie praktisch jedes Gefühl, in jeder beliebigen Situation erzeugen.

Eine letzte Warnung: Es gibt besondere Filter der menschlichen Erfahrung, die Einfluß auf Ihre Fähigkeit haben können, neue internale Repräsentationen aufrechtzuerhalten –

oder überhaupt erst zu erzeugen. Diese Filter berücksichtigen unsere Werte und ermöglichen uns nicht bewußte Vorteile, die wir von unserem aktuellen Verhalten haben. Den Werten und ihrer Bedeutung ist ein eigenes Kapitel gewidmet, unbewußte sekundäre Gewinne werden wir in Kapitel 15, im Zusammenhang mit dem Prozeß des ›Reframing‹, besprechen. Wenn der Schmerz ein Signal für Vorgänge in Ihrem Körper ist, denen Sie Ihre Aufmerksamkeit widmen sollten, wird er, um diese wichtige Funktion zu erfüllen, so lange wieder auftreten, bis Sie etwas unternehmen. Mit dem, was Sie bisher gelernt haben, können Sie Ihr eigenes und auch das Leben von anderen bereits ungemein bereichern. Untersuchen wir nun noch einen weiteren Aspekt der Struktur unserer Erfahrung, der uns dabei helfen kann, andere zu modellieren.

7

Die Syntax des Erfolgs

Bis jetzt haben wir uns in diesem Buch damit beschäftigt, wie Menschen bestimmte Leistungen vollbringen. Wir haben festgestellt, daß Menschen, die hervorragende Resultate erzielen, beständig eine Reihe bestimmter psychischer und physischer Handlungen ausführen. Wenn wir das gleiche tun, werden wir dieselben oder ähnliche Ergebnisse erzielen. Allerdings gibt es noch einen anderen Faktor, der die Ergebnisse beeinflußt – die Syntax unseres Handelns. Die Syntax – das ist die Art und Weise, wie wir unsere Handlungen anordnen – kann großen Einfluß auf die Ergebnisse haben, die wir hervorbringen.

Was ist der Unterschied zwischen »Der Hund hat Jim gebissen« und »Jim hat den Hund gebissen«? Was ist der Unterschied zwischen »Joe verspeist den Hummer« und »Der Hummer verspeist Joe«? Der Unterschied ist gewaltig, würde ich sagen, vor allem, wenn es darum geht, wer wen verspeist. Die einzelnen Wörter der beiden Sätze sind genau gleich. Der Unterschied liegt in der Syntax, der Art ihrer Anordnung. Die Bedeutung einer Erfahrung wird durch die Anordnung der Signale bestimmt, die an das Gehirn gegeben werden. Es sind dieselben Reize, dieselben Wörter, und dennoch haben sie – je nach Anordnung – nicht immer die gleiche Bedeutung. Es ist außerordentlich wichtig, das zu berücksichtigen, wenn wir die Leistungen erfolgreicher Menschen modellieren wollen. Die Reihenfolge, in der Ereignisse präsentiert werden, bewirkt eine bestimmte Reaktion im Gehirn. Das ist vergleichbar mit den Eingaben bei einem Computer. Wenn Sie sie in der richtigen Reihenfolge vornehmen, wird Ihnen der Computer auch das richtige Ergebnis liefern. Wenn Sie die Befehle aber in einer anderen Reihenfolge eingeben, werden Sie nicht das gewünschte Ergebnis bekommen.

Ich werde in meinen weiteren Ausführungen das Wort ›Strategie‹ verwenden, um die Faktoren zu beschreiben – die verschiedenen internalen Repräsentationen, die notwendigen Submodalitäten und die erforderliche Syntax –, deren Zusammenwirken ein ganz bestimmtes Ergebnis hervorbringt.

Wir haben für fast alles im Leben eine Strategie: Um uns zu verlieben, um uns zu etwas hingezogen zu fühlen, um uns zu motivieren, um uns zu entscheiden, usw. Wenn wir beispielsweise herausfinden, welches unsere Strategie für Liebe ist, dann können wir diesen Zustand auf Wunsch herbeiführen. Wenn wir herausfinden, was genau wir in welcher Reihenfolge tun, um eine Entscheidung zu treffen, dann können wir, falls wir zuvor unentschlossen waren, innerhalb weniger Augenblicke zu einer Entscheidung gelangen. So können wir lernen, welche ›Knöpfe‹ wir drücken müssen und wie wir die gewünschten Ergebnisse in unserem inneren Biocomputer herstellen können.

Das Backen ist eine hübsche Metapher für die Komponenten und den Gebrauch von Strategien. Glauben Sie, daß Sie die größte Schokoladentorte der Welt nachbacken können? Natürlich können Sie das, wenn Sie das Rezept kennen. Ein Rezept ist nichts anderes als eine Strategie, ein genauer Plan dafür, welche Ressourcen Sie brauchen und wie Sie sie anwenden müssen, um ein ganz bestimmtes Ergebnis zu erreichen. Wenn Sie akzeptieren, daß wir alle die gleiche neurologische Ausstattung haben, dann müssen Sie auch akzeptieren, daß uns allen dieselben Ressourcen zur Verfügung stehen. Doch es ist die Strategie – die Art wie wir unsere Ressourcen nutzen –, die die Ergebnisse bestimmt, die wir erzielen. Dieses Gesetz gilt auch im Geschäftsleben. Eine Firma kann außerordentlich gute Ressourcen haben – trotzdem wird die Firma den Markt beherrschen, deren Strategie den besten Gebrauch ihrer Ressourcen ermöglicht.

Was brauchen Sie also, um einen Kuchen zu backen, der

genauso gut ist wie der eines Fachmanns? Sie brauchen das Rezept, und Sie müssen es genau befolgen. Wenn Sie das Rezept bis in jede Einzelheit befolgen, werden Sie das gleiche Resultat erzielen, selbst wenn Sie in Ihrem ganzen Leben noch nie einen Kuchen gebacken haben. Der Bäcker hat sich vielleicht jahrelang immer wieder daran versucht, bevor er am Ende dieses Rezept entwickelt hatte. Sie können sich jahrelange Arbeit ersparen, indem Sie einfach sein Rezept befolgen und modellieren, was er gemacht hat.

Es gibt Strategien für finanziellen Erfolg, Gesundheit, Glück und Liebe. Wenn Sie Menschen treffen, die bereits finanziellen Erfolg oder glückliche Beziehungen haben, brauchen Sie nur deren Strategien herauszufinden und anzuwenden, um die gleichen Ergebnisse zu erzielen und sich auf diese Weise ungeheuer viel Zeit und Mühe ersparen. Das ist die Stärke des Modellierens. Sie brauchen sich nicht erst jahrelang zu quälen, um etwas zu beherrschen.

Wodurch genau ermöglicht uns ein Rezept, so effektiv zu handeln? Nun, zunächst einmal erfahren wir, welche Zutaten wir benötigen. Beim ›Backen‹ menschlicher Erfahrungen sind die Zutaten unsere fünf Sinne. Jede menschliche Leistung wird durch einen ganz bestimmten Gebrauch des visuellen, auditiven, kinästhetischen, gestatorischen und offektorischen Repräsentationssystems erreicht. Was ist es darüber hinaus noch, das ein Rezept so hilfreich macht, um das gleiche Resultat zu erreichen, wie die Person die es erfunden hat? Es sagt uns die genauen Mengen der einzelnen Zutaten, die wir benötigen. Bei der Reproduktion menschlicher Erfahrungen müssen wir nicht nur die Zutaten kennen, sondern auch wissen, wieviel von jeder Zutat wir brauchen. Im Zusammenhang mit Strategien können wir die Submodalitäten als diese Menge auffassen. Sie sagen uns genau, wieviel wir benötigen. Wieviel visuellen Input zum Beispiel – wie hell, wie dunkel, wie nah muß die Erfahrung sein? Welches Tempo? Welche Beschaffenheit?

Ist das alles? Wenn Sie wissen, was die Zutaten sind und wieviel Sie davon benötigen, können Sie dann einen Kuchen der gleichen Qualität herstellen wie der Fachmann? Nein, nicht, wenn Sie nicht auch die Syntax kennen, also wissen: wann was in welcher Reihenfolge zu tun ist. Was würde passieren, wenn Sie beim Kuchenbacken als erstes die Zutat hineinschütten, die der Bäcker normalerweise als letzte hinzugibt? Würde Ihr Kuchen genauso gut werden wie seiner? Vermutlich nicht. Wenn Sie jedoch die gleichen Zutaten in der gleichen Menge und in der gleichen Reihenfolge verwenden, dann werden Sie auch ein ähnliches Ergebnis erzielen.

Wir haben für alles eine Strategie – um uns zu motivieren, etwas zu kaufen, jemanden zu lieben oder uns von ihm angezogen zu fühlen. Bestimmte Sequenzen von Reizen werden immer ein bestimmtes Ergebnis hervorbringen. Sie können Strategien mit der Kombination und Ihr Gehirn mit einem Safe voller Ressourcen vergleichen. Selbst wenn Sie die Zahlen kennen, werden Sie das Schloß nicht aufkriegen, solange Sie sie nicht in der richtigen Reihenfolge anwenden. Wenn Sie jedoch die richtigen Zahlen in der richtigen Reihenfolge benutzen, wird sich das Schloß jedesmal öffnen. Sie müssen also die Kombinationen herausfinden, die Ihren Tresor und den anderer Menschen öffnen.

Welches sind die Bestandteile der Syntax des Erfolgs? Unsere Sinne. Unsere Sinne verarbeiten zwei Arten von Input – internalen und externalen. Die Syntax ist die Abfolge, in der wir das, was wir external wahrnehmen und das, was wir internal repräsentieren, miteinander verknüpfen. Sie können zum Beispiel zwei verschiedene visuelle Erfahrungen machen. Die erste enthält das, was Sie um sich herum sehen. Während Sie dieses Buch lesen und auf die schwarzen Buchstaben auf dem weißen Untergrund blicken, machen Sie eine externale, visuelle Erfahrung. Die andere ist die internale visuelle Erfahrung. Erinnern Sie sich, wie wir im vorherigen Kapitel mit den visuellen Modalitäten und Submodalitäten gespielt haben? Wir waren nicht an Ort und Stelle, um den Strand oder die Wolken zu sehen, die schönen oder schlimmen Zeiten zu durchleben, die wir repräsentiert hatten. Wir haben sie internal erfahren.

Das gleiche gilt für die anderen Modalitäten. Sie können einen Zug vor Ihrem Fenster pfeifen hören. Das ist eine externale, auditive Erfahrung. Sie können aber auch eine Stimme in Ihrem Kopf hören. Das ist eine internale, auditive Erfahrung. Wenn der Ton der Stimme im Vordergrund steht, ist es eine tonale, auditive Erfahrung. Wenn die Worte, die die Stimme sagt, das Entscheidende sind, dann handelt es sich um eine digitale, auditive Erfahrung. Wenn Sie die Armlehne des Stuhls, auf dem Sie sitzen, fühlen, dann ist das eine externale, kinästhetische Erfahrung. Wenn Sie innerlich etwas spüren, das Ihnen ein gutes oder schlechtes Gefühl vermittelt, dann handelt es sich um eine internale, kinästhetische Erfahrung.

Um ein Rezept zu erstellen, brauchen wir ein System, um zu beschreiben, was wann zu tun ist. Damit haben wir ein Notationssystem für Strategien. Wir stellen diese Prozesse daher in einer Art Kurzschrift dar. Dabei verwenden wir V für visuell, A für auditiv, K für kinästhetisch, i für intern, e für external, t für tonal und d für digital. Wenn Sie etwas außerhalb Ihres Körpers external visuell sehen, dann ist es Ve. Wenn Sie in Ihrem Körper etwas fühlen, dann ist es Ki. Betrachten Sie zuerst die Strategie eines Menschen, der motiviert ist, weil er etwas sieht (Ve), dann etwas zu sich sagt (Aid), das ein Gefühl in ihm hervorruft (Ki). Diese Strategie würde folgendermaßen lauten: Ve-Aid-Ki. Sie könnten den ganzen Tag auf diesen Menschen ›einreden‹ und versuchen ihm zu erklären, warum er etwas tun sollte, aber es ist höchst unwahrscheinlich, daß Sie damit Erfolg haben würden. Wenn Sie ihm jedoch ein Resultat ›zeigen‹ und dabei erwähnen, was er sich selbst sagen würde, wenn er es sähe, können Sie ihn in einen Zustand versetzen, in dem er fast auf einen Wink hin aktiv würde. Im nächsten Kapitel werde ich Ihnen zeigen, wie Sie Strategien elizitieren können, die Menschen in ganz bestimmten Situationen einsetzen. Für den Augenblick möchte ich Ihnen nur zeigen, wie diese Strategien funktionieren und warum sie so wichtig sind.

Wir haben für alles Strategien, das heißt internale Repräsentationsmuster, die ständig bestimmte Ergebnisse produzieren. Nur wenige Menschen wissen, wie man diese Strategien bewußt anwenden kann, daher geraten wir immer wieder in verschiedenste Zustände, je nachdem, welche Reize gerade auf uns wirken. Sie brauchen jedoch nichts anderes zu tun, als Ihre Strategie herauszufinden, um den gewünschten Zustand jederzeit sofort hervorrufen zu können. Und Sie müssen fähig sein, die Strategien anderer Menschen zu erkennen, damit Sie genau wissen, worauf diese reagieren.

Haben Sie zum Beispiel ein beständiges Muster, nach dem Sie Ihre internalen und externalen Erfahrungen ordnen, wenn Sie etwas kaufen wollen? Mit größter Wahrscheinlichkeit haben Sie eines. Auch wenn Sie es vielleicht noch nicht wissen, kann dieselbe Syntax Ihrer Erfahrungen, die Sie für ein bestimmtes Auto schwärmen läßt, Sie auch für ein ganz bestimmtes Haus einnehmen. Es gibt bestimmte Reize, die Sie, in der richtigen Sequenz dargeboten, sofort in einen kauffreudigen Zustand versetzen. Jeder von uns befolgt bestimmte typische Sequenzen, um spezielle Zustände und Handlungen zu erzeugen. Wenn Sie jemandem Informationen in der für ihn typischen Syntax vorbringen, wird es Ihnen leichtfallen, schnell einen guten Kontakt herzustellen. Richtig ausgeführt, kann eine Kommunikation dadurch fast unwiderstehlich werden, weil sie automatisch bestimmte Reaktionen auslöst.

Welche anderen Strategien gibt es? Gibt es Überzeugungsstrategien? Besteht die Möglichkeit, Material anderen Personen so darzubieten, daß es sie fast immer überzeugt? Ja, diese Möglichkeit besteht. Genauso gibt es Strategien für jeden anderen Zweck. Sie können Ihre Erfahrung der Welt in eine entsprechende Sequenz bringen, und damit auch in anderen diesen Zustand erzeugen. Es gibt Strategien für erfolgreiches Management. Es gibt Strategien für Kreativität. Wenn bestimmte Reize auf Sie einwirken, geraten Sie in diesen Zustand. Sie brauchen nur zu wissen, wie Ihre Strategie ist, dann können Sie jederzeit einen gewünschten Zustand herbeiführen. Doch Sie müssen auch dazu in der Lage sein, die Strategien anderer herauszufinden, damit Sie wissen, wie

Sie ihnen Informationen so darbieten können, wie sie es brauchen.

Wir suchen also die richtige Reihenfolge, die richtige Syntax, die zu einem bestimmten Ergebnis führt und einen bestimmten Zustand bewirkt. Wenn Sie das können und bereit sind, die notwendigen Schritte auszuführen, dann können Sie sich die Welt schaffen, die Sie sich wünschen. Außer den unmittelbaren Bedürfnissen wie Nahrung und Wasser ist das einzige, was Sie vielleicht noch wollen, ein bestimmter Zustand. Sie brauchen nur noch die Syntax, die richtige Strategie, zu kennen, um an dieses Ziel zu gelangen.

Eine sehr erfolgreiche Erfahrung im Modellieren habe ich bei der U.S. Army gehabt. Ich wurde einem General vorgestellt, mit dem ich über *Strategien der Erfolgsmaximierung,* wie z. B. das *Neurolinguistische Programmieren,* sprach. Ich behauptete, daß ich jedes beliebige Trainingsprogramm zeitlich um die Hälfte verkürzen und dabei in seiner Effektivität noch steigern könnte. Eine recht kühne Behauptung, nicht wahr? Der General war zwar interessiert, aber nicht überzeugt, daher wurde ich engagiert, um einige NLP-Techniken darzustellen. Nachdem dieser Lehrgang erfolgreich verlaufen war, gab mir die Army einen Vertrag über mehrere Trainings und ein Ausbildungsprogramm im Modellieren. In dem Vertrag war festgelegt, daß ich mein Honorar nur dann bekommen sollte, wenn die versprochenen Ergebnisse auch tatsächlich erzielt wurden.

Das erste Projekt war ein viertägiger Kursus in Pistolenschießen. Bis dahin hatten regelmäßig nur siebzig Prozent der Soldaten dieses Kurs erfolgreich absolviert, und die Ausbilder hatten dem General versichert, daß dieses Ergebnis unmöglich zu verbessern sei. Zu diesem Zeitpunkt begann ich mich zu fragen, worauf ich mich da eingelassen hatte. Ich hatte bisher in meinem Leben noch keinen Revolver (Schuß) abgefeuert und freute mich auch nicht gerade darauf, es zu tun. Ursprünglich sollten John Grinder und ich das Seminar gemeinsam leiten, und ich hatte das Gefühl, daß wir es schon schaffen würden, da er im Schießen Übung hatte. Dann sagte John plötzlich aus Termingründen ab. Sie können sich vorstellen, in welchen Zustand ich verfiel! Außerdem kam mir das Gerücht zu Ohren, daß einige Leute in der Trainingsgruppe alles daran setzen wollten, meine Arbeit zu sabotieren, weil sie sich über die Höhe meines Honorars ärgerten. Sie wollten mir eine Lektion erteilen. Ohne jede Erfahrung im Schießen, ohne meinen Trumpf (John Grinder) im Ärmel, und in dem Bewußtsein, daß es Leute gab, die versuchen würden, mich aufs Kreuz zu legen – was sollte ich da tun?

Zuerst ließ ich dieses riesige Bild des Mißerfolgs, das ich in Gedanken aufgebaut hatte, schrumpfen. Dann begann ich mir völlig neue Repräsentationen darüber zu machen, was ich tun könne. Ich tauschte den Glaubenssatz »Dem besten Trainer der Armee gelingt nicht, was sie von mir verlangen, also werde ich es auch nicht schaffen« gegen den Glaubenssatz aus »Es sind zwar ausgezeichnete Schützen, aber sie wissen wenig oder gar nichts über die Wirkung internaler Repräsentationen oder darüber wie man die Strategien der besten Schützen modelliert«. Nachdem ich mich in einen absolut ressourcevollen Zustand versetzt hatte, bat ich den General, seine besten Schützen kennenlernen zu dürfen, um herauszufinden was sie genau taten – psychisch und physisch –, um diese Spitzenleistungen zu erzielen. Sobald ich den ›Unterschied, der den Unterschied ausmacht‹ herausgefunden hätte, könnte ich ihn den anderen Soldaten in kürzester Zeit vermitteln und ihnen zu den gleichen Leistungen verhelfen.

Gemeinsam mit meinen Mitarbeitern erforschte ich nun zunächst einmal das Glaubenssystem, das die besten Schützen der Welt haben, und verglich es mit dem der Soldaten, die keine so guten Schützen waren. Als nächstes untersuchte ich die gemeinsame mentale Syntax und die Strategien der besten Schützen, so daß ich sie auch Anfängern vermitteln konnte. Diese Syntax war das Ergebnis von Tausenden, vielleicht sogar Hunderttausenden von Schüssen und feinsten Veränderungen der Schießtechnik. Dann modellierte ich die wichtigsten Komponenten ihrer Physiologie.

Nachdem ich die optimale Strategie für effektives Schießen

herausgefunden hatte, entwarf ich einen eineinhalbtägigen Lehrgang für Anfänger. Das Ergebnis? Als die Soldaten nach kaum zwei Tagen getestet wurden, qualifizierten sie sich zu hundert Prozent, und die Zahl derjenigen, die sich für die höchste Stufe qualifiziert hatten, war dreimal so hoch wie nach der viertägigen Standardausbildung. Indem ich den Anfängern zeigte, wie sie ihrem Gehirn dieselben Signale geben konnten wie die Experten, gelang es mir, sie doppelt so schnell wie sonst üblich ebenfalls zu Experten zu machen. Danach trainierte ich mit den Meisterschützen, deren Verhalten ich zuvor modelliert hatte, und zeigte ihnen, wie sie ihre Strategien noch verbessern konnten. Nach einer Stunde erzielte ein Teilnehmer höhere Resultate als in den vergangenen sechs Monaten, ein anderer traf häufiger ins Schwarze als in jedem bisherigen Wettkampf, an dem er teilgenommen hatte. In seinem Bericht an den General nannte der Oberst das Ergebnis meines Lehrgangs einen Durchbruch im Pistolenschießen, wie es ihn seit dem Ersten Weltkrieg nicht mehr gegeben habe.

Es ist wichtig, sich darüber klar zu werden, daß Sie selbst mit wenig oder gar keinen Hintergrundinformationen und selbst unter anscheinend ungünstigen Voraussetzungen, in kürzester Zeit ein überdurchschnittliches Ergebnis erzielen können, wenn Sie nur ein gutes Modell haben, dessen Verhalten Sie genau untersuchen und dann replizieren können. Viele Sportler verwenden eine noch einfachere Strategie, um die Besten ihrer Sportart zu modellieren. Wenn Sie einen erfolgreichen Skiläufer modellieren wollen, dann sollten Sie zunächst genau seine Technik beobachten (Ve). Während Sie ihm zuschauen, könnten Sie mit Ihrem Körper die gleichen Bewegungen nachvollziehen (Ke), bis sie Ihnen wie ein Teil Ihres Bewegungsrepertoires vorkommen (Ki). (Wenn Sie beim Skilaufen zugeschaut haben, so haben Sie das vielleicht sogar willkürlich getan. Wenn die Skiläufer, die Sie beobachten, eine Kurve fahren, neigen Sie sich selbst zur Seite, als stünden Sie auf ihren Skiern.) Als nächstes machen Sie sinnvollerweise noch ein inneres Bild von einem sehr guten Skiläufer (Vi.). Die Sequenz verläuft also vom external Visuellen zu kinästhetisch-external und dann zu kinästhetisch-internal. Als nächstes konstruieren Sie ein neues visuell-internales, und diesmal dissoziiertes Bild, auf dem Sie sich selbst skifahren sehen (Vi). Es ist so, als würden Sie sich in einem Film sehen, in dem Sie möglichst genau das Verhalten der anderen Person zeigen. Als nächstes würden Sie in den Film ›hineingehen‹ und auf assoziierte Weise erfahren, wie es sich anfühlt, die gleichen Handlungen auszuführen, die Sie bei dem Spitzensportler beobachtet haben (Ki). Wiederholen Sie das so oft, bis Sie selbst damit zufrieden sind. Auf diese Weise haben Sie sich mit der spezifischen neurologischen Strategie ausgestattet, die Ihnen dabei helfen kann, sehr gute Leistungen zu erzielen. Dann können Sie den Bewegungsablauf in der Wirklichkeit ausprobieren (Ke).

Die Syntax dieser Strategie würde wie folgt lauten: Ve-Ke-Ki-Vi-Vi-Ki-Ke. Das ist eine von Hunderten von Möglichkeiten, wie Sie jemanden modellieren können. Denken Sie daran, es gibt viele Wege, um Resultate zu erzielen. Es gibt keine richtigen und keine falschen Wege – es gibt nur effektive oder ineffektive Wege, um Ihre Wünsche zu verwirklichen.

Natürlich können Sie präzisere Resultate erzielen, wenn Sie genauere und präzisere Informationen darüber haben, was jemand tut, um zu einem bestimmten Ergebnis zu gelangen. Um jemanden zu modellieren, wäre es ideal, wenn Sie zugleich auch seine innere Erfahrung, seine Glaubenssysteme und seine grundlegende Syntax modellieren würden. Aber schon, indem Sie jemanden beobachten, können Sie seine Physiologie zu einem großen Teil abbilden. Die Physiologie ist der zweite Faktor (wir werden in Kapitel 9 darauf zu sprechen kommen), der den Zustand erzeugt, in dem wir uns befinden, und damit auch die Ergebnisse beeinflußt, die wir erzielen.

Ein wichtiges Gebiet, in dem das Verständnis von Strategie und Syntax weitreichende Auswirkungen haben kann, ist die Pädagogik. Warum ›können‹ manche Kinder nicht lernen? Ich bin überzeugt, daß es dafür zwei Hauptgründe gibt. Erstens kennen wir oft nicht die wirksamste Strategie, mit der wir jemandem eine bestimmte Fertigkeit beibringen können. Zweitens haben Lehrer selten eine genaue Vorstellung davon, wie verschieden Kinder lernen. Denn, wie Sie ja inzwischen wissen – wir alle haben verschiedene Strategien. Wenn Sie die Lernstrategie von jemand nicht kennen, werden Sie auch große Mühe haben, ihm etwas beizubringen.

Manche Menschen haben zum Beispiel große Probleme mit der Rechtschreibung. Liegt das daran, weil sie nicht so intelligent sind wie andere, die die Orthographie beherrschen? Nein. Vielmehr wird das mit der Syntax ihrer Gedanken zu tun haben, d. h. damit, wie sie Informationen in einem gegebenen Kontext anordnen, speichern und wieder abrufen. Ob Sie ein bestimmtes Ergebnis beständig hervorbringen können, hängt davon ab, ob Ihre aktuelle mentale Syntax Ihr Gehirn bei der Lösung der Aufgabe unterstützt, die Sie ihm stellen. Alles, was Sie je gesehen, gehört oder gefühlt haben, ist in Ihrem Gehirn gespeichert. Zahllose Forschungsprojekte haben gezeigt, daß sich Menschen im hypnotischen Zustand an Dinge erinnern (oder Zugang zu Erinnerungen finden) können, die ihnen im bewußten Zustand absolut unzugänglich sind.

Wenn Sie Schwierigkeiten mit der Rechtschreibung haben, dann liegt das vielleicht an der Art und Weise, wie Sie Wörter repräsentieren. Was ist also die beste Rechtschreibstrategie? Sie ist ganz bestimmt nicht kinästhetisch. Es ist schwierig, ein Wort zu fühlen. Sie ist auch nicht gerade auditiv, denn viele Wörter werden anders geschrieben als sie klingen. Was also hat es mit der Rechtschreibung auf sich? Sie brauchen vor allem die Fähigkeit, externe visuelle Merkmale in einer ganz bestimmten Syntax zu speichern. Um die Rechtschreibung zu beherrschen, müssen Sie visuelle Repräsentationen schaffen, zu denen Sie Zugang haben.

Nehmen Sie das Wort ›Albuquerque‹. Um zu lernen, wie man es richtig schreibt, ist es nicht sinnvoll, die Buchstaben immer wieder herzusagen – sondern Sie müssen das Wort als Bild im Kopf speichern. Im nächsten Kapitel werden wir von einigen Möglichkeiten erfahren, wie wir Zugang zu den verschiedenen Teilen unseres Gehirns erlangen können. Beispielsweise entdeckten Bandler und Grinder, die Erfinder des *Neurolinguistischen Programmierens,* daß die Richtung unserer Augenbewegung anzeigt, zu welchen Teilen unseres Nervensystems wir am ehesten Zugang haben. Wir werden uns im nächsten Kapitel eingehend mit solchen ›Zugangshinweisen‹ beschäftigen. Merken Sie sich für den Augenblick nur, daß sich die meisten Menschen visuelle Eindrücke am besten merken können, wenn sie nach links oben sehen. Am besten lernt man die Schreibweise von ›Albuquerque‹, indem man das Wort nach links oben setzt und sich ein klares Bild davon macht.

An diesem Punkt möchte ich den Begriff des ›Chunking‹ einführen. Gewöhnlich kann ein Mensch nur fünf bis neun Informationen auf einmal bewußt verarbeiten. Menschen, die schnell lernen, können selbst die komplexesten Aufgaben meistern, weil sie imstande sind, Informationen in kleine Einheiten (Chunks) zu zerlegen und sie dann wieder zum ursprünglichen Ganzen zusammenzusetzen. Um zu lernen, wie man das Wort ›Albuquerque‹ buchstabiert, muß man es in drei kleinere Chunks zerlegen, etwa folgendermaßen: *Albu/quer/que.*

Schreiben Sie nun diese drei Chunks auf ein Stück Papier, nehmen Sie nun das Blatt und halten Sie es dann links oben vor Ihre Augen. Fixieren Sie dann die zwei Silben *Albu,* schließen Sie dann die Augen, und stellen Sie sich diese Buchstabenfolge in Gedanken vor. Machen Sie die Augen wieder auf. Fixieren Sie wiederum *Albu.* Sprechen Sie es nicht aus, sondern sehen Sie es nur an; dann machen Sie die Augen wieder zu und stellen es sich in Gedanken vor. Tun Sie das vier-, fünf- oder sechsmal, bis Sie, wenn Sie die Augen schließen, ganz deutlich *Albu* sehen können. Als nächstes nehmen Sie die Buchstabenfolge *quer.* Tun Sie nun mit diesem Chunk das gleiche wie vorher mit *Albu,* und wiederholen Sie dann diesen Vorgang mit *que,* bis das gesamte Bild *›Albuquerque‹* in Ihrem Gehirn gespeichert ist. Wenn das Bild deutlich ist, werden Sie wahrscheinlich (kinästhetisch) das Gefühl haben, daß es richtig geschrieben ist. Sie werden das Wort dann so deutlich sehen, daß Sie es nicht nur vorwärts, sondern auch rückwärts buchstabieren können. Versuchen Sie es. Buchstabieren Sie *Albuquerque.* Buchstabieren Sie es dann rückwärts. Wenn es Ihnen gelingt, werden Sie das Wort bis in alle Zukunft buchstabieren können. Das garantiere ich Ihnen. Sie können auf diese Weise mit jedem Wort verfahren und ausgezeichnete orthographische Fähigkeiten entwickeln, auch wenn Sie früher Schwierigkeiten hatten, Ihren eigenen Namen zu schreiben.

Eine andere Methode des Lernens besteht darin, festzustellen, welche Lernstrategien von anderen Menschen bevorzugt werden. Wie schon erwähnt, hat jeder spezifische mentale Stärken. Doch wir unterrichten die Menschen selten entsprechend ihren individuellen Stärken. Wir nehmen einfach an, daß alle Menschen auf dieselbe Weise lernen.

Ich will Ihnen ein Beispiel geben. Vor nicht allzu langer Zeit schickte man mir einen jungen Mann. Er brachte einen sechseinhalb Seiten langen Bericht mit, in dem stand, daß er an Sprachstörungen leide, daß er nicht fähig sei, richtig zu schreiben und daß er in der Schule verhaltensauffällig geworden sei. Mir fiel sofort auf, daß er seine Erfahrungen größtenteils kinästhetisch verarbeitete. Sobald ich wußte, wie er mit Informationen umging, konnte ich ihm auch helfen. Dieser junge Mann konnte am besten verstehen, was er fühlen konnte. In der Schule wird der Lehrstoff im allgemeinen aber visuell oder auditiv vermittelt. Sein Problem war also nicht, daß er Mühe hatte, zu lernen, sein Problem war, daß seine Lehrer Mühe hatten, ihn so zu unterrichten, daß er die Informationen aufnehmen, speichern und wieder abrufen konnte. Als erstes zerriß ich den Bericht. »Das ist ein ziemlicher Mist«, sagte ich zu ihm. Dadurch hatte ich seine Aufmerksamkeit gewonnen. Jetzt erwartete er den üblichen Schwall von Fragen. Statt dessen sprach ich mit ihm davon, wie großartig er sein Nervensystem einsetzte. »Ich wette, du bist ein guter Sportler.« Und er antwortete: »Ja, ziemlich.« Wie sich herausstellte, konnte er sehr gut surfen. Wir sprachen eine Weile vom Surfen. Und plötzlich fühlte er sich toll und traute sich etwas zu. Er war jetzt aufnahmefähiger als seine Lehrer ihn je erlebt hatten. Ich erklärte ihm, daß er dazu neige, Informationen kinästhetisch zu speichern, und daß das große Vorteile mit sich bringe. Allerdings falle es ihm dadurch schwer, richtig zu schreiben. Dann zeigte ich ihm, wie man Informationen visuell speichern kann, und arbeitete mit seinen Submodalitäten, um ihm beim Schreiben das gleiche Gefühl zu vermitteln, das er sonst beim Surfen hatte. Nach einer Viertelstunde konnte er mühelos jedes beliebige Wort schreiben.

Wie sieht es mit lernbehinderten Kindern aus? Häufig sind sie weniger lernbehindert als strategiebehindert. Sie müssen lernen, wie sie ihre Ressourcen richtig nutzen können. Ich habe diese Strategien einer Lehrerin beigebracht, die lernbehinderte Kinder zwischen elf und vierzehn Jahren unterrichtete. Keines dieser Kinder hatte beim Rechtschreibetest je mehr als siebzig von hundert Punkten erreicht, die meisten lagen sogar nur zwischen fünfundzwanzig und fünfzig Punkten. Ihr wurde schnell klar, daß neunzig Prozent ihrer ›lernbehinderten‹ Schüler auditive und kinästhetische Rechtschreibestrategien benutzten. Schon eine Woche, nachdem sie begonnen hatte, beim Rechtschreiben die neuen Strategien anzuwenden, erreichten neunzehn von sechsundzwanzig Kindern eine Trefferquote von hundert, zwei brachten es auf neunzig, zwei auf achtzig und die restlichen drei auf siebzig Prozent. Sie erzählte mir, daß es auch im Verhalten der Kinder größere Veränderungen gegeben habe – »die Probleme sind verschwunden, wie durch Zauberei«. Sie wollte dem Schulrat von ihrer Erfahrung berichten, damit diese Methode an allen Schulen ihres Bezirks eingeführt werde.

Ich bin überzeugt, daß eines der größten Probleme unseres Schulsystems darin besteht, daß die Lehrer einfach nicht wissen, auf welche Strategien sich ihre Schüler beim Lernen stützen. Sie kennen die Kombination für den geistigen Tresor ihrer Schüler nicht. Die Kombination des Tresors kann zwei nach links und vierundzwanzig nach rechts sein, aber der

Lehrer versucht es schon die ganze Zeit mit vierundzwanzig nach rechts und zwei nach links. Bis heute geht es in unserem Schulsystem immer nur darum, *was* Schüler lernen sollten, und nicht, *wie* sie es am besten lernen können. Die Strategien der Erfolgsmaximierung vermitteln die verschiedenen Strategien, die unterschiedliche Menschen beim Lernen anwenden, und auch, wie man ganz bestimmte Fertigkeiten, etwa die Rechtschreibung, am leichtesten lernt.

Wissen Sie, wie Albert Einstein die Relativitätstheorie entwickelt hat? Er selbst sagte, am meisten habe ihm dabei seine Fähigkeit geholfen, sich bildlich vorstellen zu können, »wie es wäre, wenn man auf dem Ende eines Lichtstrahls reiten würde«. Jemand, der sich das nicht vorstellen kann, wird Schwierigkeiten haben, die Relativitätstheorie zu begreifen. Daher muß er also zuerst lernen, wie er sein Gehirn am wirksamsten nutzen kann.

Die gleichen Schwierigkeiten, denen wir im Schulwesen begegnet sind, gelten für fast jedes andere Gebiet. Wenn Sie das falsche Werkzeug oder die falsche Sequenz verwenden, erhalten Sie auch ein falsches Ergebnis. Verwenden Sie das richtige, und Sie werden Wunder bewirken. Denken Sie daran: Wir haben für alles eine Strategie. Wenn Sie Verkäufer wären, würde es Ihnen dann helfen, die Kaufstrategie Ihres Kunden zu kennen? Allerdings. Wenn er stark kinästhetisch organisiert ist, würden Sie ihm dann als erstes die schönen Farben des Autos vorführen, für das er sich interessiert? Das würde ich nicht empfehlen. Ich würde es statt dessen mit einem starken Gefühl anfangen. Ich würde ihn auffordern, sich hinter das Steuer zu setzen, die Polsterung zu spüren, sich die Gefühle vorzustellen, die er mit dem Auto auf freier Straße erleben könnte. Wenn er visuell organisiert ist, könnten Sie mit den Farben, dem Design und all den anderen visuellen Submodalitäten beginnen, die in seine Strategie hineinpassen.

Wenn Sie ein Trainer wären, würde es Ihnen dann Ihrer Meinung nach helfen, zu wissen, wodurch die einzelnen Spieler zu motivieren sind, auf welche Reize sie am besten ansprechen, um in ihren ressourcevollsten Zustand zu kommen?

Wäre es dann nicht Ihr Wunsch, bestimmte Aufgaben in ihre wirksamste Syntax zerlegen zu können, genauso, wie ich es mit den Schützen der U.S. Army getan habe? Genauso wie ein DNA-Molekül gebildet oder eine Brücke gebaut werden kann, gibt es auch für jede Aufgabe eine Syntax, eine Strategie, die dieser Aufgabe am besten entspricht und die bei der Lösung dieser Aufgabe angewandt werden kann.

Manche von Ihnen sagen jetzt vielleicht: »Das mag ja gut und schön sein, wenn jemand Gedankenleser ist, aber ich kann das leider nicht – einfach nur jemanden ansehen, und schon seine Liebesstrategie erkennen. Wenn ich mit jemandem ein paar Minuten rede, weiß ich noch lange nicht, was ihn dazu bringt, etwas zu kaufen oder zu tun.« Sie wissen es nur deshalb nicht, weil Sie nicht wissen, wonach Sie suchen müssen – oder wie Sie danach fragen müssen. Es gibt kaum etwas auf der Welt, das Sie nicht erhalten können, wenn Sie mit der nötigen Überzeugung die richtigen Fragen stellen. Die Realisierung mancher Pläne bedarf allerdings großer Überzeugung und eines ebenso hohen Energieaufwandes. Sie können Ihre Ziele erreichen, wenn Sie wirklich schwer darum kämpfen. Aber fast alle Strategien sind einfach. Sie können die Strategie einer Person in wenigen Augenblicken elizitieren. Im nächsten Kapitel werden Sie erfahren, wie.

8

Wie Sie die Strategien anderer Menschen ergründen

Die Elizitation von Strategien

»Fang vorn an«, sagte der König würdevoll,
»und geh weiter, bis du ans Ende gelangst;
dann bleibe stehen.«

LEWIS CARROLL, ALICE IM WUNDERLAND

Haben Sie je einem guten Schlossermeister bei der Arbeit zugesehen? Es ist wie Zauberei. Er spielt mit dem Schloß, hört Dinge, die Sie nicht hören, sieht Dinge, die Sie nicht sehen, fühlt Dinge, die Sie nicht fühlen, und irgendwie gelingt es ihm, die Kombination eines Safes herauszufinden.

Gute Kommunikatoren arbeiten auf die gleiche Weise. Sie können die mentale Syntax jedes Menschen herausfinden – sie können die Kombination für den Tresor ihres eigenen Geistes und den anderer ausfindig machen, wenn sie wie ein Schlossermeister denken. Sie müssen nach Dingen Ausschau halten, die sie vorher nicht gesehen haben, auf Dinge hören, die sie vorher nicht gehört haben, Dinge fühlen, die sie vorher nicht gefühlt haben, und Fragen stellen, die sie vorher nicht zu stellen wußten. Wenn sie das geschickt und aufmerksam tun, können sie die Strategien jeder Person in jeder beliebigen Situation elizitieren. Sie können lernen, auf jeden einzelnen so einzugehen, wie es für ihn nötig ist, und sie können anderen beibringen, wie sie das gleiche tun können.

Der Schlüssel zur Elizitation von Strategien ist die Gewißheit, daß die anderen Personen Ihnen alle Informationen geben werden, die Sie brauchen. Sie werden es Ihnen mit Worten sagen. Sie werden es Ihnen dadurch sagen, wie sie ihren Körper einsetzen. Sie werden es Ihnen sogar dadurch sagen, wie sie ihre Augen bewegen. Sie können lernen, einen Menschen genauso geschickt zu lesen wie eine Landkarte oder ein Buch. Denn eine Strategie ist nichts anderes als eine bestimmte Anordnung von Repräsentationen – olfaktorischen und gustatorischen, die ein bestimmtes Resultat erzeugt. Sie brauchen nichts anderes zu tun, als die Menschen dazu zu bewegen, ihre Strategie anzuwenden und darauf zu achten, was sie genau tun, um die Strategie zu starten.

Bevor Sie Strategien effektiv elizitieren können, müssen Sie wissen, was Sie beobachten sollen, welche Hinweise Ihnen Aufschluß darüber geben, welche Teile seines Nervensystems ein Mensch gerade benutzt. Wichtig ist auch, einige allgemeine Tendenzen zu erkennen, die Menschen entwickeln und sie zu nutzen, um besseren Rapport und befriedigendere Ergebnisse zu erzielen. Beispielsweise neigen Menschen dazu, einen bestimmten Teil ihres Nervensystems – den visuellen, auditiven oder kinästhetischen – mehr in Anspruch zu nehmen als andere. Genau wie manche Menschen Rechtshänder und andere Linkshänder sind, neigen manche dazu, die eine Modalität der anderen vorzuziehen.

Doch bevor wir die Strategien einer Person elizitieren können, müssen wir ihr dominierendes Repräsentationssystem herausfinden. Menschen, die vorwiegend visuell orientiert sind, sehen die Welt vor allem in Bildern; sie haben ihre Stärken vor allem dann, wenn sie den visuellen Bereich ihres Gehirns einsetzen können. Weil sie versuchen mit den Bildern in ihrem Gehirn Schritt zu halten, neigen ›visuelle Menschen‹ dazu, schnell zu sprechen. Sie kümmern sich nicht besonders darum, wie sie ihre Worte herausbringen; sie versuchen nur, ihre Bilder zu beschreiben. Diese Menschen neigen dazu, in visuellen Metaphern zu sprechen. Sie sprechen davon, wie die Dinge für sie aussehen, welche Muster sie erkennen, ob die Dinge eher hell oder dunkel erscheinen.

Menschen, die eher auditiv orientiert sind, neigen dazu,

wählerischer in bezug auf die Wörter zu sein, die sie verwenden. Sie haben meistens eine klangvolle Stimme und sprechen rhythmischer, langsamer und getragener. Da ihnen Worte viel bedeuten, achten sie sorgfältig darauf, was sie sagen. Sie neigen dazu, Dinge zu sagen wie: »Das hört sich vernünftig an« oder »Ich verstehe, was Sie sagen« oder »Da hat es bei mir klick gemacht.« Kinästhetisch orientierte Menschen sind meist noch langsamer. Sie reagieren vor allem auf Gefühle. Ihre Stimme ist häufig tief, und ihre Worte kommen häufig zäh wie Sirup aus ihrem Mund. Kinästhetisch orientierte Menschen verwenden Metaphern aus der materiellen Welt. Sie ›greifen‹ immer nach etwas ›Konkretem‹. Für sie ist alles ›schwer‹ und ›intensiv‹, und sie müssen für Dinge ›ein Gefühl bekommen‹. Sie sagen Sätze wie »Ich ringe mit mir...« – »Ich kämpfe darum...« – »Ich kann es nicht fassen.«

In jedem von uns vermischen sich Elemente aller drei Systeme, aber bei den meisten ist eines vorherrschend. Wenn Sie herauskriegen möchten, welche Strategien jemand anwendet, um Entscheidungen zu treffen, dann müssen Sie auch wissen, welches Repräsentationssystem er vorwiegend verwendet, damit Sie das, was Sie ihm mitteilen wollen, so vorbringen können, daß es bei ihm ankommt. Wenn Sie mit einem visuell orientierten Menschen zu tun haben, werden Sie daher nicht schleppend reden wollen, zwischendurch immer wieder tief Luft holen und Pausen machen. Das würde ihm auf die Nerven gehen. Sie müssen das, was Sie ihm sagen wollen, in einem Tempo vorbringen, das der Geschwindigkeit entspricht, mit der sein Gehirn arbeitet.

Nur indem Sie andere Menschen beobachten und ihnen zuhören, können Sie einen Eindruck davon gewinnen, welches System er verwendet. Doch das *Neurolinguistische Programmieren* verwendet noch genauere Indikatoren für die inneren Vorgänge einer Person.

Schon eine alte Redewendung besagt, die Augen seien die Fenster der Seele. Doch erst seit kurzem wissen wir, wie wahr das ist. Und das hat nichts mit Parapsychologie zu tun. Nur indem Sie die Augenbewegungen einer Person beobachten, können Sie sofort erkennen, welches Repräsentationssystem er gerade benutzt, das auditive oder kinästhetische.

Beantworten Sie mir doch bitte einmal folgende Frage: Welche Farbe hatten die Kerzen auf Ihrem Geburtstagskuchen, als Sie zwölf Jahre alt wurden? Lassen Sie sich einen Augenblick Zeit, und denken Sie ruhig nach. Um die Frage zu beantworten, haben neunzig Prozent der Leser nach oben links gesehen. In dieser Augenposition machen sich Rechtshänder und sogar einige Linkshänder visuell erinnerte Informationen zugänglich. Hier eine weitere Frage: Wie würde Mickey Maus mit einem Bart aussehen? Nehmen Sie sich einen Augenblick Zeit, um es sich vorzustellen. Diesmal sehen Ihre Augen wahrscheinlich nach oben rechts. In dieser Position sind sie, wenn Sie sich konstruierte Bilder zugänglich machen wollen. Sie können also einfach, indem Sie die Augenbewegungen einer Person beobachten, feststellen, welches Sinnessystem sie sich gerade zugänglich macht. Indem Sie ihre Augen beobachten können Sie ihre Strategien erkennen. Die Strategie ist, wie Sie wissen, die Sequenz internaler Repräsentationen, die es einer Person ermöglicht, eine bestimmte Aufgabe zu lösen. Die Strategie sagt Ihnen, wie jemand etwas tut. Behalten Sie die folgenden Tafeln im Kopf, damit Sie die Zugangshinweise an den Augenbewegungen erkennen können.

Unterhalten Sie sich mit jemandem und beobachten Sie dabei seine Augenbewegungen. Stellen Sie Fragen, die ihn dazu veranlassen, sich an Bilder, Geräusche oder Gefühle zu erinnern. In welche Richtung geht sein Blick bei den einzelnen Fragen? Überprüfen Sie selbst, ob die Tafeln stimmen.

Hier sind einige Fragen, die Sie stellen können, um gezielt bestimmte Reaktionen auszulösen.

Wenn Menschen Informationen internal repräsentieren, bewegen sie ihre Augen, wenn auch manchmal nur ganz leicht. Das folgende Schema gilt für einen normalen Rechtshänder. Die erkannten Sequenzen sind systematisch. (BEACHTEN SIE: Manche Menschen sind seitenverkehrt organisiert.)

VISUELL (V) AUDITIV (A) KINÄSTHETISCH (K)

Aus der Bewegung der Augen können Sie ersehen, wie jemand die äußere Welt internal repräsentiert. Die internale Repräsentation der äußeren Welt ist die ›Landkarte‹, die eine Person von der Realität hat, und jede ›Landkarte‹ ist einzigartig.

GEWÜNSCHTE REAKTION	**MÖGLICHE FRAGE**
visuell erinnerte Repräsentationen	Wie viele Fenster gibt es in Ihrem Haus? Was sehen Sie als erstes, wenn Sie morgens aufwachen?

Wie sah Ihr Freund oder Ihre Freundin aus, als Sie sechzehn waren?
Welches ist das dunkelste Zimmer in Ihrem Haus?
Welcher Ihrer Freunde hat die kürzesten Haare?
Welche Farbe hatte Ihr erstes Fahrrad?
Welches war das kleinste Tier, das Sie bei Ihrem letzten Besuch im Zoo gesehen haben?
Welche Haarfarbe hatte Ihr erster Lehrer?
Denken Sie an die verschiedenen Farben in Ihrem Schlafzimmer.

visuell konstruierte Repräsentationen

Wie würden Sie aussehen, wenn Sie drei Augen hätten?
Stellen Sie sich einen Polizisten mit einem Löwenkopf, einem Kaninchenschwanz und Adlerflügeln vor.
Stellen Sie sich vor, Ihre Heimatstadt würde sich in Rauch auflösen.
Stellen Sie sich vor, wie Sie mit goldenen Haaren aussehen würden.

auditiv konstruierte Repräsentationen

Wenn Sie Thomas Jefferson, Abraham Lincoln und John F. Kennedy eine Frage stellen könnten, was würden Sie fragen?
Was würden Sie sagen, wenn Sie jemand fragen würde, wie wir einen Atomkrieg verhindern könnten?
Stellen Sie sich eine Autohupe vor, die wie eine Flöte klingt.

innerer Dialog

Stellen Sie sich in Gedanken die Frage: Was ist im Moment das Wichtigste in meinem Leben?

kinästhetische Repräsentationen

Stellen Sie sich vor, wie es sich anfühlt, wenn Eis in Ihrer Hand schmilzt.

Wie haben Sie sich heute morgen gefühlt, als Sie aus dem Bett aufgestanden sind?

Stellen Sie sich vor, wie es sich anfühlt, wenn sich ein Stück Holz in Seide verwandelt.

Wie kalt war das Meer, als Sie das letzte Mal darin gebadet haben?

Welcher Teppich in Ihrem Haus ist am weichsten?

Stellen Sie sich vor, wie Sie ein heißes Bad nehmen.

Stellen Sie sich vor, wie es sich anfühlen würde, wenn Sie mit der Hand zuerst über ein rauhes Stück Borke und anschließend über weiches, kühles Moos streichen.

Wenn die Augen eines Menschen nach links oben gehen, dann hat er gerade ein Bild aus seiner Erinnerung gesehen. Wenn sie in Richtung des linken Ohrs gehen, hat er innerlich gerade etwas gehört. Wenn die Augen nach rechts unten gehen, sucht er Zugang zu seinem kinästhetischen Repräsentationssystem.

Wenn Sie Schwierigkeiten haben, sich an etwas zu erinnern, liegt das vermutlich daran, daß Sie Ihre Augen nicht in die Stellung bringen, die notwendig ist, um Zugang zu den gesuchten Informationen zu bekommen. Wenn Sie versuchen, sich an etwas zu erinnern, das Sie vor ein paar Tagen gesehen haben, und dabei nach rechts unten sehen, wird es Ihnen kaum gelingen, sich das betreffende Bild zu vergegenwärtigen. Wenn Sie jedoch nach links oben blicken, werden Sie sich schnell daran erinnern. Wenn Sie erst einmal wissen, wie Sie nach den in Ihrem Gehirn gespeicherten Informationen suchen müssen, werden Sie sie auch schnell und mühelos finden. (Für fünf bis zehn Prozent der Menschen werden diese

Zugangshinweise seitenvertauscht sein. Probieren Sie die gleichen Fragen einmal mit einem links- oder beidhändigen Bekannten aus.)

Auch andere Aspekte der Physiologie einer Person geben Hinweise auf ihre charakteristische Modalität. Personen, die weit oben in der Brust atmen, denken meist visuell. Wenn jemand eine gleichmäßige Bauch- oder Brustatmung zeigt, benutzt er in der Regel die auditive Modalität. Tiefe Bauchatmung ist ein Hinweis auf kinästhetische Orientierung. Beobachten Sie die Atmung von drei Personen und achten Sie vor allem auf Art und Frequenz der Atmung.

Auch die Stimme einer Person ist sehr aufschlußreich. Visuell orientierte Menschen sprechen schnell, ihre Stimme klingt gewöhnlich hoch, nasal und gepreßt. Eine dunkle, tiefe Stimme und langsames Sprechen deuten gewöhnlich auf eine kinästhetische Orientierung hin. Ein gleichmäßiger Rhythmus und eine klare, resonante Stimme sind Ausdruck einer auditiven Orientierung. Sogar die Haut kann uns Hinweise geben. Wenn wir visuell denken, dann wird unser Gesicht gewöhnlich ein wenig blasser. Ein gerötetes Gesicht deutet auf eine kinästhetische Orientierung hin.

Wenn jemand den Kopf angehoben hat, dann ist er gerade in der visuellen Modalität. Wenn der Kopf gerade gehalten oder ein wenig geneigt wird (wie beim Zuhören), dann ist der Betreffende in der auditiven Modalität. Ein gesenkter Kopf oder entspannte Halsmuskeln sind Hinweise darauf, daß der Betreffende in der kinästhetischen Modalität ist. Bereits durch minimale Kommunikation können Sie also klare, unmißverständliche Zugangshinweise darauf erhalten, wie das Gehirn eines anderen Menschen arbeitet, welche Art von Informationen er verwendet und auf welche er reagiert.

Der einfachste Weg, um Strategien zu elizitieren, besteht darin, einfach die richtigen Fragen zu stellen. Denken Sie daran, daß alles, was wir tun, eine Strategie voraussetzt: Kaufen, Verkaufen, sich entscheiden, sich verlieben, das Interesse anderer Menschen gewinnen, kreativ sein, usw. Einige davon möchte ich Ihnen hier vorstellen. Der beste Weg, um etwas zu

AUGENBEWEGUNGSMUSTER INTERNALER PROZESSE

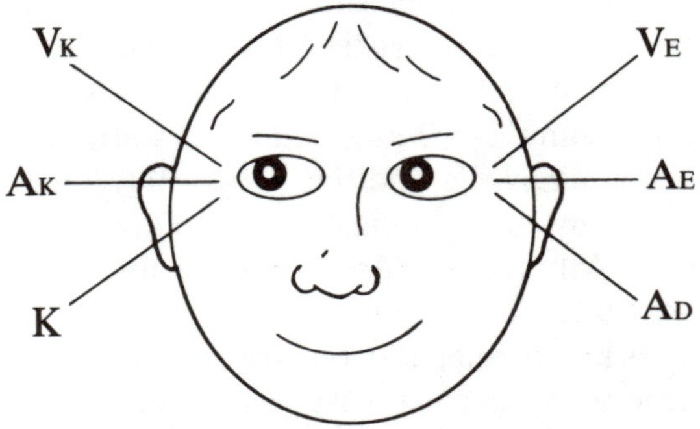

VE visuell erinnert: Man sieht Bilder von Dingen, die man schon einmal gesehen hat, genauso wie man sie in Wirklichkeit gesehen hat. Fragen, die gewöhnlich diese Art der inneren Verarbeitung auslösen, sind etwa: Welche Farbe haben die Augen Ihrer Mutter? Und: Wie sieht Ihr Mantel aus?

VK visuell konstruiert: Man sieht Bilder von Dingen, die man noch nie zuvor gesehen hat, oder sieht Dinge anders, als man sie vorher gesehen hat. Fragen, die gewöhnlich diese Art der inneren Verarbeitung auslösen, sind etwa: Wie würde ein orangefarbenes Nilpferd mit roten Flecken aussehen? Und: Wie würden Sie von der anderen Seite des Zimmers betrachtet aussehen?

AE auditiv erinnert: Man erinnert sich an Töne, die man schon einmal gehört hat. Fragen, die gewöhnlich diese Art der inneren Verarbeitung auslösen, sind etwa: Was habe ich gerade eben gesagt? Und: Wie klingt Ihr Wecker?

AK auditiv konstruiert: Man hört Worte, die man noch nie zuvor in der gleichen Weise gehört hat, oder Töne und Redewendungen, die auf eine völlig neue Art und Weise zusammengestellt sind. Fragen, die diese Art der inneren Verarbeitung auslösen, sind etwa: Wenn Sie jetzt sofort ein neues Lied erfinden müßten, wie würde es sich anhören? Und: Stellen Sie sich eine Sirene vor, die wie eine elektrische Gitarre klingt.

AD auditiv digital: Man redet mit sich selbst. Aufforderungen, die gewöhnlich diese Art der inneren Verarbeitung auslösen, sind etwa: Sagen Sie etwas zu sich selbst, das Sie häufig zu sich selbst sagen. Und: Sprechen Sie das erste Gebot.

K kinästhetisch: Emotionen, taktile (Tast-) und propriozeptive (innerorganische) Empfindungen. Fragen, die diese Art der inneren Verarbeitung auslösen, sind etwa: Was für ein Gefühl ist es, glücklich zu sein? Was für ein Gefühl ist es, einen Tannenzapfen zu berühren? Und: Was für ein Gefühl ist es, zu laufen?

lernen, besteht nicht im Beobachten, sondern im Tun. Machen Sie diese Übungen daher am besten gemeinsam mit jemand anderem, falls das möglich ist.

Eine Voraussetzung, um die Strategie einer Person erfolgreich zu modellieren, besteht darin, sie zunächst in einen ›assoziierten‹ Zustand zu versetzen. Dann hat sie gar keine andere Wahl, als Ihnen zu zeigen, welche Strategien sie verwendet – wenn nicht verbal, dann nonverbal, durch Augenbewegungen, Körperveränderungen und so fort. Der Zustand ist der Schalter, der den Zugang zum Unterbewußtsein eines Menschen öffnet. Wenn Sie versuchen, eine Strategie zu elizitieren, ohne daß sich der Betreffende in einem voll assoziierten Zustand befindet, ist das genauso, als würden Sie versuchen, eine Scheibe Brot zu toasten, während der Toaster nicht angeschlossen ist, oder so, als wollten Sie ein Auto ohne Batterie starten. Sie suchen keine intellektuelle Unterhaltung; Sie wollen den anderen dazu bringen, noch einmal einen ganz bestimmten Zustand zu erleben und somit auch die Syntax anzuwenden, die diesen Zustand erzeugt hat.

Stellen Sie sich Strategien wie Rezepte vor. Wenn Sie dem Koch begegnen, der den größten Kuchen der Welt gebacken hat, sind sie vielleicht zunächst enttäuscht, zu erfahren, daß er gar nicht genau weiß, wie er das eigentlich gemacht hat. Es ist ihm nicht bewußt. Er könnte Ihnen vielleicht gar nicht antworten, wenn Sie ihn danach fragen, welche Zutaten er in welchen Mengen verwendet hat. Vielleicht würde er etwas Ähnliches sagen wie: »Ich weiß nicht – ein bißchen hiervon und etwas davon.« Anstatt ihn also danach zu fragen, bringen Sie ihn einfach dazu, es Ihnen zu zeigen. Stellen Sie ihn in die Küche und lassen Sie ihn den Kuchen backen. Sie würden sich genau merken, was er im einzelnen tut, und bevor er ›ein bißchen hiervon‹ und ›etwas davon‹ in die Schüssel tut, würden Sie es genau abwiegen. Indem Sie dem Bäcker bei dem ganzen Vorgang genau zusehen, sich die Zutaten, die Mengen und die Syntax merken, erhalten Sie ein Rezept, das Sie künftig verwenden können.

Bei der Elizitation einer Strategie gehen Sie ganz genauso vor. Sie müssen die Person zunächst wieder in die ›Küche‹ stellen – d. h. in die Zeit zurückversetzen, als er einen bestimmten Zustand erlebt hat –, und dann herausfinden, was das erste war, das ihn dazu veranlaßt hat, diesen Zustand zu erzeugen. War es etwas, das er gesehen oder gehört hat? Oder war es etwas, das er gefühlt hat? Wenn er Ihnen erzählt hat, was es war, beobachten Sie ihn genau und fragen Sie ihn: »Was war das nächste, das zu diesem Zustand geführt hat? War es ...?« und so weiter, bis er sich wieder in den Zustand versetzt hat, den Sie gesucht haben.

Jede Elizitation verläuft nach diesem Muster. Sie müssen die Person in den entsprechenden Zustand versetzen, indem Sie sie an eine bestimmte Zeit denken lassen, da sie motiviert, kreativ, verliebt war – oder was immer Sie für eine Strategie auch sonst elizitieren wollen. Bringen Sie ihn dann dazu, seine Strategie zu rekonstruieren, indem Sie ihm klare, knappe Fragen zu der Syntax dessen stellen, was er gesehen, gehört und gefühlt hat. Zuletzt, wenn Sie die Syntax kennen, finden Sie die Submodalitäten der Strategie heraus, finden Sie heraus, welche spezifischen Merkmale der Bilder, Geräusche oder Gefühle ihn veranlaßt haben, in diesen Zustand zu kommen. Wie groß war das Bild? Wie war der Klang der Stimme?

Versuchen Sie jetzt, mit dieser Technik die Motivationsstrategie einer Person zu elizitieren. Versetzen Sie Ihren Gesprächspartner zunächst in einen aufnahmebereiten Zustand. Fragen Sie: »Können Sie sich an eine Zeit erinnern, als Sie voll motiviert waren, etwas Bestimmtes zu tun?« Sie suchen eine kongruente Antwort, eine in der die Stimme und Körpersprache der Person Ihnen dieselbe Botschaft auf eine klare, überzeugende und glaubhafte Weise vermitteln. Denken Sie daran, daß ihr große Teile der Sequenz nicht bewußt sein werden. Sie gebraucht dieses Verhalten schon seit so langer Zeit, daß sie es sehr schnell durchführen kann. Um jeden Schritt erkennen zu können, müssen Sie sie bitten, langsamer als gewöhnlich vorzugehen, und dann genau darauf achten, was sie sagt und was Ihnen ihre Augen und ihr Körper verraten.

Was bedeutet es, wenn Sie jemanden fragen: »Können Sie sich an einen Zeitpunkt erinnern, als Sie sich voll motiviert gefühlt haben?«, und er zuckt die Achseln und antwortet: »Ja, sicher.« Es bedeutet, daß er noch nicht in dem Zustand ist, den Sie suchen. Manchmal wird jemand ›Ja‹ sagen und gleichzeitig mit dem Kopf schütteln. Hier gilt das gleiche. Er ist noch nicht voll mit der Erfahrung assoziiert, er ist noch nicht in dem gewünschten Zustand. Daher müssen Sie sich vergewissern, daß er sich mit genau der Erfahrung assoziiert, die ihn damals in den richtigen Zustand versetzt hat. Deshalb fragen Sie also: »Können Sie sich an einen ganz bestimmten Zeitpunkt erinnern, als Sie sehr stark motiviert waren, etwas zu tun? Können Sie sich in diese Zeit zurückversetzen und dieselbe Erfahrung noch einmal machen?« Das sollte in fast allen Fällen ausreichen.

Wenn Sie ihn in den Zustand zurückversetzt haben, fragen Sie: »Wenn Sie an diese Gelegenheit zurückdenken – was war das allererste, das Sie damals motiviert hat? War es etwas, das Sie gesehen oder gehört haben, oder war es etwas, das sie berührt oder gefühlt haben?« Wenn er antwortet, daß er einmal eine überzeugende Rede gehört und sich augenblicklich motiviert gefühlt habe, etwas Bestimmtes zu tun, dann beginnt seine Motivationsstrategie auditiv external (Ae). Sie könnten ihn folglich kaum motivieren, indem Sie ihm etwas zeigen oder ihn auffordern, körperlich etwas zu tun. Er wird am ehesten auf Worte und Geräusche reagieren.

Jetzt wissen Sie, daß Sie seine Aufmerksamkeit gewinnen können. Doch das ist noch nicht die ganze Strategie. Menschen reagieren sowohl auf äußere als auch auf innere Ereignisse. Daher werden Sie auch den internalen Teil der Strategie ausfindig machen müssen. Deshalb könnten Sie Ihren Gesprächspartner nun fragen: »Nachdem Sie diese Rede gehört hatten – was war das Nächste, was dazu geführt hat, daß Sie sich motiviert gefühlt haben? Haben Sie sich in Gedanken etwas vorgestellt? Haben Sie etwas zu sich gesagt? Oder hatten Sie ein bestimmtes Gefühl?

Wenn der Betreffende antwortet, daß er sich in Gedanken ein Bild vorgestellt hat, dann ist der zweite Teil seiner Strategie visuell internal (Vi). Nachdem er etwas gehört hat, das ihn motiviert, formt er sofort ein inneres Bild, das ihn noch stärker motiviert. Höchstwahrscheinlich ist es ein Bild, das ihm hilft, sich auf das zu konzentrieren, was er erreichen will.

Sie kennen noch immer nicht die ganze Strategie, daher müssen Sie weiter fragen: »Nachdem Sie etwas gehört und sich dann in Gedanken ein Bild gemacht haben, was ist dann weiter geschehen, daß Sie so stark motiviert waren? Haben Sie etwas zu sich gesagt? Haben Sie etwas gefühlt, oder ist sonst etwas geschehen?« Wenn er an diesem Punkt ein Gefühl verspürt, das ihn stark motiviert, ist seine Strategie hier beendet. Er hat eine Reihe von Repräsentationen erzeugt, in diesem Fall Ae-Vi-Ki, die einen motivierten Zustand bewirken. Er hat etwas gehört, hat sich etwas vorgestellt und sich dann motiviert gefühlt. Die meisten Menschen benötigen einen äußeren Stimulus und noch zwei oder drei innere, um ihre Strategie zu beenden, und bei manchen sind zehn oder sogar fünfzehn verschiedene Repräsentationen nötig, bis sie den erwünschten Zustand erreichen.

Nachdem Sie die Syntax der Strategie kennen, müssen Sie noch die Submodalitäten herausfinden. Sie können z. B. fragen: »Was genau hat Sie motiviert, als Sie es hörten? War es der Ton der Stimme? Was haben Sie sich in Gedanken vorge-

DIE ELIZITATION EINER STRATEGIE

Können Sie sich an eine Zeit erinnern, als Sie voll und ganz ›X‹ waren?

Können Sie sich an eine konkrete Gelegenheit erinnern?

Versetzen Sie sich in diese Zeit zurück, und erleben Sie es noch einmal (Sie induzieren den Zustand). Wenn Sie an diese Zeit zurückdenken... (Sie halten den Zustand weiter aufrecht.)

A. Was war das erste, das diesen ›X‹-Zustand in Ihnen ausgelöst hat?
War es etwas, das Sie **gesehen** haben?
War es etwas, das Sie **gehört** haben?
War es etwas, das Sie **gespürt** haben?

Was war das erste, das diesen starken ›X‹-Zustand in Ihnen ausgelöst hat?

Nachdem Sie das gesehen, gehört oder gespürt hatten, was war dann das nächste, das dazu geführt hat, daß Sie so ›X‹ waren?

B. Haben Sie
sich *in Gedanken etwas vorgestellt?*
etwas zu sich *gesagt?*
etwas Bestimmtes *gefühlt?*

Was ist in der Folge weiter passiert, daß Sie so ›X‹ waren? Was ist nach A und B (als Sie etwas gesehen, etwas zu sich gesagt hatten usw.) geschehen, das dazu geführt hat, daß Sie so stark ›X‹ waren?

C. Haben Sie
sich *in Gedanken etwas vorgestellt?*
etwas zu sich *gesagt?*
etwas Bestimmtes *gefühlt?*
oder ist sonst etwas geschehen?

Was hat dazu geführt, daß Sie stark ›X‹ waren?

Fragen Sie die Person, ob sie zu diesem Zeitpunkt schon sehr ›X‹ war (verliebt, motiviert, usw.).

Wenn ja, ist die Elizitation beendet.

Wenn nicht, fahren Sie fort, die Syntax zu elizitieren, bis der Zustand kongruent hergestellt ist.

Der nächste Schritt besteht darin, die Submodalitäten der einzelnen Repräsentationen in der Strategie herauszufinden.

Wenn der erste Schritt in der Strategie visuell war, würden Sie z. B. fragen:

Wie sah das aus, was Sie gesehen haben (visuell external)?

Dann würden Sie fragen:
Was hat Sie an dem, was Sie gesehen haben, vor allem ... (z. B. motiviert)?
War es die Größe?
War es die Helligkeit?
War es die Art und Weise, wie es sich bewegt hat?

Fahren Sie so fort, bis Sie alle Submodalitäten der betreffenden Strategie herausgefunden haben. Reden Sie dann einfach über etwas, wozu Sie die betreffende Person motivieren wollen, indem Sie dieselbe Syntax und dieselben Submodalitäten anwenden, und bilden Sie sich dann Ihr Urteil anhand der Wirkung, die Ihr Vorgehen auf den Zustand der Person ausgeübt hat.

stellt? War es ein großes Bild, war es hell...?« Nachdem Sie das alles gefragt haben, können Sie überprüfen, was geschieht, wenn Sie ihm in dem von ihm beschriebenen Tonfall von etwas erzählen, wofür Sie ihn motivieren wollen, und ihm dann sagen, welche inneren Bilder und welche Gefühle er haben wird, wenn er es tut. Falls Sie alles richtig gemacht haben, können Sie beobachten, wie die Person zusehends in einen motivierten Zustand kommt. Wenn Sie noch zweifeln, wie wichtig die Syntax ist, dann brauchen Sie nur die Reihenfolge des Vorgangs ein wenig zu verändern, sagen Sie ihm dann, wie er sich fühlen und was er zu sich sagen wird, und Sie werden feststellen, daß er völlig desinteressiert bleibt. Sie haben die richtigen Zutaten in der falschen Reihenfolge gebraucht.

Wie lange braucht man, um die Strategie einer Person zu elizitieren? Das hängt von der Komplexität der Handlung ab, über die Sie etwas erfahren wollen. Manchmal dauert es nur ein oder zwei Minuten, um die genaue Syntax herauszufinden, die jemand dazu motiviert, etwas Bestimmtes zu tun.

Nehmen wir einmal an, Sie seien ein Leichtathletiktrainer, und Sie möchten die Person aus unserem Beispiel dazu bringen, ein sehr guter Langstreckenläufer zu werden. Obgleich der betreffende talentiert ist und auch Interesse hat, ist er nicht so motiviert, um sich voll dafür einzusetzen. Wir würden Sie anfangen? Würden Sie ihm die besten Läufer beim Training zeigen? Würden Sie ihm die Strecke zeigen? Würden Sie sehr schnell sprechen, um ihn mitzureißen und ihm zu zeigen, wie begeistert Sie sind? Nein, natürlich nicht. Ein solches Verhalten würde bei einem Menschen mit einer visuellen Strategie funktionieren, aber ihn würde es völlig kalt lassen.

Sie werden am meisten erreichen, wenn Sie die auditiven Reize einsetzen, die auf ihn wirken. Sie würden ihn nicht gleich zu Beginn unter einem Wortschwall begraben, wie Sie es bei einem visuell orientierten Menschen tun würden, und Sie würden nicht kinästhetisch langsam und schleppend mit ihm reden. Sie würden vielmehr mit einer wohlmodulierten, ruhigen, klaren, volltönenden Stimme sprechen. Sie würden genau die Tonhöhe und das Tempo gebrauchen, die, wie Sie schon wissen, die Motivationsstrategie ihres Gegenübers auslösen. Sie könnten etwa folgendes sagen: »Bestimmt hast du schon gehört, wie erfolgreich unsere Läufer in dieser Saison waren. Die ganze Schule spricht zur Zeit davon. Wir haben dieses Jahr viele Zuschauer angelockt. Es ist unglaublich, was für einen Lärm die machen. Einige der Läufer sagen, daß die Anfeuerungen der Zuschauer bei ihnen Wunder bewirkt hätten. Sie haben sie zu Leistungen angespornt, die sie nie für möglich gehalten hätten. Und das Gebrüll, das es gibt, wenn einer durchs Ziel läuft, ist unbeschreiblich. Ich habe in all den Jahren, in denen ich schon als Trainer tätig bin, nie etwas Ähnliches gehört.« Jetzt sprechen Sie seine Sprache. Sie verwenden das gleiche Repräsentationssystem wie er. Sie könnten ihm stundenlang das große neue Stadion zeigen, und es würde ihn zu Tode langweilen. Wenn Sie ihn aber den Aufschrei der Menschenmenge hören lassen, während er in Gedanken die Ziellinie überquert, dann haben Sie ihn gewonnen.

Das ist aber erst der erste Teil der Syntax, durch den sein Interesse und seine Neugier geweckt werden. Allerdings genügt das noch nicht, um ihn vollständig zu motivieren. Sie müssen nun die internale Sequenz abstimmen. Je nachdem, was er Ihnen sagt, könnten Sie von den auditiven Hinweisen etwa zu folgendem übergehen: »Wenn du in deiner Stadt den Aufschrei der Zuschauer hörst, wirst du dir vorstellen, vor dem besten Lauf deines Lebens zu stehen. Und du wirst tatsächlich motiviert genug sein, den Lauf deines Lebens hinzulegen.«

Wenn Sie ein Unternehmen haben, sind Sie sicher daran interessiert, Ihre Angestellten motivieren zu können. Falls es Sie nicht interessiert, werden Sie das Geschäft wahrscheinlich nicht sehr lange halten können. Doch je mehr Sie über Motivationsstrategien wissen, um so eher wird Ihnen klar werden, wie schwierig es ist, jemanden wirksam zu motivieren. Schließlich hat jeder einzelne Ihrer Angestellten eine andere Strategie, so daß es schwierig sein wird, die Repräsentation zu finden, die bei allen wirken wird. Wenn Sie einfach nur Ihre eigene Strategie anwenden, werden Sie immer nur die Menschen motivieren, die so sind wie Sie. Sie könnten die überzeugendste und am besten durchdachte Vorlesung über Motivation halten – wenn sie nicht die jeweiligen Strategien der verschiedenen Personen anspricht, wird sie nichts nutzen.

Was können Sie dagegen tun? Nun, wenn Sie den Strategiegedanken verstanden haben, dann wissen Sie zweierlei: Erstens muß jede Motivationstechnik, die sich an eine Gruppe wendet, für jeden etwas beinhalten – visuelle, auditive und kinästhetische Anteile. Sie sollten der Gruppe Dinge zeigen, Sie sollten sie etwas hören lassen, und Sie sollten ihnen etwas zum Fühlen geben. Darüber hinaus sollten Sie fähig sein, Ihre Stimme und Ihre Tonlage zu verändern, damit Sie alle drei Typen erreichen.

Zweitens kann natürlich nichts die gezielte Arbeit mit einem einzelnen Menschen ersetzen. Sie können einer Gruppe breitgefächerte Hinweise liefern, so daß für jeden etwas dabei ist, mit dem er etwas anfangen kann, aber um die Strategien der verschiedenen Personen optimal zu bedienen, müßten Sie diese Strategien im einzelnen kennen.

Bisher haben wir uns mit der grundlegenden Formel befaßt, die es uns gestattet, die Strategie einer beliebigen Person zu elizitieren. – Wenn wir sie aber wirksam anwenden wollen, brauchen wir über jeden einzelnen Schritt der Strategie weitere Einzelheiten, da wir das Grundmuster noch mit den Submodalitäten vervollständigen müssen.

Wenn eine Kaufstrategie zum Beispiel ›visuell‹ beginnt, so wissen wir immer noch nicht, was genau die Aufmerksamkeit der Person anzieht. Helle Farben? Größe? Reagiert er auf den Anblick bestimmter Muster oder auf ein ausgefallenes Design? Wenn er auditiv orientiert ist, ziehen ihn dann eher sexy oder kräftig klingende Stimmen an? Mag er laute, lebhafte Geräusche oder lieber ein leises, einschmeichelndes Surren? Die bevorzugte Modalität von jemand zu kennen, ist ein guter Anfang. Doch um präzise zu sein und auch tatsächlich die richtigen Knöpfe zu drücken, müssen Sie noch mehr wissen.

Um im Verkauf Erfolg zu haben, ist es unerläßlich, Strategien zu verstehen. Es gibt Verkäufer, die sich instinktiv darauf verstehen. Wenn Sie einem potentiellen Kunden begegnen, stellen Sie sofort einen guten Rapport zu ihm her und elizitieren seine Entscheidungsstrategie. Sie beginnen zum Beispiel mit: »Ich sehe, daß Sie die Kopiermaschine unserer Konkurrenz verwenden. Es würde mich interessieren, was Sie ursprünglich dazu veranlaßt hat, dieses Gerät zu kaufen? War es etwas, das Sie gesehen oder worüber Sie gelesen haben..., oder hat Ihnen jemand davon erzählt? Oder war es ein Gefühl, das Ihnen der Verkäufer oder das Produkt selbst vermittelt hat?« Diese Fragen hören sich vielleicht ein bißchen merkwürdig an, aber ein Verkäufer, der zu dem potentiellen Käufer eine Beziehung hergestellt hat, wird sagen: »Dies alles interessiert mich, weil mir sehr viel daran liegt, Ihren Bedürfnissen gerecht zu werden.« Aus den Antworten auf diese Fragen kann der Verkäufer unschätzbare Informationen darüber gewinnen, wie er sein Produkt am wirksamsten präsentieren kann.

Jeder Kunde hat eine ganz bestimmte Kaufstrategie. Ich bilde da keine Ausnahme. Es gibt viele Möglichkeiten, etwas falsch zu machen – wenn man versucht, mir etwas zu verkaufen, das ich nicht haben will, und zwar indem man mir Dinge erzählt, die ich nicht hören will. Es gibt gar nicht so sehr viele Möglichkeiten, es richtig zu machen. Um Erfolg zu haben, muß ein Verkäufer seine Kunden an eine Gelegenheit erinnern, als sie etwas unbedingt haben wollten und auch wirklich gekauft haben. Er muß herausfinden, was sie dazu veranlaßt hat, sich zu jenem Kauf zu entschließen. Welches waren die wesentlichen Schritte und Submodalitäten? Ein Verkäufer, der Strategien elizitieren kann, wird so erfahren, welche Bedürfnisse seine Kunden haben. Dadurch bekommt er die Möglichkeit, auf diese Bedürfnisse einzugehen und damit einen Stammkunden zu gewinnen. Wenn Sie die Strategie einer Person elizitieren, erfahren Sie in kürzester Zeit, wozu Sie sonst Tage oder gar Wochen gebraucht hätten.

Wie steht es nun mit einschränkenden Strategien – etwa für übermäßiges Essen? Ich habe einmal zweihundertachtundsechzig Pfund gewogen. Wie ich es zu einem solchen Übergewicht gebracht habe? Ganz leicht. Durch eine Sauf- und Freßstrategie, die wirklich gut funktioniert hat. Ich bin hinter meine Strategie gekommen, indem ich mich an Situationen erinnert habe, in denen ich zunächst gar nicht hungrig war und trotzdem kurz darauf einen Heißhunger verspürte.

Während ich mich in diese Situationen zurückversetzte, fragte ich mich: Was hat das Verlangen in mir ausgelöst, essen zu wollen? War es etwas, das ich gesehen oder gehört, oder etwas, das ich gespürt habe? Mir wurde klar, daß es etwas gewesen war, das ich gesehen hatte. Ich fuhr in meinem Wagen und sah plötzlich das Schild eines ganz bestimmten Schnellrestaurants. Sobald ich es sah, malte ich mir in Gedanken aus, wie ich dort saß und mein Lieblingsgericht verspeiste. Dann sagte ich zu mir: »Junge, hab' ich einen Hunger.« Das machte mich dann wirklich hungrig und ich hielt an, um etwas zu essen. Oft war ich kein bißchen hungrig gewesen, bis ich das Schild gesehen hatte, das dann die Strategie auslöste. Und solche Schilder gab es überall. Es reichte auch, daß mich jemand fragte: »Möchtest du etwas essen?« damit ich, selbst wenn ich nicht hungrig war, begann, mir vorzustellen, wie ich bestimmte Speisen aß. Dann sagte ich wieder zu mir: »Junge, hab' ich einen Hunger«, bekam daraufhin tatsächlich großen Hunger, und ging los, um etwas zu essen. Dann gab es natürlich noch diverse Werbespots im Fernsehen, die mir ein Gericht nach dem anderen zeigten und fragten: »Haben Sie keinen Hunger?... Haben Sie keinen Hunger?« Mein Gehirn reagierte darauf, indem es mir Bilder zeigte, und dann sagte ich wieder zu mir: »Junge, hab' ich einen Hunger«, was dann das Gefühl auslöste, das mich ins nächste Restaurant laufen ließ.

Schließlich änderte ich mein Verhalten, indem ich meine Strategie änderte, und, sobald ich die Reklameschilder von Restaurants sah, mir ein Bild vorstellte, auf dem ich im Spiegel meinen häßlichen, fetten Körper sah und zu mir sagte: »Ich sehe gräßlich aus. Ich kann auf diese Mahlzeit verzichten.« Dann stellte ich mir vor, wie ich trainierte und immer sportlicher wurde, und sagte zu mir: »Toll gemacht! Du siehst gut aus«, was in mir den Wunsch weckte, sofort weiter zu trainieren. Ich wiederholte all diese Schritte mehrere Male: Reklameschilder sehen, mir meinen fetten Körper vorstellen, hören, was ich zu mir sagte, und so fort – immer und immer wieder – wie mit der Swish-Technik, bis, sobald ich die Reklameschilder sah oder jemand nur sagte: »Laß uns essen gehen«, automatisch meine neue Strategie einsetzte. Die Folge dieser neuen Strategie ist, daß sich mein Körper und meine Eßgewohnheiten deutlich verändert haben. Auch Sie können Strategien entdecken, die zu unerwünschten Ergebnissen führen – und Sie können diese Strategien ändern. – Jetzt!

Wenn Sie die entsprechende Strategie eines Menschen kennen, wissen Sie, wie Sie ihm jederzeit das Gefühl geben können, geliebt zu werden. Natürlich können Sie auch Ihre eigene Liebesstrategie herausfinden. Liebesstrategien unterscheiden sich in einer Hinsicht ganz entscheidend von den meisten anderen Strategien. Anstelle von drei oder vier Schritten ist hier gewöhnlich nur einer nötig. Es genügt oft eine Berührung, ein Wort oder ein Blick, um jemandem das Gefühl zu geben, daß er geliebt wird.

Bedeutet das, daß jeder nur ein Zeichen braucht, um sich geliebt zu fühlen? Nein. Ich möchte auf keine Modalität dabei verzichten, und Sie, vermute ich, auch nicht. Ich möchte, daß mich jemand auf eine bestimmte Art und Weise berührt, mir sagt, daß er mich liebt, mir zeigt, daß er mich liebt.

DAS ELIZITIEREN VON ›LIEBESSTRATEGIEN‹

Können Sie sich an eine Zeit erinnern, als Sie sich geliebt fühlten?

Können Sie sich an eine ganz bestimmte Situation erinnern?

Wenn Sie in Gedanken in diese Situation zurückgehen und sie wieder erleben... (Sie induzieren den Zustand)

V: Was muß Ihr Partner unbedingt tun, damit Sie dieses tiefe Gefühl der Liebe spüren?

Muß er Sie ausführen?

Muß er Sie beschenken?

Muß er Sie auf eine ganz bestimmte Art und Weise ansehen?

Ist es für Sie unerläßlich, daß Ihr Partner Ihnen seine Liebe auf genau diese Weise zeigt, damit Sie sich geliebt fühlen?

(Entscheiden Sie anhand der Physiologie der Person, ob der gewünschte Zustand eintritt.)

A: Ist es für Sie unerläßlich, um dieses tiefe Gefühl von Liebe zu verspüren, daß Ihr Partner Ihnen auf eine ganz bestimmte Weise sagt, daß er Sie liebt?

(Entscheiden Sie anhand der Physiologie der Person, ob der gewünschte Zustand eintritt.)

K: Ist es für Sie unerläßlich, um dieses tiefe Gefühl von Liebe zu spüren, daß Ihr Partner Sie auf eine ganz bestimmte Weise berührt?

(Entscheiden Sie anhand der Physiologie, ob der gewünschte Zustand eintritt.)

Elizitieren Sie jetzt die Submodalitäten. Wie genau? Überprüfen Sie die Strategie. Entscheiden Sie anhand der Physiologie, ob der gewünschte Zustand kongruent eintritt.

So wie eine Sinnesmodalität häufig dominiert, so kann eine ganz bestimmte Art, Liebe auszudrücken, Ihnen augenblicklich das Gefühl vermitteln, geliebt zu werden.

Wie elizitieren Sie die Liebesstrategie einer Person? Das müßten Sie inzwischen wissen. Was tun Sie als erstes? Was ist das erste, was Sie tun, wenn Sie eine Strategie elizitieren wollen? Sie versetzen die betreffende Person in den Zustand, für den Sie die Strategie herausbekommen möchten. Denken Sie daran: Der Zustand ist die Kraft, die alles in Gang setzt. Fragen Sie die Person: »Können Sie sich an eine Zeit erinnern, als Sie sich uneingeschränkt geliebt fühlten?« Um sicher zu gehen, daß sie sich im richtigen Zustand befindet, fragen Sie als nächstes: »Können Sie sich an eine konkrete Situation erinnern, als Sie sich geliebt gefühlt haben? Versetzen Sie sich in diese Situation zurück. Erinnern Sie sich, wie Sie sich gefühlt haben? Erleben Sie noch einmal diese Gefühle in Ihrem Körper.«

Die Person ist also nun in dem gewünschten Zustand. Als nächstes müssen Sie ihre Strategie elizitieren. Fragen Sie: »Wenn Sie sich an diese Situation erinnern und diese tiefen Gefühle der Liebe wieder spüren, war es damals für Sie unerläßlich, daß Ihnen jemand seine Liebe zeigt, indem er Ihnen Dinge kauft, mit Ihnen ausgeht oder Sie auf eine ganz bestimmte Weise ansieht? War es unerläßlich, daß er Ihnen auf diese Weise seine Liebe zeigte, damit Sie sich geliebt fühlten?« Achten Sie darauf, wie kongruent die Antwort ist. Bringen Sie die Person dann wieder in den Zustand: »Denken Sie an die Zeit, als Sie sich geliebt fühlten.« Fahren Sie dann fort: »Ist es, um dieses tiefe Gefühl der Liebe zu spüren, für Sie unerläßlich, daß der Betreffende Ihnen etwas auf eine bestimmte Weise sagt, damit Sie sich geliebt fühlen?« Überprüfen Sie die Kongruenz der verbalen und nonverbalen Reaktionen. Fragen Sie abschließend: »Erinnern Sie sich daran, was für ein Gefühl es ist, geliebt zu werden? Ist es für Sie unerläßlich, um dieses tiefe Gefühl der Liebe zu spüren, daß jemand Sie auf eine bestimmte Weise berührt?«

Nachdem Sie die wichtigsten Bestandteile entdeckt haben,

die dieses Gefühl in der Person bewirken, müssen Sie noch die besonderen Submodalitäten herausfinden. Fragen Sie zum Beispiel: »Wie genau muß jemand Sie berühren, damit Sie das Gefühl haben, geliebt zu werden?« Lassen Sie es sich zeigen. Und überprüfen Sie es dann. Berühren Sie ihn auf die gleiche Weise. Wenn Sie die genaue Art der Berührung getroffen haben, werden Sie sofort eine Zustandsveränderung bemerken.

Ich probiere das jede Woche in meinen Seminaren, und es hat immer geklappt. Für jeden von uns gibt es einen ganz bestimmten Blick, eine ganz bestimmte Art der Berührung, einen ganz bestimmten Tonfall, in dem jemand »Ich liebe dich« sagt – auf die wir sofort ansprechen. Die meisten wissen vorher nicht was es ist. Aber in diesem Zustand können wir herausfinden, was uns das Gefühl gibt, geliebt zu werden. Es spielt keine Rolle, daß die Person im Seminar unter lauter Fremden ist, wenn ich ihre Liebesstrategien durchgehe, sie auf die besondere Art und Weise anfasse oder sie auf besondere Art ansehe, dann schmilzt sie dahin. Sie haben kaum eine Wahl, denn Ihr Gehirn empfängt genau das Signal, das den Zustand des Geliebtseins auslöst.

Einige haben anfangs zwei statt nur einer Liebesstrategie. Sie denken sowohl an eine Berührung als auch an etwas, das sie gerne hören. Ihre Aufgabe besteht darin, sie in dem richtigen Zustand zu halten und ihnen zu helfen eine Unterscheidung zu treffen. Fragen Sie sie, ob sie sich auch geliebt fühlen würden, wenn sie nur die Berührung spürten, ohne etwas zu hören, bzw. wenn sie nur das Betreffende hören, nicht aber die Berührung spüren würden. Wenn die Person sich im richtigen Zustand befindet, wird sie in der Lage sein, sicher eine klare Unterscheidung zu treffen. Denn wie Sie wissen, benötigen wir zwar Signale in allen drei Modalitäten, aber es gibt immer eine bestimmte, die den Tresor öffnet, die den Zauber auslöst.

Die Liebesstrategie Ihres Partners oder Ihres Kindes zu kennen, kann unschätzbar sein, um die Qualität Ihrer Beziehung zu bewahren. Wenn Sie wissen, wie Sie einen Menschen dazu bringen können, sich geliebt zu fühlen, steht Ihnen ein wichtiges Hilfsmittel zur Verfügung. Wenn Sie seine Liebesstrategie nicht kennen, kann das traurige Folgen haben. Ich glaube oder weiß, wie es ist, jemanden zu lieben aber seine Liebe nicht so ausdrücken zu können, daß der andere uns Glauben schenkt, oder der Liebesäußerung einer anderen Person selbst keinen Glauben schenken zu können. Die Kommunikation mißlang, weil die Strategien nicht übereinstimmen.

In menschlichen Beziehungen entsteht eine interessante Dynamik. Am Anfang der Beziehung, in dem Stadium, das ich mit Werben bezeichne, sind wir sehr aktiv. Was tun wir nicht alles, um dem anderen zu zeigen, daß wir ihn lieben? Sagen wir es ihm nur? Führen wir es ihm vor, oder zeigen wir es ihm durch Berührungen? Natürlich nicht! In der Zeit des ›Werbens‹ tun wir alles zugleich. Wir zeigen es uns, wir sagen es uns, wir berühren einander ständig. Tun wir das, wenn einige Zeit verstrichen ist, immer noch? Manche Paare schon. Sie sind die Ausnahme, nicht die Regel. Bedeutet das, daß wir den anderen jetzt weniger lieben? Natürlich nicht! Wir sind nur nicht mehr so aktiv. Wir fühlen uns wohl in der Beziehung. Wir wissen, daß der andere uns liebt, und wir lieben ihn. Wie drücken wir jetzt unsere Liebe aus? Wahrscheinlich genauso, wie wir wünschen, daß sie der andere uns gegenüber ausdrückt. Welche Wirkung hat das aber auf die Qualität unserer Beziehung? Schauen wir uns das gemeinsam an.

Wie wird ein Ehemann mit einer auditiven Liebesstrategie seiner Frau höchstwahrscheinlich seine Liebe vermitteln? Natürlich, indem er es ihr sagt. Was aber, wenn sie nun eine visuelle Liebesstrategie hat, und ihr Gehirn sie nur dann veranlaßt, sich geliebt zu fühlen, wenn es bestimmte visuelle Reize empfangen hat? Nach einiger Zeit wird keiner von beiden sich wirklich geliebt fühlen. Als sie noch umeinander warben, haben sie alles getan. Sie haben es sich durch Zeichen, Worte und Berührungen vermittelt. Nun aber kommt der Ehemann nach Hause und sagt: »Ich liebe dich, Schatz«, und sie erwidert: »Nein, das tust du nicht!« Er fragt: »Wovon ›redest‹

du? Wie kannst du so etwas ›sagen‹?« Worauf sie möglicherweise antwortet: »Du redest immer nur. Wann hast du mir zuletzt Blumen gebracht oder mich ausgeführt? Du siehst mich auch nicht mehr so an wie früher.« »Was meinst du damit?« fragt er vielleicht noch. »Ich ›sage‹ dir doch, daß ich dich liebe.« Sie fühlt sich nicht mehr geliebt, weil er das besondere Verhalten, das dieses Gefühl in ihr ausgelöst hat, nicht mehr beständig ausführt.

Betrachten wir einmal den umgekehrten Fall: Der Ehemann ist visuell und die Ehefrau auditiv orientiert. Er zeigt seiner Frau, daß er sie liebt, indem er Sachen kauft, sie ausführt, ihr Blumen schickt. Eines Tages sagt sie: »Du liebst mich nicht.« Er ist gekränkt: »Wie kannst du so etwas sagen? Sieh dir das Haus an, das ich für dich gekauft habe, denk daran, wie oft ich dich ausgeführt habe.« Sie sagt: »Ja, aber du sagst mir nie, daß du mich liebst.« »Ich liebe dich!« schreit er in einem Ton, der ihrer Strategie nicht einmal nahekommt. Die Folge davon ist, daß sie sich ungeliebt fühlt.

Oder eine der schwierigsten Konstellationen überhaupt: ein kinästhetischer Mann und eine visuell orientierte Frau. Er kommt nach Hause und will sie in die Arme nehmen. »Faß mich nicht an«, sagt sie. »Du machst pausenlos an mir rum. Du willst mich immer nur betatschen. Warum können wir nicht mal irgendwo hingehen? Sieh mich wenigstens einmal an, bevor du mich anfaßt.« Kommt Ihnen diese Szene bekannt vor? Vielleicht ging auch eine Ihrer früheren Beziehungen auf ähnliche Weise zu Ende: Anfangs taten Sie alles, um sich Ihre Liebe zu zeigen, später nutzten Sie nur noch eine einzige Art, das zu kommunizieren, während Ihr Partner etwas ganz anderes brauchte.

Bewußtsein ist ein mächtiges Werkzeug. Die meisten von uns verwechseln ihre Landkarte von der Welt mit der Welt selbst. Wir glauben, daß wir wissen, was uns das Gefühl gibt, geliebt zu werden, und gehen davon aus, daß es bei allen anderen ganz genauso wirkt. Wir vergessen dabei, daß die Landkarte nicht das Gebiet ist. Es ist nur die Art, wie wir das Gebiet sehen.

Da Sie jetzt wissen, wie Sie eine Liebesstrategie elizitieren können, sollten Sie sich mit Ihrem Partner zusammensetzen und feststellen, was ihm das Gefühl gibt, geliebt zu werden. Da Sie ja inzwischen auch Ihre eigene Liebesstrategie kennen, können Sie nun Ihrem Partner vermitteln, was bei Ihnen das Gefühl auslöst, geliebt zu werden. Es gibt für alles Strategien. Wenn jemand morgens frisch und munter aufwacht, so hat er dafür eine Strategie, auch wenn er sie wahrscheinlich nicht nennen könnte. Doch wenn Sie ihn danach fragen, kann er Ihnen erklären, was er sagt oder fühlt oder sieht, um so gut in Schwung zu kommen. Denn Sie wissen ja: Sie erfahren die Strategie, wenn Sie den Koch in die Küche stellen. Das heißt, Sie versetzen den Betreffenden in den gewünschten Zustand, und dann untersuchen Sie, was er getan hat, um diesen Zustand zu erzeugen und aufrechtzuerhalten. Sie können jemanden, der morgens leicht aufwacht, bitten, sich an einen konkreten Morgen zu erinnern, an dem er, wie gewöhnlich, schnell und leicht aufgewacht ist. Fragen Sie ihn, was ihm als erstes bewußt geworden ist. Vielleicht sagt er, er habe eine innere Stimme gehört, die sagte: »Zeit zum Aufstehen. Los!« Bitten Sie ihn dann, sich daran zu erinnern, was ihn als nächstes veranlaßt hat, schnell aufzuwachen, ob er sich etwas vorgestellt oder etwas gefühlt hat? Vielleicht erwidert er: »Ich sah mich aus dem Bett springen und unter die warme Dusche gehen. Dann räkelte ich mich und stand auf.« Sieht nach einer einfachen Strategie aus. Als nächstes müssen Sie die besondere Art und die Menge der ›Zutaten‹ herausfinden, daher fragen Sie: »Wie hörte sich die Stimme an, die sagte, daß es Zeit sei, aufzustehen? Was war an der Stimme, die Sie dazu gebracht hat, aufzustehen, Besonderes?« Wahrscheinlich wird er antworten: »Die Stimme war laut und sprach sehr schnell.« Als nächstes fragen Sie dann: »Wie genau sah das Bild aus, das Sie sich vorgestellt haben?« Vielleicht antwortet er dann: »Es war hell und bewegte sich schnell.« Jetzt können Sie diese Strategie an sich selbst ausprobieren. Ich glaube, Sie werden, genau wie ich, entdecken, daß Sie, wenn Sie Ihre Worte und das Bild beschleunigen, den Ton und die Helligkeit aufdrehen, ohne Schwierigkeiten aufstehen können.

Wenn es Ihnen umgekehrt schwerfällt, einzuschlafen, dann verlangsamen Sie einfach Ihren inneren Dialog und erzeugen Sie leise, einschläfernde Klänge, und Sie werden fast augenblicklich müde werden. Versuchen Sie es einmal. Sprechen Sie sehr langsam, wie ein sehr müder Mensch, mit gähnender Stimme und sagen Sie immer wieder... wie M-Ü-D-E Sie sind. Und jetzt beschleunigen Sie das Ganze. Spüren Sie den Unterschied? Sie können jede Strategie modellieren, solange Sie jemanden in den betreffenden Zustand bringen und genau herausfinden können, was er tut, und in welcher Reihenfolge er es tut. Es geht nicht darum, sich nur ein paar Strategien anzueignen und sie dann zu verwenden. Es geht darum, ständig darauf zu achten, was andere gut können, und dann herauszufinden, wie sie es tun, was für eine Strategie sie haben. Das ist es, worum es beim Modellieren geht.

NLP ist gewissermaßen die Atomphysik des menschlichen Geistes. Die Physik beschäftigt sich mit der Struktur der ›materiellen‹ Realität, dem Wesen der Welt. *NLP* tut das mit dem menschlichen Geist. Es ermöglicht Ihnen, die Dinge in ihre funktionellen Einzelteile zu zerlegen. Manche haben ein Leben lang nach einer Möglichkeit gesucht, sich geliebt zu fühlen. Sie haben ein Vermögen ausgegeben, um sich mit Hilfe von Analytikern ›selbst kennenzulernen‹, und Dutzende von Büchern gelesen, um zu erfahren, wie sie Erfolg haben könnten. *NLP* liefert uns die ›technische‹ Grundlage dafür, diese und viele andere Ziele auf elegante, wirksame und zügige Weise zu erreichen – jetzt!

Wie wir bereits gesehen haben, können wir über die Syntax und die internale Repräsentation in einen positiven Zustand gelangen. Eine andere Möglichkeit, das zu erreichen, bietet die Physiologie. Anfangs haben wir schon darüber gesprochen, wie Geist und Körper in einer kybernetischen Schleife miteinander verbunden sind. Im letzten Kapitel haben wir über die geistige Seite von Zuständen gesprochen.

Lassen Sie uns jetzt die andere Seite untersuchen.

9

Die Physiologie – der Königsweg zu Spitzenleistungen

Die Berührung einer anderen Hand kann
Teufel aus unserem Herzen vertreiben.

TENNESSEE WILLIAMS

In meinen Seminaren sorge ich immer dafür, daß es sehr lebhafte, ausgelassene und chaotische Momente gibt.

Wenn Sie im richtigen Augenblick zur Tür hereinkämen, würden Sie an die dreihundert Leute vor sich sehen, die in die Luft springen, wilde Schreie ausstoßen, brüllen wie Löwen, mit den Armen um sich schlagen, die Fäuste schütteln, in die Hände klatschen, sich in die Brust werfen, und wie Pfauen herumspazieren, kurz, sich wie wild gebärden und mit ihrer Energie eine ganze Stadt in Licht tauchen könnten.

Was hat das Ganze zu bedeuten?

Hier zeigt sich die zweite Hälfte der kybernetischen Schleife: die Physiologie. Das ganze Tohuwabohu hat nur ein Ziel: sich so zu geben, als sei man ressourcevoller, mächtiger und glücklicher als je zuvor, so zu tun, als sei man sich seines großen Erfolges gewiß und voll unbändiger Kraft und Energie. Eine Möglichkeit, um sich selbst in einen Zustand zu bringen, der Ihnen hilft, die gewünschten Ergebnisse zu erzielen, besteht darin, so zu tun, ›als ob‹ Sie bereits am Ziel seien.

Die Physiologie ist das mächtigste Werkzeug, das wir haben, um Zustände zu verändern und in kürzester Zeit dynamische Ergebnisse zu erzielen. Ein altes Sprichwort lautet: »Wenn du Macht besitzen willst, dann verhalte dich so, als besäßest du sie bereits.« Sehr wahr! Ich erwarte, daß die Teilnehmer meiner Seminare nachhaltige Ergebnisse erreichen, Ergebnisse, die ihr Leben verändern werden. Um das zu erreichen, müssen sie in der ressourcevollsten Physiologie sein, die möglich ist, denn es gibt kein ›powervolles‹ Handeln ohne powervolle Physiologie.

Wenn Sie in einem vitalen, dynamischen, wachen, physiologischen Zustand sind, geraten Sie automatisch auch in einen entsprechenden geistigen Zustand. Die Physiologie ist ein ungemein starker Hebel, den wir in jeder Situation umwandeln können, weil sie sehr schnell und sehr zuverlässig funktioniert. Physiologie und internale Repräsentationen sind eng miteinander verknüpft. Wenn Sie das eine verändern, verändern Sie augenblicklich auch das andere. Ich sage häufig: »Es gibt keinen Geist, es gibt nur den Körper.« Und: »Es gibt keinen Körper, es gibt nur den Geist.« Wenn Sie Ihre Physiologie verändern – Ihre Körperhaltung, Ihre Atmung, das Spannungsmuster Ihrer Muskeln – dann verändern Sie auch Ihre internalen Repräsentationen und Ihren Zustand.

Können Sie sich an eine Zeit erinnern, als Sie völlig ausgelaugt waren? Wie haben Sie da die Welt wahrgenommen? Wenn Sie sich physisch erschöpft fühlen, oder Ihre Muskeln schwach sind oder Sie irgendwo Schmerzen verspüren, erscheint Ihnen die Welt völlig anders, als wenn Sie sich ausgeruht, lebendig und vital fühlen. Die Veränderung der Physiologie ist daher ein äußerst wichtiges Werkzeug, um das eigene Gehirn zu steuern. Daher ist es außerordentlich wichtig, daß wir uns bewußt sind, wie stark unser körperlicher Zustand uns beeinflußt und daß er keine zufällige Variable ist, sondern ein entscheidender Teil einer kybernetischen Schleife, die ständig in Aktion ist.

Wenn Ihr physiologischer Zustand zu wünschen übrig läßt, verlieren Sie dann dadurch eine Menge positiver Energie für Ihren geistigen Zustand: Wenn Ihr physiologischer Zustand sich verbessert, geschieht das gleiche mit Ihrem emotionalen Zustand. Unsere Physiologie ist somit ein Hebel für emotionale Veränderungen. Genaugenommen können Sie keine Emotion erleben, ohne eine entsprechende Veränderung Ihrer

Physiologie. Und Sie können keine Veränderung Ihrer Physiologie erreichen, ohne eine entsprechende Veränderung Ihres Zustands. Es gibt zwei Möglichkeiten, den eigenen Zustand zu ändern: Durch Veränderung der eigenen internalen Repräsentationen oder durch Veränderung der Physiologie. Was können Sie also tun, wenn Sie innerhalb kürzester Zeit Ihren Zustand verändern wollen? Sie verändern einfach Ihre Physiologie – das heißt, Ihre Atmung, Ihre Körperhaltung, Ihren Gesichtsausdruck, Ihre Bewegung und so fort.

Wenn Sie müde werden, können Sie ganz bestimmte Dinge tun, um diesen Zustand zu unterstützen: Sie können die Schultern hängen lassen, Ihre Muskeln entspannen und dergleichen. Sie können auch müde werden, indem Sie einfach Ihre internalen Repräsentationen verändern und damit Ihrem Nervensystem die Nachricht übermitteln, daß Sie müde sind. Wenn Sie Ihre Physiologie in den Zustand bringen, in dem sie ist, wenn Sie sich kraftvoll fühlen, wird das auch Ihre internalen Repräsentationen und Ihr Gefühl im gleichen Moment verändern. Wenn Sie sich immer wieder sagen, daß Sie müde sind, erzeugen Sie weiter die internalen Repräsentationen, die Sie müde machen. Wenn Sie sich sagen, daß Sie die Ressourcen haben, um wach und fit zu bleiben, und wenn Sie bewußt die entsprechende Physiologie einnehmen, dann wird Ihr Körper dem folgen. Verändern Sie Ihre Physiologie und Sie verändern Ihren Zustand.

In dem Kapitel über Glaubenssätze war die Rede von den Wirkungen, die diese auf die Gesundheit ausüben. Die Ergebnisse der Wissenschaft weisen unzweideutig in eine Richtung: Krankheit und Gesundheit, Vitalität und Depression sind oft Folge unserer eigenen Entscheidungen. Es sind Entscheidungen, die wir über unseren physiologischen Zustand treffen. Es sind in der Regel keine bewußt getroffenen Entscheidungen, doch es sind trotzdem Entscheidungen.

Niemand wird bewußt sagen: »Ich möchte lieber niedergeschlagen als glücklich sein.« Aber was tun deprimierte Menschen? Wir betrachten Niedergeschlagenheit vor allem als einen geistigen Zustand, aber sie geht einher mit einer klar erkennbaren Physiologie. Es fällt nicht schwer, einen niedergeschlagenen Menschen zu beschreiben. Er geht meist mit gesenktem Blick durch die Welt. (Niedergeschlagene Personen sind in der kinästhetischen Modalität und / oder sprechen mit sich über all die Dinge, die sie niedergeschlagen machen.) Sie lassen die Schultern hängen. Sie haben eine flache Atmung. Sie tun all die Dinge, die den Körper in einen deprimierten Zustand versetzen. Haben sie sich entschieden, deprimiert zu sein? Ganz bestimmt haben sie das. Niedergeschlagenheit ist ein Ergebnis und setzt ein ganz bestimmtes Körperbild voraus. Das weiß sogar Charlie Brown.

Das Gute ist, daß Sie genauso leicht ein Gefühl der Begeisterung erzeugen können, indem Sie Ihre Physiologie auf eine ganz bestimmte Weise verändern. Denn was sind eigentlich Emotionen? Sie sind komplexe Verbindungen physiologischer Zustände. Ohne auch nur eine internale Repräsentation zu verändern, kann ich den Zustand eines deprimierten Menschen in kürzester Zeit verändern. Sie brauchen gar nicht zu untersuchen, welche Bilder ein deprimierter Mensch im Geist macht. Sie verändern einfach seine Physiologie und haben damit auch seinen Zustand verändert.

Wenn Sie aufrecht stehen, Ihre Schultern straffen, tief aus Ihrer Brust heraus atmen und den Blick nach oben richten – wenn Sie also eine ressourcevolle Physiologie haben –, können Sie nicht länger deprimiert sein. Versuchen Sie es doch einmal selbst. Stehen Sie auf, und machen Sie sich groß, straffen Sie die Schultern und ziehen Sie sie ein wenig nach hinten, atmen Sie tief, richten Sie den Blick nach oben, bewegen Sie Ihren Körper. Probieren Sie dann, ob Sie noch deprimiert sein können. Sie werden feststellen, daß es fast unmöglich ist. Ihr Gehirn erhält von Ihrer Physiologie die Anweisung, wach und dynamisch und ressourcevoll zu sein. Und dieser Anweisung wird es Folge leisten.

Wenn jemand zu mir kommt und mir erzählt, daß er etwas nicht tun kann, dann sage ich: »Tun Sie so, als könnten Sie es.« Die übliche Antwort ist: »Ja, aber ich weiß nicht, wie.« Ich sage dann zu ihm: »Tun Sie so, als wüßten Sie es. Stehen Sie so da, wie Sie dastehen würden, wenn Sie wüßten, wie Sie es schaffen können. Atmen Sie so, wie Sie atmen würden, wenn Sie wüßten, wie Sie richtig atmen müssen. Machen Sie ein Gesicht, als könnten Sie das, was Sie vorhaben, – tun Sie es – jetzt.« Sobald Sie so stehen, so atmen und Ihre Physiologie in diesen Zustand versetzt haben, haben Sie auch sofort das Gefühl, als könnten Sie alles tun, was Sie wollen. Es funktioniert immer, weil wir die unglaubliche Fähigkeit besitzen, unsere Physiologie anpassen und verändern zu können. Einfach durch eine Veränderung ihrer Physiologie können Sie Menschen ermöglichen, Dinge zu tun, die sie vorher nicht konnten – in dem Augenblick, in dem sie ihre Physiologie ändern, ändern sie ihren Zustand.

Denken Sie an etwas, das Sie gerne tun würden, von dem Sie aber glauben, daß Sie es nicht können. Wie würden Sie stehen, wenn Sie wüßten, daß Sie es tun können? Wie würden Sie sprechen? Wie würden Sie atmen? Versetzen Sie Ihren Körper jetzt so kongruent wie möglich in die Physiologie, in der er sich befände, wenn Sie wüßten, daß Sie es tun können. Ihr gesamter Organismus muß ausdrücken, daß Sie es können. Stellen Sie jetzt den Unterschied zwischen diesem und Ihrem vorherigen Zustand fest. Wenn Sie kongruent die richtige Physiologie beibehalten, dann werden Sie das Gefühl haben, ›als ob‹ Sie jetzt bewältigen können, was Sie sich vorher nicht zutrauten.

Das gleiche passiert beim Feuerlaufen. Manche haben beim Anblick der glühenden Kohlen volles Vertrauen und sind bereit, es zu tun, weil sie ihre internalen Repräsentationen und ihre Physiologie miteinander in Einklang gebracht haben. Daher können sie sicher und ohne gesundheitlichen Schaden zu nehmen über die heißen Kohlen laufen. Andere bekommen jedoch im letzten Augenblick Angst. Sie ändern vermutlich ihre internalen Repräsentationen von dem, was passieren wird, und stellen sich jetzt nur das Allerschlimmste vor. Oder die sengende Hitze hat sie aus dem vertrauensvollen Zustand gerissen, als sie sich den glühenden Kohlen näherten. Als Folge davon zittern sie vielleicht vor Angst oder weinen oder stehen ganz verspannt und starr da. Um ihnen ihre Angst zu nehmen und sie, auch wenn es ihnen im Augenblick unmöglich erscheint, handlungsfähig zu machen, brauche ich nur eines zu tun – ihren Zustand ändern. Sie wissen doch: Jedes menschliche Verhalten ist das Ergebnis des Zustands, in dem wir uns befinden. Wenn wir uns stark und ressourcevoll fühlen, trauen wir uns Dinge zu, die wir uns nie zutrauen würden, wenn wir uns verängstigt, schwach und müde fühlten. Der Feuerlauf ist keine nur intellektuelle Erfahrung, er verschafft auch das Erlebnis, in kürzester Zeit seinen Zustand und sein Verhalten so ändern zu können, daß wir unsere Ziele erreichen können, auch wenn wir sie vorher für unerreichbar gehalten haben.

Was kann man also mit einem zitternden, weinenden, verängstigten Menschen, der schreiend am Rande des Kohlenteppichs steht, tun? Man kann seine internalen Repräsentationen verändern. Ich kann ihn dazu bringen, sich vorzustellen, wie er sich fühlen wird, wenn er erfolgreich und ohne Schaden zu nehmen auf der anderen Seite angekommen ist. Das veranlaßt ihn, eine internale Repräsentation zu erzeugen, die seine Physiologie verändert. Nach wenigen Sekunden befindet er sich dann schon in einem ressourcevollen Zustand – man kann sehen, wie sich seine Atmung und sein Gesichtsausdruck verändert haben. Dann fordere ich ihn auf, loszugehen, und derselbe Mensch, der noch vor wenigen Augenblicken vor Furcht wie gelähmt war, geht jetzt zielbewußt über das Feuer und jubelt am anderen Ende. Doch manchmal hat jemand klare internale Bilder davon, wie er verbrennt oder wie er stolpert, die stärker sind als seine Repräsentationen davon, daß er fähig sein wird, heil und gesund am anderen Ende anzukommen. Ich müßte also seine Submodalitäten verändern – und das kann einige Zeit in Anspruch nehmen.

Eine andere Möglichkeit, die noch wirksamer ist, wenn jemand in Panik vor dem Feuer steht, besteht darin, seine Physiologie zu verändern. Denn wenn er seine internalen Repräsentationen verändert, muß das Nervensystem dem Körper das Signal geben, die Haltung zu ändern, tiefer zu atmen und die Muskeln zu entspannen. Warum also nicht gleich alle anderen Vermittlungsebenen außer acht lassen und direkt auf die Physiologie einwirken? Ich bitte den Betreffenden zunächst, seinen Blick zu heben. Dadurch gewinnt er Zugang zu den visuellen Teilen seines Nervensystems und löst sich von den kinästhetischen. Fast augenblicklich hört er auf zu weinen. Probieren Sie es selbst einmal aus: Wenn Sie bedrückt sind oder weinen und damit aufhören möchten, sehen Sie einfach nach oben. Straffen Sie Ihre Schultern und versetzen Sie sich in einen visuellen Zustand. Ihre Gefühle werden sich fast sofort ändern. Das gleiche können Sie auch mit Ihren Kindern tun. Lassen Sie sie einfach aufblicken, wenn sie sich wehgetan haben. Das Weinen und der Schmerz werden innerhalb weniger Augenblicke nachlassen...

Als nächstes fordere ich den Betreffenden auf, sich so hinzustellen, wie er stehen würde, wenn er absolut zuversichtlich wäre und wüßte, daß er über die Kohlen gehen kann, so zu atmen, wie jemand, der absolut zuversichtlich ist, und etwas mit einer Stimme zu sagen, aus der volle Zuversicht klingt. Auf diese Weise erhält sein Gehirn eine neue Mitteilung, die ihm sagt, wie es sich fühlen soll und in dem Zustand, der sich dann ergibt, kann der gleiche Mensch, der eben noch völlig starr vor Angst war, so handeln, wie es nötig ist, um sein Ziel zu erreichen. Wir können diese Technik auch immer dann einsetzen, wenn wir das Gefühl haben, etwas nicht zu können, z. B. jemand anzusprechen, unserem Chef gegenüberzutreten, usw. Wir können unsere Zustände verändern und uns in die Lage versetzen, zu handeln, indem wir entweder die Bilder und Dialoge in unserem Kopf verändern oder indem wir unsere Körperhaltung, unsere Atmung und unsere Stimme verändern. Am besten ist es, die Physiologie und die Stimme zu verändern. Wenn wir das getan haben, fühlen wir uns sofort ressourcevoll und können so handeln, wie es nötig ist, um die gewünschten Ergebnisse zu erzielen.

Das gleiche gilt für jede Art von Training. Wenn Sie sich sehr anstrengen, außer Atem sind und sich immer wieder sagen, wie erschöpft Sie sind, oder wie weit Sie schon gelaufen sind, dann werden Sie damit ein physiologisches Verhalten begünstigen – zum Beispiel sich hinsetzen oder keuchen –, das diese Suggestionen noch unterstützt. Wenn Sie jedoch – auch wenn Sie außer Atem sind – bewußt gerade bleiben und Ihre Atmung beruhigen, werden Sie sich innerhalb weniger Sekunden wieder wohler fühlen.

Außer, daß wir unsere Gefühle und somit unser Verhalten ändern, indem wir unsere internalen Repräsentationen und unsere Physiologie variieren, beeinflussen wir damit auch die biochemischen und elektrischen Prozesse in unserem Körper. Untersuchungen haben gezeigt, daß das Immunsystem von Menschen, die deprimiert sind, auf diese Stimmungslage reagiert und ebenfalls schwächer wird – die Zahl der weißen Blutkörperchen nimmt ab. Haben Sie schon einmal die Kirlianographie eines Menschen gesehen? Es ist die Darstellung der bioelektrischen Körperenergie, und sie verändert sich beachtlich, wenn ein Mensch seinen Zustand oder seine Stimmung ändert. Wegen des engen Zusammenhangs zwischen Geist und Körper kann sich in intensiven Zuständen unser gesamtes Energiefeld verändern, und wir können dann Dinge tun, die wir sonst nicht für möglich gehalten hätten. Alles, was ich erlebt und gelesen habe, bestätigt mir, daß unserem Körper weit weniger enge Grenzen gesetzt sind – positive wie auch negative –, als wir bisher geglaubt haben.

Herbert Benson, der sehr viel über die Beziehung zwischen Körper und Geist geschrieben hat, berichtet Erstaunliches von der Macht, die Woodoo in einigen Teilen der Welt hat. In einem Stamm der australischen Ureinwohner praktizieren die Zauberer einen Brauch, den sie ›den Knochen auf jemanden richten‹ nennen. Es handelt sich dabei um eine Verwünschung, die so mächtig ist, daß das Opfer nicht daran zweifelt, eine schreckliche Krankheit zu erleiden und wahrscheinlich sogar zu sterben. Benson beschreibt ein solches Ereignis, das 1925 stattfand, folgendermaßen:

»Ein Mann, der entdeckt, daß er das Opfer dieser Verwünschung geworden ist, bietet in der Tat einen bedauernswerten Anblick. Er erstarrt vor Entsetzen, seine Augen blicken gebannt auf den Knochen in der Hand des Zauberers, und er hebt die Hände, wie zum Schutz gegen seine todbringende Kraft, die, wie er glaubt, in seinen Körper eindringen wird. Seine Wangen sind bleich, seine Augen werden glasig, und sein Gesichtsausdruck verzerrt sich in entsetzlicher Weise... Er versucht zu schreien, doch der Laut erstickt in seiner Kehle, und er bleibt stumm, Schaum vor seinem Mund. Sein Körper beginnt zu zittern, seine Muskeln zucken unwillkürlich. Er schwankt nach hinten, fällt zu Boden, und scheint nach kurzer Zeit ohnmächtig zu werden; aber schon bald darauf zuckt er am ganzen Körper, wie im Todeskampf, bedeckt sein Gesicht mit den Händen und beginnt zu stöhnen... Sein Tod tritt nach recht kurzer Zeit ein.«

Ich weiß nicht, wie Sie es empfinden, aber für mich ist dies eine der eindrücklichsten und schrecklichsten Beschreibungen, die ich je gelesen habe. Ich werde Sie nicht dazu auffordern, das zu modellieren, aber es ist eines der aussagekräftigsten Beispiele für die Macht der Physiologie und des Glaubens. Im herkömmlichen Sinne wurde diesem Mann überhaupt nichts getan, rein gar nichts. Doch die Macht seines eigenen Glaubens und seiner eigenen Physiologie verbanden sich zu einer mächtig erschreckend wirksamen negativen Kraft, die ihn völlig zerstörte. Treten solche Erscheinungen nur in Gesellschaften auf, die wir als primitiv bezeichnen? Natürlich nicht. Genau der gleiche Vorgang ereignet sich Tag für Tag in unserer Umgebung. Benson erwähnt, daß George L. Engel von der medizinischen Fakultät der Universität Rochester eine dicke Akte mit Zeitungsausschnitten aus aller Welt zusammengestellt hat, die sich mit plötzlichen Todesfällen unter unerwarteten Umständen befassen. In keinem Fall ist etwas Schreckliches passiert. Vielmehr waren es immer die negativen internalen Repräsentationen der Opfer, die zum Verhängnis wurden. In allen Fällen fühlte sich das Opfer machtlos, hilflos und alleingelassen. Das Ergebnis war praktisch das gleiche wie bei dem Ritual der australischen Ureinwohner.

Ich finde dabei interessant, daß es mehr Untersuchungen und anekdotische Belege für die schädliche, als für die hilfreiche Seite der Körper-Geist Beziehung gibt. Wir hören immer wieder über die schrecklichen Auswirkungen von Streß oder von Menschen, die nach dem Tod eines geliebten Menschen den Willen zum Leben verlieren. Wir scheinen alle zu wissen, daß uns negative Zustände und Emotionen buchstäblich töten können, doch wir hören nur wenig darüber, wie wir durch positive Zustände gesund werden können.

Einen der bekanntesten Berichte in diesem Zusammenhang verdanken wir Norman Cousins. In seinem Buch *Anatomy of an Illness* (dt.: Der Arzt in uns selbst) beschreibt er, wie er nach einer langen, kräftezehrenden Krankheit wie durch ein Wunder genesen ist, indem er sich ›gesundlachte‹. Lachen war ein Mittel, das Cousins ganz bewußt einsetzte, um seinen Willen zu leben und wieder gesund zu werden, zu mobilisieren. Ein wesentlicher Bestandteil seiner Therapie war das ›Eintauchen‹ in Filme und Bücher, die ihn zum Lachen brachten. Er verbrachte einen großen Teil seines Tages damit. Dadurch änderten sich offenbar seine internalen Repräsentationen vom Leben, und das Lachen veränderte darüber hinaus seine Physiologie auf radikale Weise – dadurch gelangten auch andere Botschaften zu seinem Nervensystem. Er bemerkte unmittelbare, positive physische Veränderungen. Er schlief besser, hatte weniger Schmerzen, und sein allgemeiner körperlicher Zustand verbesserte sich zusehends.

Er genas vollständig, obwohl einer seiner Ärzte anfangs die Chance dafür mit eins zu fünfhundert angegeben hatte. Cousins zog für sich daraus folgende Schlußfolgerung: »Ich habe gelernt, die Regenerierungsfähigkeit des menschlichen Geistes und des menschlichen Körpers nicht zu unterschätzen, selbst wenn die Aussichten äußerst ungünstig erscheinen. Die Lebenskraft ist vielleicht die Kraft in unserer Welt, von der wir am wenigsten wissen.«

Einige faszinierende Untersuchungen, die erst allmählich bekannt werden, werfen etwas Licht auf die Erfahrung von Cousins und vergleichbare andere. Diese Untersuchungen befassen sich damit, wie unser Gesichtsausdruck unser Befinden beeinflußt; sie gelangen zu dem Schluß, daß wir nicht nur lächeln, wenn wir uns wohl fühlen, oder lachen, wenn wir bei guter Laune sind, sondern daß Lächeln und Lachen biologische Prozesse in Gang setzen, die uns veranlassen, uns tatsächlich besser zu fühlen. Sie erhöhen den Sauerstoffgehalt des Blutes, die Blutzufuhr zum Gehirn und die Ausschüttung von Neurotransmittern. Ähnliches gilt für jeden anderen Gesichtausdruck. Nehmen Sie einen Ausdruck von Furcht, Zorn, Abscheu oder Überraschung an, und Sie werden sich auch so fühlen.

Unser Körper ist unser Garten ... unser Wille der Gärtner.
William Shakespeare

Es gibt in unserem Gesicht ungefähr achtzig Muskeln, die entweder die Blutzufuhr gewährleisten, während der Körper in

Bewegung ist, oder die Blutzufuhr zum Gehirn regulieren, und somit auch bis zu einem gewissen Grad die Funktionsweise des Gehirns beeinflussen. In einer bemerkenswerten Arbeit, die 1907 geschrieben wurde, stellte ein französischer Arzt namens Israel Waynbaum die Theorie auf, daß der Gesichtsausdruck tatsächlich die Gefühle verändert. Zeitgenössische Forscher kommen zu dem gleichen Ergebnis. Paul Ekman, Professor für Psychiatrie an der Universität von Kalifornien in San Francisco, erklärte in einem Interview gegenüber der *Los Angeles Times* (5. Juni 1985): »Wir wissen, daß sich ein Gefühl im Gesicht widerspiegelt. Jetzt haben wir festgestellt, daß es auch andersherum geht. Sie erleben das, was Sie mit Ihrem Gesicht ausdrücken..., wenn Sie über Schmerzen lachen, werden Sie bald keine Schmerzen mehr spüren. Wenn Ihr Gesicht Kummer zeigt, so werden Sie ihn auch spüren.«

Das gleiche haben ich und andere NLP-Anwender seit Jahren gelehrt. Es sieht jetzt so aus, als würde die Wissenschaft allmählich bestätigen, was sich für uns bereits als nützlich erwiesen hat. Es gibt eine Menge anderer Dinge in diesem Buch, die die Wissenschaftler in den nächsten Jahren nachprüfen und bestätigen werden. Doch Sie müssen nicht erst darauf warten, daß es Ihnen ein Forscher bestätigt. Sie können dieses Wissen jetzt schon anwenden und damit die Ergebnisse erzielen, die Sie erzielen wollen.

Wir erfahren in letzter Zeit immer mehr über die Zusammenhänge zwischen Geist und Körper und manche meinen schon, man brauche nichts anderes zu tun, als seinen Körper in Form zu halten. Wenn Ihr Körper in optimaler Verfassung ist, dann wird auch Ihr Gehirn wirksamer funktionieren. Je besser Sie mit Ihrem Körper umgehen, um so besser wird Ihr Gehirn arbeiten. Das ist die Grundlage der Arbeit von Moshe Feldenkrais! Er nutzte Bewegung, um Menschen zu lehren, wie sie denken und leben können. Feldenkrais entdeckte, daß man allein durch die Arbeit auf kinästhetischer Ebene Selbstbild, Zustand und Funktionsweise des Gehirns verändern kann. Nach Feldenkrais hängt die Qualität des Lebens ab von der Qualität der Bewegung. Seine Arbeit ist unschätzbar, um tiefgreifende Veränderungen durch Beeinflussung der Physiologie zu erreichen.

Ein wichtiger Aspekt des physiologischen Zustands ist die Kongruenz. Wenn ich Ihnen eine angenehme Mitteilung machen will, meine Stimme aber gleichzeitig schwach und angespannt, und meine Körpersprache zerfahren und zusammenhanglos ist, dann bin ich inkongruent. Inkongruenz hindert mich daran, meine Möglichkeiten voll auszuschöpfen und einen optimalen Zustand zu erreichen. Sich selbst widersprüchliche Botschaften zu geben, ist eine unterschwellige Art, sich zu sabotieren.

Sie haben es vielleicht schon einmal erlebt, daß Sie jemandem nicht geglaubt haben, ohne genau zu wissen, warum. Was der andere sagte, klang vernünftig, aber irgendwie konnten Sie ihm doch nicht ganz glauben. Ihr Unterbewußtsein nahm auf, was Ihr Bewußtsein nicht bemerkte. Wenn Sie beispielsweise eine Frage gestellt haben, mag der andere zwar mit ›Ja‹ geantwortet, dabei aber gleichzeitig verneinend den Kopf geschüttelt haben. Oder vielleicht sagte er: »Ich schaff' das schon«, aber Sie bemerkten, daß er die Schultern hängen ließ, den Blick senkte und sein Atem flach ging – was Ihrem Unterbewußtsein signalisierte, was er wirklich meinte: »Ich schaff' es nicht.« Ein Teil von ihm wollte das tun, worum Sie ihn baten, und ein anderer Teil wollte es nicht. Ein Teil von ihm war zuversichtlich, und ein anderer Teil von ihm nicht. Die Inkongruenz arbeitete gegen ihn. Er versuchte, in zwei Richtungen gleichzeitig zu gehen. Das, was er mit seinen Worten ausdrückte, war deutlich anders, als das, was seine Physiologie mitteilte.

Jeder kennt dieses Gefühl der Inkongruenz, wenn ein Teil von uns etwas will, aber ein anderer Teil von uns sich widersetzt. Kongruenz bedeutet Macht. Man kann nur dann beständig Erfolg haben, wenn man in der Lage ist, alle Ressourcen, die psychischen wie die physischen, für die Lösung einer Aufgabe zusammenwirken zu lassen. Halten Sie für einen Augenblick inne und denken Sie an die drei kongruentesten

Menschen, die Sie kennen. Denken Sie dann an die drei am wenigsten kongruenten Menschen, die Sie kennen. Was ist der Unterschied zwischen ihnen? Wie wirken kongruente Menschen auf Sie? Wie wirken, im Vergleich dazu, inkongruente Menschen auf Sie?

Kongruenz zu entwickeln, ist eine wesentliche Voraussetzung für persönliche Power. Wenn ich mit anderen kommuniziere, bin ich empathisch – mit meinen Worten, meiner Stimme, meiner Atmung, meinem gesamten Körper. Wenn mein Körper und meine Worte übereinstimmen, gebe ich damit meinem Gehirn deutlich das Signal, daß ich genau das und nichts anderes will. Und mein Gehirn reagiert entsprechend.

Wenn Sie zu sich selbst sagen: »Nun ja, ich schätze, so sollte ich es wohl machen«, und Ihre Physiologie ist schwach und unentschlossen, welche Art von Botschaft erhält dann das Gehirn? Es ist so, als wollten Sie ein Fernsehprogramm bei schlechtem Empfang verfolgen. Das gleiche gilt für Ihr Gehirn: Wenn die Signale, die Ihr Körper liefert, schwach oder zweideutig sind, dann weiß das Gehirn nicht genau, was es tun soll. Stellen Sie sich vor, ein Soldat bekommt von seinem General folgenden Befehl: »Was soll's, versuchen wir's einfach mal. Ich bin zwar nicht sicher, ob es funktionieren wird, aber marschieren wir schon mal los. Dann werden wir schon sehen, was passiert.« Was glauben Sie, in welchen Zustand diese Worte den Soldaten versetzen werden?

Wenn Sie sagen. »Das werde ich bestimmt tun«, und Ihre Physiologie ist vereinigt – d. h. Ihre Körperhaltung, Ihr Gesichtsausdruck, Ihr Atemmuster, Ihre Gesten und Bewegungen, Ihre Worte und Ihr Tonfall stimmen überein –, dann werden Sie es auch bestimmt tun.

Wir alle streben nach kongruenten Zuständen, und der größte Schritt in diese Richtung besteht darin, für eine feste, entschlossene, kongruente Physiologie zu sorgen. Wenn Ihre Worte und Ihr Körper nicht miteinander übereinstimmen, werden Sie nicht optimal handeln können.

Eine Möglichkeit, Kongruenz herzustellen, besteht darin,

die Physiologien von Menschen zu modellieren, die kongruent sind. Das Entscheidende beim Modellieren ist, herauszufinden, welchen Teil des Gehirns jemand, der Erfolg hat, in einer bestimmten Situation aktiviert. Wenn Sie genauso erfolgreich sein wollen, müssen Sie Ihr Gehirn auf die gleiche Weise aktivieren. Wenn Sie die Physiologie eines anderen Menschen genau übernehmen, werden Sie automatisch auch die gleichen Gehirnzentren aktivieren wie dieser. Sind Sie jetzt in einem kongruenten Zustand? Wenn nicht, dann wechseln Sie jetzt in einen. Wieviel Prozent Ihrer Zeit verbringen Sie in inkongruenten Zuständen? Können Sie häufiger kongruent sein? Fangen Sie heute noch damit an. Finden Sie fünf Menschen, die eine beeindruckende powervolle Physiologie besitzen. Wie unterscheiden sich diese Physiologien von Ihrer eigenen? Wie sitzen diese Personen? Wie stehen sie? Wie bewegen sie sich? Was für einen Gesichtsausdruck haben sie, welche Gesten sind typisch für sie? Nehmen Sie sich einen Augenblick, und setzen Sie sich so hin, wie eine dieser Personen, die Sie ausgewählt haben. Verwenden Sie eine ähnliche Mimik und Gestik. Achten Sie darauf, wie Sie sich dabei fühlen.

In unseren Seminaren fordern wir die Teilnehmer auf, die Physiologie anderer Menschen widerzuspiegeln, und sie machen die Erfahrung, daß sie einen ähnlichen Zustand und ein ähnliches Gefühl erreichen. Machen Sie mit einem Partner zusammen folgende Übung: Fordern Sie Ihren Partner auf, sich an ein besonders intensives Erlebnis zu erinnern, ohne Ihnen davon zu erzählen, und dann den Zustand wiederzuerleben. Spiegeln Sie ihn dann exakt wider. Spiegeln Sie die Art und Weise wie er dasitzt, spiegeln Sie die Stellung seiner Beine, Arme und Hände. Spiegeln Sie die Spannung, die Sie in seinem Gesicht und Körper wahrnehmen. Spiegeln Sie die Stellung seines Kopfes und jede Bewegungen der Augen, der Beine oder des Kopfes. Spiegeln Sie den Mund, die Haut, die Atmung. Versuchen Sie sich in genau die gleiche Physiologie zu versetzen, in der sich Ihr Gegenüber befindet. Indem Sie seine Physiologie nachahmen, geben Sie Ihrem Gehirn die gleichen Signale, die er seinem Gehirn gibt. Sie werden so ähnliche oder die gleichen Gefühle erleben können wie er. Manchmal werden Sie sogar Ihre Version der gleichen Bilder sehen, die er sieht, und das gleiche denken wie er.

Wenn Sie das alles getan haben, beschreiben Sie den Zustand, in dem Sie sich befinden, mit wenigen Worten, also das was Sie fühlen, während Sie ihn genau widerspiegeln. Vergleichen Sie das dann mit dem, was er gefühlt hat. Mit einer Wahrscheinlichkeit von etwa achtzig bis neunzig Prozent werden Sie beide die gleichen Worte benutzen, um Ihren Zustand zu beschreiben. In jedem Seminar gibt es eine Reihe von Teilnehmern, die tatsächlich das sehen, was die andere Person sieht. Sie können genau beschreiben, wo sich der andere befand, oder die Menschen identifizieren, von denen er sich in Gedanken ein Bild machte. Manche Übereinstimmungen sind so verblüffend genau, daß es dafür keine rationale Erklärung gibt. Es ist beinahe eine außersinnliche Erfahrung – auch wenn es sich dabei nicht um ein Training dieser Fähigkeiten handelt. Wir tun nichts anderes, als unserem Gehirn genau die gleichen Botschaften zu übermitteln wie die Person, die wir widerspiegeln.

Ich weiß, es klingt unglaublich, aber ich habe es immer wieder erlebt, daß es bereits nach fünf Minuten gelingen kann. Es kann sein, daß Sie nicht gleich beim ersten Mal Erfolg haben, aber wenn Sie genau genug spiegeln, werden Sie denselben Zustand erleben, ob Zorn, Schmerz, Trauer, Freude oder Begeisterung, wie Ihr Partner, auch wenn Sie sich vorher nicht mit diesem unterhalten haben.

Möchten Sie noch in diesem Augenblick mehr von Ihrer inneren Kraft, von Ihren unglaublichen Möglichkeiten freisetzen? Dann beginnen Sie damit ganz bewußt, die Physiologie von Menschen abzubilden, die Sie achten oder bewundern. Sie werden auf diese Weise den gleichen Zustand erzeugen, den diese Menschen erleben. Oft ist es sogar möglich, exakt die gleichen Erfahrungen zu machen. Sie werden selbstverständlich nicht gerade die Physiologie von jemandem modellieren wollen, der deprimiert ist. Suchen Sie Menschen, die in einem powervollen, ressourcevollen Zustand sind, denn indem Sie diese modellieren, werden Sie neue Wahlmöglichkeiten gewinnen und Zugang zu Teilen Ihres Gehirns bekommen, die Sie bisher noch nicht wirksam genutzt haben.

In einem Seminar bin ich einmal einem Jungen begegnet, aus dem ich nicht schlau wurde. Er war in der ressourceärmsten Physiologie, die ich je gesehen habe, und ich konnte ihm nicht dabei helfen, sie zu verändern. Wie sich herausstellte, war bei einem Unfall ein Teil seines Gehirns zerstört worden. Doch ich brachte ihn dazu, so zu tun ›als ob‹. Ich forderte ihn auf, mich zu modellieren und sich so in eine Physiologie zu versetzen, der er sich nicht mehr zugänglich glaubte. Indem er mich modellierte, begann sein Gehirn auf eine neue Weise zu arbeiten. Am Ende des Seminars konnte man ihn kaum wiedererkennen. Er handelte anders und er fühlte sich anders als vorher. Indem er die Physiologie eines anderen nachahmte, bekam er Zugang zu neuen Gedanken, Gefühlen und Verhaltensweisen.

Wenn Sie die Glaubenssysteme eines Weltklasseläufers, die für ihn typische geistige Syntax und seine Physiologie modellieren würden, könnten Sie dann auch sofort eine Meile in weniger als vier Minuten laufen? Natürlich nicht, denn Sie haben nicht, wie er, durch Übung immer wieder die gleichen Botschaften an Ihr Nervensystem gegeben. Es ist wichtig, festzustellen, daß manche Strategien ein Maß an physiologischer Entwicklung oder Programmierung erfordern, das Sie noch nicht haben. Sie mögen den berühmtesten Konditor der Welt modelliert haben, aber wenn Sie versuchen, nach seinem Rezept einen Kuchen zu backen, Ihr Herd aber nur hundert Grad Hitze hergibt, während es seiner auf dreihundertfünfzig bringt, dann werden Sie nicht die gleichen Ergebnisse erzielen. Sie können aber, wenn Sie sein Rezept verwenden, Ihre eigenen Ergebnisse verbessern. Und wenn Sie bereit sind, den gleichen Preis zu zahlen, können Sie sogar die gleichen Ergebnisse erzielen wie Ihr Modell.

Wenn Sie auf die Physiologie achten, gewinnen Sie zusätzlich neue Entscheidungsmöglichkeiten. Warum nehmen manche Menschen Drogen, trinken Alkohol, rauchen Zigaretten, essen zuviel, wenn nicht, um auf indirekte Weise ihren Zustand zu ändern, indem sie ihre Physiologie verändern? Dieses Kapitel hat Ihnen eine direkte Möglichkeit gezeigt, wie Sie Veränderungen Ihres Zustands herbeiführen können. Indem Sie anders atmen, sich anders bewegen oder einen anderen Gesichtsausdruck annehmen, können Sie augenblicklich Ihren Zustand verändern. Sie werden so das gleiche erreichen können, wie durch Essen, Alkohol oder Drogen, aber ohne die schädlichen physischen und psychischen Nebenwirkungen. Denken Sie daran, daß in jeder kybernetischen Schleife der Teil mit den meisten Wahlmöglichkeiten über die Kontrolle verfügt. Wenn alle anderen Teile eines Systems konstant gehalten werden, hat der Teil mit der größten Flexibilität auch die größten Möglichkeiten und Fähigkeiten, die anderen Teile zu steuern. Die Menschen mit den meisten Wahlmöglichkeiten haben auch die größten Einflußmöglichkeiten. Das Ziel des Modellieren ist es, neue Möglichkeiten zu schaffen. Es gibt keinen schnelleren Weg zu diesem Ziel als über die Physiologie.

Wenn Sie das nächste Mal jemandem begegnen, der außerordentlich erfolgreich ist und den Sie bewundern und respektieren, dann kopieren Sie seine Gesten, achten Sie auf den Unterschied, den Sie spüren, und lassen Sie sich dann auch durch die Veränderung Ihrer Denkmuster überraschen. Experimentieren Sie damit. Erleben Sie es! Es warten ungeahnte neue Möglichkeiten auf Sie!

10

Energie – der Treibstoff für besondere Leistungen

Gesundheit ist für den Menschen
die Grundlage seines Glücks,
aus ihr schöpft er seine ganze Kraft.

BENJAMIN DISRAELI

Wir haben gesehen, daß die Physiologie der Königsweg zu außergewöhnlichen Leistungen ist. Eine Möglichkeit, Ihre Physiologie zu beeinflussen, besteht darin, das Spannungsmuster Ihrer Muskeln zu verändern, also eine andere Körperhaltung einzunehmen, den Gesichtsausdruck und die Atmung zu verändern. Alles, wovon in diesem Buch die Rede ist, beruht nicht zuletzt auf dem gesunden biochemischen Funktionieren des Körpers. Es setzt voraus, daß Sie Ihren Körper in guter Verfassung erhalten. In diesem Kapitel werden wir uns mit den wichtigsten Faktoren unseres körperlichen Wohlbefindens beschäftigen – der Ernährung und der Atmung.

Energie ist der Treibstoff außergewöhnlicher Leistungen. Sie können Ihre internalen Repräsentationen den ganzen Tag lang verändern, aber wenn die biochemischen Vorgänge in Ihrem Körper durcheinandergeraten sind, wird Ihnen Ihr Gehirn verzerrte Repräsentationen schaffen. Das gesamte System wird nicht mehr richtig funktionieren. Wahrscheinlich wird Ihnen in diesem Fall auch kaum danach zumute sein, das hier Gelernte anzuwenden. Sie können den rasantesten Sportwagen auf der Welt haben, aber wenn Sie ihn mit Bier betanken, wird er nicht fahren. Sie können den richtigen Wagen und den richtigen Treibstoff haben – aber wenn die Zündkerzen nicht gut eingestellt sind, werden Sie keine besonderen Leistungen erreichen. In diesem Kapitel wird die Rede davon sein, welche Bedeutung Energie hat und wie wir unsere Energie auf ein höheres Niveau bringen können. Je höher Ihr Energieniveau, desto leistungsfähiger ist Ihr Körper. Je leistungsfähiger Ihr Körper ist, desto besser fühlen Sie sich und desto größer wird Ihr Wunsch sein, Ihre Fähigkeiten einzusetzen.

Ich weiß aus eigener Erfahrung, was Energie bedeutet und welche Kräfte sie freisetzen kann. Früher habe ich mich nicht besonders darum gekümmert, mein Leben besser zu gestalten. Ich hatte starkes Übergewicht und meine Physiologie hat mir nicht gerade dabei geholfen, besondere Leistungen zu erzielen. Lernen, Handeln und etwas Schaffen war mir nicht so wichtig wie Essen und Fernsehen. Doch eines Tages wurde ich dieser Art zu leben überdrüssig, begann mich für eine gesunde Lebensweise zu interessieren und Menschen zu modellieren, die eine gesunde Lebensweise hatten. Zu Beginn wußte ich nicht, was ich tun sollte, denn die Theorien über richtige Ernährung waren zu verwirrend und widersprüchlich. Wenn ich ein Buch aufschlug, hieß es meist: Tu dies und jenes und du wirst ewig leben. Ich war also ganz begeistert – bis ich zum nächsten Buch griff, in dem es hieß, daß es so gut wie tödlich sei, all diese Dinge zu tun, und ich unbedingt auf etwas ganz anderes achten solle. Natürlich stimmte das alles nicht, wenn man dem dritten Buch Glauben schenken wollte. Alle drei Autoren waren Ärzte, aber sie waren sich nicht einmal in grundsätzlichen Fragen einig.

Die akademischen Titel der Autoren waren mir gleichgültig, ich wollte Resultate. Also suchte ich nach Menschen, die bereits Resultate erzielt hatten, Menschen, die vital und gesund waren. Ich beobachtete, was sie taten, und tat dann genau dasselbe. Ich stellte alles, was ich in diesem Zusammenhang erfahren hatte, zu meinem Katalog aus Regeln und Grundsätzen zusammen und entwarf daraus ein Sechzig-Tage-Programm für gesundes Leben. Ich wandte diese Prinzipien jeden Tag an und nahm in weniger als dreißig Tagen dreißig Pfund ab. Was noch wichtiger war: Ich fand schließlich eine Möglichkeit, gesund zu leben, ohne daß sich alles nur noch um Diäten und Programme drehte.

Ich möchte Ihnen die Prinzipien vorstellen, nach denen ich in den letzten fünf Jahren gelebt habe. Zunächst möchte ich Ihnen aber noch erklären, wie diese Regeln meine Physiologie verändert haben. Früher benötigte ich acht Stunden Schlaf und brauchte trotzdem drei Wecker, um morgens wach zu werden – der erste klingelte, der zweite schaltete das Radio und der dritte das Licht an. Heute kann ich um ein oder zwei Uhr schlafen gehen, und wenn ich nach fünf oder sechs Stunden Schlaf aufwache, fühle ich mich kräftig und voller Energie. Früher mußte ich versuchen, meine nicht sehr ressourcevolle Physiologie so gut zu nutzen, wie es eben ging. Heute werde ich schon mit einer Physiologie wach, die es mir ermöglicht, alle meine physischen und geistigen Fähigkeiten zu mobilisieren.

In diesem Kapitel möchte ich Ihnen die sechs Prinzipien nennen, die Ihnen helfen werden, eine ausgezeichnete körperliche Verfassung zu erreichen. Vieles von dem, was ich sage, mag an Ihren Überzeugungen rütteln. Manches wird mit Ihren bisherigen Vorstellungen von einer gesunden Lebensweise nicht übereinstimmen. Doch diese sechs Prinzipien haben für mich und die Menschen, mit denen ich gearbeitet habe, wie auch für Tausende anderer gewirkt, die ›natürliche Hygiene‹, so heißt diese Gesundheitslehre, zu praktizieren.

Überlegen Sie zunächst, ob sie nicht auch bei Ihnen wirken könnte und ob Ihr aktuelles Gesundheitsverhalten die wirksamste Methode ist, mit Ihrem Körper umzugehen. Versuchen Sie einmal, zehn bis dreißig Tage nach diesen Prinzipien zu leben, und beurteilen Sie dann selbst anhand der Ergebnisse ihre Gültigkeit. Lernen Sie die Funktionsweise Ihres Körpers zu verstehen und zu respektieren. Wenn Sie für Ihren Körper sorgen, wird er auch für Sie sorgen. Sie haben bis jetzt gelernt, wie Sie Ihr Gehirn beeinflussen können. Lernen Sie nun, wie Sie das gleiche auch mit Ihrem Körper tun können.

Das erste Prinzip: Richtiges Atmen

Grundlage einer guten Gesundheit ist ein gesunder Blutkreislauf, der Sauerstoff und Nährstoffe in jede Zelle Ihres Körpers transportiert. Mit einem gesunden Kreislauf werden Sie lange und gesund leben können. Die wichtigste Einflußgröße in diesem System ist die Atmung. Sie versorgt den Körper mit Sauerstoff und bildet so die Grundlage für die elektrischen Prozesse in den Zellen.

Sehen wir uns etwas genauer an, wie unser Körper funktioniert. Die Atmung kontrolliert nicht nur die Sauerstoffversorgung der Zellen, sondern auch das Lymphsystem, in dem die weißen Blutkörperchen enthalten sind, die den Körper schützen. Das Lymphsystem kann man als die Kanalisation des Körpers betrachten. Jede Zelle des Körpers ist von Lymphflüssigkeit umgeben. Im Körper befindet sich viermal soviel Lymphflüssigkeit wie Blut. Das Blut wird vom Herzen durch die Arterien in die dünnen, porösen Kapillare gepumpt und führt Sauerstoff und Nährstoffe in die Kapillaren, von wo sie dann in die die Zelle umschließende Lymphflüssigkeit gelangen. Die Zellen, die genau wissen, was sie benötigen, nehmen den Sauerstoff und die Nährstoffe, die sie brauchen, auf und sondern Giftstoffe ab, von denen einige zurück in die Kapillare gelangen. Tote Zellen, Blutproteine und andere toxische Stoffe können nur von dem Lymphsystem ausgeschieden werden. Das Lymphsystem wiederum wird durch die Atmung aktiviert.

Die Körperzellen sind auf das Lymphsystem angewiesen, um die großen Mengen an Gift und überschüssiger Flüssigkeit zu beseitigen, die sonst den Sauerstoffgehalt senken würden. Die Flüssigkeit fließt durch die Lymphknoten, in denen tote Zellen und sämtliche Giftstoffe neutralisiert und zerstört werden. Wie wichtig ist das Lymphsystem? Wenn es vierundzwanzig Stunden ausfallen würde, würden wir, infolge der eingeschlossenen Blutproteine und der überschüssigen Flüssigkeit rund um die Zellen, sterben.

Im Unterschied zu dem Blutkreislauf hat das Lymphsystem keine Pumpe. Die Lymphe wird allein durch die Atmung und durch Bewegung der Muskeln weitertransportiert. Wenn Sie also einen gesunden Blutkreislauf und ein gut funktionierendes Lymph- und Immunsystem haben wollen, dann müssen Sie tief atmen und sich richtig bewegen. Achten Sie bei jedem ›Gesundheitsprogramm‹ darauf, ob es darauf eingeht, wie Sie Ihren Körper durch wirksame Atmung reinigen können.

Jack Shields, ein angesehener Facharzt aus Santa Barbara, in Kalifornien, hat vor kurzem eine interessante Untersuchung des menschlichen Immunsystems durchgeführt. Er hat Kameras in den menschlichen Körper eingebaut, um zu sehen, wodurch die Säuberung des Lymphsystems angeregt wird. Er stellte fest, daß tiefes Atmen die wirksamste Methode ist, diese Reinigung zu erreichen. Es bewirkt eine Art Vakuum, von dem die Lymphe in den Blutstrom aufgesaugt wird und das den Ausstoß der Gifte beschleunigt. Durch tiefes Atmen und gymnastische Übungen kann dieser Prozeß um das Fünfzehnfache beschleunigt werden.

Wenn ich Ihnen in diesem Kapitel nichts weiter als die Bedeutung einer tiefen Atmung vermitteln könnte, so wäre das allein bereits von elementarer Wichtigkeit für die Gesundheit Ihres Körpers. Aus dem gleichen Grund konzentriert sich zum Beispiel Yoga so stark auf eine gesunde Atmung. Es gibt nichts Besseres, um Ihren Körper zu reinigen.

Man braucht nicht viel gesunden Menschenverstand, um sich darüber klar zu werden, daß von allen Elementen, die für eine Gesundheit notwendig sind, der Sauerstoff das wichtigste ist. Dennoch wird seine Bedeutung oft unterschätzt. Otto Warburg, Nobelpreisträger und Leiter des Max-Planck-Instituts für Zellphysiologie, hat die Wirkung von Sauerstoff auf die Zellen untersucht. Es ist ihm gelungen, normale, gesunde Zellen in kranke Zellen zu verwandeln, indem er die Sauerstoffmenge, die ihnen zur Verfügung stand, herabsetzte. Seine Arbeit wurde später in den Vereinigten Staaten von Harry Goldblatt fortgeführt. Im *Journal of Experimental Medicine* (1953) hat Goldblatt die Experimente beschrieben, die er an einer Spezies Ratten durchgeführt hat, bei denen noch nie bösartige Tumore verzeichnet worden waren. Er entnahm neugeborenen Ratten Zellen und teilte sie in drei Gruppen ein. Eine der drei Zellgruppen kam unter eine Gasglocke, wo ihr jeweils dreißig Minuten lang Sauerstoff entzogen wurde.

Wie Warburg stellte auch Goldblatt fest, daß viele dieser Zellen nach wenigen Wochen abstarben, einige in ihrem Wachstum verlangsamt waren, andere strukturelle Veränderungen zeigten und das Aussehen bösartiger Zellen annahmen. Die anderen beiden Zellgruppen wurden bei gleichbleibendem Sauerstoffgehalt in Glasbehältern aufbewahrt.

Nach dreißig Tagen injizierte Goldblatt die drei verschiedenen Zellkulturen drei verschiedenen Gruppen von Ratten. Nach zwei Wochen, als die Zellen bereits von den Tieren absorbiert waren, zeigte sich bei den beiden normalen Gruppen keine Veränderung. *Alle* Ratten der dritten Gruppe jedoch – deren Zellen vorübergehend der Sauerstoff entzogen worden war – entwickelten ein bösartiges Zellwachstum. Diese Untersuchung wurde ein Jahr lang weitergeführt. Die bösartigen Zellveränderungen blieben bösartig, und die normalen Zellen blieben normal.

Was lernen wir daraus? Die Forscher gelangten zu der Überzeugung, daß Sauerstoffmangel ein wesentlicher Faktor in der Entwicklung von Krebsgeschwüren ist. Mit Sicherheit beeinflußt er die Lebensqualität der Zellen. Vergessen Sie nicht: Ihre Gesundheit beruht auf der Gesundheit Ihrer Zellen. Die Sauerstoffversorgung Ihres Organismus ist daher von wesentlicher Bedeutung.

Das Problem ist, daß die meisten Menschen nicht wissen, wie man richtig atmet. Einer von drei Amerikanern erkrankt an Krebs. Doch nur einer von sieben amerikanischen Sportlern bekommt Krebs. Warum? Die genannten Untersuchungen geben uns eine Erklärung dafür. Sportler versorgen das Blut mit dem wichtigsten und notwendigsten Element – mit Sauerstoff. Eine andere Erklärung besteht darin, daß Sportler das Immunsystem ihres Körpers durch die Bewegung der Lymphflüssigkeit maximal stimulieren.

Ich möchte Ihnen nun die wirksamste Atemtechnik zur Reinigung Ihres Organismus zeigen: Atmen Sie in folgendem Rhythmus: Atmen Sie ein, halten Sie Ihren Atem viermal so lang wie Sie eingeatmet haben. Atmen Sie dann doppelt so lange aus wie Sie eingeatmet haben – halten Sie Ihren Atem 16 Sekunden lang an und atmen Sie acht Sekunden lang aus. Warum zweimal so lange ausatmen wie einatmen? Weil Sie in dieser Phase Giftstoffe über das Lymphsystem ausscheiden. Warum viermal so lange den Atem anhalten? Weil Sie auf diese Weise das Blut mit Sauerstoff versorgen und Ihr Lymphsystem aktivieren. Wenn Sie atmen, sollten Sie ganz tief unten im Bauch beginnen, wie ein Staubsauger, der sich aller Gifte im Blutsystem entledigt.

Wie hungrig fühlen Sie sich nach Körperübungen? Ist Ihnen danach, ein großes Steak zu essen, wenn Sie gerade vier Meilen gelaufen sind? Wohl kaum. Warum nicht? Weil Ihr Körper durch die gesamte Atmung bereits mit allem versorgt ist, was er benötigt. Das ist die erste Regel für gesundes Leben. Atmen Sie zehnmal auf die oben beschriebene Weise und wiederholen Sie das wenigstens dreimal täglich. Zur Erinnerung hier noch einmal die Technik: Einatmen, Atem viermal so lange halten, doppelt so lange ausatmen. Atmen Sie tief durch die Nase ein und zählen Sie bis sieben (oder nehmen Sie eine größere oder kleinere Zahl, je nach Ihren Fähigkeiten). Halten Sie den Atem viermal so lange an, wie Sie eingeatmet haben, bei sieben also achtundzwanzig, und atmen Sie dann langsam durch den Mund aus, doppelt so lange, wie Sie eingeatmet haben, bei sieben also vierzehn. Dabei sollten Sie sich nie überanstrengen. Finden Sie heraus, welche Zeiten Sie jetzt ohne Anstrengung erreichen und steigern Sie sich dann langsam. Machen Sie diese zehn tiefen Atemzüge dreimal täglich, und Sie werden Ihre Gesundheit deutlich verbessern. Es gibt keine Nahrungs- und keine Vitaminpillen, die soviel für Ihre Gesundheit tun können wie eine gute Atmung.

Die andere entscheidende Komponente des gesunden Atmens sind täglich aerobische* Übungen. Laufen ist nützlich,

---

* aerobisch bedeutet wörtlich: ›Übungen mit Luft‹.

auch wenn die Belastung dabei etwas hoch ist. Schwimmen ist ausgezeichnet. Eine der besten aerobischen Übungen, die sich bei jedem Wetter durchführen läßt, ist das Trampolinspringen, eine Sportart, die Ihren Körper nur minimal anstrengt.

Es ist wichtig, daß das Trampolinspringen ohne unnötige Beanspruchung durchgeführt wird. Sie können langsam und vorsichtig üben, bis Sie dreißig Minuten lang durchhalten, ohne sich zu überanstrengen und ohne müde zu werden. Bereiten Sie sich gründlich vor, bevor Sie anfangen zu joggen oder Trampolin zu springen. Wenn Sie die Übung richtig durchführen, können Sie das beschriebene Atemmuster beibehalten und einen beachtlichen Trainingseffekt erreichen. Es gibt viele Bücher über das Trampolinspringen, in denen außerdem dargestellt ist, wie es auf die einzelnen Organe wirkt. Nehmen Sie sich die Zeit und machen Sie diese Übungen. Sie werden bald froh sein, daß Sie damit begonnen haben.

Das zweite Prinzip: Die Einnahme wasserhaltiger Nahrung

Siebzig Prozent unseres Planeten sind mit Wasser bedeckt. Achtzig Prozent unseres Körpers bestehen aus Wasser. Was sollte Ihrer Meinung nach Ihre Nahrung enthalten? Siebzig Prozent Ihrer Ernährung sollte aus wasserhaltiger Nahrung bestehen. Das bedeutet vor allem frisches Obst oder Gemüse und frisch ausgepreßte Säfte.

Manche Menschen empfehlen den Konsum von acht bis zwölf Gläsern Wasser – pro Tag, um ›den Körper auszuspülen‹. Wissen Sie, wie verrückt das ist? Erstens ist unser Wasser zum größten Teil gar nicht so großartig. Es enthält meistens Chlorid, Fluorid, Minerale und andere giftige Stoffe.

Doch ganz gleich, welches Wasser Sie trinken – Sie können Ihren Körper gar nicht reinigen, indem Sie ihn ertränken. Die Wassermenge, die Sie zu sich nehmen, sollte sich danach richten, wieviel Durst Sie haben.

Anstatt Ihren Körper durchzuspülen, indem Sie ihn mit Wasser überfluten, brauchen Sie nur Nahrung zu sich zu nehmen, die von Haus aus viel Wasser enthält – wasserreiche Nahrung. Es gibt auf unserem Planeten nur zwei Arten davon: Obst und Gemüse. Sie liefern Ihnen reichlich Wasser. Wenn Menschen vorwiegend Nahrung zu sich nehmen, die wenig Wasser enthält, hat das fast zwangsläufig schädliche Auswirkungen auf den Körper. Alexander Bryce schreibt in seinem Buch *The Laws of Live and Health:* »Wenn zu wenig Flüssigkeit zugeführt wird, hat das Blut ein größeres spezifisches Gewicht, und die giftigen Abfallprodukte des Gewebes oder des Zellaustausches werden nur sehr unvollkommen ausgeschieden. Der Körper wird dann von seinen eigenen Ausscheidungen vergiftet, und es ist nicht zuviel behauptet, wenn man sagt, daß der Hauptgrund dafür eine zu geringe Flüssigkeitsaufnahme ist, so daß die Abfallstoffe der Zellen nicht beseitigt werden können.«

Sie sollten durch Ihre Ernährung den Körper bei seiner Reinigung unterstützen, anstatt ihn mit unverdaulicher Nahrung zusätzlich zu belasten. Die Ansammlung von Abfallprodukten im Körper fördert Krankheiten. Eine Möglichkeit, den Blutstrom und den Körper so weit wie möglich von Abfallstoffen und Giften freizuhalten, besteht darin, die Einnahme von Nahrung, die die Ausscheidungsorgane des Körpers belastet, einzuschränken; die andere Möglichkeit besteht darin, dem Körper genügend Wasser zuzuführen, um bei der Zersetzung und Ausscheidung dieser Abfallprodukte mitzuhelfen. Bryce fährt fort: »Es gibt keine bekannte Flüssigkeit, die so viele feste Stoffe auflösen kann wie Wasser. Es ist das beste bestehende Lösungsmittel. Wenn dem Körper also genügende Mengen davon zugeführt werden, wird der gesamte Verdauungsprozeß angeregt, indem die belastende Wirkung der toxischen Abfallprodukte durch ihre Auflösung und Ausscheidung über Niere, Haut, Darm oder Lunge wegfällt. Wenn diese Giftstoffe aber Gelegenheit haben, sich im Körper anzusammeln, können sie verschiedenste Krankheiten verursachen.«

Warum zählen Herzkrankheiten zu den häufigsten Todesursachen? Warum hören wir von Menschen, die im Alter von vierzig Jahren auf dem Tennisplatz tot zusammenbrechen? Ein Grund dafür könnte sein, daß sie ihr Leben lang ihren Körper verstopft haben. Wie Sie wissen, hängt Ihre Lebensqualität von der Lebensqualität Ihrer Zellen ab. Wenn das Blut mit Abfallprodukten überladen ist, können sich keine kräftigen, gesunden Zellen entwickeln – und somit auch nicht die biochemischen Voraussetzungen für ein ausgewogenes emotionales Leben.

Alexis Carrel, Nobelpreisträger von 1912 und danach Mitglied des Rockefeller-Instituts, beschloß diese Theorie zu beweisen, indem er Gewebe von Hühnern entnahm (die normalerweise durchschnittlich elf Jahre alt werden) und die Zellen unendlich lange am Leben hielt, indem er sie vor ihren eigenen Abfallprodukten bewahrte und mit den Nahrungsstoffen versorgte, die sie benötigten. Diese Zellen wurden vierunddreißig Jahre lang am Leben gehalten, bis das Rockefeller-Institut davon überzeugt war, daß sie unbegrenzt weiterleben würden, und sich daher entschloß, das Experiment abzuschließen.

Wieviel Prozent Ihrer Speisen besteht aus wasserhaltiger Nahrung? Wenn Sie eine Liste all der Dinge aufstellen müßten, die Sie während der vergangenen Woche verdaut haben, wieviel Prozent davon würden reich an Wasser sein? Siebzig Prozent? Fünfundzwanzig? Fünfzehn? Wenn ich diese Frage in meinen Seminaren stelle, stelle ich gewöhnlich fest, daß die meisten Menschen ungefähr fünfzehn bis zwanzig Prozent wasserhaltige Nahrung zu sich nehmen. Das ist bereits entschieden mehr als bei der Durchschnittsbevölkerung, und trotzdem sind fünfzehn Prozent geradezu selbstmörderisch. Wenn Sie mir nicht glauben, überprüfen Sie einfach die Statistiken für Krebs- und Herzkrankheiten, und lesen Sie nach, welche Nahrung laut der Akademie der Wissenschaften der Vereinigten Staaten zu vermeiden ist, und wie hoch der Wassergehalt der Nahrung sein sollte.

Wenn Sie sich in der Natur umsehen und die größten und kräftigsten Tiere betrachten, werden Sie entdecken, daß es sich dabei um pflanzenfressende Tiere handelt. Gorillas, Elefanten, Nashörner und so weiter ernähren sich allesamt nur von wasserreichen Pflanzen. Pflanzenfresser leben länger als Fleischfresser. Ein Gebäude kann nur so fest sein wie seine Einzelteile. Das gleiche gilt für den Körper. Wenn Sie sich lebendig fühlen wollen, dann diktiert Ihnen der gesunde Menschenverstand, wasserreiche Nahrung zu sich zu nehmen. So einfach ist das. Wie können Sie sich vergewissern, daß siebzig Prozent Ihrer Nahrungsmittel wasserhaltig sind? Das ist im Grunde genommen ganz einfach. Achten Sie von jetzt an nur darauf, daß zu Ihren Mahlzeiten immer ein Salat gehört. Greifen Sie zwischendurch zu Obst, anstatt nach einem Stück Schokolade. Sie werden den Unterschied spüren, wenn Ihr Körper besser funktioniert und Sie sich großartig fühlen.

Das dritte Prinzip: Effektive Nahrungskombination

Vor nicht langer Zeit feierte ein Arzt namens Steven Smith seinen hundertsten Geburtstag. Als er gefragt wurde, was dazu geführt habe, daß er so alt werden konnte, erwiderte er: »Wer sich während der ersten fünfzig Jahre um seinen Magen kümmert, um den wird sich sein Magen während der nächsten fünfzig Jahre kümmern.«

Viele große Wissenschaftler haben die Kombination verschiedener Nahrungsmittel untersucht. Herbert Shelton ist der bekannteste von ihnen. Vielleicht wird es Sie überraschen, zu erfahren, wer der erste Wissenschaftler war, der sich eingehend mit dieser Frage beschäftigt hat? Es war Iwan Pawlow, der Mann, der vor allem wegen seiner bahnbrechenden Arbeiten über die bedingten Reflexe bekannt wurde. Manche Menschen halten das Kombinieren von Nahrungsmitteln für sehr kompliziert, doch im Grunde ist es ganz einfach: Manche Nahrungsmittel sollten nicht in Verbindung mit anderen gegessen werden. Verschiedene Arten der Nahrung erfordern verschiedene Arten von Verdauungssäften, und nicht alle Verdauungssäfte sind miteinander verträglich.

Essen Sie beispielsweise Fleisch und Kartoffeln zusammen? Wie steht es mit Käse und Brot oder Milch und Getreideprodukte oder Fisch mit Reis? Was, wenn ich Ihnen sagte, daß diese Kombinationen für Ihren Körper absolut schädlich sind und Ihnen Energie entziehen?

Ich will Ihnen erklären, warum diese Kombinationen schädlich sind und wie Sie große Mengen an Energie sparen können, die Sie gegenwärtig vielleicht einfach vergeuden. Verschiedene Nahrungsmittel werden auf verschiedene Weise verdaut. Stärkereiche Nahrung (Reis, Brot, Kartoffeln und so fort) benötigt ein alkalihaltiges Verdauungsmittel, das im Mund durch das Enzym Ptyalin geliefert wird. Proteinreiche Nahrung (Fleisch, Milchprodukte, Nüsse, Getreide und ähnliches) erfordert zur Verdauung Säure – Hydrochloridsäure und Pepsin.

Nun wissen wir aus der Chemie, daß zwei gegensätzliche Mittel (Säure und Lauge) nicht gleichzeitig wirken können. Sie neutralisieren sich gegenseitig. Wenn Sie protein- und stärkehaltige Nahrung gleichzeitig essen, wird die Verdauung beeinträchtigt oder wird völlig unterbrochen. Unverdaute Nahrung ist der Nährboden für Bakterien, die sie zur Gärung bringen und zersetzen, was zu Verdauungsstörungen und Blähungen führt.

Miteinander unverträgliche Nahrungskombinationen nehmen Ihnen Energie, und alles, was zum Verlust von Energie führt, ist ein potentieller Krankheitserreger. Es bewirkt ein Übermaß an Säure, was dazu führt, daß das Blut verdickt, langsamer zirkuliert und so dem Körper Sauerstoff entzieht. Erinnern Sie sich noch, wie Sie sich letztes Jahr nach dem Weihnachtsessen gefühlt haben? Wie förderlich ist so etwas wohl für Ihre Gesundheit, einen gesunden Blutkreislauf, eine kraftvolle Physiologie? Wie förderlich ist das für die Resultate, die Sie in Ihrem Leben erreichen wollen? Wissen Sie, welches Medikament in den Vereinigten Staaten am häufigsten verschrieben wird? Früher war es Valium. Jetzt ist es Tagamet, ein Medikament für die Behandlung von Magenverstimmungen. Vielleicht gibt es aber auch eine vernünftigere Ernährungsweise. Genau darum geht es bei der Kombination von Nahrung.

Es gibt eine einfache Möglichkeit, darüber nachzudenken.

Nehmen Sie pro Mahlzeit eine kondensierte Speise zu sich? Was kondensierte Speisen sind? Alle Speisen, die wenig Wasser enthalten, getrocknetes Rindfleisch beispielsweise, während Melonen einen hohen Wassergehalt haben. Manche möchten die kondensierte Nahrung, die sie zu sich nehmen, nicht einschränken, deshalb möchte ich Ihnen an dieser Stelle auch für diesen Fall ein paar Ratschläge geben. Achten Sie darauf, daß Sie nicht stärkereiche Kohlenhydrate und Proteine gleichzeitig zu sich nehmen. Essen Sie nicht Fleisch und Kartoffeln zusammen. Wenn Sie das Gefühl haben, daß Sie ohne beides nicht auskommen können, essen Sie das eine zu Mittag und das andere zu Abend. Das müßte doch möglich sein, oder? Sie können in den besten Restaurants Ihr Steak ohne gebackene Kartoffel, und mit einer großen Salatschüssel und gedünstetem Gemüse bestellen. Das ist kein Problem: Das Protein vermischt sich mit dem Salat und Gemüse, da diese Nahrung viel Wasser enthält. Sie könnten auch die Kartoffeln ohne das Steak bestellen und einen großen Salat und gedünstetes Gemüse dazu essen. Glauben Sie mir, daß Sie nach einer solchen Mahlzeit nicht hungrig den Tisch verlassen werden.

Wachen Sie morgens müde auf, selbst wenn Sie sechs, sieben oder acht Stunden geschlafen haben? Wissen Sie warum? Weil Ihr Körper, während Sie schlafen, Überstunden macht, um die unverträglichen Speisekombinationen zu verdauen, die Sie in sich hineingestopft haben. Viele verbrauchen für die Verdauung mehr Energie als für fast alles andere. Wenn unverträgliche Speisen im Verdauungstrakt zusammen kommen, kann es bis zu acht, zehn, zwölf oder vierzehn Stunden und manchmal länger dauern, bis sie verdaut sind. Wenn Speisen richtig kombiniert werden, kann der Körper seine Arbeit wirksam verrichten und die Verdauung dauert durchschnittlich drei bis vier Stunden, so daß Sie nicht Ihre ganze Energie darauf vergeuden müssen.*

---

* Nach einer richtig zusammengestellten Mahlzeit sollte man wenigstens dreieinhalb Stunden warten, bis man andere Speisen zu sich nimmt. Es ist auch wichtig daran zu denken, daß zum Essen getrunkene Flüssigkeiten die Verdauungssäfte verdünnen und den Verdauungsvorgang verlangsamen.

Ein ausgezeichnetes Nachschlagewerk für eine tiefergreifende Behandlung des Themas ›Kombinierte Nahrung‹ ist Herbert M. Sheltons Buch *Food Combining Made Easy* (dt.: Natürliche Ernährung), Harvey und Marilyn Diamond haben zu diesem Thema ebenfalls ein ausgezeichnetes Buch mit dem Titel *Fit for Life* (dt.: Fit fürs Leben) geschrieben. In diesem Buch ist eine Fülle abwechslungsreicher und ausgewogener Rezepte enthalten. Zur sofortigen Information sehen Sie sich bitte die beigefügte Karte mit Nahrungskombinationen an und folgen Sie beim Essen einfach diesen Regeln.

Das vierte Prinzip: Kontrollierte Nahrungsaufnahme

Essen Sie gern? Ich auch. Wollen Sie wissen, wie man es fertigbringt, eine Menge zu essen? Ja? Essen Sie wenig. Dann werden Sie lange genug leben, um viel essen zu können.

Eine medizinische Untersuchung nach der anderen hat dasselbe gezeigt. Der sicherste Weg, die Lebensspanne eines Tieres zu verlängern, besteht darin, die Nahrungsmenge zu reduzieren, die es verzehrt. Clive McCay hat eine berühmt gewordene Untersuchung an der Cornell-Universität durchgeführt. In seinem Versuch hat er die Nahrungsaufnahme von Laborratten auf die Hälfte reduziert. Ihre Lebensdauer hat sich daraufhin verdoppelt. Eine daran anschließende Untersuchung, die Edward J. Masaro von der Universität Texas durchgeführt hat, war noch aufschlußreicher. Masaro arbeitete mit drei Gruppen von Ratten: Die eine Gruppe fraß, soviel sie wollte; bei der zweiten Gruppe wurde die Nahrung um sechzig Prozent verringert; und die dritte Gruppe konnte soviel Nahrung zu sich nehmen, wie sie wollte, die Nahrung enthielt jedoch nur halb soviel Protein. Wollen Sie wissen, was passierte? Nach achthundertundzehn Tagen lebten nur noch dreizehn Prozent der ersten Gruppe. Von den Ratten der zweiten Gruppe, deren Nahrungsverbrauch um sechzig Prozent reduziert worden war, lebten noch siebenundneunzig Prozent. Von der dritten Gruppe, bei der die Nahrungsaufnahme hoch blieb, der Proteingehalt aber um die Hälfte reduziert worden war, lebten noch fünfzig Prozent.

Was sagt uns das? Ray Walford, ein berühmter Forscher der Universität von Kalifornien in Los Angeles schloß daraus: Die Reduzierung der Nahrungsaufnahme ist die einzige Methode, die wir kennen, um den Alterungsprozeß zu verzögern und die Lebensspanne von Warmblütern zu verlängern. Diese Untersuchungen sind zweifellos auch auf den Menschen anwendbar, weil sich ihre Ergebnisse bei jeder Spezies, die bisher untersucht wurde, bestätigt haben.« Die Untersuchungen haben gezeigt, daß der physiologische Verschleiß wie auch der normale Verschleiß des Immunsystems durch die verringerte Nahrungsaufnahme deutlich hinausgezögert wurde. Die Botschaft ist daher einfach und klar: Essen Sie weniger, dann leben Sie länger.* Ich esse selbst gern. Essen kann ein wirkliches Vergnügen sein. Achten Sie jedoch darauf, daß dieses Vergnügen Sie nicht umbringt. Wenn Sie große Nahrungsmengen zu sich nehmen wollen, dann können Sie das ruhig tun. Achten Sie nur darauf, daß es sehr wasserhaltige Speisen sind. Sie können eine ganze Menge mehr Salat essen als Steak und trotzdem gesund und lebendig bleiben.

Das fünfte Prinzip: Essen Sie Obst!

Obst ist die vollkommenste Nahrung. Unser Körper benötigt zur Verdauung von Obst am wenigsten Energie, bezieht jedoch daraus mehr Nährstoffe als aus jeder anderen Nahrung. Die einzige Nahrung, die Ihr Gehirn braucht, ist Traubenzucker. Obst besteht hauptsächlich aus Fruchtzucker (der leicht in Traubenzucker umgewandelt werden kann), und häufig aus neunzig bis fünfundneunzig Prozent Wasser. Das bedeutet, es reinigt und nährt zugleich.

Im Zusammenhang mit dem Verzehr von Obst gibt es allerdings ein Problem: Die meisten Menschen wissen nicht, wie sie es essen sollen, um dem Körper die enthaltenen Nährstoffe am wirksamsten zuzuführen. Obst muß immer auf leeren Magen gegessen werden. Warum? Obst wird vor allem im

* Wann Sie essen ist ebenfalls wichtig. Sie sollten nie unmittelbar, bevor Sie zu Bett gehen, essen. Es ist eine sehr gute Angewohnheit, nach neun Uhr abends keine Nahrung außer Obst mehr zu sich zu nehmen.

Eine Karte zum Kombinieren verschiedener Nahrungsmittel für eine vollständige und wirksame Verdauung

Diese Karte des ›gesunden Menschenverstands‹ wird Ihnen zeigen, wie frische, kraftvolle Nahrung, die richtig kombiniert wird, Ihre Verdauung optimal fördern und Ihren Körper stärken und beleben kann.

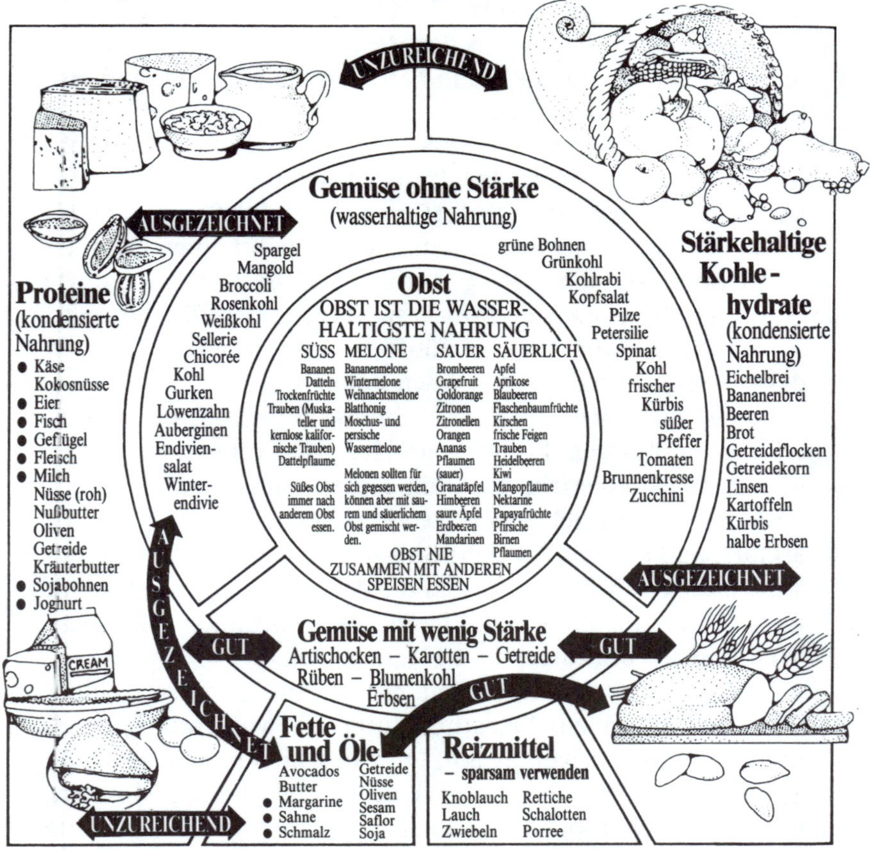

1. Protein- und kohlehydratreiche Nahrung sollten nie kombiniert werden.
2. Ein grüner Blattsalat kann mit jedem Protein, Kohlehydrat oder Fett zusammen gegessen werden.
3. Fette hemmen die Verdauung von Protein. Wenn Sie Fett mit Protein haben, dann essen Sie einen gemischten Gemüsesalat dazu. Er wird den hemmenden Effekt auf die Verdauung ausgleichen.
4. Sie sollten niemals Flüssigkeiten zu oder unmittelbar nach einer Mahlzeit trinken.

● Der Genauigkeit halber angeführt, aber nicht empfohlen.

Dünndarm und nicht so sehr im Magen verdaut. Das Obst gelangt innerhalb weniger Minuten durch den Magen in den Dünndarm, wo es Zucker abgibt. Wenn der Magen aber mit Fleisch, Kartoffeln oder Stärke angefüllt ist, dann wird das Obst dort festgehalten und beginnt zu gären. Haben Sie je nach einer üppigen Mahlzeit zum Nachtisch Obst gegessen und festgestellt, daß Sie für den Rest des Tages einen unangenehmen Geschmack im Mund hatten und aufstoßen mußten? Obst sollte immer auf leeren Magen gegessen werden.

Das beste Obst sind frische oder frisch ausgedrückte Früchte. Sie sollten nicht Fruchtsaft aus Dosen oder Flaschen trinken. Meistens wird der Obstsaft beim Verschließen der Behälter erhitzt und bildet Säure. Tun Sie sich selbst einen Gefallen und kaufen Sie sich einen Entsafter. Den Saft sollten Sie wie Obst zu sich nehmen – auf leeren Magen. Der Obstsaft wird so schnell verdaut, daß Sie fünfzehn oder zwanzig Minuten danach schon wieder etwas essen können.

Das ist nicht meine private Meinung. William Castillo, Leiter des berühmten Framington-Herzforschungszentrums in Massachusetts, vertritt ebenfalls diese Meinung. Obst ist das beste Mittel, um sich gegen Herzkrankheiten zu schützen. Er erklärt, daß Obst biologische Substanzen enthält, die das Blut am Verdicken hindern, so daß die Arterien nicht verstopfen. Es kräftigt auch die Kapillaren und verhindert auf diese Weise innere Blutungen und Herzanfälle.

Vor nicht allzu langer Zeit sprach ich in einem meiner Seminare mit einem Marathonläufer. Er war zwar ziemlich skeptisch, aber er willigte ein, Obst in seinen Ernährungsplan aufzunehmen. Er verbesserte seine Bestzeit um 9,5 Minuten. Er erholte sich doppelt so schnell wie früher und qualifizierte sich zum ersten Mal für den Bostoner Marathon.

Etwas sollten Sie sich in bezug auf Obst noch merken. Womit sollten Sie den Tag beginnen? Was sollten Sie zum Frühstück essen? Halten Sie es für eine gute Idee, aus dem Bett zu springen und Ihren Körper mit riesigen Mengen an Nahrung vollzustopfen, mit deren Verdauung Sie den ganzen Tag beschäftigt sein werden? Natürlich nicht.

Was Sie brauchen, ist etwas leicht Verdauliches, das Fruchtzucker enthält, den der Körper sofort umsetzen kann. Nehmen Sie so lange, wie es ohne Anstrengung geht, nichts als frisches Obst oder frisch ausgepreßten Obstsaft zu sich. Versuchen Sie das mindestens bis mittags durchzuhalten. Je länger Sie es aushalten, nur Obst zu sich zu nehmen, um so größer ist die Wahrscheinlichkeit, daß sich Ihr Körper reinigt. Wenn es Ihnen gelingt, sich von Kaffee und den anderen Giften fernzuhalten, mit denen Sie Ihren Körper sonst zu Beginn des Tages belastet haben, dann werden Sie eine neue Vitalität und Energie spüren, die Sie bisher nicht für möglich gehalten hätten. Versuchen Sie es in den nächsten zehn Tagen, und sehen Sie selbst.

Das sechste Prinzip: Glauben Sie nicht an den Mythos

Haben Sie gewußt, daß eine Lüge, die oft und laut genug wiederholt wird, schließlich von allen geglaubt wird? Keine größere Lüge ist je erzählt worden als die, daß der Mensch Nahrung mit einem hohen Proteingehalt benötigt, um gesund und vital zu sein.

Höchstwahrscheinlich sind Sie sich der Proteinmengen, die Sie zu sich nehmen, ziemlich genau bewußt. Woher kommt das? Viele glauben, durch Protein mehr Ausdauer und Energie zu erreichen. Manche nehmen es zu sich, um starke Knochen zu bekommen. Übermäßiger Proteinkonsum bewirkt jedoch in jedem dieser Fälle genau das Gegenteil.

Nehmen wir ein Beispiel, um zu sehen, wieviel Protein Sie wirklich benötigen. Wann glauben Sie, benötigt der Mensch am meisten Protein? Wahrscheinlich als Kind. Die Natur hat für eine Nahrung gesorgt, die Muttermilch, die das Kind mit allem Nötigen versorgt. Schätzen Sie mal, wieviel Protein in der Muttermilch enthalten ist – fünfzig Prozent, fünfundzwanzig Prozent, zehn Prozent? Viel weniger. Die Muttermilch besteht bei der Geburt aus 2,35 Prozent Protein. Innerhalb von sechs Monaten fällt der Proteingehalt auf 1,2 bis 1,6 Prozent. Mehr nicht. Woher kommt es also, daß die Menschen glauben, riesige Mengen Protein zu benötigen?

Niemand kann mit Sicherheit sagen, wieviel Protein wir benötigen. Nach zehnjährigen Untersuchungen des menschlichen Proteinbedarfs bestätigte Mark Hegstead, früherer Professor für Ernährung an der Harvard Medical School, daß sich die meisten Menschen an jede beliebige Proteinmenge gewöhnen, die ihnen zur Verfügung steht. Selbst Experten wie Frances Lappe – die fast zehn Jahre lang den Gedanken vertreten hat, man müsse verschiedene Gemüse kombinieren, um dem Körper die nötigen Aminosäuren zuzuführen – räumen heute ein, daß sie unrecht hatten, und eine gut ausgewogene vegetarische Kost den Proteingehalt des Menschen vollständig deckt. Die Akademie der Wissenschaften der Vereinigten Staaten hat bekanntgegeben, daß der erwachsene, männliche Amerikaner pro Tag sechsundfünfzig Gramm Protein benötigt. In einem Bericht der Internationalen Vereinigung der Ernährungswissenschaftler lesen wir, daß ein erwachsener Mann täglich zwischen neununddreißig und hundertzehn Gramm Protein benötigt. Wer hat nun recht? Warum sollten wir soviel Protein benötigen? Wir verbrauchen nur sehr geringe Mengen durch Ausscheidung und Ausdünstung. Woher kommen also diese Zahlen?

Wir erkundigten uns bei der Akademie der Wissenschaften und fragten, wie man dort auf sechsundfünfzig Gramm gekommen sei. Tatsächlich heißt es in den Veröffentlichungen der Akademie, daß wir eigentlich nur dreißig Gramm benötigen, aber man empfiehlt dort trotzdem sechsundfünfzig. Inzwischen erklärt die Akademie selbst, daß übermäßige Proteineinnahme den Harntrakt überbeansprucht und Müdigkeit hervorruft. Warum empfehlen sie aber dann immer noch höhere Mengen als wir, wie sie selbst sagen, benötigen? Die Antwort steht noch immer aus. Man teilte uns mit, daß sie früher achtzig Gramm empfohlen haben, und als sie sich dann entschlossen, diesen Wert herabzusetzen, starke Widerstände in der Öffentlichkeit ausgelöst hätten. Woher kam dieser Widerstand?

Haben Sie oder ich dort angerufen, um uns zu beschweren? Bestimmt nicht. Die Erregung ging von Interessengruppen aus, die ihr Geld mit dem Verkauf proteinhaltiger Nahrungsmittel verdienen.

Worin besteht der beste Marketing-Plan? Die Menschen glauben zu machen, daß sie nicht überleben werden, wenn sie ein bestimmtes Produkt nicht verwenden. Genau das ist im Fall der Proteine geschehen. Lassen Sie uns das analysieren. Wie steht es mit der Behauptung, daß man für seine Energie Proteine benötigt? Was verwendet Ihr Körper, um Energie zu erzeugen? Zuerst einmal verwendet er Traubenzucker aus Obst und Gemüse. Dann verwendet er Stärke und Fett. Das letzte, was er zur Erzeugung von Energie verwenden würde, sind Proteine. Soviel über dieses Märchen. Wie steht es mit der Behauptung, daß Proteine Ausdauer fördern? Sie ist falsch. Übermäßig viel Protein erzeugt im Körper ein Übermaß an Stickstoff, der Müdigkeit verursacht. Bodybuilder, die mit Proteinen vollgepumpt sind, haben bisher noch keine besonders guten Marathonläufer abgegeben. Wie steht es damit, daß Proteine einen starken Knochenbau bewirken? Stimmt auch nicht. Genau das Gegenteil ist der Fall. Proteine sind immer wieder mit Osteoporose, einer degenerativen Knochenerkrankung, in Verbindung gebracht worden. Die stärksten Knochen auf diesem Planeten haben Vegetarier.

Ich könnte Ihnen hundert Gründe dafür nennen, warum der Verzehr von Fleisch wegen der darin enthaltenen Proteine wirklich schädlich ist. Eines der Nebenprodukte des Protein-Metabolismus ist beispielsweise Ammoniak. Ich möchte zwei Punkte hervorheben. Erstens enthält Fleisch große Mengen an Harnsäure. Harnsäure ist ein Abfall- und Ausscheidungsprodukt des Körpers. Die Nieren ziehen Harnsäure aus dem Blutkreislauf und befördern sie weiter zur Blase. Dort werden sie mit den anderen Harnstoffen ausgeschieden. Wenn Harnsäure nicht schnell und sorgfältig aus dem Blut entfernt wird, setzt sich der Überschuß im Körpergewebe ab und erzeugt später Gicht oder Blasensteine. Ganz zu schweigen davon, was Ihren Nieren angetan wird. Leukämiepatienten haben gewöhnlich sehr hohe Harnsäurewerte in ihrem Blut. Ein durchschnittlich großes Stück Fleisch enthält vierzehn Gran Harnsäure. Ihr Körper kann pro Tag nur etwa acht Gran Harnsäure abbauen. Wissen Sie, was dem Fleisch seinen Geschmack gibt? Die Harnsäure des geschlachteten Tieres. Wenn Sie das bezweifeln, versuchen Sie einmal koscheres Fleisch zu essen, bevor es gewürzt wird. Sobald das Blut entzogen wird, wird auch die Harnsäure entzogen. Fleisch ohne Harnsäure hat keinen Geschmack. Überlegen Sie sich, ob Sie Ihrem Körper eine Säure zuführen wollen, die normalerweise mit dem Urin eines Tieres ausgeschieden wird?

Fleisch enthält darüber hinaus eine Menge an Fäulnisbakterien. Falls Sie sich fragen, was Fäulnisbakterien sind: Es sind Krankheitserreger im Dickdarm. Wie Dr. Jay Milton Hoffman* in seinem Buch *The Missing Link in the Medical Curriculum Which Is Food Chemestry in Its Relationship to Body Chemistry* (Seite 135) schreibt: »Solange das Tier lebt, verhindert der osmotische Prozeß im Dickdarm, daß die Fäulnisbakterien in den Körper gelangen. Sobald das Tier tot ist, ist der osmotische Prozeß beendet, und die Fäulnisbakterien dringen durch die Wände des Dickdarms in das Fleisch. Sie machen das Fleisch weich.« Sie wissen, daß Fleisch abhängen muß. Es sind die Fäulnisbakterien, die das Fleisch dabei weich machen.

Andere Fachleute sagen von den im Fleisch enthaltenen Bakterien: »Die Bakterien im Fleisch sind in ihren Eigenschaften mit Dünger identisch und in manchen Fleischarten zahlreicher vorhanden als in frischem Dünger. Alle Fleischarten werden beim Schlachten durch Düngebakterien infiziert, und ihre Zahl vermehrt sich, je länger das Fleisch auf Lager gehalten wird.«

Wenn Sie glauben, unbedingt Fleisch essen zu müssen, dann sollten Sie es tun. Achten Sie jedoch darauf, daß Sie es

---

* A. W. Nelson, Bakteriologe des Battle Creek Sanatorium and Hospital, aus der Arbeit von Dr. J. H. Kellogg, vorgetragen beim National Nut Grower's Convention, Jacksonville, Florida, 1930, und abgedruckt in Annual Proceedings, wie zitiert von J. Milton Hoffman, N. D., Ph. D. in The Missing Link in the Medical Curriculum Which Is Food Chemistry in Its Relationsip To Body Chemistry, Seite 134, Fußnote 5, Seite 141, gedruckt von Professional Press Publishing Company, 13 115 Hunza Hill Terrace, Valley Center, CA 92802.

von jemandem beziehen, der Ihnen garantieren kann, daß es von einem Weidetier stammt, da diese nicht mit Hormonen aufgezogen werden. Schrauben Sie Ihren Fleischkonsum außerdem drastisch zurück. Nehmen Sie von nun an pro Tag höchstens einmal Fleisch zu sich.

Ich will nicht behaupten, daß Sie nur, in dem Sie auf Fleisch verzichten, gesünder werden. Ich behaupte auch nicht, daß Sie, solange Sie Fleisch essen, nicht gesund sein können. Keines von beiden wäre wahr. Viele Fleischesser sind gesünder als Vegetarier, einfach deshalb, weil manche Vegetarier glauben, daß sie, wenn sie nur kein Fleisch essen, alles andere zu sich nehmen können. Das trifft jedoch nicht zu.

Sie sollten dennoch wissen, daß Sie gesünder und glücklicher sein können, als Sie es jetzt sind, wenn Sie sich entschließen auf das Fleisch und die Haut anderer Lebewesen zu verzichten. Wissen Sie, was Pythagoras, Sokrates, Plato, Aristoteles, Leonardo da Vinci, Isaac Newton, Voltaire, Henry David Thoreau, George Bernard Shaw, Benjamin Franklin, Thomas Edison, Dr. Albert Schweitzer, Mahatma Gandhi miteinander verbindet? Sie waren alle Vegetatier. Keine schlechten Vorbilder, nicht wahr?

Aber sind Milchprodukte vielleicht besser? In gewisser Hinsicht sind sie noch schlimmer. Jedes Tier hat Milch, die den eigenen Bedürfnissen entsprechend richtig zusammengesetzt ist. Viele Probleme können durch das Trinken von Tiermilch geschaffen werden; das gilt auch für Kuhmilch. Beispielsweise sind die kräftigsten Wachstumshormone in der Kuhmilch dazu da, ein Kalb von neunzig Pfund bei seiner Geburt innerhalb von zwei Jahren, bis es ausgewachsen ist, auf tausend Pfund zu bringen. Im Vergleich dazu wiegt ein Mensch bei seiner Geburt sechs bis acht Pfund und erreicht seine körperliche Reife mit hundert bis zweihundert Pfund, einundzwanzig Jahre später. Über die Auswirkungen, die das auf die Volksgesundheit haben könnte, sind die Fachleute sehr verschiedener Meinung. William Ellis, eine Kapazität für Milchprodukte und ihre Wirkung auf den menschlichen Blutkreislauf, erklärt, daß man ruhig Milch trinken könne, falls man keine Angst vor Allergien habe. Er erklärt, daß wenig erwachsene Menschen das Protein der Kuhmilch richtig umwandeln können. Das wichtigste Protein in der Kuhmilch ist Kasein, das eine Kuh benötigt, um gesund zu bleiben. Allerdings ist Kasein nichts, das der Mensch benötigt. Anhand von Untersuchungen hat Ellis festgestellt, daß sowohl Kinder als auch Erwachsene große Schwierigkeiten haben, Kasein zu verdauen. Seine Untersuchungen zeigen, daß über fünfzig Prozent der Kinder nicht fähig sind, Kasein zu verdauen. Diese nur teilweise verdauten Proteine gelangen häufig in den Blutkreislauf. Die Leber muß die teilweise verdauten Kuhproteine verarbeiten, was wiederum eine unnötig große Belastung für das gesamte Ausscheidungssystem, und vor allem für die Leber bedeutet. Im Gegensatz dazu können Menschen Lactalbumine, das wichtigste Protein in der menschlichen Milch, leicht verdauen. Was das Trinken von Milch zur Deckung des Kalziumbedarfes betrifft – so hat Ellis nach Blutuntersuchungen an über fünfundzwanzigtausend Menschen festgestellt, daß diejenigen, die drei, vier oder fünf Glas Milch am Tag trinken, den niedrigsten Kalziumgehalt im Blut aufweisen. Laut Ellis soll man, wenn man Angst hat, nicht genügend Kalzium zu bekommen, einfach viel grünes Gemüse, Sesambutter oder Nüsse essen – die alle einen extrem hohen Kalziumgehalt haben und für den Körper leicht zu verarbeiten sind. Es ist auch wichtig zu erkennen, daß sich zuviel Kalzium in den Nieren ansammeln und Nierensteine bilden kann. Um also die Blutkonzentrationen relativ niedrig zu halten, scheidet der Körper ungefähr achtzig Prozent des Kalziums ab, das man mit der Nahrung zu sich nimmt. Nach Meinung vieler Experten ist die Sorge mancher Menschen, zu wenig Kalzium zu erhalten, absolut unbegründet.

Welche Wirkung hat Milch auf den Körper? Sie wird zu einer klumpigen Masse, die im Dünndarm haften bleibt und dadurch dem Körper seine Aufgabe sehr erschwert, sie zu verarbeiten und auszuscheiden. Wie ist es mit Käse? Käse ist nichts anderes als konzentrierte Milch. Bedenken Sie – man braucht vier bis fünf Liter Milch, um ein Pfund Käse herzustellen. Der Fettgehalt allein ist Grund genug, den Verzehr von Käse zu beschränken. Wenn Sie unbedingt Käse essen wollen, dann geben Sie ein kleines Stück in einen großen Salat. Auf diese Weise kann die wasserhaltige Nahrung dem Käse entgegenwirken. Yoghurt? Ist auch nicht viel besser! Eis? Eis ist nicht gerade eine Speise, die zu Ihrer Gesundheit beiträgt. Allerdings brauchen Sie nicht völlig darauf zu verzichten. Sie können gefrorene Bananen in einen Entsafter geben. Das Ergebnis hat den gleichen Geschmack und die gleiche Konsistenz wie Eis, ist für Ihren Körper aber absolut bekömmlich.

Noch eine Bemerkung zum Hüttenkäse. Wissen Sie, was in vielen Molkereien benutzt wird, um Hüttenkäse anzudicken? Kalziumsulfat oder schlicht Gips. Das ist kein Scherz. Diese Praxis ist bisher, außer in Kalifornien, absolut legal. (Wenn der Käse jedoch außerhalb von Kalifornien hergestellt worden ist, darf er auch dort verkauft werden.) Können Sie sich vorstellen, einen gesunden Blutkreislauf zu bekommen, wenn Sie Ihrem Organismus Gips zuführen?

Warum sind diese Tatsachen über Milchprodukte bisher nicht bekannt gemacht worden? Aus vielerlei Gründen! Einige davon haben mit früheren Konditionierungen und Glaubenssystemen zu tun. Ein weiterer Grund besteht darin, daß der Staat jährlich an die 2,5 Milliarden Dollar für Überschüsse an Milchprodukten ausgibt. Laut *New York Times* vom 18. 11. 83 besteht die neueste Strategie der Regierung darin, den Verbrauch von Milchprodukten durch eine Anzeigenkampagne anzukurbeln, auch wenn diese Kampagne in direktem Widerspruch zu anderen staatlichen Initiativen steht, die vor den Gefahren übermäßigen Fettkonsums warnen. Staatliche Lagerbestände belaufen sich zur Zeit auf 600000 Tonnen Käse. Ich habe nichts gegen die milchverarbeitende Industrie, ich habe allerdings nicht vor, weiterhin ihre Erzeugnisse zu verbrauchen, wenn sie meinem körperlichen Wohlbefinden nicht zuträglich sind.

Ich war früher in einer Situation, in der Sie möglicherweise heute sind. Pizza war mein Leibgericht. Ich glaubte nicht, daß ich es je würde aufgeben können. Doch seit ich es geschafft habe, fühle ich mich so viel besser, daß ich um nichts in der Welt wieder damit anfangen würde.

Wenn man versucht, den Unterschied zwischen dem Verzehr von Milchprodukten und einem Verzicht auf solche Produkte zu beschreiben, so ist das, als würde man versuchen, jemandem, der nie an einer Rose gerochen hat, ihren Geruch zu beschreiben. Vielleicht sollten Sie versuchen, an dieser Rose zu riechen, bevor Sie sich ein Urteil darüber bilden. Versuchen Sie einmal, die Milch wegzulassen und Ihren Konsum von anderen Milchprodukten dreißig Tage lang einzuschränken, und urteilen Sie dann selbst, ob Sie in Ihrem Körper eine Veränderung feststellen.

Dieses Buch soll Ihnen Informationen vermitteln, entscheiden Sie selbst, was für Sie nützlich ist, und lassen Sie alles, was für Sie nicht zuzutreffen scheint, einfach außer acht. Doch prüfen Sie die genannten Prinzipien, bevor Sie Ihr Urteil fällen. Probieren Sie die sechs Regeln für gesundes Leben aus. Probieren Sie sie während der nächsten zehn bis dreißig Tage aus und urteilen Sie dann selbst, ob die Regeln nicht Ihren körperlichen Zustand und damit auch Ihr seelisches Befinden erheblich verbessern helfen. Doch ich muß einen kleinen Vorbehalt anbringen. Was wird geschehen, wenn Sie damit beginnen, wirksam zu atmen und damit Ihr Lymphsystem anregen, wenn Sie damit beginnen, Ihre Nahrung richtig zusammenzustellen und siebzig Prozent wasserhaltige Nahrung zu sich zu nehmen? Wissen Sie noch, was Bryce in bezug auf die Kraft des Wassers erklärt hat? Haben Sie schon einmal gesehen, was passiert, wenn ein Feuer in einem Gebäude mit wenigen Ausgängen ausbricht? Alle drängen zum selben Ausgang. Ihr Körper funktioniert ähnlich. Er wird damit beginnen, den Abfall abzubauen, der sich seit Jahren in ihm angesammelt hat, und er macht sich vielleicht Ihre neugewonnene Energie zunutze, es so schnell zu tun, wie er nur kann. Daher könnte es sein, daß es plötzlich zu einer vermehrten Schleimbildung in den Nebenhöhlen kommt. Das bedeutet jedoch nicht, daß Sie sich erkältet haben. Es handelt sich dabei lediglich um eine Folge Ihrer jahrelangen schrecklichen Eßgewohnheiten. Ihr Körper verfügt jetzt über genug Energie, um sich der Abfallprodukte zu entledigen, die früher in Ihrem Gewebe und Ihrem Blut gespeichert wurden. Einige geben unter Umständen soviel Gifte aus ihrem Gewebe an den Blutkreislauf, daß Sie Kopfschmerzen bekommen. Greifen Sie trotzdem nicht zu Schmerzmitteln. Erinnern Sie sich daran, daß sich Ihr Organismus lediglich der Gifte entledigt. Es ist nur ein kleiner Preis, den Sie für Jahre mangelnden Gesundheitsbewußtseins zu zahlen haben. Die meisten werden jedoch überhaupt keine Nebenwirkungen verspüren, sondern eher gesteigertes Lebensgefühl und mehr Energie.

In diesem Buch ist zu wenig Platz, um ausführlich über Ernährung zu sprechen, viele andere brisante Themen (wie etwa Fett, Öl, Zucker, Zigarettenkonsum und so weiter) mußten ausgespart werden. Dennoch hoffe ich, daß Sie dieses Kapitel dazu anregt, sich Ihrer eigenen Gesundheit zu widmen. Vergessen Sie nicht – der Zustand unserer Physiologie beeinflußt unsere Wahrnehmungen und unser Verhalten. Wir erhalten täglich neue Beweise dafür, daß unsere Ernährung Rückstände in unserem Körper verursacht, die den Sauerstoffhaushalt und das Energieniveau des Körpers beeinflussen und eine Vielzahl unerwünschter Wirkungen, von Krebs bis zu Delinguenz, haben können. Eine der aufrüttelndsten Geschichten, die ich gelesen habe, war der Bericht über die Ernährung eines kriminellen Jugendlichen, der zum Frühstück fünf Tassen gesüßte Cornflakes mit einem zusätzlichen Löffel Zucker, einen Krapfen mit Zuckerguß aß und dazu zwei Glas Milch trank. Dazwischen verdrückte er ellenlange Lakritzstangen und mehrere Zuckerstangen. Zum Mittagessen verspeiste er zwei Hamburger mit Pommes frites, noch mehr Lakritze, eine Portion grüne Bohnen und etwas Salat. Zwischendurch nahm er Weißbrot und Schokoladenmilch. Zum Abendessen vertilgte er ein Brot mit Erdnußbutter und Marmelade, eine Dose Tomatensuppe und ein Glas Limonade. Zum Nachtisch aß er Eis und Schokolade und trank ein Glas Wasser.

Wieviel Zucker soll der Körper eines solchen Jungen noch aufnehmen? Wieviel Prozent der Nahrung dieses Jungen hatte einen hohen Wassergehalt? War alles richtig kombiniert? Eine Gesellschaft, die für junge Menschen einen solchen Speiseplan bereithält, muß Schwierigkeiten heraufbeschwören. Glauben Sie, daß diese ›Nahrung‹ sein körperliches Befinden und seinen Zustand und sein Verhalten beeinflußt hat? Mit Sicherheit! Auf einem Fragebogen für Ernährungsverhalten hat dieser vierzehnjährige Junge die folgenden Symptome angekreuzt: »Nachdem ich eingeschlafen bin, wache ich auf und kann nicht wieder einschlafen. Ich bekomme Kopfschmerzen. – Es juckt mich, oder ich habe ein kribbeliges Gefühl auf der Haut. – Mein Magen oder meine Verdauung ist gestört. – Ich bekomme leicht offene Wunden oder blaue Flecken. – Ich habe Alpträume. – Mir wird schwindlig, ich breche in kalten Schweiß aus, ich fühle mich zeitweise sehr schwach. – Ich bekomme Hunger, oder mir wird schwindlig, wenn ich nicht häufig esse. – Ich vergesse häufig etwas. – Ich esse zu den meisten Sachen Zucker. – Ich bin sehr unruhig. – Ich kann unter Druck nicht arbeiten. – Es fällt mir schwer, Entscheidungen zu treffen. – Ich fühle mich deprimiert. – Ich mache mir ständig wegen irgend etwas Sorgen. Ich bin oft durcheinander. – Ich bin deprimiert oder ohne besonderen Anlaß niedergeschlagen. – Ich mache leicht aus einer Mücke einen Elefanten und explodiere schnell. – Ich bin ängstlich. – Ich fühle mich sehr nervös. – Ich bin sehr emotional. – Ich weine manchmal ohne ersichtlichen Grund.«

Wundert es Sie, wenn jemand in dieser körperlich-geistigen Verfassung straffällig wird? Zum Glück können er und andere, die in der gleichen Lage sind, ihr Verhalten jetzt radikal ändern, indem sie einen wichtigen Faktor ihres Verhaltens, ihren biochemischen Zustand durch ihre Ernährung verändern. Kriminelles Verhalten entsteht nicht nur im ›Gehirn‹. Biochemische Variablen beeinflussen den Zustand und somit das Verhalten. 1952 erklärte Dekan James Simmons von der Harvard School of Public Health: »Es besteht ein besonderes

Bedürfnis nach neuen Untersuchungen der Geisteskrankheiten... Wäre es nicht denkbar, daß wir heute viel zuviel Zeit, Energie und Geld darauf verschwenden, den Geist zu ergründen, anstatt uns zu bemühen, die biologischen Ursachen der Geisteskrankheiten aufzudecken?«

Ihre Ernährung hat Sie vielleicht bisher nicht zu einem Kriminellen gemacht, doch warum sollten Sie nicht trotzdem einen Lebensstil entwickeln, der es Ihnen erlaubt, so oft wie möglich in Ihrer ressourcevollsten Verfassung zu sein?

Ich habe mich viele Jahre lang eines Lebens ohne Krankheiten erfreut. Mein jüngerer Bruder litt während derselben Zeit an ständiger Müdigkeit und verschiedenen Krankheiten. Ich habe oft mit ihm darüber geredet, und nachdem er gesehen hatte, wie sich meine Gesundheit in den vergangenen sieben Jahren verändert hat, war auch er bereit, sich zu ändern. Doch die größte Schwierigkeit bereitete ihm die Veränderung seiner Ernährungsweise. Er entwickelte plötzlich eine Vorliebe für wenig empfehlenswerte Gerichte.

Überlegen Sie selbst. Wie entstehen Gelüste? Nun, zuerst müssen wir uns darüber klar werden, daß man keine Gelüste bekommt, sondern daß man sie selbst schafft, durch die Art und Weise wie man etwas internal repräsentiert. Zugegeben, meistens geschieht das völlig unbewußt. Doch bevor Sie einen Heißhunger auf ein bestimmtes Essen verspüren, müssen Sie zuerst eine ganz spezifische internale Repräsentation schaffen. Das passiert nicht von allein. Für jede Wirkung gibt es eine Ursache.

Mein Bruder hatte ein fast unbezwingbares Verlangen nach Brathähnchen. Jedesmal, wenn er an einem Restaurant vorbeikam, in dem es Brathähnchen gab, erinnerte er sich automatisch daran, als er das letzte Mal eines gegessen hatte. Er stellte sich vor, wie er hineinbiß (kinästhetische und Geschmackssubmodalitäten), und er dachte an die Wärme und die Beschaffenheit des Hähnchens; er hatte eine so klare Vorstellung davon, daß er das Hähnchenfleisch förmlich auf der Zunge spürte. Danach war ihm natürlich nicht mehr nach Salat – er wollte unbedingt Brathähnchen. Eines Tages, kurz nachdem ich gelernt hatte, wie man Submodalitäten einsetzen kann, um Veränderungen zu erzielen, bat er mich schließlich, ihm dabei zu helfen, seinen Appetit auf Hähnchen unter Kontrolle zu kriegen, da er seinen Speiseplan und seine gesundheitlichen Ziele durchkreuzte. Ich forderte ihn auf, sich vorzustellen, wie er Brathähnchen aß. Sofort lief ihm das Wasser im Mund zusammen. Dann ließ ich ihn die visuellen, auditiven, kinästhetischen und Geschmackssubmodalitäten seiner inneren Vorstellung im einzelnen beschreiben. Das Bild war rechts oben, lebensgroß, bewegt, scharf und in Farbe. Währen er aß konnte er sich innerlich sagen hören: »Mmmm, das schmeckt aber gut.« Er liebte die knusprige Hähnchenhaut und die Wärme. Dann forderte ich ihn auf, sich die Speise vorzustellen, die er am meisten haßte, etwas, das ihm Übelkeit verursachte, wenn er nur daran dachte – Karotten. (Ich wußte es, weil er jedesmal, wenn ich Karottensaft trank, ganz grün im Gesicht wurde.) Ich ließ ihn in allen Einzelheiten die Submodalitäten von Karotten beschreiben. Er wollte nicht einmal daran denken. Er begann Übelkeit zu verspüren. Er sagte, er sähe die Karotten links unten. Sie waren dunkel, etwas kleiner als in Wirklichkeit, und fühlten sich kalt an. Seine auditive Vorstellung war: »Abscheulich. Ich will sie nicht essen. Ich hasse sie.« Seine kinästhetischen und Geschmacksvorstellungen waren: »Ekelhaft weich (meist zu lange gekocht), lauwarm, matschig, mit einem schrecklichen Geschmack.« Ich forderte ihn auf, in Gedanken einige davon zu essen. Jetzt wurde ihm richtiggehend übel, und er sagte, daß er das nicht könne. Ich fragte: »Wenn du es tun würdest, wie würde es sich in deinem Mund anfühlen?« Er mußte sich fast übergeben.

Nachdem ich die Unterschiede in seiner Repräsentation der Karotten und Hähnchen sorgfältig eliziiert hatte, fragte ich ihn, ob er die Gefühle in bezug auf die beiden vielleicht austauschen wolle, damit er sich auf eine Weise ernähren könne, die seiner Gesundheit zuträglich sei. Er bejahte das, aber seine Stimme klang pessimistisch, wie schon oft bei früheren Gelegenheiten. Ich ließ ihn also alle Submodalitäten austauschen. Ich ließ ihn das Bild des Hähnchens nach unten links verlegen. Augenblicklich konnte ich eine Reaktion von Ekel auf seinem Gesicht erkennen. Ich ließ ihn das Bild dunkler und kleiner machen, als es in Wirklichkeit war, es in einen unbewegten Rahmen setzen, und sagte zu ihm: »Dieses Zeug ist abscheulich. Ich möchte es nicht essen. Ich hasse es«, in demselben Ton, wie er zuvor über die Karotten gesprochen hatte. Ich ließ ihn das Hähnchen in Gedanken fühlen, schlaff, lauwarm, fetttriefend. Ihm begann wieder schlecht zu werden. Ich forderte ihn auf, ein Stück zu essen, und er weigerte sich. Warum? Weil das Hähnchen jetzt in seinem Gehirn die gleichen Signale auslöste wie früher die Karotten. Schließlich brachte ich ihn dazu, in Gedanken ein Stück von dem Hähnchen abzubeißen, und er sagte: »Ich glaube, ich muß mich übergeben.«

Dann nahm ich seine Vorstellung von den Karotten und machte damit genau das Gegenteil. Ich forderte ihn auf, sich nach rechts oben zu verlegen, die Karotten auf Lebensgröße zu vergrößern, sie hell, scharf und in Farbe erscheinen zu lassen und ließ ihn sagen: »Mmmm, die schmecken aber gut«, während er sie aß, während er fühlte, wie warm sie waren, wie knackig. Jetzt mochte er die Karotten. An jenem Abend gingen wir zusammen essen, und er bestellte sich zum ersten Mal in seinem Leben Karotten. Sie schmeckten nicht nur, auf dem Weg ins Restaurant war er sogar an einem Reklameschild für Brathähnchen vorbeigegangen. Diese Vorliebe für Karotten hat er bis heute beibehalten.

Innerhalb von fünf Minuten gelang mir etwas Ähnliches mit meiner Frau Becky. Ich ließ sie die charakteristischen Submodalitäten für Schokolade – schwer, süß, cremig – mit denen einer Speise vertauschen, die ihr Übelkeit bereitete, mit Austern – wabbelig, glitschig, übelriechend... Seither hat sie nie wieder zu einem Stück Schokolade gegriffen.

Die sechs in diesem Kapitel beschriebenen Prinzipien können Sie anwenden, um sich der Gesundheit zu erfreuen, die Sie sich wünschen. Nehmen Sie sich einen Augenblick Zeit, und stellen Sie sich vor, daß Sie sich einen Monat lang tatsächlich an die Prinzipien und Regeln gehalten hätten, über die wir gerade gesprochen haben. Stellen Sie sich vor, wie Sie sein werden, wenn Sie Ihre Biochemie durch gesundes Essen und richtiges Atmen verändert haben. Wie wäre es, wenn Sie den Tag beginnen, indem Sie zehnmal tief und kräftig durchatmen, so daß Ihr ganzer Körper belebt wird? Wie wäre es, wenn Sie jeden Ihrer Tage anfangen, indem Sie sich wach und fröhlich fühlten und Kontrolle über Ihren Körper hätten? Wie wäre es, wenn Sie damit anfingen, gesund zu essen – und zwar reinigende, wasserhaltige Nahrung – und damit aufhörten, Fleisch und Milchprodukte zu essen, die Ihren Körper belasten und Ihr Blut verdicken? Wie wäre es, wenn Sie damit anfingen, Ihre Speisen vernünftig zusammenzustellen, so daß Ihre Energie für das verfügbar wäre, was wirklich zählt? Wie wäre es, wenn Sie jeden Abend mit dem Gefühl zu Bett gingen, daß Sie voller Leben sind und Ihre Möglichkeiten voll ausschöpfen können? Wie wäre es, wenn Sie sich so gesund und vital fühlen würden, wie Sie es bisher nicht für möglich gehalten hätten?

Wenn Sie diesen Menschen vor sich sehen und Ihnen gefällt, was Sie sehen, dann liegt alles, was ich Ihnen hier anbiete, im Bereich Ihrer Möglichkeiten! Man braucht dazu nur ein wenig Disziplin – nicht allzu viel, denn wenn Sie mit Ihren alten Gewohnheiten erst einmal gebrochen haben, werden Sie nie mehr zu ihnen zurückkehren. Jede Anstrengung zahlt sich vielfach aus. Wenn Ihnen also gefällt, was Sie sehen, dann tun Sie es. Beginnen Sie schon heute damit, und es wird Ihr Leben für alle Zeiten ändern.

II

DIE GRUNDLAGEN DES ERFOLGS

11

Ziele

Es gibt nur einen Erfolg –
nach seinen eigenen Vorstellungen leben zu können.

CHRISTOPHER MORLEY

Im ersten Teil dieses Buches habe ich Ihnen eine Reihe sehr wirksamer Techniken vorgestellt. Sie wissen nun, was Sie tun müssen, um herauszufinden, wie andere Erfolge erzielen und wie Sie Ihr Verhalten modellieren können, um ähnliche Resultate zu erreichen. Sie haben gelernt, wie Sie Ihre geistigen Fähigkeiten steuern und Ihren Körper unterstützen können. Sie wissen jetzt, wie Sie erreichen können, was immer Sie erreichen wollen, und wie Sie anderen dabei helfen können, das zu erreichen, was sie sich wünschen.

Nun bleibt nur die Frage: Was wollen Sie? Was wollen die Menschen, die Sie lieben und die Ihnen nahe stehen? Der zweite Teil dieses Buches behandelt diese Fragen, trifft neue Unterscheidungen und weist Ihnen neue Wege, damit Sie Ihre Fähigkeiten auf elegante, wirksame und zielgerichtete Weise anwenden können.

Das beste Werkzeug ist von keinem großen Nutzen, wenn Sie keine klare Vorstellung davon haben, wofür Sie es verwenden wollen. Wenn Sie das richtige Werkzeug haben und wissen, was Sie damit tun werden, können Sie unglaublich viel erreichen. Wenn Sie es nicht wissen, dann haben Sie zwar ein wunderbares Werkzeug, doch es ist völlig wertlos für Sie.

Wir haben bereits an anderer Stelle gesehen, daß die Qualität Ihres Lebens von der Qualität Ihrer Kommunikation abhängt. Ich möchte Ihnen nun zeigen, wie Sie Ihre Kommunikationsfähigkeit verfeinern können, damit Sie sie in jeder Situation auf die wirksamste Weise anwenden können. Es ist wichtig, eine Strategie auszuarbeiten, damit Sie Ihr Ziel genau kennen und wissen, was Ihnen dabei helfen kann, auch tatsächlich dorthin zu gelangen.

Lassen Sie uns, bevor wir weitergehen, noch einmal zusammenfassen, was wir bis jetzt gelernt haben. Das Wichtigste ist die Erkenntnis, daß Sie unbegrenzte Möglichkeiten haben. Der Schlüssel dazu ist das Modellieren. Spitzenleistungen sind reproduzierbar. Wenn andere Menschen etwas tun können, brauchen Sie sie nur präzise zu modellieren, dann können Sie genau das gleiche tun, ob es sich nun darum handelt, über Feuer zu laufen, eine Million Dollar zu verdienen oder eine befriedigende Beziehung zu entwickeln. Um wirksam zu modellieren, müssen Sie sich klar darüber werden, daß alle Ergebnisse durch eine ganz bestimmte Kombination von Handlungen zustande kommen. Jede Wirkung hat eine Ursache. Wenn Sie die Handlungen einer Person – die inneren wie die äußeren – genau reproduzieren, dann können Sie am Ende dasselbe Resultat erreichen. Sie beginnen damit, die mentalen Handlungen zu modellieren, zuerst sein Glaubenssystem, dann seine mentale Syntax, und schließlich spiegeln Sie seine Physiologie.

Sie haben gelernt, daß der Glaube über Erfolg und Mißerfolg entscheidet. Ob Sie glauben, daß Sie etwas tun können, oder ob Sie glauben, daß Sie es nicht tun können – Sie haben immer recht. Auch wenn Sie über die notwendigen Fertigkeiten und Ressourcen verfügen, sobald Sie sich eingeredet haben, daß Sie etwas nicht können, verschließen Sie sich damit selbst den Zugang dazu. Wenn Sie sich wiederholen, daß Sie etwas Bestimmtes können, öffnen Sie damit den Zugang zu allen Ressourcen, die Sie dafür brauchen. Sie kennen bereits die ›Grundregeln des Erfolgs‹: Bestimmen Sie Ihr Ziel, entwickeln Sie die Wahrnehmungsfähigkeit, um die Reaktionen Ihres Verhaltens zu erkennen, und werden Sie flexibel genug, um Ihr Verhalten so lange zu ändern, bis Sie etwas finden, das funktioniert. Wenn Sie es nicht erreichen, haben Sie dann versagt? Natürlich nicht. Sie brauchen nur, wie ein Steuermann, der sein Boot lenkt, Ihr Verhalten so lange zu korrigieren, bis Sie bekommen, was Sie haben wollen.

Sie wissen, welche Power Sie besitzen, wenn Sie sich in einem ressourcevollen Zustand befinden, und Sie haben gelernt, wie Sie Ihre Physiologie und Ihre internalen Repräsentationen so verändern können, daß sie Sie unterstützen, Sie befähigen und ermutigen, sich Ihre Wünsche zu erfüllen. Widmen Sie sich Ihrem Erfolg und Sie werden ihn erreichen.

Die Menschen sind nicht faul.
Sie haben bloß keine Ziele,
die es sich zu verfolgen lohnt.
ANTHONY ROBBINS

Dieser Prozeß enthält eine unglaubliche Dynamik. Je mehr Ressourcen Sie entwickeln, um so mehr Power haben Sie; je mehr Kraft Sie spüren, um so größere Ressourcen können Sie erschließen und um so powervollere Zustände können Sie erleben.

Der Biologe Lyall Warson berichtet in seinem 1979 erschienenen Buch *Life-Tide* (dt.: Geheimes Wissen) von einer faszinierenden Beobachtung, dem ›Hundert-Affen-Syndrom‹. Auf einer von Affen bewohnten japanischen Insel legte man Süßkartoffeln aus und bedeckte sie oberflächlich mit Sand. Da ihre sonstige Nahrung keiner besonderen Zubereitung bedurfte, zeigten die Affen zunächst wenig Interesse, die schmutzigen Kartoffeln zu fressen. Ein Affe löste dann das Problem, indem er die Kartoffeln in einem Fluß wusch, was ihm bald andere Affen nachmachten. Dann passierte etwas Bemerkenswertes. Sobald eine bestimmte Anzahl von Affen – ungefähr hundert – dieses Wissen erworben hatte, begannen andere Affen, die zu dieser Gruppe keinen Kontakt gehabt hatten, und sogar Affen von anderen Inseln, genau das gleiche zu tun. Es gab keine Möglichkeit der direkten Kommunikation zwischen den verschiedenen Gruppen, und trotzdem breitete sich dieses Verhalten auf irgendeine Weise aus.

Dieses Phänomen ist kein Einzelfall. Es sind zahlreiche Fälle bekannt, daß Menschen, ohne miteinander in Kontakt gewesen zu sein, in bemerkenswerter Übereinstimmung handeln. Ein Physiker hat auf einmal eine Idee, und gleichzeitig haben drei andere Physiker an irgendeinem anderen Ort ganz genau die gleiche Idee. Wie kann so etwas geschehen? Niemand weiß es genau, aber eine Reihe namhafter Wissenschaftler, wie etwa der Physiker David Bohm und der Biologe Rupert Sheldrake, glauben, daß es ein kollektives Bewußtsein gibt, aus dem wir schöpfen können und zu dem wir Zugang haben, wenn wir unser Glaubenssystem, unsere Aufmerksamkeit und unsere Physiologie optimal nutzen.

Unsere Körper, unser Gehirn und unsere Zustände sind wie eine Stimmgabel, die in Einklang mit dieser höheren Ebene des Seins ist. Je besser sie eingestimmt ist, um so besser können Sie sich an diesen Reichtum des Wissens und des Gefühls anschließen. So wie uns Informationen aus unserem Unbewußten erreichen, so können auch von dort Informationen zu uns gelangen, wenn unser Zustand ressourcevoll genug ist, um sie zu empfangen.

Dazu müssen wir allerdings wissen, was wir wollen. Unser Unbewußtes verarbeitet Informationen so, daß wir in bestimmte Richtungen gelenkt werden. Selbst auf der unbewußten Ebene werden Informationen verzerrt, getilgt und generalisiert. Bevor wir unsere geistigen Kräfte also wirksam einsetzen können, müssen wir eine Repräsentation von den Zielen entwickeln, die wir erreichen wollen. Maxwell Maltz nennt das ›Psychokybernetik‹. Wenn unser Geist ein klar definiertes Ziel hat, kann er leicht immer wieder notwendige Richtungskorrekturen vornehmen, bis wir das Ziel erreicht haben. Wenn er kein klar definiertes Ziel hat, verschwenden wir nur unsere Energie. Es ist so, als hätten Sie ein hervorragendes Werkzeug und wüßten nicht, was Sie damit anfangen sollen.

Die Fähigkeit, Ihre persönlichen Ressourcen voll auszuschöpfen, wird sehr stark durch Ihre Ziele beeinflußt. Das zeigt auch eine Untersuchung, die 1953 an Studenten der Yale Universität durchgeführt wurde. Studenten des letzten Semesters wurden interviewt und gefragt, ob sie ein klares, konkretes Ziel niedergeschrieben und sich einen Plan erstellt hätten, wie sie dieses Ziel erreichen wollten. Das war nur bei drei Prozent der Fall. Zwanzig Jahre später interviewten die Forscher die überlebenden Mitglieder des Abschlußjahrgangs von 1953 noch einmal. Sie stellten fest, daß die drei Prozent, die ihre genauen Ziele aufgeschrieben hatten, finanziell erfolgreicher waren als die anderen siebenundneunzig Prozent zusammen.

Offenbar wurde bei den Probanden in dieser Untersuchung nur der finanzielle Erfolg untersucht. Die Interviewer stellten aber auch fest, daß die weniger gut meßbaren oder eher subjektiven Merkmale, wie etwa Glück und Freude, bei den besagten drei Prozent ebenfalls stärker ausgeprägt schienen. Das ist die Wirkung klarer Ziele.

In diesem Kapitel werden Sie lernen, wie Sie Ihre Ziele, Träume und Wünsche formulieren können, damit sie Ihnen ständig präsent sind und Sie sie auch verwirklichen. Haben Sie schon einmal versucht, ein Puzzle zusammenzusetzen, ohne das vollständige Bild zuvor gesehen zu haben? Das gleiche passiert, wenn Sie versuchen, ohne klare Ziele zu leben. Wenn Sie Ihr Ziel kennen, geben Sie Ihrem Gehirn ein klares Bild davon, welche der Informationen, die das Nervensystem erhält, Vorrang haben. Sie geben ihm die klaren Botschaften, die es benötigt, um wirksam zu funktionieren.

Gewinnen fängt an mit Beginnen.
ANONYM

Es gibt Menschen, und jeder von uns kennt einige, die in einem Zustand ständiger Verwirrung zu leben scheinen. Sie gehen erst in die eine, dann in die andere Richtung. Sie beginnen eine Sache, geben sie dann wieder auf und versuchen es mit einer anderen. Ihr Problem ist, daß sie nicht wissen, was sie wollen. Sie können kein Ziel erreichen, weil sie ihr Ziel nicht kennen.

Ihre Aufgabe in diesem Kapitel besteht darin, zu träumen; das jedoch auf eine sehr präzise und zielgerichtete Weise.

Wenn Sie dieses Kapitel einfach nur lesen, wird es keine große Wirkung haben. Nehmen Sie einen Bleistift und Papier zur Hand und fassen Sie dieses Kapitel als ein Zielsetzungs-Seminar auf. Suchen Sie sich einen Platz, wo Sie sich besonders wohl fühlen – Ihren Lieblingssessel oder einen sonnigen Eckplatz –, einen Ort, den Sie inspirierend finden. Nehmen Sie sich eine Stunde Zeit, um herauszufinden, was Sie sein wollen, tun wollen, weitergeben wollen, sehen wollen und erreichen wollen. Es könnte die wertvollste Stunde Ihres Lebens werden. Wir werden lernen, Ziele zu bestimmen und Resultate festzulegen. Sie werden eine Karte anlegen, auf der die Straßen verzeichnet sind, die Sie in Ihrem Leben befahren wollen. Sie werden herausfinden, wohin Sie wollen und wie Sie dort hinkommen können.

Doch zunächst möchte ich Sie warnen: Es ist nicht nötig, Ihren Wünschen Beschränkungen aufzuerlegen. Das soll natürlich nicht heißen, daß Sie Ihren gesunden Menschenverstand ablegen. Wenn man einen Meter fünfzig groß ist, hat es keinen Sinn, sich zum Ziel zu setzen, in die Basketball-Nationalmannschaft zu kommen. Wie sehr man sich auch bemüht, es wird nichts nützen. Was noch wichtiger ist, man würde seine Energie nur sinnlos vergeuden und von wirksameren Dingen abziehen. Doch wenn Sie überlegt vorgehen, gibt es keine Einschränkungen für das, was Sie erreichen können.

Einschränkungen in den Zielen führen zu Einschränkungen in Ihrem Leben. Stecken Sie sich Ihre Ziele daher so hoch wie Sie wollen. Sie müssen entscheiden, was Sie wollen, denn nur so können Sie es auch erreichen. Beachten Sie bei der Formulierung Ihrer Ziele folgende fünf Regeln:

1. Formulieren Sie Ihr Ziel positiv. Sagen Sie was Sie erreichen wollen. Allzuhäufig werden Ziele negativ formuliert, d. h., man bestimmt, was man in Zukunft vermeiden oder nicht erleben möchte.

2. Drücken Sie sich so präzise wie möglich aus. Wie sieht Ihr Ziel aus, wie klingt es, wie fühlt es sich an, wie riecht es? Set-

ZIELSETZUNGEN	
Schlüsselkomponenten	
Konkretisierung:	Was genau wollen Sie?
Sinnesspezifische Beschreibung:	Was werden Sie sehen? Was werden Sie hören? Was werden Sie fühlen? Was werden Sie riechen? Was werden Sie schmecken?
Gewünschter Zustand / gegenwärtiger Zustand:	Was ist Ihr Zielzustand? Was ist Ihr aktueller Zustand? Worin besteht der Unterschied?
Beweisverfahren:	Woran werden Sie merken, daß Sie Ihr Ziel erreicht haben?

zen Sie alle Ihre Sinne ein, um die Resultate zu beschreiben, die Sie erlangen wollen. Je genauer und sinnesspezifischer diese Beschreibung ausfällt, um so besser kann Ihr Gehirn Ihren Wunsch verfolgen. Legen Sie fest, bis wann Sie Ihr Ziel erreicht haben wollen.

3. Bestimmen Sie Ihre Zielerkennungskriterien. Überlegen Sie sich bereits, wie Sie aussehen werden, wie Sie sich fühlen werden und was Sie in Ihrer Umgebung sehen und hören werden, nachdem Sie Ihr Ziel erreicht haben. Wenn Sie nicht wissen, woran Sie merken werden, wann Sie Ihr Ziel erreicht haben, ist es möglicherweise bereits erreicht. Sie können im Gewinn sein und trotzdem das Gefühl haben, zu verlieren, wenn Sie den Spielstand nicht verfolgen.

4. Übernehmen Sie die Kontrolle. Das zielführende Verhalten muß durch Sie auszulösen und aufrechtzuerhalten sein. Ihr Erfolg darf nicht davon abhängen, daß sich andere zuerst ändern, damit Sie zufrieden sein können. Ihr Ziel darf nur von Faktoren abhängen, die Sie direkt beeinflussen können.

5. Überprüfen Sie, ob Ihre Ziele für Ihre persönliche Ökologie vorteilhaft und wünschenswert sind. Welche zukünftigen Folgen wird es haben, wenn Sie Ihr Ziel verwirklichen? Ihr Vorhaben muß für Sie und andere von Nutzen sein.

Ich stelle in meinen Seminaren immer eine Frage, die ich Ihnen jetzt auch stellen möchte: Wenn Sie sicher wären, daß Sie auf keinen Fall scheitern können, was würden Sie dann tun? Wenn Sie sicher wären, daß Sie Erfolg haben werden, wie würden Sie sich dann verhalten, wie würden Sie handeln?

Jeder von uns hat eine Vorstellung davon, was er will. Viele dieser Vorstellungen sind vage – mehr Liebe, mehr Geld, mehr Zeit, um das Leben zu genießen. Doch um unseren Biocomputer optimal einsetzen zu können und Resultate hervorzubringen, müssen wir schon etwas genauer sein.

An einige Punkte auf Ihrer Liste werden Sie schon seit Jahren denken, andere werden Sie noch nie zuvor bewußt formuliert haben. Doch Sie müssen ganz bewußt entscheiden, was Sie wollen, denn nur, wenn Sie wissen, was Sie wollen, können Sie es auch bekommen. Bevor etwas in der äußeren Welt geschieht, muß es zuerst in der inneren Welt geschehen. Es ist unglaublich, was passiert, wenn Sie eine klare internale Repräsentation davon haben, was Sie wollen. Ihr Geist und Ihr Körper werden dadurch regelrecht darauf programmiert, dieses Ziel auch zu erreichen. Um unsere augenblicklichen Beschränkungen zu überwinden, müssen wir zuerst in unserer

Vorstellung unser Ziel erreichen, dann wird es auch leichter in Wirklichkeit geschehen.

Ich möchte Ihnen das anhand eines Beispiels verdeutlichen. Probieren Sie folgendes aus: Stehen Sie auf, stellen Sie die Füße parallel in Schulterbreite nebeneinander. Halten Sie beide Arme waagrecht vor Ihrem Körper, drehen Sie Ihren Oberkörper dann nach links und bringen Sie den linken Arm dabei so weit nach hinten, wie Sie es ohne Anstrengung tun können. Achten Sie darauf, auf welche Stelle an der Wand Ihr Finger in dieser Stellung zeigt. Kommen Sie dann wieder in die Ausgangsposition zurück, schließen Sie die Augen, und stellen Sie sich jetzt vor, daß Sie sich nach links drehen – nur diesmal noch weiter als beim ersten Mal. Wiederholen Sie diese Vorstellung und drehen Sie sich noch etwas weiter. Öffnen Sie die Augen und führen Sie die Bewegung aus. Achten Sie darauf, was passiert. Haben Sie sich diesmal weiter drehen können? Sehr wahrscheinlich ist es Ihnen gelungen. Sie haben eine neue äußere Realität geschaffen, indem Sie Ihr Gehirn darauf programmiert haben, über die früheren Grenzen hinauszugehen.

Lesen Sie dieses Kapitel so, als würden Sie dasselbe mit Ihrem Leben tun. Sie werden sich jetzt das Leben schaffen, das Sie haben wollen. Wenn Sie in Ihrem Leben bisher immer nur bis zu einem bestimmten Punkt gelangt sind, können Sie jetzt in Ihren Gedanken eine Realität schaffen, die über diesen Punkt hinausgeht. Danach können Sie diese innere Realität zu Ihrer äußeren machen.

1. Beginnen Sie mit einer Liste Ihrer Träume, schreiben Sie all das auf, was Sie haben wollen, tun wollen, sein wollen. Schaffen Sie in Ihrer Vorstellung die Menschen, die Gefühle und die Orte, die Sie zu einem Teil Ihres Lebens machen möchten. Nehmen Sie ein Blatt Papier und einen Bleistift und beginnen Sie zu schreiben. Versuchen Sie, unbedingt zehn bis fünfzehn Minuten ohne Unterbrechung zu schreiben. Versuchen Sie nicht, zu überlegen, wie Sie Ihre Ziele erreichen sollen. Schreiben Sie einfach nur auf. Es gibt in dieser Phase keine

Grenzen. Benutzen Sie, wenn möglich, Abkürzungen, so daß Sie möglichst rasch zum nächsten Punkt weitergehen können. Halten Sie den Stift während der ganzen Zeit in Bewegung. Nehmen Sie sich soviel Zeit, wie Sie benötigen, um aus allen Lebensbereichen anzuführen, Arbeit, Familie, Beziehungen, geistige, emotionale, soziale, materielle und physische Zustände; schreiben Sie alles auf, was Ihnen einfällt. Fühlen Sie sich als König. Denken Sie daran, daß Sie alles erreichen können. Das Ziel zu kennen, ist der erste Schritt um es zu erreichen.

Gehen Sie spielerisch mit dieser Aufgabe um. Lassen Sie Ihre Gedanken frei schweifen. Jede Einschränkung der Sie begegnen, ist eine Einschränkung, die Sie selbst geschaffen haben. Sie existiert nur in Ihrem Denken. Wann immer Sie bemerken, daß Sie sich selbst Beschränkungen auferlegen, schütteln Sie sie ab. Visualisieren Sie einen Ringkämpfer, der seinen Gegner aus dem Ring wirft, und tun Sie dasselbe mit Ihren einschränkenden Gedanken. Werfen Sie sie aus dem Ring, und spüren Sie, wie befreiend es ist, das zu tun. Das ist Schritt Nummer eins. Fangen Sie jetzt mit Ihrer Liste an!

2. Nun zur zweiten Übung. Gehen Sie Ihre Liste durch und geben Sie an, innerhalb welcher Zeit Sie die einzelnen Ziele erreicht haben wollen: in sechs Monaten, in einem Jahr, in zwei, fünf, zehn, zwanzig Jahren. Es ist wichtig, zu wissen, in welchem Zeitraum Sie sich bewegen. Sehen Sie sich Ihre Liste daraufhin an. Bei manchen überwiegen Ziele, die sie heute noch erreichen wollen. Andere erwarten die Erfüllung ihrer größten Träume in ferner Zukunft, wenn sie alles erreicht haben werden und alle ihre Wünsche erfüllt worden sind. Wenn alle Ihre Ziele kurzfristig sind, müssen Sie versuchen, eine langfristige Perspektive für Ihr Potential und Ihre Möglichkeiten zu entwickeln. Wenn alle Ihre Ziele langfristig sind, müssen Sie die ersten Schritte bestimmen, die Sie in die gewünschte Richtung bringen. Selbst eine Reise von tausend Meilen beginnt mit dem ersten Schritt. Es ist wichtig, sich über die ersten und die letzten Schritte im klaren zu sein.

3. Wählen Sie nun die vier wichtigsten Ziele aus, die Sie noch in diesem Jahr erreichen wollen. Bestimmen Sie die Wünsche, an deren Erfüllung Ihnen am meisten liegt, und die Ihnen die größte Freude und Befriedigung verschaffen würden. Schreiben Sie sie auf. Begründen Sie dann, warum Sie Ihre Ziele auf jeden Fall erreichen werden. Drücken Sie sich klar und positiv aus. Sagen Sie, warum Sie sicher sind, diese Ergebnisse erzielen zu können, und warum es wichtig ist, daß Sie es tun.

Wenn Sie genügend Gründe dafür finden, etwas zu tun, dann können Sie sich auch dazu bringen, es zu tun, ganz gleich was es ist. Der Grund, weshalb wir etwas tun, ist oft ein viel stärkerer Anreiz als das konkrete Ziel, das wir verfolgen. Die Motive, die wir haben, entscheiden darüber, ob wir an etwas bloß Interesse haben oder uns leidenschaftlich dafür einsetzen. Es gibt viele Dinge, die wir gerne haben möchten, an denen wir aber, wenn wir sie erst haben, nur kurz interessiert sind. Wir müssen bereit sein, uns mit ganzer Kraft für etwas einzusetzen. Wenn Sie beispielsweise nur sagen, daß Sie reich sein wollen, dann ist das nur ein vages Ziel, das Ihrem Gehirn noch nicht allzuviel mitteilt. Wenn Sie jedoch verstehen, warum Sie reich sein wollen, was Ihnen Reichtum bedeuten würde, dann werden Sie viel stärker motiviert sein, auch wirklich reich zu werden. Warum man etwas tut, ist viel wichtiger, als wie man es tut. Wenn das ›Warum‹ stark genug ist, werden Sie immer ein ›Wie‹ finden. Wenn Sie Grund genug dazu haben, können Sie praktisch alles auf dieser Welt.

4. Überprüfen Sie, ob die Ziele auf Ihrer Liste den fünf Regeln der Zielformulierung entsprechen. Sind Ihre Ziele positiv formuliert? Sind sie sinnesspezifisch formuliert? Sind die Zielerkennungskriterien bestimmt? Beschreiben Sie, was Sie erleben werden, wenn Sie Ihre Ziele erreicht haben. Was werden Sie sehen, hören, fühlen und riechen? Überprüfen Sie, ob Ihre Ziele durch Sie aufrechterhalten werden können. Sind sie ökologisch und wünschenswert für Sie und andere? Wenn eine dieser Bedingungen nicht erfüllt ist, müssen Sie Ihr Ziel entsprechend verändern.

5. Welche wichtigen Ressourcen stehen Ihnen bereits zur Verfügung? Wenn Sie ein Bauprojekt beginnen, müssen Sie feststellen, welche Werkzeuge Sie verwenden können. Um eine motivierende Vision Ihrer Zukunft zu entwerfen, müssen Sie das gleiche tun. Machen Sie eine Liste von allem, was Ihnen dabei helfen kann, Ihr Ziel zu erreichen:

Charaktereigenschaften, Freunde, finanzielle Mittel, Bildung, Zeit, Ausdauer, usw. Machen Sie eine Liste all Ihrer Stärken, Talente und sonstigen Ressourcen.

6. Erinnern Sie sich an eine Gelegenheit, als Sie eine dieser Ressourcen sehr wirksam eingesetzt haben. Suchen Sie drei oder vier Beispiele in Ihrem Leben, als Sie wirklich absolut erfolgreich waren und im Beruf, im Sport, in einer finanziellen Angelegenheit oder in einer Beziehung etwas besonders gut gemacht haben. Es kann sich dabei um alles, von einer gelungenen Schachkombination bis zu einem schönen Ausflug mit Ihren Kindern, handeln. Schreiben Sie dies alles auf. Beschreiben Sie, was Sie getan haben, um Erfolg zu haben, welche Eigenschaften oder Ressourcen Sie wirksam eingesetzt haben und was Ihnen in der gegebenen Situation das Gefühl vermittelt hat, erfolgreich zu sein.

7. Beschreiben Sie, wie Sie sein müßten, um Ihre Ziele zu erreichen. Werden Sie viel Disziplin brauchen, eine besondere Ausbildung? Werden Sie sich Ihre Zeit gut einteilen müssen? Wenn Sie es beispielsweise in der Politik zu etwas bringen wollen, Veränderungen herbeiführen wollen, dann beschreiben Sie, wie jemand sein muß, damit er gewählt wird, und welche Fähigkeiten er besitzen muß, um auf eine große Zahl von Menschen Wirkung zu haben.

Es wird oft viel von Erfolg geredet, aber man hört nicht soviel von den Bestandteilen des Erfolgs – davon, welche Einstellung, welcher Glaube und welche Verhaltensweisen dazugehören, um Erfolg zu haben. Wenn Sie diese Bestandteile jedoch nicht kennen, wird es schwierig sein, das fertige Ganze zu bekommen. Machen Sie eine Pause, und schreiben Sie auf, welche Charaktereigenschaften, Fähigkeiten, Einstellungen und Glaubenssätze Sie brauchen, um das, was Sie sich wünschen, zu erreichen. Nehmen Sie sich Zeit.

8. Schreiben Sie auf, was Sie jetzt daran hindert, das zu haben, was Sie sich wünschen. Das ist eine Möglichkeit, die Beschränkungen, die Sie selbst geschaffen haben, zu überwinden. Untersuchen Sie die einzelnen Aspekte Ihrer Persönlichkeit, um zu sehen, was Sie davon abhält, das zu erreichen, was Sie wollen. Liegt es an Ihrer Planung? Oder liegt es daran, daß Sie zwar einen Plan haben, aber nicht handeln? Versuchen Sie, zu viele Dinge gleichzeitig zu tun, oder fixieren Sie sich so sehr auf eine Sache, daß Sie zu nichts anderem mehr kommen? Malen Sie sich immer die schlimmste Möglichkeit aus, und lassen sich dann von diesen inneren Repräsentationen davon abhalten, etwas zu tun? Wir haben viele Möglichkeiten, uns selbst einzuengen, und verschiedenste Strategien für unser Versagen, aber wenn wir sie kennen, können wir sie ändern.

Wir können wissen, was wir wollen, warum wir es wollen, wer uns dabei helfen wird und noch vieles mehr, aber das, was am Ende darüber entscheidet, ob wir Erfolg haben und die von uns gewünschten Ergebnisse erreichen, ist allein das, was wir tun. Um sinnvoll zu handeln, müssen wir einen Plan entwickeln, der uns Schritt für Schritt weiterführt. Wenn Sie ein Haus bauen, werden Sie nicht einfach losgehen, sich Bretter, ein paar Nägel, einen Hammer und eine Säge besorgen, und mit der Arbeit beginnen. Sie werden nicht einfach anfangen zu sägen und zu hämmern, um dann zu sehen, was dabei herauskommt? Das wäre kein sehr erfolgreicher Zugang. Um ein Haus zu bauen, brauchen Sie eine Skizze, einen Plan. Sie müssen wissen, in welcher Reihenfolge Sie vorgehen sollen, damit Ihre Handlungen ineinander greifen und aufeinander aufbauen. Andernfalls bekommen Sie nur eine zufällige Anordnung von Brettern. Mit Ihrem Leben ist es genauso. Sie müssen sich einen Plan für Ihren Erfolg machen.

Welche Handlungen sind notwendig, um das gewünschte

Ergebnis zu erzielen? Wenn Sie es nicht genau wissen, denken Sie an jemanden, der bereits das erreicht hat, was Sie wollen, und den Sie modellieren können. Fangen Sie von Ihrem Ziel aus an und gehen Sie dann Schritt für Schritt zurück. Wenn es Ihr Ziel ist, finanziell unabhängig zu werden, dann könnte der Schritt vorher darin bestehen, Direktor der Firma zu werden, in der Sie arbeiten. Davor könnten Sie stellvertretender Direktor oder ein leitender Angestellter werden. Ein weiterer Schritt könnte darin bestehen, einen guten Anlageberater oder Steuerberater zu finden, der Ihnen dabei hilft, Ihr Geld zu verwalten. Es ist wichtig, daß Sie sich so weit zurückarbeiten, bis Sie etwas finden, das Sie heute schon tun können, um Ihr Ziel zu erreichen. Vielleicht könnten Sie ein Sparkonto eröffnen oder sich ein Buch besorgen, das Ihnen sagt, welche finanziellen Strategien erfolgreiche Menschen befolgen. Was müssen Sie tun, wenn Sie ein professioneller Tänzer werden wollen? Welches sind notwendige Schritte, die Sie schon heute, morgen, diese Woche, diesen Monat, dieses Jahr tun können, um das gewünschte Ziel zu erreichen? Wenn Sie ein Komponist werden wollen? Indem Sie sich Schritt für Schritt rückwärts vorarbeiten, können Sie den genauen Weg herausfinden, der von Ihrem Ziel zu etwas führt, das Sie heute noch tun können.

Verwenden Sie die Information aus der letzten Übung, um Ihren Plan zu entwerfen. Wenn Sie nicht wissen, wie Ihr Plan aussehen soll, fragen Sie sich einfach, was Sie im Augenblick daran hindert, das zu haben, was Sie haben wollen. Die Antwort auf diese Frage wird Ihnen zeigen, was Sie jetzt verändern können. Diese Veränderung ist ein Zwischenziel auf dem Weg zur Verwirklichung Ihrer Ziele.

9. Nehmen Sie sich jetzt Zeit, um für jedes Ihrer vier wichtigsten Ziele einen ersten Plan zu entwerfen, in dem die einzelnen Zwischenschritte aufgeführt sind. Beginnen Sie mit dem Ziel und fragen Sie sich: Was müßte ich als erstes tun, um es zu erreichen? Oder: Was hindert mich jetzt daran, es schon zu haben, und was kann ich tun, um meinen gegenwärtigen

Zustand zu ändern? Achten Sie darauf, daß Ihre Pläne etwas beinhalten, das Sie bereits heute tun können.

Damit haben wir den ersten Teil der ›Grundregeln des Erfolgs‹ abgeschlossen. Sie kennen Ihr Ziel inzwischen genau. Sie haben Ihre kurz- und Ihre langfristigen Ziele bestimmt und Sie haben untersucht, welche Aspekte Ihrer Persönlichkeit Ihnen helfen und welche Sie daran hindern, zu bekommen, was Sie wollen. Nun müssen Sie noch eine Strategie entwickeln, die Sie zu Ihrem Ziel führt.

Was ist der sicherste Weg, um Spitzenleistung zu erbringen? Jemanden zu modellieren, der bereits getan hat, was man selbst tun möchte.

10. Wählen Sie einige Vorbilder aus. Es können Menschen aus Ihrem privaten Umfeld sein oder berühmte Menschen, die große Erfolge errungen haben. Schreiben Sie die Namen von drei bis fünf Leuten auf, die das erreicht haben, was Sie erreichen wollen, und nennen Sie in wenigen Worten die Eigenschaften und Verhaltensweisen, die zu diesen Erfolgen geführt haben. Schließen Sie, nachdem Sie das getan haben, die Augen und stellen sich vor, daß Ihnen jeder dieser Menschen einen Rat gibt, wie Sie am besten vorgehen, um Ihre Ziele zu erreichen. Schreiben Sie die wichtigsten der Antworten auf, die Ihnen jede dieser Personen geben würde. Vielleicht hilft Ihnen das dabei, eine Hürde zu umgehen, eine Begrenzung zu durchbrechen oder Ihre Aufmerksamkeit auf etwas Besonderes zu richten. Stellen Sie sich einfach vor, daß Sie mit jedem von ihnen sprechen und notieren Sie zu jedem Namen den ersten Gedanken, der Ihnen durch den Kopf geht. Auch wenn Sie diese Menschen nicht persönlich kennen, können sie doch ausgezeichnete Ratgeber für Sie werden.

Steven Spielberg modellierte die Leute in den Filmstudios, noch bevor er dort selbst einen Job bekam. Praktisch jeder, der erfolgreich ist, hatte ein Vorbild, einen Mentor oder Lehrer, der ihn in die richtige Richtung gelenkt hat.

Nun haben Sie eine deutliche internale Repräsentation von dem Ziel, das Sie erreichen möchten. Sie können Zeit und

Energie sparen und Umwege vermeiden, wenn Sie dem Beispiel von Menschen folgen, die bereits Erfolg haben. Welche Menschen in Ihrer Umgebung können Ihnen als Vorbild dienen? Ob Freunde, Angehörige oder Berühmtheiten, sie alle haben wertvolle Ressourcen zu bieten. Wenn Ihnen keine guten Modelle einfallen, sollte Ihr erstes Ziel darin bestehen, welche zu finden.

Was Sie bis jetzt getan haben, dient dazu, Ihrem Gehirn Signale zu geben, die ein klares, deutliches Muster von Ihren Zielen ergeben. Ziele sind wie Magneten. Je eindeutiger sie sind, desto stärker werden sie Sie anziehen. In Kapitel 6 haben Sie bereits erfahren, wie Sie Ihr Gehirn steuern, wie Sie Submodalitäten beeinflussen können, um positive Bilder zu verstärken und in ihrer negativen Wirkung zu schwächen. Lassen Sie uns dieses Wissen jetzt auf Ihre Ziele anwenden.

Suchen Sie in Ihrer Vergangenheit nach einer Zeit, in der Sie mit etwas großen Erfolg hatten. Schließen Sie die Augen und lassen Sie in Ihrem Geist ein sehr deutliches, helles Bild von diesem Ereignis entstehen. Achten Sie darauf, ob sich das Bild links oder rechts, oben, in der Mitte oder unten befindet. Berücksichtigen Sie wieder alle Submodalitäten – Größe, Form und die Art der Bewegung, wie auch der akustischen Erinnerungen und Gefühle, die das Bild in Ihnen weckt. Denken Sie dann an die Ziele, die Sie heute aufgeschrieben haben. Stellen Sie sich vor, wie Sie sein würden, wenn Sie schon alles erreicht hätten, was Sie sich vorgenommen haben. Bringen Sie dieses Bild auf dieselbe Seite wie das andere und machen Sie es so groß, hell, scharf und farbig, wie Sie können. Achten Sie darauf, wie Sie sich dabei fühlen. Sie werden sich bereits jetzt deutlich anders fühlen und sich Ihres Erfolgs viel sicherer sein als zu dem Zeitpunkt, da Sie Ihre Ziele zum ersten Mal formuliert haben.

Wenn Sie Schwierigkeiten haben, dies zu tun, verwenden Sie die Swish-Technik, über die wir schon gesprochen haben. Bringen Sie das Bild von Ihrem Ziel auf die andere Seite Ihres inneren Sehfeldes. Machen Sie es dann unscharf und schwarzweiß. Bewegen Sie es dann schnell auf die gleiche Stelle, auf der Ihr ›Erfolgsbild‹ ist, so daß es alle Repräsentationen möglicher Mißerfolge auf seinem Weg zerstört. Sorgen Sie dafür, daß es in der Bewegung alle Merkmale der Helligkeit, Farbe usw., des Bildes annimmt, auf dem Sie den Erfolg sehen, den Sie bereits erreicht haben. Führen Sie diese Übung mehrmals durch, damit Ihr Gehirn ein noch klareres, noch intensiveres Bild von dem erhält, was Sie erreichen wollen. Das Gehirn reagiert am besten auf Wiederholung und intensive Gefühle. Wenn Sie also in Ihrer Vorstellung ständig das erleben, was Sie sich wünschen, und dabei intensive Gefühle erleben, werden Sie Ihre Wünsche verwirklichen. Denken Sie daran: An der Straße zum Erfolg wird ständig gebaut.

11. Es ist sehr gut, viele verschiedene Ziele zu haben. Doch es ist noch besser, zu wissen, wie es wäre, wenn alle diese Ziele erfüllt wären. Wie würde dieser Tag aussehen? Welche Menschen wären beteiligt? Was würden Sie tun? Wo wären Sie? Spielen Sie diesen Tag in Gedanken von Anfang bis Ende durch. Wie wären Ihre Lebensumstände? Mit welchem Gefühl würden Sie am Ende Ihres ›idealen‹ Tages zu Bett gehen? Nehmen Sie Papier und Bleistift und beschreiben Sie alles ganz genau. Bedenken Sie, daß alles was wir tun und alles was wir erreichen, seinen Ursprung in unserer Vorstellung hat. Schaffen Sie sich also den Tag, den Sie sich am meisten wünschen.

12. Manchmal vergessen wir, daß Träume zu Hause beginnen. Wir vergessen, daß der erste Schritt in Richtung Erfolg bereits eine Atmosphäre schafft, die unsere Kreativität nährt, die uns hilft, all das zu sein, was wir sein können. Visualisieren Sie die Umgebung, die Sie sich wünschen. Lassen Sie Ihre Gedanken schweifen. Ohne Einschränkungen. Was immer Ihnen einfällt, Sie können es in Ihre Vorstellung hineinnehmen. Denken Sie wie ein König. Entwerfen Sie in Ihrer Vorstellung für sich eine Umgebung, die das Beste aus Ihnen hervorbringt. Wo wären Sie am liebsten – im Wald, am Meer, in einem Büro? Welche Arbeitsmittel wären Ihnen am liebsten – ein Malblock, Farben, ein Computer, ein Telefon? Welche Menschen würden Sie unterstützen, damit Sie alles erreichen, was Sie sich in Ihrem Leben wünschen?

Wenn Sie keine klare Vorstellung davon haben, wie Ihr idealer Tag aussähe, wie wollen Sie da eine Chance haben, ihn je zu verwirklichen? Wenn Sie nicht wissen, wie die ideale Umgebung für Sie aussähe – wie können Sie sich dann einen solchen ›Lebensraum‹ schaffen? Wie wollen Sie ein Ziel erreichen, wenn Sie es nicht einmal kennen? Denken Sie daran, Ihr Gehirn braucht klare, direkte Signale, für das, was es erreichen soll. Ihr Geist hat die Macht, Ihnen alles zu geben, was Sie wollen. Doch das kann er nur tun, wenn er klare, helle, intensive und deutliche Signale erhält.

Denken ist die härteste Arbeit, die es gibt.
Das ist wahrscheinlich auch der Grund,
warum sich so wenig Menschen damit befassen.
HENRY FORD

Die in diesem Kapitel beschriebenen Übungen sind vielleicht die wichtigsten Schritte, die Sie tun können, um diese unmißverständlichen Signale zu erzeugen. Sie können Ihr Ziel nicht erreichen, wenn Sie nicht wissen, wie es aussieht. Wenn Sie irgend etwas aus diesem Kapitel lernen, dann sollte es folgendes sein: Resultate sind unvermeidbar. Wenn Sie Ihr Gehirn nicht mit den Resultaten programmieren, die Sie erreichen wollen, dann wird jemand anderer Sie mit einem Programm versorgen. Wenn Sie nicht Ihren eigenen Plan haben, wird jemand Sie zu einem Teil seines Plans machen. Wenn Sie dieses Kapitel nur lesen, haben Sie damit Ihre Zeit vergeudet. Es ist unerläßlich, daß Sie sich die Zeit nehmen, jede Übung durchzuführen. Sie mögen vielleicht am Anfang nicht leichtfallen, aber glauben Sie mir, es lohnt sich, sie zu machen. Und je länger Sie sich damit beschäftigen, um so mehr Spaß werden Sie daran haben. Ein Grund dafür, warum manche im Leben nicht sehr weit kommen, liegt darin, daß Erfolg oft viel Arbeit voraussetzt. Gute Vorbereitung und Zielbestimmung ist harte Arbeit. Es ist viel leichter, sich nicht damit zu befassen und sich im Alltag zu verlieren, anstatt sein Leben selbständig zu planen. Gebrauchen Sie Ihre persönliche Power und nehmen Sie sich die Zeit, genug Disziplin zu entwickeln, alle Übungen durchzuführen. Man sagt, es gebe im Leben nur zwei Arten von Leid, das, welches durch Disziplin und das, welches durch Bedauern verursacht wird. Das erste wiegt nur wenige Gramm, das zweite Tonnen. Es ist sehr spannend, die genannten zwölf Prinzipien anzuwenden. Tun Sie es.

Es ist wichtig, Ihre Ziele regelmäßig zu überprüfen. Manchmal ändern wir uns, aber unsere Ziele bleiben dieselben, weil wir es versäumen, zu überprüfen, ob wir noch dieselben Dinge in unserem Leben erreichen wollen. Bringen Sie alle paar Monate Ihre Ziele auf einen aktuellen Stand, überprüfen Sie sie noch einmal systematisch alle sechs bis zwölf Monate. Es ist sehr nützlich, ein Tagebuch zu führen, in dem Sie jederzeit nachlesen können, wie weit Sie mit der Realisierung Ihrer Ziele bereits fortgeschritten sind. Tagebücher sind eine große Hilfe, um zu verfolgen, wie das eigene Leben verlaufen ist und wie man sich weiterentwickelt hat. Wenn Ihr Leben lebenswert ist, ist es auch wert, aufgezeichnet zu werden.

Wird das alles funktionieren? Darauf gehe ich jede Wette ein. Vor drei Jahren habe ich mich hingesetzt und meinen idealen Tag und meine ideale Umgebung geplant. Heute habe ich beides verwirklicht.

Damals lebte ich in einer kleinen Wohnung in Marina del Rey, in Kalifornien, aber ich wußte, daß ich mehr erreichen wollte. Ich führte also mein privates Zielbestimmungs-Training durch. Ich beschloß, für mich einen idealen Tag zu planen und dann mein Unbewußtes so zu programmieren, dieses ideale Leben zu schaffen. Indem ich täglich in meiner Vorstellung genau das durchlebte, was ich mir am meisten wünschte. So fing ich an. Ich wußte, ich wollte morgens aufstehen und das Meer sehen können, ich wollte am Strand entlanglaufen können. Ich hatte ein Bild – noch nicht sehr deutlich – von einem Ort, der beides zu bieten hatte, einen Garten und das Meer.

Nach dem Laufen wollte ich einen schönen Platz zum Arbeiten. Ich stellte ihn mir groß und geräumig vor. Ich sah im ersten oder zweiten Stock meines Hauses eine zylindrische Form vor mir. Ich wünschte mir eine Limousine und einen Fahrer. Ich wollte mit vier oder fünf Partnern zusammenarbeiten, die genauso entschlossen und begeisterungsfähig waren wie ich. Partner, mit denen ich mich treffen und neue Ideen entwickeln könnte. Ich träumte von der idealen Frau, die meine Ehefrau sein würde. Ich hatte kein Geld und beschloß, finanziell unabhängig zu werden.

Ich bekam alles, was ich in meinem Gehirn eingegeben hatte. Alles, was ich mir damals vorgestellt habe, ist eingetreten. Mein Schloß sieht ganz genau so aus, wie ich es mir vorgestellt hatte, als ich noch in Marina del Rey wohnte. Ich begegnete meiner Traumfrau, sechs Monate nachdem ich sie mir vorgestellt hatte, und heiratete sie achtzehn Monate danach. Ich habe mir eine Umgebung geschaffen, die meine Kreativität fördert, ständig meinen Wunsch bestärkt, alle meine Möglichkeiten zu nutzen, und das gibt mir ein tiefes Gefühl der Dankbarkeit. Warum? Ich habe mir ein Ziel gesetzt und meinem Gehirn täglich die klare und präzise Botschaft vermittelt, daß das meine Realität werden sollte. Da ich ein konkretes, eindeutiges Ziel hatte, steuerte mein Unbewußtes meine Gedanken und Handlungen so, daß ich die Ergebnisse erzielte, die ich mir wünschte. Es hat bei mir funktioniert, und es kann auch bei Ihnen funktionieren.

Machen Sie zum Schluß noch folgendes:

Stellen Sie eine Liste all der Dinge auf, die Sie heute erreicht haben und die früher einmal Ziele von Ihnen waren, all die Bestandteile Ihres idealen Tages, die Sie bereits heute erleben können, alles in Ihrem Leben, wofür Sie schon jetzt dankbar sind, alle Ressourcen, die Ihnen bereits zur Verfügung stehen. Ich nenne das ein Tagebuch der Dankbarkeit. Manchmal haben Menschen nur noch Augen für das, was sie wollen, und versäumen, für das, was sie bereits haben, dankbar zu sein oder etwas damit anzufangen. Das erste, was Sie auf dem Weg zu Ihrem Ziel tun müssen, ist, das zu sehen und zu würdigen, was Sie schon erreicht haben, und es für zukünftige Vorhaben zu nützen. Wir alle können in jedem Augenblick unser Leben verbessern. Die Verwirklichung Ihrer kühnsten Träume sollte heute mit den alltäglichen Dingen beginnen, die Sie auf den richtigen Weg bringen können. Shakespeare hat einmal geschrieben: »Handlungen sind beredte Worte.« Beginnen Sie schon heute mit den Handlungen, die zu Ihren wichtigsten Zielen führen werden.

In diesem Kapitel haben Sie erfahren, wie wichtig es ist, Resultate präzise zu formulieren. Das gilt für jede Kommunikation mit uns selbst und mit anderen. Je präziser wir kommunizieren, desto effektiver sind wir.

Das nächste Kapitel zeigt Ihnen, wie Sie ein Höchstmaß an Präzision erreichen können.

12

Präzision

Die menschliche Sprache ist wie eine gesprungene Kesselpauke, mit deren Tönen wir Bären zum Tanzen bringen, während wir uns immer nur danach sehnen, das Mitleid der Sterne zu wecken.

GUSTAVE FLAUBERT

Erinnern Sie sich an eine Gelegenheit, als etwas, das Sie gehört haben, starken Eindruck auf Sie gemacht hat – vielleicht eine Rede, wie die Martin Luther Kings ›Ich hatte einen Traum‹. Vielleicht aber auch Worte Ihres Vaters, Ihrer Mutter oder Ihres Lehrers. Wir kennen alle solche Gelegenheiten, da jemand mit soviel Ausdruckskraft und Präzision etwas gesagt hat, daß es uns für immer im Gedächtnis geblieben ist. »Worte sind die mächtigsten Drogen, deren sich die Menschheit bedient«, sagte Rudyard Kipling. Jeder von uns hat schon erlebt, welche magische, berauschende Kraft Worte ausüben können.

Als John Grinder und Richard Bandler erfolgreiche Menschen untersuchten, fanden sie bei ihnen viele gemeinsame Eigenschaften. Zu den wichtigsten gehörte die Fähigkeit zu präziser Kommunikation. Ein Manager muß Informationen gut nutzen können, um Erfolg zu haben. Bandler und Grinder stellten fest, daß die erfolgreichsten Manager eine geradezu geniale Fähigkeit dafür hatten, schnell zum Wesentlichen einer Information vorzudringen und ihr Verständnis an andere weiter zu vermitteln. Sie benutzten Schlüsselsätze und -wörter, welche ihre wichtigsten Gedanken mit großer Präzision ausdrückten.

Sie hatten auch nicht den Anspruch, alles wissen zu müssen. Sie machten einen Unterschied zwischen dem, was sie wissen mußten, und dem, was sie nicht zu wissen brauchten, und konzentrierten sich nur auf das erste. Bandler und Grinder beobachteten, daß auch herausragende Therapeuten wie Virginia Satir, Fritz Perls und Milton Erickson einige der gleichen Sätze verwendeten, die es ihnen ermöglichten, mit ihren Patienten in einer oder zwei Sitzungen Ergebnisse zu erzielen, für die andere ein oder zwei Jahre gebraucht hätten.

Daran ist nichts Überraschendes. Denken Sie daran, was wir bereits gelernt haben: Die Karte ist nicht das Gebiet. Die Worte, die wir verwenden, um Erfahrungen zu beschreiben, sind nicht die Erfahrungen selbst. Sie sind nur die beste verbale Repräsentation, die wir davon haben. Daher leuchtet es ein, daß Erfolg unter anderem davon abhängt, wie zutreffend und präzise die Worte sind, mit denen wir unsere Absichten übermitteln – wie genau unsere Karte das Gebiet wiedergibt. So wie wir alle uns an Situationen erinnern können, in denen Worte sehr starken Eindruck auf uns gemacht haben, so kennen wir auch andere Gelegenheiten, bei denen die Verständigung vollständig mißlungen ist. Wir glaubten, etwas Bestimmtes zu sagen, aber der Gesprächspartner verstand etwas völlig anderes. So wie präzise Kommunikation klare Wegweiser etabliert, so führt eine ungenaue Sprache schnell in die Irre.

»Wenn Gedanken die Sprache korrumpieren können, so kann auch die Sprache unsere Gedanken korrumpieren«, schrieb George Orwell, dessen Roman *1984* sich genau mit dieser Problematik befaßt.

In diesem Kapitel werden Sie etwas über Methoden erfahren, sich präziser und wirksamer verständlich zu machen, als je zuvor. Sie werden lernen, wie Sie auch andere dazu bringen können, dasselbe zu tun. Es handelt sich um einfache sprachliche Werkzeuge, die jeder von uns anwenden kann, um das sprachliche Durcheinander, in dem die meisten von uns verstrickt sind, zu durchdringen. Worte können Mauern schaffen, aber sie können auch Brücken bauen. Nutzen Sie Worte, um Menschen miteinander zu verbinden, anstatt sie voneinander zu trennen.

In meinen Seminaren sage ich den Teilnehmern, daß ich ihnen zeigen werde, wie sie das, was sie sich wünschen, erreichen können. Ich bitte sie, das auf ein Blatt zu schreiben: »Wie ich bekommen kann, was ich möchte.« Nach einer langen, ausführlichen Vorbereitung gebe ich ihnen die Zauberformel.

Wie Sie bekommen, was Sie haben wollen. »Fragen Sie«, sage ich. »Das ist alles.«

Das ist kein Scherz. Wenn ich sage: »Fragen Sie«, meine ich damit nicht, daß sie winseln, betteln, klagen, stöhnen oder kriechen sollen. Ich meine nicht, daß sie eine ausgestreckte Hand erwarten sollen, ein Gratisessen oder irgendeinen Akt der Wohltätigkeit. Ich meine nicht, daß jemand anderer die ganze Arbeit erledigen soll. Ich meine damit, daß man lernt, intelligente und präzise Fragen zu stellen. Daß man lernt, Fragen so zu stellen, daß sie einem helfen, das Ziel zu bestimmen und zu erreichen. Im vorigen Kapitel haben Sie bereits begonnen, das zu tun, indem Sie die Resultate, Ziele und Verhaltensweisen festlegten, die Sie erreichen wollen. Nun brauchen Sie noch spezifischere sprachliche Instrumente. Es gibt fünf Richtlinien für intelligentes und präzises Fragen:

1. Fragen Sie sehr genau. Sie müssen genau beschreiben, was Sie wollen – sich selbst und auch anderen. Wie hoch, wie weit, wieviel? Wann, wo, wie, mit wem? Wenn Sie für Ihr Geschäft Geld aufnehmen müssen, werden Sie es bekommen – wenn Sie wissen, wie Sie danach fragen müssen. Sie werden es nicht bekommen, wenn Sie sagen: »Wir benötigen noch etwas Geld, um ein neues Produkt zu entwickeln. Bitte, leihen Sie uns etwas.« Sie müssen präzise definieren, was Sie benötigen, warum Sie es benötigen und wann Sie es benötigen. Sie müssen fähig sein zu zeigen, was Sie damit anfangen wollen. In den Seminaren für Zielsetzung sagen die Teilnehmer immer wieder, daß sie mehr Geld wollen. Dann gebe ich ihnen ein, zwei Dollar. Sie haben bekommen, wonach sie gefragt haben, aber sie haben nicht intelligent gefragt, und daher nicht bekommen, was sie wirklich wollten.

2. Fragen Sie jemand, der Ihnen helfen kann. Nur präzise zu fragen, hilft Ihnen gar nichts, wenn Sie nicht jemanden fragen, der die entsprechenden Ressourcen hat – das Wissen, das Kapital, das Verständnis oder die nötige Erfahrung. Nehmen wir einmal an, Sie haben Schwierigkeiten mit Ihrem Ehepartner. Ihre Beziehung droht in die Brüche zu gehen. Sie können jemandem Ihr Herz ausschütten. Sie können so präzise und so ehrlich sein, wie es überhaupt nur möglich ist. Aber wenn Sie von jemandem Hilfe erwarten, der in einer ebenso unglücklichen Beziehung lebt wie Sie, dann wird es Ihnen wohl kaum etwas nützen.

Um die richtige Person zu finden, an die wir Fragen richten können, müssen wir uns wieder daran erinnern, wie wir erkennen können, was funktioniert. Alles, was Sie wollen – eine bessere Beziehung, ein besserer Job, eine bessere Möglichkeit, Ihr Geld anzulegen –, ist etwas, das irgend jemand bereits hat oder tut. Das Entscheidende ist also, einen solchen Menschen ausfindig zu machen und herauszufinden, wie er vorgegangen ist. Viele von uns verlassen sich auf Stammtischweisheiten. Wir finden ein geduldiges Ohr und erwarten davon bereits Resultate. Aber das wird nicht gelingen solange nicht Erfahrung und Wissen zu dem Mitgefühl hinzukommen.

3. Tun Sie etwas für denjenigen, den Sie fragen. Sie können nicht erwarten, daß jemand Ihnen sofort das gibt, wonach Sie verlangen. Überlegen Sie, wie Sie dem anderen zuerst helfen können. Wenn Sie eine Geschäftsidee haben, und dazu Geld benötigen, könnten Sie jemanden suchen, der Ihnen nicht nur hilft, sondern selbst einen Nutzen daraus ziehen kann. Zeigen Sie ihm, wie Ihre Idee für Sie beide einen Wert haben kann. Es muß sich dabei nicht immer um einen greifbaren Wert handeln. Der Wert, den Sie schaffen, kann in einem Gefühl, einer Empfindung oder einem Traum bestehen. Wenn Sie zu mir kämen und mir sagten, daß Sie zehntausend Dollar benötigen, würde ich wahrscheinlich antworten: »Es gibt viele Leute, die zehntausend Dollar benötigen.« Wenn Sie aber sagen würden, Sie benötigen das Geld, um das Leben anderer Menschen zu verbessern, dann würde ich vielleicht anfangen zuzuhören. Und wenn Sie mir genau zeigen könnten, wie Sie den anderen Menschen helfen und auf diese Weise etwas für sich und andere schaffen wollen, könnte ich erkennen, wie ich durch meine Hilfe zu etwas Sinnvollem beitrage.

4. Stellen Sie Ihre Fragen klar und kongruent. Der sicherste Weg zum Mißerfolg besteht darin, Ambivalenz zu vermitteln. Wenn Sie selbst von dem, was Sie wollen, nicht völlig überzeugt sind, wie wollen Sie dann jemand anderen davon überzeugen? Wenn Sie also eine Frage stellen, müssen Sie es mit absoluter Überzeugung tun. Drücken Sie diese Überzeugung in Ihren Worten und in Ihrer Physiologie aus. Sie müssen fähig sein, zu zeigen, daß Sie sich sicher sind in bezug auf das was Sie wollen, daß Sie überzeugt sind, Erfolg zu haben, und daß Sie ganz sicher sind, damit einen Wert zu schaffen – nicht nur für sich, sondern auch für denjenigen, der Ihnen hilft.

Manchen Menschen gelingen diese vier Dinge perfekt. Sie stellen präzise Fragen. Sie fragen jemanden, der ihnen helfen kann. Sie schaffen einen Wert für den Menschen, den sie fragen. Sie fragen mit Überzeugung. Und trotzdem erhalten sie nicht, was sie wollen. Der Grund ist ganz einfach: sie haben den fünften Punkt außer acht gelassen. Sie haben nicht ›so lange fragt, bis...‹ Das ist der fünfte und wichtigste Bestandteil intelligenten Fragens.

5. Fragen Sie so lange, bis Sie bekommen, was Sie wollen. Das bedeutet nicht, daß Sie immer wieder dieselbe Person fragen müssen. Es bedeutet nicht, daß Sie immer auf genau die gleiche Art und Weise fragen müssen. Vergessen Sie die ›Grundregel des Erfolgs‹ nicht, die besagt, daß Sie die Wahrnehmungsfähigkeit entwickeln müssen, um das Feedback zu erkennen, das Sie erhalten, und daß Sie genügend Flexibilität besitzen müssen, um Ihr Verhalten immer wieder zu ändern.

Wenn Sie also fragen, müssen Sie immer wieder einen neuen Zugang finden, bis Sie erreicht haben, was Sie wollen. Wenn Sie das Leben erfolgreicher Menschen beobachten, werden Sie immer wieder feststellen, daß sie immer weiter gefragt haben, immer weiter versucht haben, immer wieder neue Zugänge ausprobiert haben. Sie hatten den festen Glauben, früher oder später jemanden zu finden, der ihnen helfen würde zu bekommen, was sie wollten.

Welcher Aspekt der Erfolgsformel ist am schwierigsten zu bewältigen? Für viele ist es am schwierigsten, präzise Fragen zu stellen. Wir leben nicht gerade in einer Kultur, die besonders großen Wert auf eine präzise Kommunikation legt. Das ist wahrscheinlich eines der größten Versäumnisse unserer Kultur. Die Sprache spiegelt die Bedürfnisse einer Gesellschaft wider. Ein Eskimo hat einige Dutzend Wörter für ›Schnee‹. Warum? Um als Eskimo zurechtzukommen, muß man die Fähigkeit haben, zwischen verschiedenen Schneearten feine Unterschiede zu erkennen. Es gibt Schnee, in dem man einsinken kann, Schnee, aus dem man ein Iglu bauen kann, Schnee, über den man die Hunde laufen lassen kann, Schnee, den man essen kann. Schnee, der bereits zu schmelzen beginnt. Ich bin aus Kalifornien. Ich bekomme so gut wie nie Schnee zu sehen, daher komme ich mit einem Wort dafür aus.

Viele Begriffe und Wörter, die die Menschen in unserer Kultur verwenden, haben wenig oder gar keine spezifische Bedeutung. Ich bezeichne sie als generalisierte nichtsinnesspezifische Begriffe – als ›Fluff‹. Es ist eine Sprache, die nicht auf Beschreibungen, sondern auf vagen Vermutungen beruht. »Mary sieht deprimiert aus«, ist ›Fluff‹. Oder: »Mary sieht müde aus.« Oder noch schlimmer: »Mary ist deprimiert.« Oder: »Mary ist müde.« Eine präzise Sprache wäre: »Mary ist eine zweiunddreißigjährige Frau mit blauen Augen und braunem Haar, die rechts von mir sitzt. Sie lehnt sich in ihrem Sessel zurück, trinkt eine Diät-Cola, ihre Augen sind defokussiert, ihre Atmung ist flach.« In dem einen Fall werden genaue Beschreibungen äußerer, nachprüfbarer Zustände gemacht, in dem anderen Vermutungen über etwas angestellt, was niemand sehen kann. Der Sprecher hat keine Ahnung davon, was in Marys Kopf vor sich geht. Er geht von sich aus und glaubt zu wissen, was in ihr vorgeht.

Es gibt kein Mittel, zu dem der Mensch nicht
greifen würde, nur um nicht denken zu müssen.
THOMAS EDISON

Vermutungen anzustellen, ist ein Kennzeichen bequemer Kommunikation. Es ist einer der gefährlichsten Fehler, wenn man mit anderen kommuniziert. Ein gutes Beispiel dafür ist Three Mile Island. Nach einem Bericht der *New York Times* waren viele Probleme, die zu dem Unfall und der Schließung des Kernkraftwerks führten, bereits vorher von den Angestellten erkannt und der Geschäftsleitung mitgeteilt worden. Wie die offiziellen Vertreter der Gesellschaft später zugaben, hatte jeder angenommen, daß sich ein anderer mit der Angelegenheit befassen werde. Anstatt etwas zu unternehmen und zu fragen, wer für die Behebung der Mängel verantwortlich sei und was im einzelnen getan werden müsse, nahmen sie einfach an, daß sich schon irgend jemand, irgendwann darum kümmern würde. Die Folge war eine der schlimmsten atomaren Unfälle in der amerikanischen Geschichte.

Ein Großteil unserer Sprache besteht aus wilden Generalisierungen und Vermutungen. Daraus kann keine vernünftige Kommunikation entstehen. Wenn Ihnen jemand ganz präzise sagt, was ihn stört, und wenn Sie herausfinden, was er statt dessen möchte, dann können Sie es leicht ändern. Wenn Sie jedoch vage Phrasen und Generalisierungen brauchen, verlieren Sie sich in Ihrem gedanklichen Nebel. Um zu wirksamer Kommunikation zu gelangen, müssen Sie diesen Nebel vertreiben.

Es gibt zahllose Möglichkeiten, eine Kommunikation zu sabotieren, indem wir uns einer bequemen, verallgemeinernden Sprache bedienen. Wenn Sie wirksam kommunizieren wollen, sollten Sie erkennen können, wenn ›Fluff‹ gebraucht wird und wissen, wie Sie Ihre Fragen formulieren müssen, um präzise Auskünfte zu erhalten. Der Zweck präziser Sprachmuster besteht darin, soviel nützliche Informationen wie möglich zu bekommen. Je besser Sie die internalen Repräsentationen eines anderen Menschen kennen, um so leichter können Sie eine Veränderung erreichen.

Das Präzisionsmodell bietet eine Möglichkeit, mit Fluff umzugehen. Es läßt sich am besten mit Hilfe Ihrer Hände verdeutlichen. Nehmen Sie sich ein paar Minuten Zeit, um sich das Diagramm einzuprägen. Halten Sie eine Hand nach der anderen links oben in Ihr Blickfeld, damit Ihre Augen in der günstigsten Stellung sind, um diese Information visuell zu speichern. Sehen Sie dann nacheinander auf Ihre Finger und wiederholen Sie immer wieder die entsprechenden Worte. Gehen Sie von einem Finger zum nächsten, bis Sie sich alle zu der Hand gehörenden Informationen eingeprägt haben. Wiederholen Sie das Ganze dann mit der anderen Hand. Prüfen Sie dann, ob Ihnen, sobald Sie einen Ihrer Finger ansehen, sofort das Wort oder der Ausdruck einfallen, die dazugehören. Prägen Sie sich die Darstellung so lange ein, bis die Verknüpfung automatisch ist.

DAS PRÄZISIONSMODELL

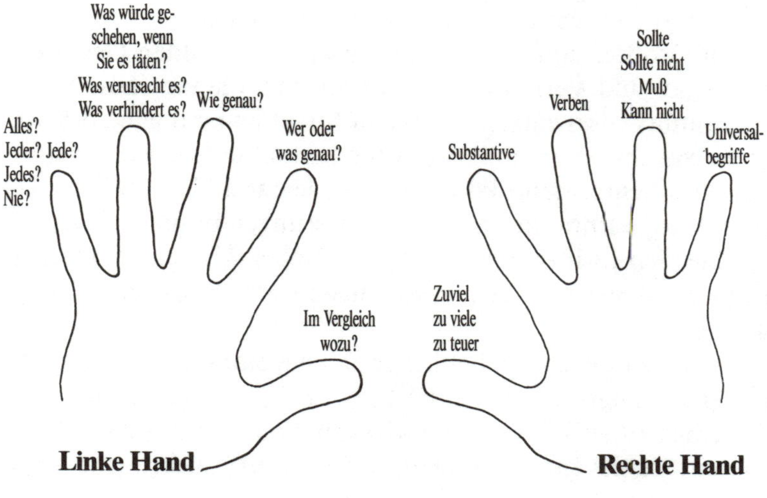

Nachdem Sie sich diese Fragen und Begriffe eingeprägt haben, möchte ich Ihnen nun ihre Bedeutung erklären: Das Präzisionsmodell ist eine Anleitung, einige der üblichen Kommunikationsfallen zu umgehen. Es ist eine Liste einiger der gefährlichsten sprachlichen Irrwege, die Menschen immer wieder verwenden. Diese Liste soll Ihnen helfen, solche Sprachmuster sofort zu erkennen, damit man sie dann präzisieren kann. So erhalten Sie ein Mittel, um Verzerrungen, Tilgungen und Generalisierungen, die jemand gebraucht, zu erkennen und weiterhin Rapport zu halten.

Fangen wir mit dem kleinen Finger an. An der rechten Hand steht das Wort ›Universalbegrife‹. An der linken die Wörter ›Alle, jeder / jede / jedes, nie‹. Universalbegriffe sind akzeptabel, wenn sie wahr sind. Wenn Sie beispielsweise sagen: »Jeder Mensch benötigt Sauerstoff« oder: »Alle Lehrer in der Schule meines Sohnes haben studiert«, dann geben Sie nur Tatsachen wieder. Aber sehr häufig führen Universalbegriffe in die Nebelbänke des Fluff. Sie sehen auf der Straße lärmende Kind und sagen: »Heutzutage haben die Kinder keine Manieren mehr.« Einer Ihrer Angestellten macht etwas falsch, und Sie sagen: »Ich weiß nicht, wofür ich diese Leute überhaupt bezahle. Die machen ja doch *immer* alles falsch.« In beiden Fällen – wie überhaupt meistens, wenn wir Universalbegriffe verwenden – sind wir von einer begrenzt gültigen Wahrheit zu einer allgemeinen Unwahrheit übergegangen. Vielleicht waren die betreffenden Kinder laut, aber das heißt nicht, daß alle Kinder unerzogen sind. Vielleicht erscheint ein ganz bestimmter Angestellter inkompetent, aber sicher nicht alle. Wenn Sie also das nächste Mal eine solche Verallgemeinerung hören, verwenden Sie einfach das Präzisionsmodell. Wiederholen Sie die Aussage und betonen Sie den Universalbegriff.

»Haben alle Kinder schlechte Manieren?« fragen Sie. »Alle?« »Nein, ich glaube, nicht alle. Nur eben diese ganz bestimmten Kinder.« »Arbeiten Ihre Angestellten nie? Niemals?« »Na ja, ich glaube, das stimmt nicht ganz. Dieser eine Bursche hat Mist gebaut, aber ich kann nicht sagen, daß das auf alle anderen auch zutrifft.«

Und jetzt legen Sie die beiden Ringfinger aneinander und untersuchen Sie die einschränkenden Worte: »Sollte. Sollte nicht. Muß. Kann nicht.« Wenn Ihnen jemand sagt, daß er etwas Bestimmtes nicht tun kann, welches Signal sendet er dann an sein Gehirn? Ein einschränkendes, das dafür sorgt, daß er es tatsächlich nicht tun kann. Wenn Sie jemanden fragen, warum er dies oder jenes nicht tun kann oder warum er etwas tun muß, was er nicht tun will, dann ist er gewöhnlich nicht um eine Antwort verlegen. Um diesen Kreis zu sprengen, können Sie fragen: »Was würde geschehen, wenn Sie fähig wären, es zu tun?«

Diese Frage schafft eine Möglichkeit, die der Betreffende nicht gesehen hat und die ihn dazu bringt, die positiven und negativen Nebenwirkungen dieser Tätigkeit in Betracht zu ziehen.

Das gleiche Verfahren läßt sich auch auf Ihren inneren Dialog anwenden. Wenn Sie zu sich selbst sagen: »Ich kann das nicht«, können Sie sich als nächstes fragen: »Was würde passieren, wenn ich es könnte?« Die Antwort darauf wäre eine Liste positiver und produktiver Verhaltensweisen und Gefühle. Dadurch würden neue Repräsentationen von Möglichkeiten geschaffen, und somit neue Zustände, neue Verhaltensmöglichkeiten und neue Resultate. Allein, indem Sie sich diese Frage stellen, ändern Sie Ihre Physiologie und Ihr Denken, und es wird Ihnen plötzlich möglich erscheinen.

Außerdem könnten Sie fragen: »Was hindert mich daran, es jetzt zu tun?« und sich dadurch Klarheit darüber verschaffen, was genau geändert werden muß.

Gehen Sie dann zu Ihrem Mittelfinger und damit zu den Verben über, und fragen Sie: »Wie genau.« Sie erinnern sich: Ihr Gehirn braucht klare Signale, um effektiv zu arbeiten. Fluff lähmt das Gehirn. Wenn jemand sagt: »Ich bin so deprimiert«, dann beschreibt er damit nur einen ressourcearmen Zustand. Er sagt nichts Genaues. Er gibt Ihnen keine Informationen, mit denen Sie sinnvoll arbeiten können. Verändern Sie diesen Zustand, indem Sie den Fluff auseinanderpflükken. Wenn jemand sagt, er sei deprimiert, können Sie ihn fragen, wie genau er deprimiert sei und was genau ihn dazu veranlaßt, sich so zu fühlen.

Wenn Sie ihn dazu bringen, sich genauer auszudrücken, müssen Sie oft von einem Teil des Präszisionsmodells zu einem anderen übergehen. Wenn Sie ihn also auffordern, sich genauer auszudrücken, sagt er vielleicht: »Ich bin deprimiert, weil ich an meinem Arbeitsplatz immer alles falsch mache.« Wie lautet die nächste Frage? Stimmt diese Verallgemeinerung? Sehr wahrscheinlich nicht. Sie könnten also fragen: »Sie machen bei Ihrer Arbeit immer alles falsch?«

Höchstwahrscheinlich wird die Antwort lauten: »Nein, natürlich nicht alles.« Indem Sie durch den Fluff hindurch stoßen, und präzise Informationen gewinnen, sind Sie schon auf dem richtigen Weg, um das Problem zu identifizieren und sich sinnvoll damit auseinanderzusetzen. In der Regel werden Sie herausfinden, daß jemand etwas Geringfügiges falsch gemacht und es dann zu einem Symbol totalen Versagens gemacht hat, das aber nur in seinem Kopf existiert.

Legen Sie nun Ihre Zeigefinger aneinander, die die Substantive und die Frage ›Wer oder was genau‹ repräsentieren. Wann immer Sie in einer allgemeinen Aussage Substantive hören – also von Menschen, Orten und Dingen die Rede ist –, müssen Sie darauf mit einem Satz reagieren, der die Frage ›Wer oder was genau‹ enthält. Das ist das gleiche, was Sie bereits mit den Verben gemacht haben. Sie gehen vom unspezifischen Fluff zu dem wirklichen Ereignis über. Sie können nichts mit einer diffusen Verallgemeinerung anfangen, die nur im Kopf einer Person existiert. – Mit dem konkreten Ereignis können Sie dagegen sehr wohl etwas anfangen.* Wie oft haben Sie schon jemanden sagen hören: »Sie verstehen mich nicht« oder »Sie wollen mir keine faire Chance geben«. Wer genau sind ›sie‹ eigentlich? Wenn es sich um eine große Organisation handelt, dann gibt es doch wahrscheinlich eine Person, die Entscheidungen trifft. Anstatt sich also lange mit dem vagen und verallgemeinernden ›sie‹ aufzuhalten, muß

* Unspezifische Substantive gehören zu der schlimmsten Art von Fluff.

eine Möglichkeit gefunden werden, mit der konkreten Person in einer konkreten Situation umzugehen, die die Entscheidungen trifft. Wenn Sie das unspezifische, namenlose ›sie‹ zulassen, werden Sie nicht weiterkommen. Solange Sie nicht wissen, wer ›sie‹ sind, fühlen Sie sich hilflos und unfähig, Ihre Situation zu verändern. Wenn Sie sich aber auf spezifische Fakten konzentrieren, können Sie die Situation wieder in den Griff bekommen.

Wenn jemand sagt: »Ihr Plan wird nicht funktionieren«, dann müssen Sie herausfinden, worin genau die Schwierigkeit besteht. Die Entgegnung »doch, es wird funktionieren«, ist für den Rapport und eine Lösung des Problems auch nicht gerade dienlich. Häufig geht es gar nicht um den gesamten Plan – sondern nur um einen kleinen Teil davon. Wenn Sie versuchen, den gesamten Plan neu zu entwickeln, dann sind Sie wie ein Flugzeug, das ohne Radar fliegt. Sie arrangieren möglicherweise alles, außer dem Punkt, auf den es ankommt. Wenn Sie genau bestimmen, wo das Problem liegt, und sich dann damit befassen, sind Sie auf dem besten Weg, eine wertvolle Änderung zu erreichen. Denn je genauer eine Landkarte das Gebiet wiedergibt, um so besser ist sie. Je mehr Sie über die Beschaffenheit des Gebiets herausfinden können, um so mehr Möglichkeiten haben Sie, etwas zu ändern.

Legen Sie jetzt für den letzten Teil des Präzisionsmodells Ihre Daumen aneinander. Der eine Daumen sagt: »Zuviel, zu viele, zu teuer.« Der andere sagt: »Im Vergleich wozu?« Wenn wir sagen: »Zuviel, zu viele, zu teuer«, dann verwenden wir eine weitere Form der Tilgung. Häufig basieren solche Aussagen auf sehr willkürlichen Einschätzungen. Sie können behaupten, daß es zuviel sei, länger als eine Woche Urlaub zu machen. Sie können auch der Meinung sein, daß der Computer für fünfhundert Mark, den Ihre Kinder sich wünschen, zu teuer sei.

Sie können aber solche Generalisierungen überwinden, indem Sie einen Vergleich anstellen. Zwei Wochen Urlaub könnten sich lohnen, wenn Sie dafür entspannt zurückkommen und wieder mit mehr Energie arbeiten können. Der

Computer ist vielleicht zu teuer, wenn Sie glauben, daß er zu nichts nutze ist. Wenn Sie aber glauben, daß er ein wertvolles Lehrmittel ist, dann könnte er vielleicht einige tausend Mark mehr wert sein. Die einzige Möglichkeit, diese Beurteilungen vernünftig zu treffen, besteht darin, sinnvolle Vergleichspunkte zu haben. Sie werden feststellen, daß Sie gar nicht mehr ohne das Präzisionsmodell auskommen können, wenn Sie erst einmal angefangen haben, es anzuwenden.

Von Zeit zu Zeit sagt jemand zu mir: »Ihr Seminar ist mir zu teuer.« Wenn ich erwidere: »Im Vergleich wozu?« sagt er vielleicht: »Naja, im Vergleich zu anderen Seminaren, die ich besucht habe.«

Dann versuche ich herauszufinden, um welche anderen Seminare es sich handelt, auf die er sich bezieht, und frage: »In welcher Hinsicht ist dieses Seminar mit meinem vergleichbar?«

»Also«, erwidert er, »im Grunde ist es kaum vergleichbar.«

»Das ist interessant. Was wäre, wenn Sie das Gefühl hätten, mein Seminar wäre seinen Preis wert?« Seine Atmung verändert sich, er lächelt und sagt: »Ich weiß nicht... Ich hätte vermutlich ein gutes Gefühl...«

»Was genau müßte ich tun, um Ihnen dieses Gefühl zu geben?«

»Also, wenn Sie sich ein bißchen mehr mit diesem oder jenem Thema beschäftigen würden, dann wäre ich zufrieden.«

»In Ordnung. Wenn ich mehr Zeit auf dieses Thema verwenden würde, hätten Sie dann das Gefühl, daß das Seminar Ihr Geld und Ihre Zeit wert sei?«

Er nickt zustimmend. Was passiert bei einer solchen Unterhaltung? Wir finden die konkreten, spezifischen Punkte heraus, um die es geht. Wir gehen von einer groben Verallgemeinerung zu genauen Angaben. Sobald wir diese bestimmt hatten, waren wir fähig, uns auf eine Art und Weise zu verständigen, die uns half, das Problem zu lösen. Das geschieht bei fast jeder Art von Kommunikation. Spezifische Informationen sind der schnellste Weg zu einer Vereinbarung.

Konzentrieren Sie sich in den nächsten Tagen auf die Sprache, die andere Menschen benutzen. Beginnen Sie damit, Verallgemeinerungen, unspezifische Verben und Substantive zu bemerken. Sehen Sie sich ein Interview im Fernsehen an. Achten Sie auf den Fluff und die Verallgemeinerungen, die gebraucht werden, und stellen Sie dem Fernsehgerät Fragen, auf die Sie die Informationen erhalten würden, die Sie noch brauchen.

Hier sind einige zusätzliche Muster, auf die Sie achten können. Vermeiden Sie die Wörter wie ›gut‹, ›schlecht‹, ›besser‹, ›schlechter‹ – Wörter, die eine Bewertung wiedergeben. Wenn Sie Sätze hören wie »Das ist eine schlechte Idee« oder »Es ist gut, den Teller leerzuessen«, dann können Sie darauf mit »Wer sagt das?« oder »Woher wissen Sie das?« antworten. Manchmal wird in Aussagen ein Ursache-Wirkungszusammenhang aufgestellt, z. B.: »Seine Bemerkungen haben mich verrückt gemacht« oder »Ihre Beobachtungen haben mich zum Nachdenken gebracht.« Wenn Sie so etwas hören, wissen Sie, daß Sie fragen müssen: »Wie genau hat X zu Y geführt?« und Sie werden sich als Kommunikator und als Modellierer verbessern können.

Etwas anderes, auf das Sie achten müssen, ist das ›Gedankenlesen‹. Wenn jemand sagt: »Ich weiß einfach, daß er mich liebt« oder »Du denkst, ich glaube dir nicht«, dann müssen Sie fragen: »Woher weißt du das?«

Das letzte Muster, das Sie kennenlernen sollten, ist etwas subtiler, was ein zusätzlicher Grund ist, um es kennenzulernen. Was haben Worte wie ›Aufmerksamkeit‹, ›Behauptung‹ und ›Ursache‹ gemeinsam? Es sind Substantive, richtig. Doch wir können sie nicht in unserer äußeren Umgebung antreffen. Haben Sie je eine Aufmerksamkeit gesehen? Sie ist keine Person, kein Ort und auch keine Sache. Das kommt daher, daß dieses Wort ursprünglich als Verb benutzt wurde, das den Prozeß des Aufmerksamseins beschreibt. Nominalisierungen sind Worte, die ihren spezifischen Bezug verloren haben. Sie müssen erst in einen Prozeß zurückverwandelt werden. Wenn jemand sagt: »Ich möchte meine Erfahrungen verändern«, dann muß man ihn fragen: »Was wollen Sie erfahren?« Wenn er sagt: »Ich will Liebe«, dann könnten Sie »Wie möchten Sie geliebt werden?« oder »Wie möchten Sie lieben?« antworten. Gibt es einen Unterschied in der Spezifität zwischen den beiden Formen? Allerdings.

Es gibt noch andere Möglichkeiten, durch Fragen Einfluß auf die Kommunikation zu nehmen. Zum einen durch Fragen nach dem Zielrahmen. Wenn Sie jemand fragen, was ihn stört oder was nicht stimmt, werden Sie lange Ausführungen darüber zu hören bekommen. Wenn Sie fragen: »Was wollen Sie?« oder »Wie wollen Sie die Dinge verändern?«, dann haben Sie die Unterhaltung vom Problem auf die Lösung umgelenkt. In jeder Situation, ganz gleich, wie betrüblich sie ist, gibt es eine erreichbare, wünschenswerte Lösung. Sie sollten es sich zur Gewohnheit machen, vom Problem fort und auf die Lösung hinzuarbeiten.

Das können Sie mit Hilfe der richtigen Fragen erreichen. Es gibt eine ganze Reihe davon. Im *Neurolinguistischen Programmieren* heißen sie ›Zielrahmen-Fragen‹.

»Was will ich?«
»Was ist das Ziel?«
»Wozu bin ich hier?«
»Was will ich für dich?«
»Was will ich für mich?«

Ein weiteres hilfreiches Verfahren besteht darin, nach dem ›Wie‹ statt nach dem ›Warum‹ zu fragen. Fragen nach dem ›Warum‹ führen zu Gründen, Erklärungen, Rechtfertigungen und Entschuldigungen. In der Regel sind das keine sehr nützlichen Informationen. Fragen Sie Ihr Kind nicht, warum es Schwierigkeiten im Rechnen hat. Fragen Sie es, was es braucht, um besser rechnen zu können. Es hat wenig Sinn, einen Kollegen zu fragen, warum er eine Arbeit nicht richtig erledigt hat; fragen Sie ihn, welche Veränderung nötig ist, damit er sie beim nächsten Mal bewältigen kann. Gute Kommunikatoren sind nicht daran interessiert, zu verstehen, warum etwas nicht geklappt hat. Sie wollen herausfinden, wie man es gut machen kann. Die richtigen Fragen werden Sie in die richtige Richtung führen.

Nun zu einem letzten Punkt, der uns zu den befähigenden Glaubenssätzen zurückführt, die wir in Kapitel 5 besprochen haben (›Die sieben Lügen des Erfolgs‹). Jede Kommunikation mit anderen und mit sich selbst sollte nach dem Prinzip stattfinden, daß alles zu einem Zweck geschieht und Sie es für Ihr Ziel einsetzen können. Das heißt, Ihre Kommunikationsfertigkeit sollte Ihnen ermöglichen, sich mit Feedback auseinanderzusetzen, nicht mit Mißerfolg. Wenn Sie ein Puzzle zusammensetzen und ein Stück nicht paßt, werden Sie das nicht als Mißerfolg auffassen und aufhören, an dem Puzzle weiterzuarbeiten. Sie werden es als Feedback auffassen und es mit einem anderen Teil versuchen, das vielversprechender aussieht. Diese allgemeine Regel sollten Sie auch in Ihrer Kommunikation anwenden. Es gibt immer eine präzise Frage, die erheblich zur Lösung eines Problems beitragen kann. Wenn Sie den allgemeinen Prinzipien folgen, die wir hier besprochen haben, werden Sie diese Frage oder diesen Satz in jeder Situation finden können. Wenden Sie das Präzisionsmodell ruhig schon auf die Verallgemeinerung im vorigen Satz an.

13

Rapport

Erinnern Sie sich an eine Zeit in Ihrem Leben, als Sie mit einem anderen Menschen in völligem Einklang waren – mit einem Freund, einem Partner, einem Familienangehörigen oder jemandem, den Sie zufällig getroffen haben. Versetzen Sie sich in diese Zeit zurück und versuchen Sie sich zu erinnern, was an diesem Menschen Sie dazu gebracht hat, sich mit ihm so verbunden zu fühlen.

Vielleicht hatten Sie das Gefühl, das gleiche zu denken oder bei einem bestimmten Film oder Buch das gleiche gefühlt zu haben. Vielleicht haben Sie, ohne es zu bemerken, ein ähnliches Atemmuster oder eine ähnliche Sprechweise gehabt. Vielleicht hatten Sie beide ähnliche Ansichten oder Glaubenssätze. Was immer es gewesen ist, es war in jedem Fall Ausdruck des gleichen grundlegenden Merkmals – des Rapports. Unter Rapport versteht man die Fähigkeit, die Welt eines anderen zu betreten, ihm das Gefühl zu geben, daß er verstanden wird und eine Verbindung zwischen Ihnen besteht. Es ist die Fähigkeit, vollständig von Ihrer Landkarte der Welt zu der eines anderen überzugehen. Es ist die Essenz erfolgreicher Kommunikation. Rapport ist das beste Mittel, um mit anderen zu Ergebnissen zu kommen. In Kapitel 5 (›Die sieben Lügen des Erfolgs‹) haben wir gelernt, daß andere Menschen Ihre wichtigste Ressource sind. Rapport ist der Weg, um diese Ressource zu nutzen. Ganz gleich, was Sie sich vorgenommen haben, wenn Sie mit den richtigen Menschen Rapport herstellen können, werden Sie fähig sein, ihren Wünschen entgegenzukommen und sie werden das gleiche für Sie tun.

Die Fähigkeit, Rapport herzustellen, ist eine kaum zu überschätzende Stärke. Um ein guter Redner, ein guter Verkäufer, eine gute Mutter, ein guter Vater, ein guter Freund oder ein guter Politiker zu sein, müssen Sie Rapport herstellen können, müssen Sie in der Lage sein, eine starke gegenseitige Verbindung und Kooperationsbereitschaft herzustellen.

Viele Menschen machen sich das Leben sehr schwer. Es muß nicht so sein. Alles, was Sie in diesem Buch lernen, sind genaugenommen nur Wege, um den Rapport zu anderen zu verbessern, denn dadurch wird fast jede Aufgabe leichter, einfacher und angenehmer. Ganz gleich, was Sie tun, sehen, schaffen, bewirken oder erleben wollen, ganz gleich, ob es sich um spirituelle Verwirklichung handelt oder darum, eine Million Mark zu verdienen – es gibt immer jemanden, der Ihnen helfen kann, Ihr Ziel schneller und leichter zu erreichen. Es gibt immer jemanden, der weiß, wie Sie schneller und effektiver an Ihr Ziel gelangen, oder der etwas tun kann, um Ihnen zu helfen, es schneller zu erreichen. Um ihn dafür zu gewinnen, müssen Sie zuerst Rapport herstellen, ein Gefühl der Verbundenheit, das Sie zu Partnern macht.

Soll ich Ihnen das schlimmste Klischee verraten, das je im Umlauf war? »Gegensätze ziehen sich an.« Wie bei den meisten Unwahrheiten, steckt auch in diesem Klischee ein Körnchen Wahrheit. Wenn es zwischen zwei Menschen viel Gemeinsamkeiten gibt, wird durch den Unterschied ein zusätzlicher Reiz geschaffen. Doch zu wem fühlen Sie sich grundsätzlich hingezogen? Mit wem verbringen Sie gern Ihre Zeit? Suchen Sie nach jemandem, der in nichts mit Ihnen übereinstimmt, der verschiedene Interessen hat, schlafen möchte, wenn Sie etwas unternehmen wollen, und etwas unternehmen will, wenn Sie schlafen möchten? Natürlich nicht. Sie möchten mit Leuten zusammen sein, die wie Sie sind, und doch einzigartig.

Menschen, die sich ähneln, neigen dazu, einander zu mögen. Werden Clubs auf der Grundlage von Gegensätzen gegründet? Nein, sie kommen als Kriegsveteranen, Briefmarken- oder Autogrammsammler zusammen, weil sie alle etwas gemeinsam haben. Sind Sie je auf einem Kongreß gewesen?

Besteht dort nicht augenblicklich eine Verbindung zwischen Menschen, die einander bis dahin noch nie begegnet sind? In Filmkomödien sieht man manchmal in einer Szene eine schnell sprechende, schlagfertige, extrovertierte Person mit einer stillen, langsamen, introvertierten interagieren. Wie kommen die beiden miteinander aus? Schrecklich. Sie sind einfach nicht ähnlich genug, um einander wirklich zu mögen.

Wenn wir sagen, daß Menschen ›Differenzen haben‹, meinen wir damit, daß die Bereiche, in denen sie nicht übereinstimmen, ihnen Probleme bereiten. Woher kommen solche Schwierigkeiten, wie z. B. zwischen Schwarzen und Weißen in den Vereinigten Staaten? Wie entstehen sie? Sie entstehen, wenn Menschen sich darauf konzentrieren, was sie unterscheidet, wenn sie nur die Unterschiede in ihrer Hautfarbe, ihrer Kultur, ihren Sitten und Gebräuchen wahrnehmen. Eine zu große Verschiedenheit kann zu ernsten Spannungen führen. Harmonie entsteht in der Regel durch Gemeinsamkeit. Die Geschichte der Menschheit ist voller Beispiele dafür. Das trifft auf globaler, wie auch auf persönlicher Ebene zu.

Schauen Sie sich jede beliebige Beziehung zwischen zwei Menschen an, und Sie werden feststellen, daß das erste, was eine Verbindung zwischen ihnen geschaffen hat, eine Gemeinsamkeit war. Die Art und Weise, wie sie etwas tun, mag verschieden sein, aber das was ihnen gemeinsam ist, hat sie zusammengeführt. Denken Sie an jemanden, den Sie gern mögen, und überlegen Sie, was ihn für Sie so anziehend macht. Sind es nicht Merkmale, die Sie auch haben, auch gern hätten? Sie denken bestimmt nicht: »Toll, der denkt ja in jedem Punkt genau das Gegenteil von mir. Was für ein großartiger Mensch«, sondern eher: »Was für ein kluger Kopf – er sieht die Welt genauso wie ich und kann meine Sichtweise sogar bereichern.« Denken Sie auch an jemanden, den Sie nicht leiden können. Ist es jemand, der große Ähnlichkeit mit Ihnen hat? Denken Sie etwa: Großer Gott, was für ein schrecklicher Mensch – er denkt ganz genauso wie ich?

Bedeutet das, daß es keinen Ausweg aus dem Teufelskreis gibt, wo Unterschiede Konflikte schaffen, die mehr Konflikte schaffen, die wieder neue Unterschiede schaffen? Natürlich nicht. Denn wo immer es Unterschiede gibt, gibt es auch Gemeinsamkeiten. Die Schwarzen und Weißen in Amerika weisen eine Menge Unterschiede auf – wenn man die Dinge auf diese Weise sehen will. Aber sie haben viel mehr Gemeinsames. Wir sind alle Männer und Frauen, Brüder und Schwestern mit ähnlichen Ängsten und Hoffnungen. Um vom Mißklang zur Harmonie zu gelangen, genügt es, sich statt den Unterschieden den Gemeinsamkeiten zuzuwenden. Der erste Schritt zu wirklicher Kommunikation besteht darin, zu lernen, Ihre Landkarte der Welt in die eines anderen zu übersetzen. Dabei hilft uns Rapport.

Wenn Sie einen anderen Menschen
für Ihre Sache gewinnen wollen, müssen Sie ihn
zuerst davon überzeugen, daß Sie sein
aufrichtiger Freund sind.
ABRAHAM LINCOLN

Wie stellen wir Rapport her? Indem wir Gemeinsamkeiten schaffen oder entdecken. In der NLP-Sprache nennen wir diesen Vorgang ›spiegeln‹ (›mirroring‹) oder ›angleichen‹ (›matching‹). Es gibt viele Möglichkeiten, Gemeinsamkeiten mit einem anderen Menschen herzustellen, und so Rapport zu schaffen. Sie können bestimmte Vorlieben spiegeln – durch ähnliche Erfahrungen, den gleichen Stil der Kleidung oder dasselbe Hobby. Sie können ähnliche Interessen spiegeln – zum Beispiel, dieselben Freunde oder Bekannten haben. Sie können einen Glauben spiegeln. Das alles geschieht ohnehin ständig, wenn wir Freundschaften und Beziehungen eingehen. Diese Erfahrungen haben eines gemeinsam: Sie werden durch Worte vermittelt. Die häufigste Methode, um Übereinstimmung herzustellen, ist der Austausch von Informationen übereinander durch Worte. Untersuchungen haben jedoch gezeigt, daß nur sieben Prozent der Kommunikation zwischen Menschen durch Worte selbst übermittelt werden. Achtunddreißig Prozent entfallen auf den Tonfall der Stimme. Ich kann mich noch gut daran erinnern, wie es war, wenn meine Mutter früher ihre Stimme erhob und in einem ganz bestimmten Ton ›Anthony‹ sagte. Es bedeutete viel mehr, als daß sie nur meinen Namen aussprach. Fünfundfünfzig Prozent der Kommunikation, der weitaus größere Teil also, beruhen auf der Physiologie und Körpersprache. Der Gesichtsausdruck, die Gesten und Bewegungen einer Person sagen uns viel mehr als ihre Worte selbst.

Wenn Sie also versuchen, ausschließlich durch den Inhalt einer Unterhaltung Rapport herzustellen, dann lassen Sie die wirksamsten Möglichkeiten aus, die Ihnen zur Verfügung stehen, um eine Beziehung zu einem anderen Menschen aufzubauen. Rapport läßt sich am besten herstellen, indem Sie die Physiologie einer Person spiegeln. Genau das hat Milton Erickson, der großartige Hypnotherapeut, getan. Er spiegelte den Atemrhythmus, die Körperhaltung, den Tonfall und die Gesten anderer Menschen und stellte dadurch innerhalb weniger Minuten einen sehr starken Rapport her. Menschen, die ihn vorher nicht gekannt hatten, schenkten ihm unmittelbar ihr Vertrauen. Wenn Sie also bisher nur durch Worte Rapport hergestellt haben, dann denken Sie daran, welchen Rapport Sie durch Worte *und* Physiologie zusammen herstellen können.

Während Worte auf das Bewußtsein eines Menschen einwirken, wirkt die Physiologie auf sein Unbewußtes ein. Das Gehirn registriert nur: Dieser Mensch ist wie ich! Er muß in Ordnung sein. Sobald das geschieht, entsteht eine sehr starke Verbindung. Dadurch, daß es unbewußt geschieht, ist es um so wirksamer. Sie nehmen nichts anderes wahr, als daß eine Beziehung entstanden ist.

Wie läßt sich die Physiologie eines anderen Menschen spiegeln? Welche Aspekte seines Körperausdrucks können Sie überhaupt spiegeln? Beginnen Sie mit seiner Stimme. Spiegeln Sie den Tonfall, die Phrasierung, die Stimmlage, die Sprechgeschwindigkeit, die Art der Unterbrechungen, die Lautstärke. Spiegeln Sie Lieblingswörter oder -ausdrücke. Spiegeln Sie die Körperhaltung, den Atemrhythmus, die Körpersprache, den Gesichtsausdruck, die Gesten und andere wahrnehmbare Merkmale. Jeder Aspekt der Physiologie, von der Fußstellung bis zur Neigung des Kopfes, ist etwas, das Sie spiegeln können. Das wird Ihnen zunächst einmal absurd erscheinen.

Was wäre, wenn Sie jemanden vollständig spiegeln könnten? Was glauben Sie? Der Betreffende hätte das Gefühl, seinen Seelengefährten gefunden zu haben, jemanden, der ihn völlig versteht, der seine Gedanken lesen kann, der genauso ist wie er selbst. Doch Sie brauchen nicht alles zu spiegeln, um Rapport herzustellen. Wenn Sie mit der Sprechgeschwindigkeit oder einem ähnlichen Gesichtsausdruck beginnen, können Sie bereits einen sehr starken Rapport herstellen.

Üben Sie in den nächsten Tagen, Menschen, mit denen Sie zusammenkommen, zu spiegeln. Spiegeln Sie ihre Gesten und ihre Haltung. Spiegeln Sie ihre Atmung. Spiegeln Sie Ton und Volumen ihrer Stimme. Beurteilen Sie selbst, ob sich Ihr Kontakt dadurch ändert.

Erinnern Sie sich an das Spiegelungsexperiment in dem Kapitel über die Physiologie? Wenn man die Physiologie eines anderen spiegelt, kann man nicht nur in den gleichen Zustand gelangen wie er, sondern hat auch ähnliche innere Erfahrungen und Gedanken. Was könnten Sie in Ihrem täglichen Leben damit anfangen? Welchen Rapport könnten Sie dann herstellen, und wozu könnten Sie ihn nutzen? Es ist unglaublich, sich das vorzustellen, aber professionelle Kommunikatoren tun das andauernd. Spiegeln ist eine Fertigkeit wie jede andere auch. Man braucht Übung, um es wirklich zu beherrschen. Doch Sie können auch, wenn Sie es jetzt schon anwenden, gute Resultate erzielen.

Spiegeln setzt zwei Fertigkeiten voraus. Genaue Beobachtung und persönliche Flexibilität. Hier ist ein Versuch, den Sie mit einem Partner zusammen durchführen können. Bestimmen Sie, wer von Ihnen gespiegelt werden soll und wer spiegeln wird. Der ›Gespiegelte‹ soll innerhalb von ein bis zwei Minuten so viele körperliche Veränderungen vornehmen wie möglich. Er kann den Gesichtsausdruck, die Körperhal-

Mögliche Komponenten der Stimmspiegelung

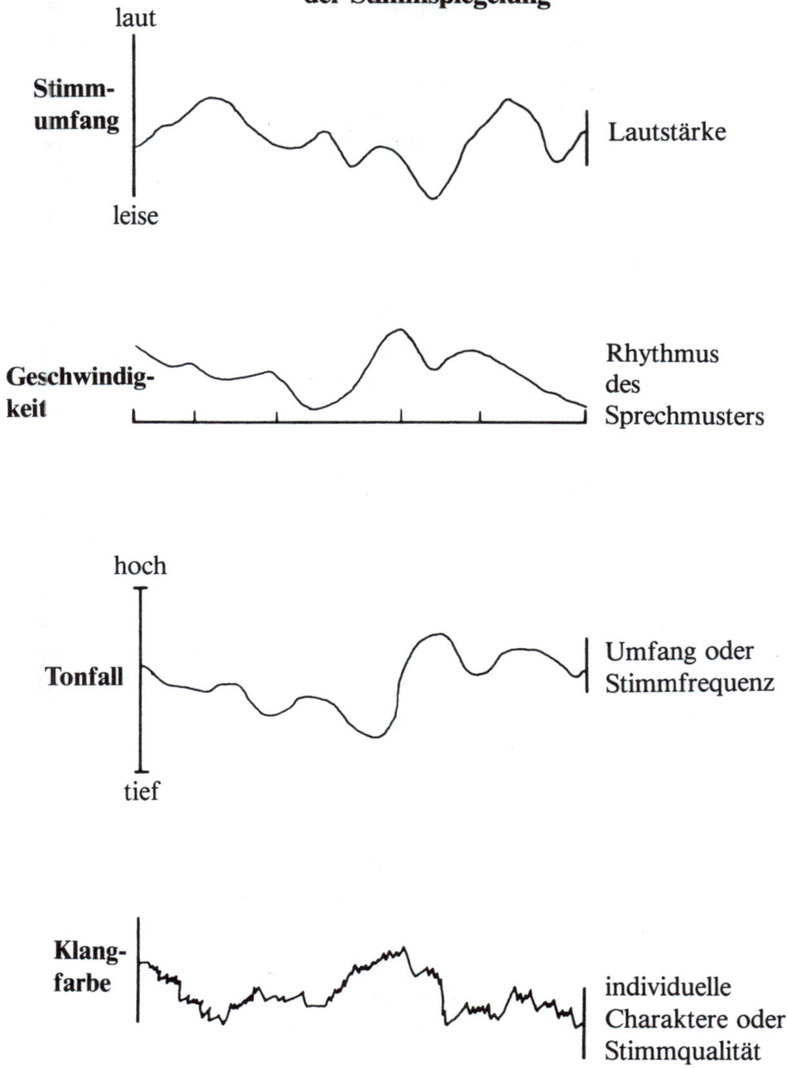

tung und die Atmung verändern. Er kann so deutliche Merkmale verändern wie die Armhaltung, aber auch so subtile, wie die Spannung in den Halsmuskeln. Diese Übung läßt sich hervorragend mit Kindern durchführen. Wenn Sie fertig sind, können Sie Ihre Notizen vergleichen, um zu sehen, wie gut Sie die andere Person gespiegelt haben. Tauschen Sie dann die Rollen. Wahrscheinlich werden Sie feststellen, daß Sie mindestens so viele ausgelassen wie getroffen haben. Jeder kann lernen, hervorragend zu spiegeln, doch zunächst muß Ihnen klar sein, daß verschiedene Menschen ihren Körper auf hundert verschiedene Weisen benutzen, und je besser Sie die verschiedenen Körperstellungen erkennen, um so besser werden Sie sie spiegeln können. Wenn Sie erst ein bißchen Übung haben, werden Sie es ganz unbewußt tun. Sie werden die Körperhaltung und -sprache anderer Menschen ganz automatisch spiegeln.

Es gibt unzählige Feinheiten zu beachten, wenn man wirksam spiegeln will, aber das Wichtigste haben wir schon in dem Kapitel über Strategien besprochen – die drei grundlegenden Repräsentationssysteme. Wie Sie wissen, verwendet jeder alle drei Repräsentationssysteme. Doch die meisten von uns haben starke Vorlieben und benutzen überwiegend ein Repräsentationssystem. Wir sind entweder primär visuell, auditiv oder kinästhetisch. Wenn Sie erst einmal das primäre Repräsentationssystem einer Person herausgefunden haben, ist es sehr leicht, mit ihr Rapport herzustellen.

Um wirksam zu kommunizieren,
müssen wir zunächst erkennen,
daß wir alle die Welt auf unterschiedliche Weise
wahrnehmen.
Dieses Wissen sollte uns
in der Kommunikation mit anderen leiten.
ANTHONY ROBBINS

Wenn Verhalten und Physiologie durch zufällige Faktoren bestimmt wären, dann würde man mühsam jeden einzelnen

Hinweis verfolgen und sie dann, wie in einem Puzzle, zusammenfügen müssen. Repräsentationssysteme funktionieren jedoch wie Schlüssel zu einem geheimen Code. Jede Information ist damit zugleich ein Hinweis auf ein Dutzend andere. Wie wir in Kapitel 8 gesehen haben, gibt es Konstellationen von Verhaltensweisen, die mit dem visuellen Repräsentationssystem zusammenhängen. Es gibt sprachliche Hinweise – Sätze wie: »Ich sehe das anders« oder: »Ich kann mir diesen Job für mich einfach nicht vorstellen.« Dabei wird gewöhnlich schnell gesprochen, und noch in der Brust geatmet. Die Stimme ist hoch, nasal und häufig angespannt. Häufig sind auch die Muskeln in den Schultern und im Bauch angespannt. Visuell orientierte Menschen zeigen sehr häufig mit den Händen auf etwas, haben eher hängende Schultern und einen langen Hals.

WIE KOMMUNIKATION WAHRGENOMMEN WIRD

ALLGEMEIN	VISUELL	AUDITIV	KINÄSTHETISCH
Ich verstehe dich.	Ich sehe was du meinst.	Das klingt vernünftig.	Ich habe das Gefühl, zu wissen, was du meinst.
Ich möchte dir etwas mitteilen.	Ich möchte, daß du es dir ansiehst.	Ich möchte ausdrücklich betonen.	Ich möchte es dir begreiflich machen.
Verstehst du, was ich dir mitteilen will?	Kannst du dir ein Bild davon machen?	Klingt das vernünftig?	Begreifst du das?
Ich weiß, daß es wahr ist.	Es gibt nicht den Schatten eines Zweifels.	Stimmt Wort für Wort.	Da gibt es nichts dran zu rütteln.
Ich bin mir dessen nicht sicher.	Das kommt mir etwas verschwommen vor.	Das klingt für mich sehr überzeugend.	Ich kann dir da nicht folgen.
Mir gefällt nicht, was du tust.	Ich sehe trübe Aussichten für dich.	Das findet bei mir überhaupt keine Resonanz.	Damit kannst du bei mir nicht landen.

Auditive Menschen verwenden Sätze wie: »Das hört sich gut an« oder »Das klingt vertraut«. Die Sprache ist moduliert, das Tempo ausgewogen. Ihre Stimme klingt klar und voll. Ihre Atmung ist gewöhnlich gleichmäßig und tief und kommt aus dem Zwerchfell oder der ganzen Brust. Das Spannungsmuster der Muskeln ist angeglichen. Wenn jemand die Hände faltet oder die Arme verschränkt, deutet das gewöhnlich auf einen auditiven Menschen hin. Die Schultern werden meistens etwas hängen gelassen und der Kopf ein wenig schief gehalten.

Kinästhetisch orientierte Menschen verwenden Sätze wie: »Ich habe kein gutes Gefühl dabei« oder »Ich habe einfach keine Beziehung zu diesen Dingen«. Sie sprechen langsam. Häufig machen sie lange Pausen zwischen den einzelnen Wörtern, ihre Stimme klingt dunkel und tief. Viel Körperbewegung deutet auf einen taktilen oder external kinästhetischen Zugang hin. Entspannte Muskeln deuten auf einen internalen kinästhetischen Zugang hin. Nach oben deutende Handballen bei entspannt gebeugten Armen, sind Ausdruck einer kinästhetischen Orientierung. Die Haltung ist meist aufrecht, der Kopf gerade auf den Schultern.

Es gibt noch weitere Merkmale, und von Person zu Person gibt es Unterschiede, daher ist es immer wichtig, sorgfältig zu beobachten. Jeder Mensch ist einzigartig. Doch wenn Sie das primäre Repräsentationssystem einer Person kennen, sind Sie dem Verständnis seiner Welt schon einen großen Schritt nähergekommen. Man braucht sich nur noch ihrem Repräsentationsmuster anzupassen.

Nehmen Sie einmal an, jemand sei vorwiegend auditiv orientiert. Wenn Sie ihn von etwas überzeugen wollen, indem Sie ihn auffordern, sich vorzustellen, wie es aussehen wird, und dabei sehr schnell sprechen, werden Sie ihn wahrscheinlich nicht erreichen können. Er muß hören, was Sie zu sagen haben, er muß Ihrem Vorschlag zuhören und feststellen, ob es bei ihm ›klick‹ macht. Es mag sogar sein, daß er Sie nicht einmal hört, weil Ihr Tonfall ihn gleich zu Beginn abgeschreckt hat. Wenn Sie jemanden, der visuell orientiert ist, auf kinästhetische Weise ansprechen – getragen und mit langsamer Stimme von Ihren Gefühlen in bezug auf eine Sache erzählen –, wird er wahrscheinlich durch Ihr langsames Tempo irritiert sein und Sie auffordern, endlich zum Punkt zu kommen.

Um diese Unterschiede zu illustrieren, möchte ich Ihnen gern ein Beispiel geben: Ein Haus steht an einer ruhigen, wenig befahrenen Straße. Fast zu jeder Tageszeit kann man hinausgehen und die Vögel singen hören. Es ist ein Haus wie aus einem Märchen, und manchmal, wenn es besonders ruhig ist, kann man hören, daß es bebt und sich bewegt. In der Dämmerung spaziert man hinaus in den Garten, nur um dem Wind zu lauschen, der durch die Blätter streicht, unterbrochen nur von dem Gesang der Vögel und dem Klang des Windspiels auf der Veranda.

Das zweite Haus ist ausgesprochen malerisch. Man ist schon begeistert, sobald man es sieht, mit dem weißen Vordach und der wunderschönen Täfelung auf den pfirsichfarbenen Wänden. Überall sind Fenster, so daß es den ganzen Tag über in helles Licht getaucht ist. Viel daran ist einfach bemerkenswert – die herrlich gewundene Treppe und die elegant geschnitzten Eichentüren. Man könnte einen ganzen Tag damit verbringen, jede Ecke und jeden Winkel zu erforschen, um herauszufinden, was es noch alles zu sehen gibt.

Das dritte Haus läßt sich nicht so leicht beschreiben. Man muß hingehen und es selbst erleben; man muß es einfach fühlen. Es ist solide gebaut und strahlt Ruhe aus. Seine Räume strahlen eine besondere Wärme aus. Auf eine Weise, die kaum zu beschreiben ist, berührt einen die Atmosphäre dieses Hauses. Man hat sofort das Gefühl, hier zu Hause zu sein und möchte sich am liebsten in eine Ecke setzen, um die Stimmung weiter in sich aufzunehmen, die dieses tiefe Gefühl des Wohlbehagens ausgelöst hat.

In allen drei Fällen spreche ich von demselben Haus. Das erste Mal von einem auditiven, das zweite Mal von einem visuellen und das dritte Mal von einem kinästhetischen Standpunkt aus. Wenn Sie dieses Haus einer Gruppe von Menschen zeigten, würden Sie alle drei Modalitäten ansprechen, um seinen Reiz voll zur Geltung zu bringen. Das Repräsentationssystem jedes einzelnen wird bestimmen, welche der drei Beschreibungen für ihn am verlockendsten ist. Aber denken Sie daran, daß jeder auch die anderen beiden Repräsentationssysteme verwendet. Am besten sprechen Sie daher immer alle drei an und konzentrieren sich darauf, welches System Ihr Gesprächspartner am meisten verwendet.

Beginnen Sie damit, eine Liste visuell, auditiv und kinästhetisch wirksamer Wörter anzulegen. Hören Sie in den nächsten Tagen den Menschen, mit denen Sie sprechen, genau zu und achten Sie darauf, welche Wörter sie am meisten verwenden. Gebrauchen Sie dann dieselben Wörter. Achten Sie darauf, was passiert. Sprechen Sie dann noch eine Weile mit ihnen und wechseln Sie dann zur Sprache eines anderen Repräsentationssystems. Achten Sie darauf, was dann passiert.

Ich will Ihnen an einem Beispiel zeigen, wie wirksam es sein kann, gut zu spiegeln. Ich war vor einiger Zeit in New York und ging, um mich ein bißchen zu entspannen, in den Central Park. Ich setzte mich auf eine Bank und beobachtete, was um mich herum vor sich ging. Mir fiel ein Mann auf, der mir gegenübersaß. Ich begann einfach, ihn zu spiegeln. (Wenn man sich erst mal daran gewöhnt hat, ist es schwierig, damit aufzuhören.) Ich spiegelte ihn sehr genau. Ich setzte mich genauso hin wie er, atmete genau wie er, stellte die Füße genauso wie er. Er warf den Vögeln Brotkrumen zu. Ich warf den Vögeln Brotkrumen zu. Er bewegte den Kopf ein wenig hin und her. Ich bewegte den Kopf ein wenig hin und her. Er blickte auf, ich blickte auf. Er sah mich an, ich sah ihn an.

Kurz danach steht er auf und kommt zu mir herüber. Das ist keine Überraschung, ich habe eine starke Wirkung auf ihn, weil er glaubt, ich sei genau wie er. Wir unterhalten uns, und ich spiegele genau den Ton seiner Stimme und wähle die gleiche Ausdrucksweise wie er. Nach ein paar Minuten sagt er: »Sie scheinen ein sehr intelligenter Mann zu sein.« Warum glaubt er das wohl? Weil er das Gefühl hat, ich sei wie er. Wenig später sagt er mir, er habe das Gefühl, mich besser zu kennen, als Menschen, mit denen er seit fünfundzwanzig Jahren verkehrt. Kurz danach bot er mir einen Job an.

Manche Leute, mit denen ich über das Spiegeln spreche, werden ganz unruhig und sagen, es sei unnatürlich und manipulativ. Natürlich ist es absurd, zu sagen, es sei unnatürlich. Sobald Sie zu jemandem einen guten Rapport haben, beginnen Sie spontan seine Physiologie, seinen Tonfall usw. zu spiegeln. Wenn ich Seminare abhalte, ist gewöhnlich immer jemand dabei, der sich über das Spiegeln aufregt. Ich mache ihn dann einfach darauf aufmerksam, daß die Personen, die neben ihm sitzen, ganz genauso dasitzen wie er. Beide haben die Beine übereinandergeschlagen, den Kopf im gleichen Winkel geneigt und so weiter. Sie spiegeln einander, weil sie im Verlauf der letzten Tage bereits Rapport hergestellt haben. Dann frage ich einen von ihnen, was für ein Gefühl er gerade in bezug auf den anderen hat, und er sagt meist: »Ein sehr vertrautes«, oder »Wir haben einen guten Draht«. Dann fordere ich die andere Person auf, ihre Physiologie und ihre Sitzhaltung zu ändern. Wenn ich dann seinen Nachbarn frage, ob sich was an seinem Gefühl geändert habe, lauten die Antworten in der Regel: »Er ist mir nicht mehr so nah«, oder »Er ist fremder« oder »Ich bin mir nicht mehr sicher«.

Spiegeln ist daher ein natürlicher Prozeß beim Herstellen von Rapport; Sie tun es ohnehin bereits unbewußt. In diesem Kapitel werden wir untersuchen, was wir dabei tun, um dieses Ergebnis jederzeit mit jeder beliebigen Person erzielen zu können. Was den Vorwurf der Manipulation angeht, frage ich Sie, was mehr bewußte Anstrengung verlangt, einfach in seiner gewohnten Lautstärke und Sprechgeschwindigkeit zu sprechen, oder herauszufinden, wie jemand kommuniziert und einen Zugang zu seiner Welt zu finden? Denken Sie daran: Während Sie einen anderen Menschen spiegeln, erfahren Sie, wie er wirklich fühlt. Selbst wenn es Ihre Absicht wäre, jemanden zu manipulieren, würden Sie von dem Augenblick an, da Sie ihn spiegeln, anfangen, sich ähnlich zu fühlen wie er. Die Frage lautet daher: Sind Sie bereit, sich selbst zu manipulieren?

Sie geben Ihre Identität nicht auf, wenn Sie einen anderen Menschen spiegeln. Sie sind nicht ausschließlich ein visuell, auditiv oder kinästhetisch orientierter Mensch. Wir sollten uns alle bemühen, flexibel zu sein. Das Spiegeln schafft lediglich eine stärkere physiologische Übereinstimmung und erhöht so die mit einem anderen erlebten Gemeinsamkeiten. Wenn ich jemanden spiegele, dann kann ich an seinen Gefühlen, Erfahrungen und Gedanken teilhaben. Das ist eine sehr nachhaltige und schöne Möglichkeit, die Welt mit einem anderen Menschen zu teilen.

Erfolgreiche Menschen haben, wie Untersuchungen immer wieder gezeigt haben, ein großes Talent dafür, Rapport zu anderen Menschen herzustellen. Diejenigen, die in allen drei Modalitäten flexibel und versiert sind, können viele Menschen beeinflussen, ganz gleich, ob als Lehrer, Geschäftsleute oder als politische Führer. Doch Sie brauchen keinerlei natürliche Begabung dafür, um diese Kunst zu beherrschen. Wenn Sie sehen, hören und fühlen können, dann können Sie mit jedem anderen Menschen Rapport herstellen, indem Sie einfach tun, was er tut. Sie suchen einfach etwas, das Sie so unaufdringlich und natürlich wie möglich spiegeln können. Wenn Sie jemanden spiegeln, der an Asthma leidet oder einen nervösen Tick hat, werden Sie ihn eher verprellen, anstatt einen Rapport herzustellen.

Wenn Sie beständig üben, werden Sie in der Lage sein, die Welt jedes anderen Menschen zu betreten. Das Spiegeln wird Ihnen schon bald zur zweiten Natur werden. Sie werden es automatisch tun, ohne bewußt darüber nachdenken zu müssen. Wenn Sie beginnen, wirksam zu spiegeln, werden Sie merken, daß dieser Vorgang Ihnen mehr ermöglicht als Rapport herzustellen und einen anderen Menschen zu verstehen. Aufgrund des als ›Pacing‹ und ›Leading‹ bekannten Phänomens können Sie andere auch dazu bringen, Ihnen zu folgen. Ganz gleich, wie verschieden Sie sind, ganz gleich, wie Sie sich kennenlernen, wenn Sie einen ausreichenden Rapport zu jemandem haben, können Sie ihn schon bald dazu bringen, sein Verhalten zu ändern und es Ihrem Verhalten anzugleichen.

Ich will Ihnen ein Beispiel geben. Vor einigen Jahren ging meine Firma eine Geschäftsverbindung mit einem sehr bekannten Arzt in Beverly Hills ein. Doch wir hatten einen schlechten Start. Er wollte für ein Angebot, das er gemacht hatte, eine sofortige Entscheidung, was aber nicht möglich war, da ich mich gerade nicht in der Stadt befand und sonst niemand diese Entscheidung treffen konnte. Es gefiel ihm nicht, daß er auf jemanden warten mußte, der so jung war wie ich – damals einundzwanzig –, und er war sehr ungehalten und unfreundlich, als ich mich schließlich mit ihm traf.

Als ich zu der Verabredung kam, saß er sehr steif und mit stark angespannten Muskeln in seinem Büro. Ich setzte mich in einen Sessel ihm gegenüber, nahm genau dieselbe Haltung an und begann sogar seinen Atemrhythmus zu spiegeln. Er redete schnell, also redete auch ich schnell, seine Gestik war etwas ungewöhnlich, er schwenkte den rechten Arm im Kreis. Ich tat dasselbe.

Trotz der ungünstigen Umstände unseres Zusammentreffens kamen wir allmählich miteinander zurecht. Warum? Weil ich durch das Angleichen meines Verhaltens Rapport zu ihm hergestellt hatte. Nach einiger Zeit überprüfte ich zum ersten Mal, ob ich führen (›leaden‹) konnte. Zuerst senkte ich meine Sprechgeschwindigkeit etwas. Er sprach ebenfalls langsamer. Dann lehnte ich mich im Sessel zurück. Er tat das gleiche. Zuerst hatte ich mein Verhalten angeglichen und ihn gespiegelt. Doch mit zunehmendem Rapport konnte ich ihn dazu führen, sein Verhalten anzugleichen und mich zu spiegeln. Schließlich lud er mich zum Mittagessen ein, und wir hatten eine wirklich angenehme Unterhaltung, wie zwei gute alte Bekannte. Der gleiche Mann hatte mich gehaßt, als ich in sein Büro kam. Es sind also keineswegs ideale äußere Umstände nötig, um jemanden zu spiegeln. Sie brauchen nur die Fähigkeit, das eigene Verhalten an das des anderen anzupassen.

Das, was ich in diesem Beispiel eingesetzt habe, war ›pacing‹ und ›leading‹. ›Pacing‹ ist nichts anderes, als gekonnt zu spiegeln, sich so zu bewegen, wie der andere, seine Gesten zu verändern, wenn er seine Gesten ändert. Wenn Sie Übung darin haben, können Sie Ihre Physiologie und Ihr Verhalten fast instinktiv zugleich mit der anderen Person ändern. Rapport ist nicht statisch; er bleibt nicht stabil, nachdem er einmal hergestellt ist. Es ist ein dynamischer, fließender, flexibler Vorgang. So, wie es für eine lebendige, dauerhafte Beziehung unerläßlich ist, sich auf die Veränderungen des Partners einstellen zu können, so ist es für wirksames Pacing unerläßlich, flexibel und elegant auf das reagieren zu können, was der andere tut.

Das ›Leading‹ ergibt sich unmittelbar aus dem Pacing. Wenn Sie zu jemand Rapport herstellen, schaffen Sie damit eine fast spürbare Verbindung. Leading entsteht genauso natürlich wie Pacing. Sie erreichen einen Punkt, da Sie nicht mehr nur spiegeln, sondern beginnen, Veränderungen einzuleiten, einen Punkt, da der Rapport so stark geworden ist, daß, sobald Sie etwas verändern, die andere Person Ihnen unbewußt folgt.

In diesem Zusammenhang liegt die Frage nahe, was man tun soll, wenn jemand sehr wütend ist. Soll man seine Wut spiegeln? Das wäre sicher eine Möglichkeit. Im nächsten Kapitel werden wir erfahren, wie man das Muster einer anderen Person unterbrechen kann, ob es sich dabei nun um Zorn oder Ärger handelt. Manchmal kann es günstiger sein, das Muster des Betreffenden zu unterbrechen, als seinen Zorn zu spiegeln. Manchmal können Sie allerdings, indem Sie die Wut einer Person spiegeln, einen so starken Rapport herstellen, daß er sich entspannt, sobald Sie sich entspannen. Rapport heißt nicht, daß man ständig lächelt. Rapport heißt, auf Veränderungen flexibel reagieren zu können.

Unter Umständen kann es durchaus notwendig sein, Wut zu spiegeln. Gelegentlich müssen Sie in Ihrer Kommunikation genauso massiv werden wie Ihr Gegenüber, denn eine solche Herausforderung anzunehmen, ist eine von vielen Möglich-

PACING UND LEADING

Digitales Pacing:

- Anpassen der Prädikate
- Anpassen der Sequenz der Zugangshinweise
- Anpassen des Tonfalls
- Anpassen der Tonhöhe

Analoges Pacing oder Spiegeln:

- Atmung
- Puls
- Kopfstellung
- Gesichtsbewegungen
- Bewegung der Augenbrauen
- Pupillengröße
- Muskelspannung
- Gewichtsverlagerungen
- Bewegung der Füße
- Stellung der einzelnen Körperteile
- Räumliche Beziehung
- Gesten
- Körperbewegungen im Raum
- Körperhaltung

keiten, sich in unserer Kultur den Respekt eines anderen zu verschaffen:

Machen Sie folgendes Experiment: Beginnen Sie mit jemandem eine Unterhaltung. Spiegeln Sie seine Haltung, seine Stimme und seine Atmung. Verändern Sie nach einer Weile allmählich Ihre Körperhaltung oder den Ton Ihrer Stimme. Folgt Ihnen der andere nach ein paar Minuten? Wenn er es nicht tut, gehen Sie einfach noch einmal zurück und pacen Sie wieder. Versuchen Sie ihn damit auf andere Weise zu leaden und machen Sie zunächst eine weniger starke Veränderung. Wenn Sie versuchen, jemanden zu leaden, und er Ihnen nicht folgt, dann bedeutet das nur, daß Sie noch keinen genügend starken Rapport hergestellt haben. Verbessern Sie den Rapport und versuchen Sie es dann noch einmal.

Wie stellt man Rapport her? Durch Flexibilität. Denken Sie

daran, daß das größte Hindernis für Rapport in der Annahme besteht, andere Menschen hätten die gleiche Landkarte von der Welt wie wir selbst und sähen die Welt mit unseren Augen. Gute Kommunikatoren begehen diesen Fehler nur selten.

Sie wissen, daß sie ihre Sprache, ihren Tonfall, ihren Atemrhythmus, ihre Gesten so lange immer wieder verändern müssen, bis sie einen Zugang entdecken, der ihnen hilft, ihr Ziel zu erreichen.

Wenn es Ihnen nicht gelingt, mit jemandem erfolgreich zu kommunizieren, ist es natürlich verlockend, zu sagen, er sei ein hoffnungsloser Narr, der sich weigert, auf plausible Argumente einzugehen. Aber mit dieser Einstellung werden Sie nie zu ihm durchdringen. Es ist besser, wenn Sie Ihre Sprache und Ihr Verhalten so lange ändern, bis Sie seinem Modell von der Welt entsprechen.

Ein wichtiger Grundsatz des *Neurolinguistischen Programmierens* besagt, daß die Bedeutung Ihrer Kommunikation in der Reaktion liegt, die Sie damit bewirken. Die Verantwortung für die Kommunikation liegt also bei Ihnen. Wenn Sie versuchen, jemanden davon zu überzeugen, etwas zu tun, und er tut dann etwas anderes, dann liegt der Fehler in Ihrer Kommunikation. Sie haben es nicht verstanden, ihm Ihre Botschaft zu vermitteln.

Das ist absolut wesentlich für alles, was Sie tun. Nehmen Sie z. B. den Schulunterricht. Die größte Tragödie unseres Schulwesens besteht darin, daß die meisten Lehrer zwar ihr Fach kennen, aber nicht ihre Schüler. Sie wissen nicht, wie ihre Schüler Informationen verarbeiten, sie kennen die Repräsentationssysteme ihrer Schüler nicht, sie wissen nicht, wie die Gehirne ihrer Schüler funktionieren.

Gute Lehrer pacen und leaden instinktiv. Sie können Rapport herstellen, so daß ihre Botschaft bei den Schülern ankommt. Doch es gibt keinen Grund, warum nicht alle Lehrer über diese Fähigkeit verfügen sollten. Wenn sie lernen, ihre Schüler zu pacen, wenn sie lernen, wie sie Informationen präsentieren müssen, damit die Schüler diese wirksam verarbeiten können, könnte unser gesamtes Bildungswesen revolutioniert werden.

Manche Lehrer glauben, da sie ihr Fachgebiet kennen, könne es nur die Schuld der Schüler sein, wenn diese nichts lernen. Aber die Bedeutung jeder Kommunikation liegt in der Reaktion, die sie bewirkt, und nicht in ihrem Inhalt. Man kann alles über das Heilige Römische Reich wissen – aber wenn man keinen Rapport zu seinen Zuhörern herstellen kann, wenn man sein Wissen nicht an andere weitergeben kann, dann ist es bedeutungslos. Gute Lehrer können ausnahmslos Rapport zu ihren Schülern herstellen. Es gibt eine Geschichte von einer Klasse, die – um sich einen Spaß zu machen – ausgemacht hatte, daß um genau neun Uhr jeder sein Buch auf den Boden werfen sollte, um die Lehrerin aus der Fassung zu bringen. Ohne mit der Wimper zu zucken, ließ diese die Kreide fallen, die sie gerade in der Hand hielt, griff nach ihrem Buch und warf es ebenfalls auf den Boden. »Tut mir leid, daß ich etwas spät dran bin«, sagte sie. Damit hatte sie die Schüler für sich gewonnen.

Die Begründer des Neurolinguistischen Programmierens geben ein faszinierendes Beispiel dafür, wie Unterricht funktionieren könnte. Ein junger Student wollte Ingenieur werden. Sein am stärksten ausgeprägtes Repräsentationssystem war kinästhetisch. Zuerst hatte er große Schwierigkeiten, elektrische Schaltpläne zu verstehen. Er fand es schwierig und langweilig. Vor allem aber hatte er Mühe, die graphischen Darstellungen zu begreifen.

Dann stellte er sich eines Tages vor, was für ein Gefühl es wäre, ein Elektron zu sein, das durch den Schaltkreis saust, der auf einer Graphik abgebildet war. Er stellte sich seine verschiedenen Reaktionen vor und die Veränderungen in seinem Verhalten, wenn er mit den verschiedenen Komponenten des Schaltkreises, die auf dem Schema zu sehen waren, in Kontakt kam. Sofort wurden ihm die Diagramme verständlich. Sie fingen sogar an, ihm zu gefallen. Jede schematische Darstellung bot ihm die Möglichkeit einer neuen Odyssee. Seine Lerntechnik war so unterhaltsam, daß er am Ende wirklich

Ingenieur wurde. Er hatte Erfolg, weil er in der Lage war, mit Hilfe seines bevorzugten Repräsentationssystems zu lernen. Fast alle Kinder, die ohne einen Abschluß unsere Schulen verlassen, sind lernfähig. Wir haben nur nie gelernt, sie richtig zu unterrichten. Wir haben nie Rapport zu ihnen hergestellt und uns niemals ihren Lernstrategien angepaßt.

Ich habe die Wissensvermittlung ganz bewußt hervorgehoben, da jeder von uns damit befaßt ist, sei es nun zu Hause, mit seinen Kindern, oder in der Arbeit, mit Angestellten oder Kollegen. Was in einem Klassenzimmer funktioniert, funktioniert auch in einem Büro oder in einem Wohnzimmer.

Und noch ein Letztes über die wunderbare Zauberkraft des Rapports. Es ist die Fertigkeit, die am wenigsten voraussetzt. Sie brauchen dafür keine Schulbücher und keinen Unterricht. Sie brauchen nicht zu reisen, um zu Füßen eines großen Meisters zu sitzen, und auch keinen akademischen Grad zu erringen. Die einzigen Werkzeuge, die Sie benötigen, sind Ihre Augen, Ihre Ohren, Ihr Tast-, Geruchs- und Geschmackssinn.

Sie können in diesem Augenblick damit beginnen, Rapport zu üben. Wir kommunizieren und interagieren ohne Unterbrechung. Rapport bedeutet nur, beides auf die wirksamste Weise zu tun. Wenn Sie auf ein Flugzeug warten, können Sie die Leute, die mit Ihnen in der Schlange stehen, spiegeln. Sie können mit anderen Kunden im Gemüseladen Rapport üben. Wenn Sie zu einem Vorstellungsgespräch gehen, brauchen Sie sich Ihrem Gesprächspartner nur in Ihrem Verhalten anzugleichen und ihn spiegeln – und er wird Sie sofort mögen. Wenden Sie Rapport im Geschäftsleben an, um schnell eine Beziehung zu Ihren Kunden herzustellen. Wenn Sie ein Meister der Kommunikation werden wollen, brauchen Sie nur zu lernen, wie Sie Zugang zu der Welt der anderen bekommen können. Sie verfügen bereits über alles, was Sie dazu benötigen, um sofort damit anzufangen.

Es gibt noch eine andere Möglichkeit, Rapport herzustellen. Diese werden wir im nächsten Kapitel untersuchen.

14

Metaprogramme

Im richtigen Ton kann man alles sagen.
Im falschen Ton nichts: Das einzig Heikle
daran ist, den richtigen Ton zu finden.

GEORGE BERNARD SHAW

Einen guten Einblick in die bemerkenswerte Vielfalt menschlicher Reaktionen erhalten Sie, wenn Sie zu einer Gruppe von Menschen sprechen. Sie werden erstaunt sein, wie verschieden Menschen auf ein und dasselbe Ereignis reagieren. Sie erzählen eine Geschichte, und der eine erstarrt vor Schreck, während ein anderer zu Tode gelangweilt ist. Sie erzählen einen Witz, und der eine schüttet sich aus vor Lachen, während der andere keine Miene verzieht. Es ist fast so, als hätte jeder etwas ganz anderes gehört.

Warum reagieren Menschen so verschieden? Warum sieht der eine ein Glas als halbleer und der andere als halbvoll? Warum hört der eine etwas und wird davon angeregt und motiviert, während der andere genau dasselbe hört und überhaupt nicht darauf reagiert? Shaw hat völlig recht. Wenn Sie jemanden auf die richtige Weise anreden, können Sie alles erreichen. Reden Sie ihn falsch an, können Sie nichts erreichen. Die begeisterndste Botschaft, der klügste Gedanke, die berechtigteste Kritik sind ohne jede Bedeutung, wenn sie von der Person, an die sie gerichtet sind, nicht sowohl intellektuell als auch emotional verstanden werden. Dieser Zusammenhang ist nicht nur wichtig, um persönliche Ziele zu erreichen, er spielt eine wesentliche Rolle bei allen Aufgaben, die wir gemeinsam lösen müssen. Wenn Sie überzeugend und gekonnt kommunizieren wollen, sei es im geschäftlichen oder im privaten Leben, dann müssen Sie wissen, wie Sie den ›richtigen Ton‹ treffen können.

Das ermöglicht Ihnen die Kenntnis der Metaprogramme. Metaprogramme sind der Schlüssel zu der Informationsverarbeitung einer Person. Sie sind hochwirksame internale Muster, die darüber bestimmen, wie jemand seine internalen Repräsentationen bildet und sein Verhalten steuert. Metaprogramme sind internale ›Programme‹, die wir gebrauchen, um zu entscheiden, worauf wir unsere Aufmerksamkeit richten sollen. Wir verzerren, tilgen und generalisieren Informationen, weil unser Bewußtsein nur eine bestimmte Menge an Information verarbeiten kann.

Unser Gehirn verarbeitet Informationen ähnlich wie ein Computer – es nimmt phantastische Mengen an Daten auf und ordnet sie so an, daß sie für uns einen Sinn ergeben. Ein Computer kann nichts tun, wenn er kein Programm geladen hat, das die Struktur für die Lösung einer bestimmten Aufgabe vorgibt. Die Metaprogramme wirken auf ähnliche Weise in unserem Gehirn. Sie geben die Struktur vor, die darüber bestimmt, worauf wir unsere Aufmerksamkeit richten, wie wir unsere Erfahrungen verarbeiten und wie wir unser Verhalten steuern. Sie liefern die Grundlage, auf der wir entscheiden, ob etwas interessant oder langweilig ist, ob etwas einen potentiellen Gewinn oder eine potentielle Bedrohung darstellt. Um wirksam mit einem Computer zu kommunizieren, müssen Sie seine Software kennen. Um wirksam mit einem Menschen zu kommunizieren, müssen Sie seine Metaprogramme verstehen.

Menschen haben Verhaltensmuster, und sie haben bestimmte Muster, um ihre Erfahrung zu organisieren und diese Verhaltensweisen zu erzeugen. Nur wenn Sie diese geistigen Muster einer Person kennen, können Sie Ihre Botschaft vermitteln, unabhängig davon, ob Sie jemandem ein Auto verkaufen oder ihn von Ihrer Liebe überzeugen wollen. Quer durch verschiedene Situationen gibt es beständige Muster, nach denen Menschen ihr Denken organisieren.

Das erste Metaprogramm bezieht sich darauf, ob das Verhalten ›auf etwas zu‹ oder ›von etwas fort‹ erfolgt. Jedes menschliche Verhalten zielt darauf ab, Lust zu erleben und Schmerzen zu vermeiden. Sie ziehen Ihre Hand vor einem brennenden Streichholz zurück, um den Schmerz der Verbrennung zu vermeiden. Sie beobachten einen schönen Sonnenuntergang, weil Ihnen das Schauspiel des Übergangs vom Tag zur Nacht Freude bereitet. Das gleiche gilt für weniger eindeutige Vorgänge. Der eine geht vielleicht ein oder zwei Kilometer zu Fuß zur Arbeit, weil er sich gern Bewegung verschafft. Ein anderer tut es vielleicht, weil er Angstzustände bekommt, wenn er in einem Auto sitzt. Der eine liest vielleicht Faulkner, Hemingway und Fitzgerald, weil ihm ihre Art zu schreiben gefällt. Er bewegt sich auf etwas zu, das ihm Vergnügen bereitet. Ein anderer liest vielleicht dieselben Schriftsteller, aber nur weil er nicht möchte, daß man ihn für ungebildet hält. Er sucht nicht so sehr das Vergnügen, er will sich Unangenehmes ersparen; er bewegt sich von etwas fort, anstatt auf etwas zu.

Wie bei den anderen Metaprogrammen, über die ich noch sprechen werde, ist dies jedoch kein absoluter Vorgang. Jeder bewegt sich auf irgendwelche Dinge zu und von anderen fort. Niemand reagiert immer auf die gleiche Weise auf einen bestimmten Reiz, obgleich jeder eine vorherrschende Modalität hat und deshalb dazu neigt, ein Programm dem anderen vorzuziehen. Manche Menschen sind tatkräftig und lieben das Risiko. Sie fühlen sich erst so richtig wohl, wenn sie sich auf etwas Aufregendes zubewegen. Andere sind eher vorsichtig, wachsam und suchen nach Schutz; sie sehen überall Gefahren. Sie sind ständig bemüht, vor bösen oder bedrohlichen Dingen fortzulaufen, anstatt auf aufregende Dinge zuzugehen. Um herauszufinden, in welche Richtung sich jemand bewegt, fragen Sie ihn, was für ihn in einer Beziehung – bei einem Haus, Auto, Job usw. – wichtig ist. Sagt er Ihnen was er will oder was er nicht will?

Was können Sie mit dieser Information anfangen? Viel. Wenn Sie ein Geschäftsmann sind und ein Produkt verkaufen, dann können Sie es auf zwei verschiedene Weisen vermarkten – Sie können hervorheben, welche Vorteile es hat, oder aber, welche Nachteile es nicht hat. Sie können Autos verkaufen und darauf hinweisen, wie schnell und rassig sie sind, oder Sie können darauf hinweisen, wie wenig Benzin sie verbrauchen, wie wenig Kosten sie verursachen und wieviel Sicherheit sie bei Unfällen bieten. Die Strategie, die Sie verwenden, sollte vollständig von der Strategie der Person abhängen, mit der Sie es zu tun haben. Wenn Sie bei jemandem das falsche Metaprogramm verwenden, hätten Sie ebensogut zu Hause bleiben können. Sie versuchen ihn auf etwas zuzubewegen, aber er sucht nur nach einer guten Möglichkeit, um sich vor etwas zu schützen.

Ein Wagen kann die gleiche Strecke vorwärts und rückwärts fahren. Das hängt ganz allein davon ab, in welcher Richtung er steht. Das trifft auch im persönlichen Bereich zu. Nehmen wir einmal an, Sie möchten, daß Ihr Kind mehr Zeit für die Hausaufgaben verwendet. Sie können ihm dann sagen: »Du solltest lieber ein bißchen mehr lernen, sonst schaffst du nie das Abitur« oder »Sieh dir Fred an. Er hat nicht gelernt und hat die Schule verlassen, jetzt kann er für den Rest seines Lebens als Tankwart arbeiten. Ist das das Leben, was du dir wünschst?« Wird diese Strategie funktionieren? Das hängt ganz von Ihrem Kind ab. Wenn es vorwiegend dadurch motiviert ist, Unangenehmes zu vermeiden, dann könnte es klappen. Aber was geschieht, wenn es sich lieber auf positive Dinge zubewegt? Was, wenn es eher durch aufregende Dinge motiviert wird, auf die es zugeht, weil es sie anziehend findet? Wenn das der Fall ist, werden Sie sein Verhalten nicht dadurch ändern, indem Sie versuchen es mit Beispielen von etwas abzuschrecken. Sie können so lange auf das Kind einreden, bis Sie schwarz sind – es wird Sie nicht verstehen. Es ist so, als würden Sie verschiedene Sprachen sprechen, Sie vergeuden Ihre und seine Zeit. Denn Menschen, die sich vor allem auf Dinge zubewegen, werden oft wütend oder gereizt, wenn man versucht, sie dazu zu bringen ›von etwas fort‹ zu handeln. Klüger wäre es, Ihrem Kind zu sagen:

»Wenn du lernst, kannst du dir nachher aussuchen, was du studieren möchtest.«

Das zweite Metaprogramm beschäftigt sich mit inneren und äußeren Bezugsrahmen. Fragen Sie jemanden, woran er merkt, daß er gute Arbeit geleistet hat. Manche Menschen brauchen äußere Beweise, um sich ihrer Sache sicher zu sein. Der Chef klopft ihnen auf die Schulter und sagt, daß sie etwas gut gemacht haben. Oder sie bekommen eine Gehaltserhöhung oder eine Auszeichnung. Ihre Arbeit findet Anerkennung und Respekt bei den Kollegen. Aufgrund dieser äußeren Zustimmung wissen sie dann, daß sie gute Arbeit geleistet haben. Das ist eine Orientierung an einem äußeren Bezugsrahmen.

Für andere kommt der Beweis von innen. Sie ›fühlen es einfach‹, wenn sie etwas gut gemacht haben. Wenn sie einen inneren Bezugsrahmen haben, können sie ein Gebäude entwerfen, das jeden Architektur-Wettbewerb gewinnt, aber wenn sie nicht selbst das Gefühl haben, daß ihre Arbeit etwas Besonderes ist, dann werden sie auch keinen Preis und keine Zustimmung von außen davon überzeugen können. Wenn sie umgekehrt für eine Arbeit bei ihrem Chef und ihren Kollegen wenig Anerkennung finden, selbst aber das Gefühl haben, daß sie gut war, werden sie eher ihrer eigenen Einschätzung vertrauen, als der der anderen. Das ist ein innerer Bezugsrahmen.

Angenommen, Sie wollen jemanden dazu überreden, an einem Seminar teilzunehmen. Dann könnten Sie sagen: »Du mußt unbedingt dieses Seminar besuchen. Es ist großartig. Ich war dort, alle meine Freunde waren dort, und es war großartig, wir haben noch tagelang davon geschwärmt. Alle hatten das Gefühl, daß sich ihr Leben zum Besseren verändert hat.« Wenn derjenige, mit dem Sie reden, einen äußeren Bezugsrahmen hat, ist es gut möglich, daß Sie ihn überzeugen können. Wenn so viele Leute sagen, daß es gut war, dann wird es schon stimmen.

Aber wenn er nun einen inneren Bezugsrahmen hat? Dann

werden Sie Schwierigkeiten haben, ihn davon zu überzeugen, indem Sie ihm erzählen, was andere darüber gesagt haben. Das bedeutet ihm nichts, es zählt nicht. Sie können ihn nur überzeugen, indem Sie sich auf Dinge beziehen, die er selbst weiß. Sie können z. B. sagen: »Erinnerst du dich an die Vortragsreihe, die wir letztes Jahr besucht haben? Du sagtest damals, es sei das Interessanteste gewesen, was du seit langem erlebt hättest? Also, ich weiß da etwas, das vielleicht genauso gut ist; ich glaube, wenn du es mal ausprobierst, wirst du eine ähnliche Erfahrung haben wie damals. Was hältst du davon?« Ob das funktioniert? Ganz bestimmt, denn Sie sprechen in seiner eigenen Sprache zu ihm.

Es ist wichtig, festzustellen, daß all diese Metaprogramme in ihrer Wirkung *kontext- und streßabhängig* sind. Wenn Sie etwas schon zehn oder fünfzehn Jahre lang machen, werden Sie in diesem Bereich wahrscheinlich einen starken inneren Bezug haben; wenn Sie eine Sache aber neu beginnen, haben Sie wahrscheinlich keinen ausgeprägten inneren Bezugsrahmen dafür, was in diesem Kontext richtig oder falsch ist. Man entwickelt mit der Zeit gewisse Vorlieben und Muster. Doch auch wenn Sie Rechtshänder sind, werden Sie in bestimmten Situationen Ihre linke Hand benutzen, wenn es sinnvoll ist. Genauso verhält es sich mit den Metaprogrammen. Sie sind nicht auf eines festgelegt. Sie können sie variieren und wechseln.

Welche Art von Bezugsrahmen haben Führungspersönlichkeiten – einen inneren oder einen äußeren? Eine wirkliche überzeugende Führungspersönlichkeit muß einen starken inneren Bezugsrahmen haben. Er könnte sich nicht lange halten, wenn er ständig andere fragen müßte, was sie denken, bevor er etwas unternimmt. Es gibt auch hier ein gesundes Gleichgewicht, das man finden und einhalten muß. Es gibt nur wenige Menschen, die sich strikt nur an ein Metaprogramm halten. Eine wirklich erfolgreiche Führungspersönlichkeit muß auch Informationen von außen aufnehmen können. Tut sie das nicht, kann sie leicht dem Größenwahn zum Opfer fallen.

Unlängst sprach mich nach einem meiner Seminare, an dem auch Gäste teilnahmen, ein Mann an, und sagte mit strenger Stimme: »Ich bin noch nicht überzeugt!« Er schien entschlossen, sich mit mir anzulegen. Mir war klar, daß er einen internalen Bezugsrahmen hatte. External orientierte Menschen kommen selten, um einem zu sagen, was man tun soll und wie man es tun soll. Aus dem Gespräch, das er mit anderen Umstehenden führte, ging hervor, daß seine Motivationsrichtung ›von etwas fort‹ war. Daher sagte ich zu ihm: »Ich kann Sie nicht davon überzeugen, etwas zu tun. Sie selbst sind der einzige, der Sie überzeugen kann.« Er wußte nicht, wie er mit dieser Reaktion umgehen sollte. Er war darauf eingerichtet, daß ich ihm meine Ideen vorbrachte, damit er sie ablehnen konnte. So aber mußte er mir zustimmen, weil er innerlich bestätigte, was ich sagte. Dann sagte ich: »Sie sind der einzige, der weiß, was Ihnen entgehen würde, wenn Sie an dem Seminar nicht teilnehmen.« Normalerweise wäre mir eine solche Bemerkung schrecklich vorgekommen, doch ich bediente mich nur seiner Sprache – und es funktionierte. Beachten Sie bitte: Ich habe nicht gesagt, daß ihm etwas entginge, wenn er nicht an dem Seminar teilnähme. Wenn ich das gesagt hätte, hätte er bestimmt nicht teilgenommen. Statt dessen sagte ich: »Sie sind der einzige, der weiß« (innerer Bezugsrahmen), »was Ihnen entgehen würde« »fort von«, »wenn Sie nicht teilnehmen«. Er sagte: »Ja, das stimmt«, und er ging an den Anmeldetisch und schrieb sich ein. Bevor ich etwas von Metaprogrammen wußte, hätte ich versucht, ihn zu überzeugen, indem ich ihn aufgefordert hätte, mit anderen zu reden (äußerer Bezugsrahmen), die an dem Kursus teilgenommen hatten, und ich hätte ihm aufgezählt, welche Vorteile er davon hätte ›auf etwas zu‹. Auf diese Weise wäre zwar mein Interesse geweckt worden, nicht aber seines.

Die dritte Kategorie von Metaprogrammen bezieht sich darauf, ob man vornehmlich eigene oder die Bedürfnisse anderer wahrnimmt. Manche Menschen beurteilen Beziehungen hauptsächlich danach, was sie selbst davon haben, manche danach, was sie für andere tun können. Natürlich verfällt man nicht immer in das eine oder das andere Extrem. Wenn Sie immer nur auf sich selbst bezogen sind, werden Sie leicht zu einem rücksichtslosen Egoisten. Wenn Sie immer nur auf andere bezogen sind, werden Sie zum Märtyrer.

Wenn Sie neue Mitarbeiter einstellen müßten, würden Sie dann nicht gern wissen, wo der Bewerber auf dieser Skala einzuordnen ist? Vor kurzem fand eine große Luftfahrtgesellschaft heraus, daß fünfundneunzig Prozent der Beschwerden nur fünf Prozent der Angestellten betrafen. Diese fünf Prozent waren Personen, die stark auf sich selbst bezogen waren; sie achteten vor allem auf eigene Bedürfnisse, nicht auf die anderer. Waren es schlechte Angestellte? Ja und nein. Sie hatten offensichtlich den falschen Job und leisteten keine gute Arbeit, doch möglicherweise waren sie durchaus intelligent, arbeitsam und motiviert. Vielleicht hatte man sie nur an den falschen Platz gesetzt.

Was tat die Luftfahrtgesellschaft? Sie ersetzte sie durch Mitarbeiter, die in erster Linie auf andere bezogen waren. Das wurde in Gruppengesprächen festgestellt, in denen die Bewerber gefragt wurden, aus welchen Gründen sie für diese Luftfahrtgesellschaft arbeiten wollten. Viele der Bewerber glaubten, sie würden nach den Antworten beurteilt, die sie vor der Gruppe gaben, dabei wurden sie vor allem aufgrund ihres Verhaltens als Zuhörer beurteilt. Das heißt, diejenigen, die am aufmerksamsten zuhörten, mit dem Redner Augenkontakt hielten, ihn anlächelten oder unterstützten, bekamen hohe Punktzahlen, während diejenigen, die wenig oder gar nicht richtig zuhörten und mit sich selbst beschäftigt blieben, während andere sprachen, als selbstbezogen eingestuft und nicht eingestellt wurden. In der Folge gingen die Beschwerden um achtzig Prozent zurück. Aus diesem Grund ist die Berücksichtigung von Metaprogrammen in der Geschäftswelt so wichtig. Wie sollen Sie jemanden beurteilen, wenn Sie nicht wissen, auf welche Weise er motiviert wird? Wie sollen Sie entscheiden, welche Fähigkeiten, Interessen und Persönlichkeitsmerkmale jemand für die Stelle mitbringen muß, die Sie zu vergeben haben? Viele fähige Leute sind von ihrem Beruf völlig frustriert, weil sie ihre Fähigkeiten dort nicht nutzen können. Was in dem einen Kontext ein Nachteil ist, kann in einem anderen ein wertvoller Aktivposten sein.

In einem Dienstleistungsunternehmen wie einer Luftfahrtgesellschaft braucht man Menschen, die auf andere bezogen sind. Wenn Sie einen Buchhalter einstellen wollen, werden Sie eher jemanden suchen, der auf sich selbst bezogen ist. Kennen Sie den Fall, daß jemand seine Arbeit in intellektueller Hinsicht hervorragend erfüllt, aber auf emotionaler Ebene versagt? Ein Arzt zum Beispiel, der stark auf sich selbst bezogen ist, kann zwar ein brillanter Diagnostiker sein, doch wenn er Ihnen nicht das Gefühl gibt, daß er Interesse an Ihnen hat, ist er kein wirklich guter Arzt. Vermutlich wäre er besser als Forscher eingesetzt. Für einen Arbeitsplatz den geeigneten Menschen zu finden, ist eines der größten Probleme im heutigen Geschäftsleben. Doch dieses Problem ließe sich lösen, wenn man richtig einschätzen könnte, auf welche Weise ein Bewerber Informationen verarbeitet.

An dieser Stelle muß erwähnt werden, daß nicht alle Metaprogramme gleich sind. Ist man besser dran, wenn man ›auf etwas zu‹ statt ›von etwas fort‹ motiviert ist? Vielleicht. Wäre die Welt besser, wenn die Menschen stärker auf andere anstatt auf sich selbst bezogen wären? Wahrscheinlich. Doch wir müssen uns mit dem Leben auseinandersetzen wie es ist, und nicht damit, wie wir es uns wünschen. Vielleicht wäre es Ihnen lieber, daß Ihr Sohn sich auf etwas zu, anstatt von Dingen fortbewegt. Wenn Sie effektiv mit ihm kommunizieren wollen, müssen Sie einen Zugang finden der funktioniert, und sich nicht auf einen Zugang versteifen, der Ihrer Vorstellung von der Welt entspricht. Dafür ist es wichtig, jemanden sorgfältig zu beobachten, auf das zu hören, was er sagt, darauf zu achten, welche Metaphern er verwendet, was sein Körper verrät, wann er interessiert und wann er gelangweilt ist. Menschen enthüllen ihre Metaprogramme in allem, was sie tun. Man braucht nicht erst spezifische Untersuchungen durchzuführen, um herauszufinden, welche Neigungen Menschen haben oder worauf sie ihre Aufmerksamkeit richten. Um herauszufinden, ob jemand auf sich oder auf andere bezogen ist, brauchen Sie nur darauf zu achten, wieviel Aufmerksamkeit er seiner Umgebung schenkt. Beugt er sich vor, drückt sein Gesichtsausdruck Interesse aus für das, was andere sagen, oder lehnt er sich gelangweilt zurück und geht kaum auf andere ein? Jeder ist zu bestimmten Zeiten auf sich selbst bezogen, und das ist auch notwendig. Entscheidend ist allein, was Sie überwiegend tun, und ob Sie dadurch erreichen, was Sie sich wünschen.

Das vierte Metaprogramm bezieht sich auf die Wahrnehmung von Ähnlichkeiten bzw. Unterschieden. Ich möchte ein Experiment mit Ihnen machen. Sehen Sie sich die geometrischen Figuren an, und sagen Sie, in welcher Beziehung sie zueinander stehen.

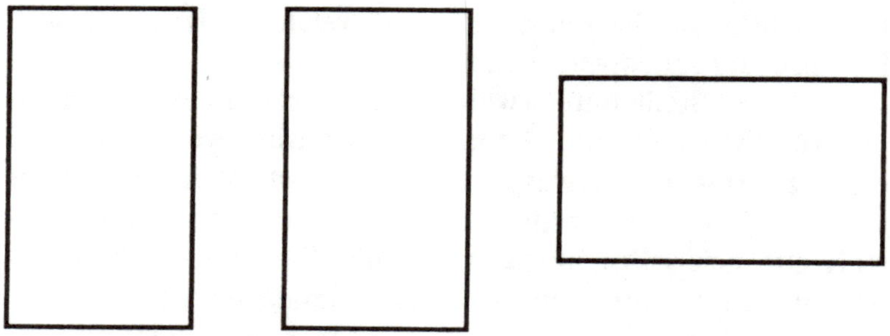

Sie können diese Frage auf verschiedene Weise beantworten. Sie könnten sagen, alle drei seien Rechtecke. Sie könnten sagen, daß sie alle jeweils vier Seiten haben. Sie könnten sagen, zwei haben eine vertikale und das dritte eine horizontale Lage, oder daß zwei aufrecht stehen und eines liegt, oder daß eines sich von den beiden andern unterscheidet, während diese gleich sind.

Bestimmt fallen Ihnen noch mehr mögliche Beschreibungen ein. Worum geht es hier? Es sind alles Beschreibungen ein und desselben Bildes, doch jedesmal wird ein anderer Zugang für die Beantwortung der Frage gewählt. Genauso ist es mit

Menschen, die nach Übereinstimmungen suchen (›Matcher‹) und denen, die nach Unterschieden suchen (›Mismatcher‹). Dieses Metaprogramm legt fest, wie sie Informationen auswählen, um z. B. zu lernen oder etwas zu verstehen. Manche Menschen suchen vor allem nach Gemeinsamkeiten. Sie sehen sich Dinge an und bemerken, was sie gemeinsam haben. Wenn sie also unsere Figuren ansehen würden, so würden sie vielleicht sagen: »Nun ja, das sind Rechtecke.« Eine andere Gruppe von Menschen stellt zwar Gemeinsamkeiten, aber auch Abweichungen fest. Sie würden die Figuren vermutlich ansehen und sagen: »Alle drei sind Rechtecke, aber das eine liegt, und die beiden anderen stehen aufrecht.«

Andere Menschen suchen vor allem nach Unterschieden. Wir können sie in zwei Kategorien unterteilen. Jemand aus der ersten Kategorie würde feststellen, in welcher Hinsicht Dinge verschieden sind. Er sieht sich die geometrischen Figuren an und sagt z. B., daß sie alle in verschiedenen Beziehungen zueinander stehen. Für ihn gäbe es keine Gemeinsamkeiten. Jemand aus der zweiten Kategorie sieht Ungleichheiten, aber auch Übereinstimmungen. Er ist gewissermaßen das Gegenstück zu jemand, der Gemeinsamkeiten mit Unterschieden feststellt, nur sieht er zuerst die Unterschiede und fügt dann die Gemeinsamkeiten hinzu. Um zu bestimmen, ob jemand vornehmlich Übereinstimmungen oder Unterschiede wahrnimmt, können Sie ihn einfach nach den Beziehungen zwischen beliebigen Objekten oder Ereignissen fragen. Sie werden sofort herausfinden ob er sich zuerst auf die Übereinstimmungen oder auf die Unterschiede konzentriert. Können Sie sich vorstellen, was passiert, wenn jemand, der in erster Linie Übereinstimmungen bemerkt, mit jemandem zusammenkommt, der vor allem auf Unterschiede achtet? Der erste wird sagen: »Sie sind alle gleich« und der andere wird antworten: »Nein, sie sind total verschieden.« Für den einen sind alle drei Figuren Rechtecke, für den anderen sind die Linien der Figuren vielleicht nicht alle gleich dick gezogen oder die Winkel sind nicht in allen drei Fällen gleich. Wer hat also recht? Natürlich haben beide recht – es hängt alles jeweils von der Wahrnehmung der Person ab. Allerdings haben ›Unterschiedssucher‹ (›Mismatcher‹) häufig Schwierigkeiten, zu anderen Menschen Rapport herzustellen, weil sie immer auf den Unterschieden beharren. Es fällt ihnen jedoch leichter, Rapport mit anderen ›Unterschiedssuchern‹ herzustellen.

Wieso ist es wichtig, diese Unterscheidungen zu treffen? Ich will Ihnen ein Beispiel aus meiner Firma geben. Ich habe fünf Partner, und alle außer einem sind ›Übereinstimmungssucher‹ (›Matcher‹). Das ist in vielerlei Hinsicht ganz hervorragend. Wir sind uns ähnlich und mögen uns daher. Wir denken auf die gleiche Weise und nehmen die gleichen Dinge wahr, daher können wir bei unseren Besprechungen sehr gut kooperieren; wir reden, bringen Ideen vor und berauschen uns an unseren wundervollen Einfällen, weil jeder von uns sieht, was die anderen sehen, und wir uns gegenseitig inspirieren. Das ist ungeheuer aufregend.

Das heißt, so lange, bis sich unser ›Unterschiedssucher‹ einmischt. Er sieht die Dinge ausnahmslos anders als wir. Während wir sehen, wie die Dinge zusammenpassen, sieht er, wie sie nicht zusammenpassen. Während wir immer begeisterter werden und vorpreschen, kommt er und sagt uns, daß es nicht funktionieren wird, lehnt sich dann in einem Sessel zurück und beharrt, unbeeindruckt von unserer Sichtweise, auf allen möglichen Schwierigkeiten, mit denen wir uns nicht abgeben möchten. Wir schweben in den Wolken, und er holt uns immer wieder auf den Teppich zurück und sagt: »Ach, ja? Tatsächlich? Und was ist hiermit? Und damit?«

Ist er eine Plage für uns? Allerdings ist er das. Und was für eine. Ist er ein wertvoller Partner für uns? Unbedingt. Wir müssen ihn nur zum angemessenen Zeitpunkt in den Planungsprozeß einbeziehen. Wir wollen nicht, daß er auf Details herumhackt und uns bei unseren himmelsstürmenden Ideenflügen stört. Das Zusammenwirken unserer gemeinsamen Ideen in der Planungsphase ist uns in solchen Augenblikken wichtiger als seine spitzfindigen Haarspaltereien und Einwände. Später, wenn wir uns wieder ein bißchen beruhigt haben, benötigen wir dringend jemanden, der die Löcher sieht, die Ungereimtheiten, der sieht, was nicht stimmt, was nicht zusammenpaßt. Das ist seine Funktion, und sie hat uns schon oft vor uns selbst gerettet.

Die Menschen, die in erster Linie auf Unterschiede achten, sind in der Minderheit. Umfrageergebnisse ergeben, daß etwa fünfunddreißig Prozent der Befragten zu dieser Kategorie gehören. (Falls Sie auch dazugehören, werden Sie wahrscheinlich sagen, daß diese Ergebnisse nicht zutreffen.) Aber ›Unterschiedssucher‹ sind außerordentlich wichtig, weil sie Aspekte sehen, die wir anderen nicht sehen. Sie zählen zwar gewöhnlich nicht gerade zu den poetischen Seelen unter uns. Oft – auch wenn sie begeistert sind – suchen sie nach Unterschieden und finden schnell einen Weg, sich wieder zu ernüchtern. Doch ihre kritischen und analytischen Fähigkeiten sind für jedes Geschäft außerordentlich wichtig.

Wenn Sie eine Stelle zu vergeben hätten, in der viel Routinearbeiten zu verrichten sind, würden Sie dann jemanden einstellen, der vor allem nach Unterschieden sucht? Natürlich nicht. Sie würden jemanden einstellen wollen, der nach Übereinstimmungen sucht – er wäre mit einer solchen Arbeit sehr zufrieden. Für eine Arbeit, die sehr viel Flexibilität voraussetzt oder ständige Veränderung verlangt, würden Sie andererseits kaum jemanden einstellen, der übereinstimmungsorientiert ist. Derartige Unterscheidungen können sehr nützlich sein, wenn man wissen will, wer sich langfristig für eine Arbeit am besten eignen wird.

Würden Sie ›Übereinstimmungs-‹ und ›Unterschiedssucher‹ auf die gleiche Weise zu überzeugen versuchen? Würden Sie beiden die gleiche Arbeit geben wollen? Würden Sie zwei Kinder, die in dieser Hinsicht verschieden sind, gleich behandeln? Natürlich nicht. Das heißt nicht, daß sich solche Strategien nicht verändern lassen. Menschen sind keine Pawlowschen Hunde. Sie können ihre Strategien bis zu einem gewissen Grad ändern, aber nur, wenn jemand ihnen in ihrer Sprache sagt, wie sie das anstellen können. Es ist sehr anstrengend und erfordert viel Geduld, jemanden, der sein Leben lang nach Unterschieden gesucht hat, dazu zu bringen,

Übereinstimmungen wahrzunehmen. Doch Sie können ihm dabei helfen, das Beste aus diesem Zugang zu machen und etwas flexibler zu werden. Das ist eine notwendige Fähigkeit, um mit Menschen auszukommen, die anders sind als man selbst. Andererseits ist es für jemand, der nur Übereinstimmungen sieht, nützlich, wenn er lernt, Unterschiede wahrzunehmen, denn sonst neigt er leicht zu Verallgemeinerungen. Es könnte für Sie von Vorteil sein, die Unterschiede zwischen dieser Woche und vergangener Woche zu bemerken oder zwischen den Städten, die Sie gesehen haben, anstatt einfach zu sagen, Los Angeles sei so ziemlich das gleiche wie New York. Konzentrieren Sie sich auch ein wenig auf die *Unterschiede* – sie machen das Leben erst interessant.

Können Vertreter dieser Kategorien glücklich zusammenleben? Sicher – genau so lange, wie sie sich gegenseitig verstehen. Auf diese Weise werden sie sich, wenn es Schwierigkeiten gibt, darüber im klaren sein, daß der andere nicht schlecht ist oder unrecht hat, sondern nur die Dinge auf andere Weise wahrnimmt. Man muß einem Menschen nicht völlig gleichen, um Rapport zu ihm herzustellen. Man darf nur die Unterschiede in der Wahrnehmungsweise nicht vergessen, und muß lernen, diese zu respektieren und zu würdigen.

Das fünfte Metaprogramm bezieht sich auf die Überzeugungsstrategie, die jemand anwendet. Die Überzeugungsstrategie besteht aus zwei Teilen. Um herauszufinden, auf welche Weise jemand zu überzeugen ist, müssen Sie zuerst herausfinden, welche Kombination von Sinnesdaten er benötigt, um überzeugt zu werden, und dann ermitteln, wie oft er diese erhalten muß, bevor er überzeugt ist. Um das Überzeugungs-Metaprogramm herauszufinden, fragen Sie diese Person am besten: »Woher wissen Sie, ob jemand gute Arbeit leistet? Müssen Sie ihn a) sehen oder ihm bei der Arbeit zuschauen, b) darüber reden hören, wie tüchtig er ist, c) mit ihm zusammenarbeiten oder d) etwas über seine Tüchtigkeit lesen?« Die Antwort kann eine Kombination dieser verschiedenen Punkte sein. Man kann zum Beispiel glauben, daß jemand gute Arbeit leistet, wenn man ihn selbst beobachtet hat und andere Ihnen bestätigt haben, daß er tüchtig sei. Die nächste Frage lautet: »Wie oft muß Ihnen jemand zeigen, daß er tüchtig ist, bevor Sie davon überzeugt sind?« Es gibt vier mögliche Antworten: a) einmal (wenn er zum Beispiel einmal zeigt, daß er gut arbeitet, sind Sie sofort davon überzeugt), b) mehrmals (zweimal oder öfter), c) über einen längeren Zeitraum hinweg (ein paar Wochen, einen Monat oder ein Jahr) und d) immer wieder. Im letzten Fall muß der Betreffende also bei jeder Gelegenheit von neuem beweisen, daß er gute Arbeit leisten kann.

Wenn Sie eine Organisation leiten, ist es für Sie unverzichtbar, daß zwischen Ihnen und Ihren Mitarbeitern Vertrauen und Rapport besteht. Wenn Ihre Mitarbeiter wissen, daß Sie Interesse an ihnen haben, werden sie sich noch mehr einsetzen. Wenn Sie kein Vertrauen zu ihnen haben, werden sie sich auch nicht besonders für Sie anstrengen. Doch um dieses Vertrauen herzustellen, müssen Sie zuerst die verschiedenen Bedürfnisse verschiedener Menschen beachten. Manche stellen eine Beziehung her und erhalten sie aufrecht. Wenn sie wissen, daß Sie fair mit ihnen umgehen und daß Ihnen etwas an ihnen liegt, werden sie so lange mit Ihnen verbunden sein, bis Sie etwas tun, um ihr Vertrauen zu verlieren.

Das gilt jedoch nicht für jeden. Manche Mitarbeiter brauchen mehr als das – sei es eine Anerkennung, ein paar lobende Worte, öffentliche Unterstützung oder die Übertragung einer wichtigen Aufgabe. Sie sind vielleicht genauso loyal und talentiert, doch sie benötigen mehr Bestätigung von Ihnen als andere. Sie benötigen mehr Beweise, daß immer noch eine gute Beziehung zwischen Ihnen besteht.

Das gleiche gilt in noch stärkerem Maße in persönlichen Beziehungen. Manchen Menschen brauchen Sie Ihre Liebe nur einmal zu beweisen und haben sie damit für immer bewiesen. Andere brauchen jeden Tag Beweise dafür. Der Wert der Metaprogramme liegt darin, daß sie Ihnen zeigen, wie Sie jemanden überzeugen können. Sie wissen im voraus, was nötig ist, um ihn zu überzeugen, und ärgern sich auch nicht mehr darüber, daß manche häufig nach Bestätigung verlangen. Dieser Wunsch wird Ihnen nicht mehr unverständlich sein.

Das sechste Metaprogramm bezieht sich auf die Wahrnehmung von Möglichkeiten bzw. Notwendigkeiten. Stellen Sie jemandem einmal die Frage, warum er für seine gegenwärtige Firma arbeitet oder warum er sein Auto oder sein Haus gekauft hat. Manche Menschen werden vor allem durch die Notwendigkeit motiviert und nicht so sehr durch das, was sie wollen. Sie tun etwas, weil sie es tun müssen. Sie werden nicht durch das, was möglich ist, zum Handeln angeregt und suchen auch nicht viele verschiedenartige Erfahrungen. Sie gehen durch das Leben und nehmen, was kommt und was gerade verfügbar ist. Wenn sie eine neue Arbeit, ein neues Haus, ein neues Auto oder auch einen neuen Partner brauchen, dann ziehen sie los und nehmen, was sie gerade kriegen können.

Andere halten beständig nach Möglichkeiten Ausschau. Sie sind weniger durch das motiviert, was sie tun müssen, als vielmehr durch das, was sie tun wollen. Sie suchen nach Möglichkeiten, Erfahrungen, Wahlmöglichkeiten, neuen Wegen. Jemand, der durch Notwendigkeiten motiviert wird, interessiert sich vor allem für das, was bekannt und sicher ist. Jemand, der durch Möglichkeiten motiviert wird, ist vor allem an dem interessiert, was noch nicht bekannt ist. Er will wissen, welche Entwicklungen möglich sind, welche Gelegenheiten sich noch ergeben könnten.

Welchen der beiden würden Sie als Arbeitgeber am liebsten einstellen? Einige werden jetzt antworten: »Den, der durch Möglichkeiten motiviert wird.« Denn schließlich ist es doch gerade die Vielfalt an Möglichkeiten, die unser Leben bereichert. Die meisten von uns (sogar viele, die durch Notwendigkeiten motiviert werden) würden spontan sagen, daß es besser ist, sich immer so viele Wege wie möglich offen zu halten.

In Wirklichkeit ist es nicht ganz so einfach. Es gibt Jobs, in denen es auf die Liebe für das Detail, auf Beharrlichkeit und auf Ausdauer ankommt. Nehmen wir einmal an, Sie seien in einer Autofabrik für die Qualitätskontrolle zuständig. Ein Sinn für Möglichkeiten ist gut und schön. Aber was Sie für diese Aufgabe vielleicht am meisten benötigen, ist ein Sinn für die Notwendigkeiten. Sie müssen genau wissen, was notwendig ist, und Sie müssen prüfen, ob es auch durchgeführt wurde. Jemand, der durch Möglichkeiten motiviert wird, würde sich bei dieser Arbeit wahrscheinlich zu Tode langweilen, während jemand, der durch Notwendigkeiten motiviert wird, mit seiner Arbeit rundherum zufrieden wäre.

Menschen, die durch Notwendigkeiten motiviert werden, haben auch noch andere spezifische Qualitäten. Bei manchen Jobs kommt es besonders auf Kontinuität an. Wenn Sie einen solchen Arbeitsplatz besetzen, werden Sie jemanden haben wollen, der lange bleibt. Jemand, der durch Möglichkeiten motiviert wird, ist immer auf der Suche nach neuen Möglichkeiten, neuen Unternehmungen, neuen Herausforderungen. Wenn er einen anderen Job findet, der ihm mehr zu bieten scheint, wird er den alten wahrscheinlich aufgeben. Anders dagegen, der eher schwerfällige durch Notwendigkeiten motivierte Typ. Er sucht nur eine Stelle, wenn er eine braucht. Er behält sie, weil Arbeit eine Notwendigkeit des Lebens darstellt. Es gibt viele Jobs, für die ein vielseitiger, schwadronierender, risikofreudiger Mensch, der nach Möglichkeiten sucht, genau richtig ist. Wenn Ihre Firma in einen völlig anderen Bereich expandieren möchte, würden Sie wahrscheinlich jemanden suchen, der für alle Möglichkeiten ein offenes Ohr hat.

Genauso wichtig ist es, zu wissen, wie Ihre eigenen Metaprogramme aussehen, damit Sie, wenn Sie sich nach einer Arbeit umsehen, eine wählen, die Ihren Bedürfnissen am besten entspricht.

Das gleiche Prinzip gilt auch für die Motivierung von Kindern. Nehmen wir einmal an, Sie versuchten Ihrem Kind klarzumachen, wie wichtig es ist, eine gute Ausbildung zu haben und eine gute Schule zu besuchen. Wenn Ihr Kind durch Notwendigkeiten motiviert wird, müssen Sie ihm zeigen, warum es eine gute Ausbildung benötigt. Sie können ihm von den Berufen erzählen, für die man unbedingt einen Schulabschluß benötigt. Sie können ihm erklären, warum es ein Grundwissen in Mathematik benötigt, um ein guter Ingenieur zu werden, oder Sprachen kennen muß, um ein guter Lehrer zu werden. Wenn Ihr Kind durch Möglichkeiten motiviert wird, müßten Sie anders an die Sache herangehen. Es wäre durch etwas, was es tun muß, gelangweilt, daher müßten Sie die zahlreichen Möglichkeiten hervorheben, die sich mit einer guten Ausbildung eröffnen. Zeigen Sie ihm, daß Lernen ein Weg zu vielfältigen Möglichkeiten ist. Vermitteln Sie ihm Vorstellungen davon, was es alles zu erforschen und zu entdecken gibt. Das Resultat wird bei allen Kindern das gleiche sein, auch wenn die Wege dorthin sehr verschieden sein können.

Das siebte Metaprogramm bestimmt den Arbeitsstil eines Menschen. Jeder hat seine eigene Arbeitsstrategie. Manche Menschen sind unglücklich, wenn sie nicht *unabhängig* sind. Sie haben große Schwierigkeiten, eng mit anderen zusammenzuarbeiten oder unmittelbar weisungsgebunden zu sein. Sie müssen ihr eigener Herr sein. Andere fühlen sich wohler als Teil einer Gruppe. Sie haben eine *kooperative* Strategie. Sie wollen die Verantwortung für eine Aufgabe mit anderen teilen. Wieder andere haben eine Strategie, die dazwischen liegt. Sie ziehen es vor, mit anderen zusammenzuarbeiten, gleichzeitig aber allein die Verantwortung für eine Aufgabe zu übernehmen. Sie sind zuständig und gleichzeitig nicht allein.

Wenn Sie also Ihre Kollegen, Kinder oder Angestellten optimal motivieren möchten, müssen Sie die Arbeitsstrategie herausfinden, mit der sie am effektivsten sind. Manchmal werden Sie es vielleicht mit einem Angestellten zu tun haben, der brillant arbeitet, aber allen auf die Nerven geht, weil er dies auf seine Art tun muß. Vielleicht ist er einfach nicht dafür geschaffen, als Angestellter zu arbeiten, sondern wäre viel besser dafür geeignet, selbständig zu sein, wozu er sich möglicherweise auch bald entschließen wird, wenn Sie ihm nicht die Möglichkeit bieten, sich zu entfalten. Wenn Sie einen solchen Angestellten haben, sollten Sie versuchen, eine Möglichkeit zu finden, seine Talente optimal einzusetzen, und ihm soviel Selbständigkeit wie möglich zu geben. Wenn Sie ihn in einem Team arbeiten lassen, wird er wahrscheinlich alle anderen wahnsinnig machen, doch in einer unabhängigen Position kann er sich als unschätzbar erweisen. Das ist der Grundgedanke aller neuen Konzepte der Unternehmensführung.

Sie haben vielleicht schon einmal vom Peter-Prinzip gehört, das besagt, daß man solange befördert wird, bis man schließlich einen Posten bekommt, für den man nicht geeignet ist. Warum passiert das? Der Grund dafür ist darin zu suchen, daß Arbeitgeber den Arbeitsstrategien ihrer Angestellten oft recht unsensibel gegenüberstehen. Manche arbeiten am besten mit anderen zusammen. Sie benötigen viel Feedback und zwischenmenschliche Beziehungen. Sollen Sie ihre Leistung belohnen, indem Sie ihnen die selbständige Leitung eines neuen Projekts übertragen? Nicht, wenn Sie ihre Talente wirklich nutzen wollen. Das bedeutet nicht, daß Sie sie immer auf der gleichen Ebene festhalten müssen, sondern vielmehr, daß Sie sie fördern und ihnen immer wieder neue Aufgaben übertragen sollten, die ihre Talente ins Spiel bringen und nicht ihre Schwächen.

Viele wollen Teil eines Teams sein, aber ihre Arbeit gleichzeitig allein verrichten. In jeder Betriebsstruktur gibt es Jobs, die Vertreter aller drei Strategien zufriedenstellen. Das Entscheidende ist, zu erkennen, auf welche Weise jemand am besten arbeitet, und dann eine Aufgabe zu finden, in der er sich entfalten kann.

Ich möchte Ihnen eine Übung vorstellen, die Sie noch heute durchführen können. Versuchen Sie einmal, sobald Sie dieses Kapitel zu Ende gelesen haben, die Metaprogramme verschiedener Personen herauszufinden. Fragen Sie sie: Was erwarten Sie von einer Beziehung (einem Haus, einem Auto oder einer beruflichen Karriere)? Woran merken Sie, daß Sie Erfolg hatten? Welche Beziehung besteht zwischen dem, was

Sie diesen Monat tun, und dem, was Sie im vergangenen Monat getan haben? Wie häufig muß Ihnen jemand etwas beweisen, bevor Sie davon überzeugt sind, daß es wahr ist? Was bedeutet Ihnen in Ihrer Arbeit am meisten? Was ist Ihnen das Wichtigste daran?

Hört Ihnen der Betreffende aufmerksam zu, während Sie ihm diese Fragen stellen? Ist er an Ihrer Reaktion interessiert, oder ist er mit etwas anderem beschäftigt? Das sind nur ein paar der Fragen, die Sie stellen können, um die Metaprogramme, über die wir gesprochen haben, herauszubekommen. Wenn Sie die Informationen, die Sie suchen, nicht erhalten, dann formulieren Sie die Frage so lange um, bis Sie sie haben.

Wenn Sie an Kommunikationsschwierigkeiten denken, die Sie mit jemandem haben, werden Sie feststellen, daß das Verständnis der Metaprogramme des anderen Ihnen helfen wird, Ihre Kommunikation so zu verändern, daß das Problem gelöst werden kann. Denken Sie an ein Ereignis in Ihrem Leben, das Sie einmal sehr frustriert hat – Sie z. B. jemanden geliebt haben, er sich aber von Ihnen nicht geliebt fühlte, Sie für jemanden gearbeitet haben, der Ihre Leistung nicht würdigte, oder Sie jemandem helfen wollten, dieser aber nicht darauf reagiert hat. Bestimmen Sie dann das entscheidende Metaprogramm, Ihr eigenes und das der anderen Person. Sie selbst benötigen zum Beispiel nur einmal eine Bestätigung dafür, daß Ihr Partner Sie liebt, und Ihr Partner benötigt diese Bestätigung immer wieder. Oder Sie versuchen, Ihren Chef auf Übereinstimmungen hinzuweisen, aber er möchte nur etwas über die Unterschiede hören. Oder Sie versuchen jemanden vor etwas zu warnen, das er vermeiden sollte, und er interessiert sich nur für das, was er erreichen möchte.

Im falschen Ton übermittelt, kommt jede Botschaft falsch an. Das ist für Eltern, die mit ihren Kindern sprechen, genauso ein Problem, wie für leitende Angestellte, die mit ihren Angestellten sprechen. Früher haben viele von uns nicht die Wahrnehmungsfähigkeit besessen, um die wichtigsten Strategien von anderen zu erkennen und zu berücksichtigen. Wenn es Ihnen nicht gelingt, jemandem Ihre Botschaft zu übermitteln, dann brauchen Sie nicht unbedingt etwas am Inhalt zu ändern. Sie müssen nur die notwendige Flexibilität entwikkeln, um die Form der Botschaft so ändern zu können, daß sie den Metaprogrammen des anderen entspricht.

Meistens können Sie am wirksamsten kommunizieren, wenn Sie mehrere Metaprogramme gleichzeitig verwenden. Meine Partner und ich hatten einmal geschäftliche Differenzen mit einem Mann, der für uns einige Aufträge ausgeführt hatte. Wir trafen uns, und ich bemühte mich gleich zu Anfang, eine positive Atmosphäre zu schaffen, indem ich sagte, daß ich ein Ergebnis erzielen wolle, mit dem beide Parteien zufrieden sein könnten. Sofort erwiderte er: »Daran bin ich absolut nicht interessiert. Ich habe das Geld, und ich werde es behalten. Ich will nur nicht, daß Ihr Rechtsanwalt mich andauernd anruft und noch weiter belästigt.« Seine Motivationsstrategie war also ›von etwas fort‹ zu kommen. Ich sagte: »Wir sind an dieser Arbeit interessiert, weil wir uns damit befassen, für andere Menschen und für uns selbst eine bessere Lebensqualität zu schaffen. Wenn wir zusammenarbeiten, können wir das erreichen.« Er antwortete: »Wir sind absolut nicht alle daran interessiert, anderen Menschen zu helfen. Sie sind mir völlig egal. Alles was ich will, ist, glücklich und zufrieden von hier wegzugehen.« Während das Gespräch kaum Fortschritte machte, wurde mir klar, daß er die Tendenz hatte, sich von etwas fortzubewegen, selbstbezogen war, nach Unterschieden suchte, einen ausschließlich internalen Bezugsrahmen hatte und an nichts glaubte, solange er es nicht gesehen und gehört hatte und es ihm beständig wiederholt worden war.

Diese Metaprogramme ergaben zusammen nicht gerade eine günstige Voraussetzung für perfekte Kommunikation, zumal ich in fast allen Punkten das genaue Gegenteil verkörpere. Wir redeten fast zwei Stunden lang, ohne weiterzukommen, und ich war schon fast soweit, aufzugeben. Dann fiel bei mir plötzlich der Groschen, und ich änderte meine Taktik. Ich sagte: »Wissen Sie, daß Sie auf diese Weise Ihr Schicksal in meine Hand geben?« Ich machte eine Faust. Ich nahm also seinen internalen Bezugsrahmen, den ich mit Worten nicht beeinflussen konnte, und verlegte ihn nach außen. »Ich habe es hier in der Hand, und Ihnen bleibt noch genau eine Minute Zeit. Treffen Sie Ihre Entscheidung, oder Sie haben verloren, und zwar werden Sie gewaltig verlieren. Ich werde nichts verlieren, aber Sie werden eine Menge verlieren.« Das gab ihm etwas, von dem er sich fortbewegen konnte.

»Sie (selbst) werden verlieren (von etwas fortbewegen), weil Sie nicht glauben, daß wir eine Lösung erreichen können.« Da er nach Nicht-Übereinstimmung suchte, gingen seine Gedanken sofort in die entgegengesetzte Richtung – daß es doch eine Lösung gebe. Dann fuhr ich fort: »Fragen Sie sich selbst und entscheiden Sie (internaler Bezugsrahmen), ob Sie tatsächlich bereit sind, den Preis zu zahlen, den Sie zu zahlen haben werden, Tag für Tag, als Folge Ihrer heutigen Entscheidung. Denn ich werde nicht müde werden, anderen Leuten (seine Überzeugungsstrategie) davon zu erzählen, wie Sie sich hier benommen haben und was Sie getan haben. Sie haben eine Minute Zeit, um sich zu entscheiden. Sie können sich jetzt entscheiden, daß Sie diese Sache zu Ende führen wollen, andernfalls werden Sie alles verlieren – Sie persönlich, für immer. Sehen Sie mich an. Überzeugen Sie sich davon, daß ich tatsächlich meine, was ich sage.«

Er brauchte zwanzig Sekunden, dann sprang er auf und sagte: »Hören Sie, ich wollte schon immer mit Ihnen zusammenarbeiten. Ich weiß, daß wir es hinkriegen können.« Er sagte es nicht etwa widerwillig. Er war begeistert, so als seien wir alte Kumpel. Er sagte: »Ich wollte nur wissen, ob wir miteinander reden können.« Warum diese positive Veränderung nach zwei Stunden? Weil ich die für ihn charakteristischen Metaprogramme benutzt hatte und nicht mein eigenes Modell der Welt, um ihn zu motivieren.

Was ich gesagt hatte, hätte auf mich als Beleidigung gewirkt. Früher war ich frustriert, wenn ich mit Menschen zu tun hatte, deren Verhalten meinem genau entgegengesetzt war, bis ich lernte, daß verschiedene Menschen auch verschiedene Metaprogramme und Denkmuster haben.

Die Metaprogramme, mit denen wir uns bisher befaßt haben, sind von großer Bedeutung. Dabei darf man aber nicht vergessen, daß die Zahl der Metaprogramme, die man bewußt wahrnimmt, nur von der eigenen Sensibilität, Wahrnehmungsfähigkeit und Phantasie eingeschränkt wird. Einer der Schlüssel zum Erfolg ist die Fähigkeit, neue Unterscheidungen treffen zu können. Die Kenntnis der Metaprogramme liefert Ihnen die Möglichkeit, im Umgang mit anderen Menschen wesentliche Unterscheidungen zu treffen. Sie brauchen sich nicht auf die Metaprogramme zu beschränken, die wir hier besprochen haben. Untersuchen Sie ständig neue Möglichkeiten. Beobachten und beurteilen Sie die Menschen in Ihrer Umgebung. Achten Sie auf die Muster, nach denen sie die Welt wahrnehmen, und prüfen Sie, ob andere ähnliche Muster haben. Auf diese Weise können Sie eine Reihe wesentlicher Unterscheidungen in bezug auf Menschen lernen und mit den verschiedenen Menschen erfolgreich kommunizieren.

Für manche Menschen sind in erster Linie Gefühle wichtig, für andere nur logische Kriterien. Würden Sie beide auf die gleiche Weise zu überzeugen versuchen? Natürlich nicht. Manche Menschen treffen Entscheidungen aufgrund von Tatsachen und Zahlen. Sie vergewissern sich zuerst, ob die einzelnen Teile funktionieren – und wenden sich erst später dem Gesamtbild zu. Andere lassen sich zuerst von einem umfassenden Konzept oder einer Idee überzeugen. Sie reagieren auf globale Dinge. Sie wollen sie erst im großen Zusammenhang sehen. Wenn der ihnen gefällt, werden sie über die Einzelheiten nachdenken. Manche Menschen werden durch Neuanfänge angespornt. Sie haben starkes Interesse, wenn sie eine neue Idee haben, und verlieren es schon bald wieder und wenden sich anderen Dingen zu. Manche sind darauf fixiert, alles zu vervollständigen. Sie müssen alles abschließen, ob sie nun ein Buch lesen oder irgendeine Arbeit erledigen. Manche Menschen sind auf das Essen fixiert. (Ganz im Ernst.) Fast alles, was sie tun oder planen, hat in irgendeiner Form einen Bezug zum Essen. Wenn Sie so jemanden danach fragen, wie Sie am schnellsten an einen bestimmten Ort gelangen, wird er sagen: »Gehen Sie die Straße entlang, bis Sie zum ›Burger-King‹ kommen, dann biegen Sie links ab und gehen weiter bis zu McDonald's, dann nach rechts und wieder links bis zu ›Kentucky Fried Chicken‹, und dann kommen Sie zu einem schokoladebraunen Gebäude.« Fragen Sie einen solchen Menschen nach einem Film, und er wird Ihnen sofort erzählen, was für eine Würstchenbude darin vorkam. Fragen Sie ihn nach einer Hochzeit, und er wird Ihnen von der Hochzeitstorte berichten. Jemand, der seine Wahrnehmungen vorwiegend nach Handlungen ordnet, wird meistens davon sprechen, was auf der Hochzeit oder in dem Film passiert ist. Jemand, der sich an Menschen orientiert, wird Ihnen erzählen, wer alles auf der Hochzeit war, in dem Film mitgespielt hat, und so weiter.

Die Kenntnis der Metaprogramme gibt uns außerdem ein Modell, um unsere Strategien ins Gleichgewicht zu bringen. Wir folgen alle der einen oder anderen Strategie, wenn wir Metaprogramme verwenden. Bei manchen Metaprogrammen überwiegt vielleicht die eine Seite leicht und bei manchen die andere. Dann kann es Fälle geben, wo wir extrem auf eine Strategie festgelegt sind. Aber keine Strategie ist absolut und unbedingt besser als die anderen. Genau, wie Sie sich selbst dafür entscheiden können, sich in einen konstruktiven Zustand zu versetzen, können Sie sich auch dafür entscheiden, Metaprogramme zu verwenden, die Ihnen nützen, anstatt Sie zu behindern. Ein Metaprogramm sagt Ihrem Gehirn, welche Informationen es tilgen soll. Wenn Sie also jemand sind, der sich auf etwas zubewegt, dann tilgen Sie die Dinge, von denen man sich fortbewegen könnte. Wenn Sie jemand sind, der sich von Dingen fortbewegt, dann tilgen Sie alles, auf das man sich möglicherweise zubewegen könnte. Um Ihre Metaprogramme zu verändern, brauchen Sie sich nur der Dinge bewußt zu werden, die Sie normalerweise tilgen, und gezielt Ihre Aufmerksamkeit auf sie zu richten.

Begehen Sie nicht den Fehler, sich mit Ihren Verhaltensweisen zu identifizieren oder das gleiche mit jemand anderem zu tun. Sie sagen z. B.: »Ich kenne Joe. Er tut das und das und das.« Aber Sie kennen Joe nicht. Sie kennen nur sein Verhalten. Aber er ist genausowenig sein Verhalten, wie Sie Ihr Verhalten sind. Wenn Sie jemand sind, der dazu neigt, sich von Dingen fortzubewegen, dann ist das lediglich Ihr Verhaltensmuster. Wenn Sie es nicht mögen, können Sie es ändern. Tatsächlich haben Sie keinerlei Rechtfertigung dafür, weshalb Sie es nicht ändern sollten. Sie haben die Macht, es zu tun, es jetzt zu tun. Die einzige Frage ist, ob Sie genügend Gründe haben, Ihr Wissen dafür zu verwenden. Es gibt zwei Möglichkeiten, Metaprogramme zu verändern. Einmal durch wichtige emotionale Erfahrungen. Wenn Sie gesehen haben, wie sich Ihre Eltern ständig von möglichen Ereignissen fortbewegten und nicht fähig waren, ihr volles Potential auszuschöpfen, könnte es die Art und Weise beeinflussen, in der Sie selbst sich auf etwas zu oder von etwas fortbewegen. Wenn Sie nur nach Notwendigkeiten gehen und deshalb die Gelegenheit versäumt haben, einen großartigen Job zu bekommen, weil die Firma jemanden suchte, der dynamisch ist und einen Sinn für Möglichkeiten hat, dann könnte Sie das dazu bewegen, dieses Muster zu ändern. Wenn Sie dazu neigen, sich auf alles zuzubewegen, und aus diesem Grund auf einen Anlageschwindel hereingefallen sind, könnte Sie diese Erfahrung vielleicht beeinflussen, sich beim nächsten Mal etwas zurückzuhalten.

Die andere Möglichkeit, Metaprogramme zu ändern, besteht darin, sich bewußt zu entscheiden, es zu tun. Die meisten von uns denken nicht darüber nach, welche Metaprogramme sie verwenden. Der erste Schritt in Richtung Veränderung liegt darin, sie sich bewußt zu machen. Wenn wir uns dessen bewußt sind, was wir tun, haben wir die Möglichkeit, neue Entscheidungen zu treffen und somit auch Veränderungen herbeizuführen. Nehmen wir einmal an, es wird Ihnen klar, daß Sie die starke Neigung haben, sich von Dingen fortzubewegen. Wie geht es Ihnen damit? Sicher gibt es viele Dinge, von denen man sich fortbewegen will. Wenn Sie

Ihre Hand auf eine heiße Eisenplatte legen, möchten Sie sie bestimmt sobald wie möglich wieder wegziehen. Doch es gibt wahrscheinlich auch Dinge, auf die Sie sich hinbewegen wollen? Um nach seinen eigenen Vorstellungen leben zu können, muß man sich bewußt auf Ziele zubewegen. Vielleicht könnten Sie einmal damit anfangen, an die Dinge zu denken, die für Sie reizvoll genug sind, um sich auf sie zuzubewegen.

Metaprogramme kann man auf zwei verschiedene Weisen nutzen. Einmal als Werkzeug, um unsere Kommunikation mit anderen zu erleichtern und zu steuern. So wie die Körpersprache eines Menschen Ihnen eine Fülle von Informationen über ihn gibt, können Ihnen seine Metaprogramme Auskunft darüber geben, was ihn motiviert und was ihn abschreckt. Außerdem können Sie sie als Werkzeug zur eigenen Veränderung nutzen. Denken Sie daran, Sie sind nicht mit Ihren Verhaltensweisen identisch. Wenn Sie dazu neigen, sich nach irgendeinem Muster zu richten, das gegen Sie arbeitet, dann brauchen Sie es nur zu verändern. Metaprogramme bieten eine hervorragende Möglichkeit, um sich auf sich selbst zu kalibrieren. Darüber hinaus eröffnen sie Ihnen den Zugang zu den wirksamsten Kommunikationstechniken, die es zur Zeit gibt.

15

Widerstand

Man kann in einem reißenden Strom stehenbleiben,
aber nicht in der Welt der Menschen.

JAPANISCHES SPRICHWORT

Sie haben bereits gelernt, wie Sie modellieren und die entscheidenden Muster menschlichen Handelns elizitieren können, die zu wünschenswerten Ergebnissen führen, um Ihre eigenen Handlungen zu steuern und Ihr Leben selbst in die Hand zu nehmen. Der Grundgedanke dabei war, daß Sie Ihr Verhalten nicht durch Versuche und Irrtum bestimmen müssen, sondern lernen können, Ihr Gehirn so wirksam wie möglich einzusetzen.

Wenn Sie mit anderen Menschen zu tun haben, ist es unvermeidbar, auch nach der Methode von Versuch und Irrtum vorzugehen. Denn Sie können das Verhalten anderer natürlich nicht so rasch, sicher und wirksam beeinflussen, wie Ihr eigenes. Doch wenn Sie Erfolg haben wollen, müssen Sie lernen, wie Sie diesen Prozeß beschleunigen können. Sie können das tun, indem Sie Rapport herstellen, indem Sie Metaprogramme berücksichtigen, indem Sie lernen, sich auf andere zu kalibrieren, um mit ihnen in ihrer Sprache reden zu können. Dieses Kapitel handelt davon, wie Sie den Anteil an Versuch und Irrtum, der in allen menschlichen Interaktionen besteht, reduzieren können und schneller zu einem tragfähigen Rapport gelangen, indem Sie lernen, mit Widerstand umzugehen und Probleme zu lösen.

Das Schlüsselwort im ersten Teil dieses Buches hieß ›Modellieren‹. Gut modellieren zu können ist entscheidend, wenn

Sie lernen wollen, schnell Resultate zu erzielen. Das Schlüsselwort für den zweiten Teil dieses Buches heißt ›Flexibilität‹ – eine Eigenschaft, die alle guten Kommunikatoren gemeinsam haben. Sie kalibrieren sich auf und ändern dann ihr eigenes Verhalten – verbal, und nonverbal – so lange, bis sie erreicht haben, was sie wollen. Wenn Sie gut kommunizieren wollen, müssen Sie mit Bescheidenheit beginnen und bereit sein, sich immer wieder zu ändern. Sie können nicht durch reine Willensanstrengung kommunizieren; Sie können niemandem Ihren Standpunkt aufzwingen. Kommunikation gelingt nur durch beständige ressourcevolle, aufmerksame Flexibilität.

Diese Flexibilität ergibt sich jedoch meistens nicht von selbst: Viele von uns folgen mit erstaunlicher Regelmäßigkeit immer wieder den gleichen Mustern. Manche sind so überzeugt davon, mit dem was sie tun, recht zu haben, daß sie glauben, durch bloße Wiederholung desselben schließlich Erfolg zu haben. Es ist eine Kombination aus Ego und Trägheit. Es ist oft am einfachsten, immer wieder das zu tun, was wir schon einmal getan haben. Doch das einfachste ist häufig das schlimmste, was man tun kann. In diesem Kapitel werden wir uns mit Möglichkeiten beschäftigen, um eingefahrene Verhaltensmuster zu durchbrechen, Kommunikation flexibel zu steuern und Verwirrung zu nutzen. Der Dichter William Blake hat einmal geschrieben: »Ein Mensch, der niemals seine Meinung ändert, ist wie stehendes Gewässer, seine Gedanken können nur Kriechtiere sein.« Ein Mensch, der nie seine Kommunikationsmuster ändert, befindet sich in dem gleichen gefährlichen Schlamm.

Wir wissen bereits, daß in jedem System diejenige Maschine die größten Wirkungen erzielt, die über die meisten Wahlmöglichkeiten und über die größte Flexibilität verfügt. Das gleiche trifft auf Menschen zu. Es kommt darauf an, so viele Wege wie nur möglich zu erschließen, so viele Türen wie möglich zu öffnen und so viele Zugänge auszuprobieren, wie nötig sind, um ein Problem zu lösen. Wenn Sie nur nach einem einzigen Programm handeln, immer nur mit einer Strategie arbeiten, werden Sie etwa so wirksam sein, wie ein Auto, das nur mit einem einzigen Gang fährt.

Ich habe einmal eine Bekannte beobachtet, die die Empfangsdame eines Hotels davon zu überzeugen versuchte, ihr das Zimmer für ein paar Stunden länger zu überlassen als es sonst bei der Abreise üblich ist. Ihr Freund hatte einen Skiunfall gehabt, und sie wollte, daß er sich noch bis zur Abreise ausruhen könne. Die Empfangsdame nannte ihr höflich und beharrlich alle möglichen Gründe, warum das einfach nicht möglich sei. Meine Bekannte hörte sie sich geduldig an und brachte dann immer wieder noch zwingendere Gegengründe vor.

Ich beobachtete fasziniert, wie sie die ganze Stufenleiter von Charme und weiblicher Überzeugungskraft bis hin zu Vernunft und Logik hinauf- und hinunterargumentierte. Ohne im geringsten arrogant zu sein oder Druck auszuüben, stand sie einfach da und verfolgte unbeirrt ihr Ziel. Schließlich lächelte die Hotelangestellte sie verlegen an und sagte: »Ich glaube, Sie haben gewonnen.« Wie hat sie erreicht, was sie wollte? Dadurch, daß sie flexibel genug war, um immer neue Verhaltensweisen und Manöver zu probieren, bis die Hotelangestellte ihr nicht länger widerstehen konnte.

Die meisten von uns gehen bei einer Meinungsverschiedenheit vor, wie bei einem verbalen Boxkampf. Sie prügeln so lange mit ihren Argumenten ein, bis sie schließlich erhalten, was sie wollen. Die fernöstlichen Kampfsportarten, wie Aikido und Tai-Chi, sind da eleganter und wirksamer. Sie haben nicht Ziel, die gegnerische Kraft zu brechen, sondern sie umzulenken – der Kraft nicht mit Kraft zu begegnen, sondern die Kraft, die gegen einen gerichtet ist, aufzunehmen und sie in eine neue Richtung zu lenken. Genauso hat sich meine Bekannte verhalten und genauso verhalten sich alle guten Kommunikatoren.

Denken Sie daran – es gibt keinen Widerstand, es gibt nur unflexible Kommunikatoren, die zur falschen Zeit und in die falsche Richtung drängen. Ein guter Kommunikator ist, wie ein Aikido-Meister, flexibel und ideenreich genug, um sich den Ansichten einer Person nicht entgegenzustellen, sondern, sobald er die Entstehung von Widerstand bemerkt, eine neue Richtung zu finden, in die er die Kommunikation lenken kann.

Ein guter Soldat greift nicht an.
Ein überlegener Kämpfer siegt ohne Gewalt.
Ein großer Eroberer gewinnt ohne Kampf.
Ein erfolgreicher Verwalter leitet ohne Vorschriften.
Das ist intelligente Gewaltlosigkeit.
Das ist menschliche Macht.
LAO-TSE, TAO-TE-KING

Es ist wichtig, zu berücksichtigen, daß bestimmte Worte und Formulierungen Widerstand erzeugen und Probleme schaffen. Gute Kommunikatoren wissen das und achten genau auf das, was sie sagen und was sie damit bewirken. In seiner Autobiographie beschreibt Benjamin Franklin, wie er es schaffte, Menschen seine persönlichen Meinungen zu vermitteln und dabei gleichzeitig den Rapport mit ihnen zu bewahren: »Ich habe mir angewöhnt, mich bescheiden und schüchtern auszudrücken, und wenn ich etwas anspreche, das möglicherweise umstritten ist, verwende ich nie Wörter wie sicher, zweifellos oder sonst etwas, das meiner Meinung einen Anstrich von Bestimmtheit geben würde, vielmehr sage ich zum Beispiel: ›Ich stelle mir vor, daß‹; oder: ›Man möchte es nicht glauben‹; oder ›Aus dem oder jenem Grund‹; oder: ›Ich nehme an, daß es so ist‹; oder: ›Wenn ich mich nicht täusche‹. Diese Angewohnheit hat mir, glaube ich, sehr geholfen, wenn ich die Gelegenheit hatte, meine Meinung zu äußern und anderen einzuprägen und sie dazu zu bringen, Maßnahmen zu ergreifen, die ich gelegentlich unterstützt habe.«

Der alte Benjamin Franklin wußte, wie er überzeugen konnte. Er achtete darauf, keinen Widerstand zu wecken, wenn er Vorschläge machte, und vermied Wörter, die negative Reaktionen auslösen konnten. Es gibt eine ganze Reihe solcher Wörter. Zum Beispiel das häufig verwendete ›aber‹.

Wenn man es unbewußt und automatisch verwendet, kann es außerordentlich destruktiv sein. Wenn jemand sagt: »Das ist wahr, aber...« Was sagt er dann damit? Er sagt, es sei nicht wahr, oder zumindest irrelevant. Das Wort ›aber‹ negiert in diesem Fall alles, was vorher gesagt wurde.

Wie fühlen Sie sich, wenn jemand zu Ihnen sagt, daß er zwar mit Ihnen übereinstimme, aber...? Was passiert, wenn Sie statt dessen einfach das Wort ›und‹ einsetzen? Wenn Sie zum Beispiel sagen: »Das ist wahr, und dies oder jenes ist auch wahr.« Oder: »Das ist eine sehr interessante Idee, und es gibt noch eine andere Möglichkeit, die zu überlegen wäre.« In beiden Fällen beginnen Sie mit einer Zustimmung. Anstatt Widerstand zu wecken, haben Sie einen Weg eröffnet, um eine neue Richtung einzuschlagen.

Es gibt keinen Widerstand, nur unflexible Kommunikatoren. Genau wie es Sätze und Wörter gibt, die automatisch Widerstand auslösen, gibt es auch die Möglichkeit, so zu kommunizieren, daß andere offen und interessiert reagieren.

Was wäre beispielsweise, wenn Sie jemand anderem Ihren Standpunkt so vermitteln könnten, daß kein einziges Mal sein Widerspruch geweckt würde und Ihre Integrität dabei vollständig gewahrt bliebe? Wäre das nicht eine recht interessante Fähigkeit? Ich möchte sie Ihnen vorführen. Ich nenne sie die Zustimmungstechnik. Sie besteht aus drei Redewendungen, die Sie in jedem Gespräch verwenden können. Ziel dieser Redewendungen ist es, Ihrem Gegenüber Respekt zu erweisen, mit ihm in Rapport zu bleiben, ihm zu vermitteln, was Sie für wahr halten, ohne je seiner Ansicht auf irgendeine Weise zu widersprechen. Ohne Widerstand gibt es keinen Konflikt.

Hier sind die drei Redewendungen:

»Das sehe ich ein und...«
»Das respektiere ich und...«
»Das finde ich auch und...«

Mit dieser Technik bewirken Sie dreierlei. Sie stellen Rapport her, indem Sie die Welt des anderen betreten und seinen

Standpunkt anerkennen, anstatt ihn zu ignorieren oder ihm mit Worten wie ›aber‹ oder ›allerdings‹ abzuwerten. Sie schaffen einen Zustimmungsrahmen, der eine Verbindung zwischen ihnen herstellt und Sie schaffen die Möglichkeit, das Gespräch in eine andere Richtung zu lenken ohne Widerstand herauszufordern.

Ich gebe Ihnen ein Beispiel. Jemand sagt zu Ihnen: »Sie sind völlig im Unrecht.« Wenn Sie nun genauso bestimmt entgegnen: »Nein, ich irre mich nicht«, glauben Sie, daß Sie damit Rapport hergestellt haben? Sicher nicht. Es wird einen Konflikt geben, und es wird Widerstand geben. Sagen Sie statt dessen: »Ich respektiere Ihre Gefühle, und ich glaube, wenn Sie sich meinen Standpunkt anhören, werden Sie vielleicht anders denken.« Beachten Sie, daß Sie nicht dem Inhalt seiner Worte zuzustimmen brauchen. Sie können jedoch immer die Gefühle einer anderen Person akzeptieren, denn wenn Sie in der gleichen Physiologie wären und seine Wahrnehmungsweise hätten, würden Sie sich auch wirklich so fühlen wie er.

Sie können auch die Absicht des anderen akzeptieren. Häufig respektieren Menschen, die verschiedener Meinung sind, den Standpunkt des anderen nicht und hören deshalb nicht einmal, was der andere sagt. Wenn Sie aber die Zustimmungstechnik verwenden, dann werden Sie feststellen, daß Sie viel mehr auf das achten, was der andere sagt – und als Folge davon neue Möglichkeiten finden, andere Menschen zu akzeptieren. Nehmen wir an, Sie hätten mit jemandem eine Diskussion über Nuklearwaffen. Ihr Gesprächspartner ist dafür, die atomaren Waffensysteme weiter auszubauen, während Sie dafür sind, sie auf dem heutigen Stand einzufrieren. Sie könnten sich als Gegner betrachten, obgleich Sie vielleicht die gleiche Absicht verfolgen – nämlich mehr Sicherheit für Ihre Familien und sich selbst und eine friedliche Welt zu gewährleisten. Wenn der andere also sagt: »Das atomare Problem läßt sich nur aus der Welt schaffen, wenn wir den Russen eins draufdonnern«, dann könnten Sie, anstatt mit ihm zu streiten, seine Welt betreten und sagen: »Ich respektiere

Ihren Einsatz und Ihren Wunsch nach mehr Sicherheit für unsere Kinder, und ich glaube, es gibt vielleicht wirksamere Mittel, als den Russen eins draufzudonnern, durch die wir das erreichen können. Was halten Sie davon, wenn...« Wenn Sie so mit ihm reden, fühlt sich der andere respektiert. Er hat das Gefühl, gehört zu werden und hat folglich kein Bedürfnis, sich zu streiten. Es gibt keinen Widerspruch, trotzdem eröffnen sich neue Möglichkeiten. Dieses Prinzip läßt sich immer anwenden – egal was der andere sagt. Sie können immer etwas finden, das Sie akzeptieren, respektieren und bejahen können. Man kann Sie nicht bekämpfen, weil Sie nicht kämpfen wollen.

Wer stets auf seiner Ansicht beharrt,
wird wenig Zustimmung finden.
LAO-TSE, TAO-TE-KING

In meinen Seminaren führe ich ein einfaches kleines Experiment durch, das den meisten Teilnehmern in Erinnerung bleibt. Ich stelle zwei Personen einander gegenüber, die zu einer Frage verschiedene Standpunkte vertreten und miteinander diskutieren, ohne einmal das Wort ›aber‹ zu verwenden und ohne zu versuchen, den Standpunkt des anderen schlechtzumachen. Es ist vergleichbar mit verbalem Aikido. Die Teilnehmer erleben diese Form der ›Auseinandersetzung‹ als eine befreiende Erfahrung. Sie lernen mehr, weil sie fähig sind, den Standpunkt des anderen zu akzeptieren, und nicht das Gefühl haben, ihn widerlegen zu müssen. Sie können argumentieren, ohne wütend zu werden. Sie können neue Unterscheidungen treffen. Und sie können Übereinstimmung in einigen Punkten erzielen.

Probieren Sie es mit jemandem aus. Greifen Sie eine Frage auf, in der Sie entgegengesetzter Meinung sind und diskutieren Sie diese Frage in der oben beschriebenen Weise – als ein Spiel, bei dem es darum geht, Übereinstimmungen zu finden und dann die Richtung einzuschlagen, in die Sie gern gehen möchten. Ich meine damit nicht, daß Sie Ihre Überzeugungen verraten sollen; Sie sollen keine intellektuelle Wetterfahne werden. Doch Sie werden feststellen, daß Sie viel besser an Ihr Ziel gelangen, wenn Sie sich diesem vorsichtig nähern und dann die Führung übernehmen, anstatt mit Gewalt vorzustoßen. Sie werden außerdem einen differenzierteren und ausgewogeneren Standpunkt entwickeln, da Sie gegenüber der Auffassung eines anderen Menschen offen sind. Die meisten von uns fassen eine Diskussion als ein Spiel auf, das man entweder gewinnt oder verliert. Wir haben recht, der andere hat unrecht. Die eine Seite hat ein Monopol auf die Wahrheit, die andere tappt im dunkeln. Ich habe immer wieder festgestellt, daß ich mehr lerne und auch eher mein Ziel erreiche, wenn ich einen Zustimmungsrahmen gefunden habe.

Eine lohnenswerte andere Übung besteht darin, einen Standpunkt zu vertreten, den Sie selbst nicht einnehmen. Sie werden selbst über die neue Perspektive erstaunt sein, die Sie so gewinnen.

Die besten Verkäufer und die besten Kommunikatoren wissen, daß es sehr schwer ist, jemanden zu etwas zu überreden, das er nicht tun will. Es ist jedoch einfach, ihn dazu zu bringen, etwas zu tun, was er selbst tun will. Genau das erreichen Sie, indem Sie einen Zustimmungsrahmen schaffen, indem Sie Zustimmung statt Konflikt erzeugen. Es ist sehr schwierig, Widerstand zu überwinden. Es ist viel leichter, Widerstand zu vermeiden, indem Sie Übereinstimmung und Rapport erzielen. Auf diese Weise wird Widerstand in Unterstützung verwandelt.

Probleme lassen sich lösen, indem man sie umdefiniert – das heißt, eine Möglichkeit findet, dem andern zuzustimmen, anstatt ihm zu widersprechen. Eine andere Möglichkeit besteht darin, ihre Muster zu unterbrechen. Jeder von uns weiß, wie es ist, festzustecken und wie eine Schallplatte, die einen Sprung hat, immer wieder dasselbe zu spielen. Damit es weitergeht, muß man der Nadel einen kleinen Schubs geben oder sie hochheben und an einer anderen Stelle wieder aufsetzen. Wenn man in irgendeinem Zustand steckenbleibt und ihn ändern will, muß man das gleiche tun. Man muß das Muster unterbrechen und neu anfangen.

Ich amüsiere mich immer, wenn ich eine Therapiesitzung in meinem Haus in Kalifornien durchführe. Es liegt auf einem schönen Grundstück, von dem aus man einen Blick aufs Meer hat, und die Teilnehmer werden schon dadurch bei ihrer Ankunft in einen positiven Zustand versetzt. Ich beobachte sie von dem Turm aus, der über dem Haus aufragt. Ich sehe, wie sie vorfahren, aus dem Auto aussteigen, sich umsehen und dann zur Haustür hinübergehen. Es ist deutlich zu erkennen, daß sie durch die Umgebung angenehm stimuliert werden.

Was geschieht dann? Sie kommen nach oben, wir reden ein bißchen – es ist alles sehr angenehm und positiv –, und dann frage ich: »Was führt Sie her?« Sofort lassen sie die Schultern hängen, ihre Gesichtsmuskeln erschlaffen, ihre Atmung wird flacher, aus ihrer Stimme klingt Selbstmitleid, während sie ihre traurige Geschichte erzählen und in ihren Problemzustand wechseln.

Mit diesem Verhaltensmuster wird man am besten fertig, wenn man ihnen zeigt, wie leicht es zu unterbrechen ist. Gewöhnlich sage ich sehr nachdrücklich, in ärgerlichem Ton: »Entschuldigen Sie. Wir haben noch nicht angefangen!« Was passiert? Sofort sagen sie: »Entschuldigen Sie bitte, es tut mir leid«, setzen sich wieder gerade hin, atmen wieder normal, haben wieder eine normale Körperhaltung, einen normalen Gesichtsausdruck und fühlen sich plötzlich wieder besser. Die Botschaft ist eindeutig. Sie wissen bereits, wie sie sich in einen positiven Zustand versetzen können. Sie wissen auch, wie sie sich in einen negativen Zustand versetzen können. Sie besitzen die notwendigen Mittel, um ihre Physiologie, ihre internalen Repräsentationen, ihren Zustand und ihr Verhalten zu verändern. Wie lange brauchen sie dafür? Eine Sekunde.

Ich habe festgestellt, daß Verwirrung ein ausgezeichnetes Mittel ist, um Muster zu unterbrechen. Die meisten Menschen verstricken sich in ein Muster, weil sie nicht wissen, was sie sonst tun könnten. Sie schmollen und werden niedergeschlagen, weil sie glauben, damit besorgte Fragen nach dem Grund ihres Kummers zu bewirken. Das ist ihre Art, Aufmerksamkeit zu bekommen, das beste Mittel, das sie kennen, um ihren Zustand zu ändern. Wie würden Sie reagieren, wenn Sie jemandem mit diesem Verhaltensmuster begegneten? Nun, Sie könnten tun, was man von Ihnen erwartet, Sie könnten sich hinsetzen und ein langes, einfühlsames, betroffenes Gespräch führen. Dadurch würde sich der Betreffende vielleicht ein bißchen erleichtert fühlen, aber das Verhaltensmuster wäre auch verstärkt worden. Der Betreffende lernt daraus, daß ihm, wenn er Trübsal bläst, die Aufmerksamkeit zuteil wird, die er sich wünscht. Was wäre, wenn Sie etwas anderes täten? Wenn Sie anfingen, ihn zu kitzeln, ihn zu ignorieren oder ihn wie ein Hund anzubellen? Sie würden feststellen, daß er nicht weiß, wie er darauf reagieren soll, und aus seiner Verwirrung oder Belustigung kann ein neues Wahrnehmungsmuster entstehen.

Natürlich gibt es Zeiten, wenn wir einen Freund brauchen, jemanden mit dem wir reden können. Es gibt Augenblicke, in denen wir Kummer und Leid erleben und jemand brauchen, der uns zuhört. Doch ich spreche hier von Mustern und Zuständen, sich wiederholenden Verhaltenssequenzen, die sich zerstörerisch auswirken. Je mehr Sie sie verstärken, um so mehr Schaden richten sie an. Man kann jemand nur helfen, wenn man ihm zeigt, daß er diese Muster verändern kann, daß er sein Verhalten ändern kann. Wenn Sie glauben, darauf warten zu müssen, daß andere Sie erlösen, werden Sie selbst kaum etwas tun, um Ihren Zustand zu ändern. Wenn Sie glauben, daß es in Ihrer Entscheidung liegt und Sie Ihre Verhaltensmuster ändern können, dann werden Sie dazu auch imstande sein.

Das Schlimmste ist nur, daß man uns in unserer Gesellschaft so oft etwas anderes weismacht. Wir hätten unser Verhalten nicht unter Kontrolle, wir hätten unseren Zustand nicht unter Kontrolle, wir hätten unsere Emotionen nicht unter Kontrolle. Viele von uns haben ein therapeutisches Modell übernommen, welches besagt, daß wir traumatischen Ereignissen unserer Kindheit oder der Willkür unserer Hormone ausgeliefert sind. Wir müssen also zunächst einmal lernen, daß Muster unterbrochen und verändert werden können – innerhalb kürzester Zeit.

Richard Bandler und John Grinder waren als Meister der Musterunterbrechung bekannt. Bandler erzählt, wie er einmal eine psychiatrische Klinik besuchte und einen Patienten traf, der sich einbildete, Jesus Christus zu sein – nicht metaphorisch, sondern leibhaftig. »Bist du Jesus?« fragte ihn Bandler. »Ja, mein Sohn«, erwiderte der Mann. Bandler sagte: »Ich bin gleich wieder zurück.« Das brachte den Mann in Verwirrung. Nach drei oder vier Minuten kam Bandler mit einem Maßband zurück. Er forderte den Mann auf, die Arme auszustrecken, und maß die Länge seiner Arme und seine Körpergröße. Danach ging er wieder weg. Der Mann, der sich einbildete, Jesus zu sein, blickte etwas beunruhigt. Eine Weile später kehrte Bandler mit einem Hammer, ein paar großen Nägeln und Brettern zurück und zimmerte daraus ein Kreuz zusammen. Der Mann fragte: »Was tun Sie da?« Während Richard Bandler die letzten Nägel ins Kreuz schlug, fragte er noch einmal: »Bist du Jesus?« Wieder sagte der Mann: »Ja, mein Sohn.« Bandler sagte: »Dann weißt du, warum ich hier bin.« Plötzlich erinnerte sich der Mann daran, wer er wirklich war und schrie: »Ich bin nicht Jesus. Ich bin nicht Jesus!« Der Fall war damit abgeschlossen.

Eine Anti-Raucher-Kampagne, die vor einigen Jahren gestartet wurde, bediente sich einer positiveren Methode der Musterunterbrechung: Jedesmal, wenn der Partner nach der Zigarette greifen wollte, sollte man ihm schnell einen Kuß geben. Dadurch wird der Automatismus dieses Verhaltensmusters – das Greifen nach der Zigarette – unterbrochen. Zugleich bewirkt es eine neue Erfahrung, die Zweifel an der Weisheit des bisherigen Verhaltens weckt.

Musterunterbrechung ist auch im Geschäftsleben eine sehr nützliche Intervention. Der technische Direktor einer Firma hat dieses Verfahren dazu genutzt, um die Arbeitseinstellung der Beschäftigten zu ändern. Als er seine Stellung antrat, verlangte er ein Modell des Produkts, das die Firma herstellte. Als es schließlich vom Band lief, sah er sich jedoch eines der

Exemplare an, die für den Verkauf bestimmt waren. Es funktionierte nicht. Mit ziemlichem Nachdruck erklärte er daraufhin den Arbeitern, daß jedes einzelne Exemplar so gebaut sein müsse, als sei es für ihn selbst bestimmt. Er kündigte an, unangemeldet in der Fertigungshalle aufzutauchen, um die Qualität des Produkts zu prüfen. Diese Nachricht breitete sich wie ein Lauffeuer aus, unterbrach die Muster gleichgültiger und nachlässiger Arbeitshaltung und veranlaßte viele über ihre Einstellung nachzudenken. Dieser Manager war ein Meister des Rapports – er konnte das tun, ohne daß es ihm die Arbeiter übelnahmen, indem er an ihren Stolz appelliert hatte.

Auch in der Politik können solche Musterunterbrechungen hilfreich sein. Dazu ein Beispiel: Kevin Reilly, ein Regierungsbeamter aus Louisiana, hatte sich während der ganzen Legislaturperiode dafür eingesetzt, daß die Schulen und Universitäten mehr finanzielle Unterstützung erhielten. Seine Bemühungen blieben erfolglos. Es wurden keine weiteren Gelder bewilligt. Als er wütend das Regierungsgebäude verließ, bat ihn ein Reporter um eine Stellungnahme. Reilly machte seinem Ärger Luft und erklärte, Louisiana sei eine ›Bananenrepublik‹. Er sagte weiter: »Wir sollten Bankrott anmelden, aus der Union aussteigen und uns um Entwicklungshilfe bemühen... Wir liegen in fast jeder Hinsicht an der Spitze – Analphabetentum, ledige Mütter, und sind das Schlußlicht im Bildungswesen.«

Zuerst lösten seine Bemerkungen einen Sturm der Empörung aus, weil sie über die üblichen Gepflogenheiten in politischen Auseinandersetzungen weit hinausgingen. Doch bald darauf war er ein Volksheld. Er hat wahrscheinlich mit seiner Schimpfrede mehr bewirkt, um die Bildungspolitik der Regierung von Louisiana zu ändern, als durch all seine politischen Bemühungen bis dahin.

Musterunterbrechung können Sie auch im täglichen Leben verwenden. Jeder hat schon Auseinandersetzungen erlebt, die auf einmal immer weiter eskalierten. Der ursprüngliche Anlaß des Streits ist längst vergessen, doch wir wüten weiter, werden immer zorniger, immer verbissener darauf bedacht, zu ›gewinnen‹, und unsere Meinung durchzusetzen. Solche Auseinandersetzungen können einer Beziehung ungemein schaden. Wenn ein derartiger Streit dann vorbei ist, denkt man vielleicht: Wie konnte es nur soweit kommen? Aber solange er dauert, hat man keinerlei Überblick und Perspektive mehr. Bestimmt erinnern Sie sich an Situationen, in denen Sie sich völlig festgefahren hatten und aus denen Sie nicht mehr herauskamen. Wie hätten Sie dieses Muster unterbrechen können? Nehmen Sie sich einen Augenblick Zeit und überlegen Sie sich fünf mögliche Musterunterbrechungen, die Sie künftig anwenden können, und überlegen Sie auch welche Situationen dafür geeignet wären.

Reagiere klug,
selbst wenn man dich unklug behandelt.
LAO-TSE, TAO-TE-KING

Was wäre, wenn Sie im voraus schon verschiedene Möglichkeiten zur Musterunterbrechung hätten, eine Art Frühwarnsystem, um einen Streit kurzzuschließen, bevor dieser ausufert? Nach meiner Erfahrung eignet sich Humor bestens zur Musterunterbrechung. Es ist schwer, wütend zu bleiben, wenn Sie lachen müssen. Meine Frau Becky und ich machen das häufig.

Wir verwenden dafür den Teil eines Dialogs aus einer Fernsehshow. Die Darsteller kommentieren dort regelmäßig alle nur denkbaren selbstverschuldeten Mißgeschicke mit »Ich hasse es, wenn das passiert!« Sobald ein Streit zwischen Becky und mir destruktiv zu werden droht, sagt einer von uns: »Ich hasse es, wenn das passiert«, und wir müssen beide darüber lachen. Der negative Zustand, in dem wir vorher waren, ist dadurch unterbrochen, und uns wird klar, daß keiner von uns diese Eskalation wollte.

Alles, was die menschlichen Kräfte vergrößert,
was dem Menschen zeigt, daß er Dinge tun kann,
die er nie für möglich gehalten hätte,
ist von großem Wert.
BEN JONSON

Dieses Kapitel behandelt zwei wichtige Gedanken, die beide im Gegensatz zu dem stehen, was die meisten von uns gelernt haben. Der erste besagt, daß man besser durch Zustimmung als durch Widerspruch überzeugen kann. Wir leben in einer Gesellschaft, in der Konkurrenzkampf vorherrscht und in der gern zwischen Gewinnern und Verlierern unterschieden wird, so als müsse in jeder menschlichen Beziehung entweder immer das eine oder das andere der Fall sein.

Alles, was ich über Kommunikation weiß, spricht dafür, daß das Konkurrenzmodell nur von sehr begrenztem Wert ist. Ich habe bereits über die magische Kraft des Rapports gesprochen, und wie wichtig er für persönlichen Erfolg ist. Wenn Sie jemanden als Konkurrenten sehen, als jemanden, der besiegt werden muß, handeln Sie aus einem genau entgegengesetzten Verständnis. Aus meiner eigenen Erfahrung weiß ich, daß es sinnvoller ist, auf Zustimmung, nicht auf Konflikt zu bauen; ich mußte lernen, Übereinstimmung zu schaffen und dann zu führen, anstatt zu versuchen, Widerstand zu brechen. Das ist leichter gesagt als getan, doch mit Überlegung und Ausdauer können wir unsere Kommunikationsmuster verändern.

Der zweite Gedanke besagt, daß unsere Verhaltensmuster nicht unauslöschlich in unser Gehirn eingemeißelt sind. Auch wenn wir immer wieder etwas tun, das uns einschränkt, so leiden wir deshalb nicht an einer geheimnisvollen geistigen Krankheit. Wir wiederholen nur immer wieder das gleiche unvorteilhafte Muster, ganz gleich, ob in unserem Verhalten anderen gegenüber, oder in unserer Art zu denken. Die Lösung besteht darin, dieses Muster zu unterbrechen und etwas Neues zu versuchen. Wir sind keine Roboter, die durch kaum erinnerbare persönliche Traumata vorprogrammiert sind. Wenn etwas, das wir tun, uns nicht gefällt, brauchen wir es nur zu erkennen und zu verändern. Wenn wir es wollen, wird es geschehen. Die wichtigste Voraussetzung für diese Veränderungen ist Flexibilität. Wenn Sie Mühe haben, ein Puzzle zusammenzulegen, werden Sie nicht weiterkommen, wenn Sie immer wieder genau das gleiche versuchen. Sie können es lösen, wenn Sie flexibel genug sind, um sich zu verändern, zu experimentieren und Neues auszuprobieren. Je flexibler Sie sind, um so mehr Wahlmöglichkeiten haben Sie, um so mehr Türen stehen Ihnen offen und um so mehr Erfolg werden Sie haben.

Im nächsten Kapitel werden wir uns mit einer Möglichkeit befassen, wie Sie Ihre persönliche Flexibilität steigern können.

16

Reframing

Denken Sie an das Geräusch von Schritten. Wenn ich Sie fragen würde: »Welche Bedeutung hat dieses Geräusch für Sie?«, dann würden Sie wahrscheinlich antworten: »Es hat keine Bedeutung für mich.« Lassen Sie uns jedoch noch ein wenig tiefer in diese Frage eindringen. Wenn Sie durch eine belebte Straße gehen, sind so viele Schritte um Sie herum zu hören, daß Sie sie gar nicht mehr wahrnehmen. In dieser Situation haben die Schritte für Sie keine Bedeutung. Doch wenn Sie nachts allein zu Hause sind und plötzlich unten im Haus Schritte hören – was dann? Kurz darauf hören Sie, wie die Schritte näherkommen. Haben die Schritte jetzt eine Bedeutung für Sie? Ganz bestimmt haben sie das. Der gleiche Sinnesreiz (das Geräusch von Schritten) hat viele verschiedene Bedeutungen, die davon abhängen, welche Bedeutung dieser Reiz in ähnlichen Situationen bereits gehabt hat. Ihre frühere Erfahrung schafft somit den Kontext für betreffenden Sinnesreiz und ist auch bestimmend dafür, ob Sie entspannt bleiben oder ob Sie sich fürchten. Zum Beispiel können die Schritte für Sie bedeuten, daß Ihr Partner nach Hause kommt. Menschen, die schon einmal einen Einbruch erlebt haben, denken vielleicht, daß jemand in das Haus eingedrungen ist. Die Bedeutung, die eine Erfahrung für uns hat, hängt also von dem Rahmen ab, in den wir sie stellen. Wenn Sie diesen Rahmen verändern, verändert sich auch sofort die Bedeutung. Eines der wirksamsten Mittel persönlicher Veränderung besteht darin, zu lernen, wie man jede Erfahrung in den nützlichen Rahmen stellen kann. Diesen Vorgang bezeichnen wir als ›Reframing‹.

Beschreiben Sie auf einem Stück Papier die unten abgebildete Zeichnung. Was sehen Sie?

Es gibt viele Dinge, die Sie in dieser Abbildung sehen könnten. Sie könnten einen Hut erkennen, der auf der Seite liegt, ein Ungeheuer, einen Pfeil, der nach unten zeigt, und vieles andere mehr.

Beschreiben Sie, was Sie in diesem Augenblick sehen. Sehen Sie auch die drei Buchstaben *FLY?* Vielleicht haben Sie es gleich als erstes gesehen, weil diese Darstellung gelegentlich schon für Aufkleber und andere Werbemittel verwendet wurde. Ihr früherer Bezugsrahmen hat Ihnen dann dabei geholfen, es sofort zu erkennen. Woran liegt es, wenn Sie es nicht sofort gesehen haben? Können Sie es jetzt sehen? Wenn Sie das Wort nicht gesehen haben, dann wahrscheinlich nur deshalb nicht, weil Ihr gewohnter Wahrnehmungsrahmen Sie dazu veranlaßt, daß Sie erwarten, Wörter auf weißem Papier schwarz gedruckt zu sehen. Solange Sie diesen Rahmen verwenden, um die Situation zu interpretieren, werden Sie das Wort nicht erkennen können. Denn in diesem Fall sind die Buchstaben nicht schwarz, sondern weiß. Sie müssen daher zuerst Ihren Wahrnehmungsrahmen ändern, um es zu sehen. Das gilt für viele andere Dinge im Leben. Wir sind häufig von Gelegenheiten umgeben, unser Leben genau so zu gestalten, wie wir es uns wünschen. Oft besteht die Möglichkeit, unsere größten Probleme als unsere günstigsten Gelegenheiten zu sehen – wenn wir nur unsere erworbenen Wahrnehmungsmuster ablegen können.

Eine der Grundaussagen dieses Buches ist, daß nichts auf der Welt eine inhärente Bedeutung hat. Was wir in einer Situation fühlen und tun, hängen allein von unserer Wahrnehmung der Situation ab. Ein bestimmter Sinnesreiz hat nur in dem Rahmen oder Kontext eine Bedeutung, in dem wir ihn wahrnehmen. Ob etwas ein Unglück ist oder nicht, ist Ansichtssache, Ihre Kopfschmerzen sind für einen Aspirin-Vertreter wahrscheinlich etwas Erfreuliches. Menschen neigen dazu, ihren Erfahrungen ganz bestimmte Bedeutungen beizumessen. Wir sagen, das ist passiert und das bedeutet das und das, obwohl es unendlich viele Möglichkeiten gibt, ein beliebiges Ereignis zu interpretieren. Wir stellen unsere Erfahrungen immer wieder in denselben Rahmen, in dem wir sie früher schon einmal wahrgenommen haben. Häufig können wir allein durch eine Veränderung unserer gewohnten Wahrnehmungsmuster neue Wahlmöglichkeiten für uns gewinnen. Es ist wichtig, sich daran zu erinnern, daß die Wahrnehmung ein kreativer Akt ist. Wenn wir etwas als Nachteil wahrnehmen, geben wir das als Botschaft an unser Gehirn weiter. Das Gehirn erzeugt daraufhin Zustände, die diese Wahrnehmung zur Realität werden lassen. Wenn wir unseren Bezugsrahmen ändern, indem wir die gleiche Situation aus einer anderen Perspektive sehen, dann können wir auch unser Verhalten in dieser Situation verändern. Wir können unsere Repräsentationen oder unsere Wahrnehmung verändern und somit innerhalb eines Augenblicks unseren Zustand und unser Verhalten verändern. Genau das ist das Ziel des Reframing. Wir sehen die Welt nicht so, wie sie ist, denn die Dinge können von sehr vielen verschiedenen Standpunkten aus interpretiert werden. Wir selbst, unsere Bezugsrahmen, unsere geistigen Landkarten bestimmen das Gebiet.

Bild A

Bild B

Sehen Sie sich zum Beispiel Bild A an. Sie können darauf eine alte, häßliche Frau erkennen. Sehen Sie sich jetzt Bild B an. Wie Sie sehen können, ist es die Zeichnung einer ähnlich häßlichen Frau, deren Kinn von einem Pelzkragen verdeckt ist. Sehen Sie sich das Bild genau an, und versuchen Sie zu bestimmen, in welcher Verfassung diese alte Frau ist. Ist sie glücklich oder traurig? Was, glauben Sie, denkt sie gerade? Diese Zeichnung hat jedoch noch eine Besonderheit. Der Künstler, der sie gezeichnet hat, behauptet nämlich, daß es ein hübsches junges Mädchen darstellt. Wenn Sie Ihren Bezugsrahmen verändern, müßten Sie diese hübsche junge Frau erkennen können. Ich will Ihnen ein wenig helfen. Die Nase der alten Frau wird zum Kinn und Unterkiefer der jüngeren Frau. Das linke Auge der älteren Frau wird zum linken Ohr der jungen Frau. Der Mund der älteren Frau wird zu einer Kette am Hals der jungen Frau. Falls Sie es immer noch nicht erkennen können, sehen Sie sich Bild C an.

Bild C

Die Frage lautet nun: Warum haben Sie in Bild B die häßliche alte Frau gesehen und nicht das hübsche junge Mädchen? Weil Sie darauf eingestellt waren, die alte Frau zu sehen. In meinen Seminaren zeige ich häufig der einen Hälfte der Teilnehmer Bild A und der anderen Hälfte Bild C. Dann zeige ich beiden Gruppen Bild B. Wenn die beiden Gruppen dann berichten, was sie gesehen haben, kommt es oft zum Streit darüber, wer recht hat. Diejenigen, die zuerst Bild A gesehen haben, haben Schwierigkeiten, die junge Frau zu erkennen, und das gleiche trifft umgekehrt auf die zu, die zuerst Bild C gesehen haben.

Es ist wichtig, zu wissen, daß unsere früheren Erfahrungen als Filter wirken für das, was wir von der Welt sehen. Doch es gibt unzählige Möglichkeiten, eine Situation zu sehen oder zu erleben. Jemand, der im voraus Konzertkarten kauft und sie dann zu einem höheren Preis am Eingang weiterverkauft, kann als Halsabschneider betrachtet werden, der andere ausnutzt – oder als jemand, der denjenigen seine Dienstleistung in Rechnung stellt, die keine Karten mehr bekommen haben oder sich nicht anstellen wollten. Der Schlüssel zum Erfolg besteht darin, seine Erfahrungen immer so zu repräsentieren, daß sie einem dabei helfen, seine Ziele zu erreichen.

Wenn du etwas Kleines siehst,
wie es sich selbst sieht,
und was schwach ist,
in seiner Stärke betrachtest,
und des im Dunkel verborgenen Lichts dich bedienst,
dann wird alles gut werden.
Denn das heißt, natürlich zu handeln.
LAO-TSE, TAO-TE-KING

In seiner einfachsten Form ist das Reframing die Umwandlung einer negativen Aussage in eine positive – durch Veränderung des Bezugsrahmens, in dem das Ereignis wahrgenommen wird. Es gibt zwei Arten von Reframing, durch die wir unsere Wahrnehmung einer Situation verändern können: das Kontext-Reframing und das Inhalts-Reframing. Beide verändern Ihre internalen Repräsentationen, indem sie Konflikte auflösen und Sie dadurch in einen ressourcevolleren Zustand versetzen.

Beim Kontext-Reframing wird eine Erfahrung, die schlecht, ärgerlich oder unerwünscht erscheint, in einen Zusammenhang gestellt, in dem sie sich sehr vorteilhaft auswirken kann.

Kinderbücher sind voll von Beispielen für Kontext-Reframings. Rudolf Rotnase, der von allen gehänselt worden war, wird zum Helden, als er in einer dunklen Winternacht anderen mit seiner Nase den Weg leuchtet. Das häßliche Entlein litt zunächst sehr, weil es sich so von den anderen unterschied, doch als es ausgewachsen war, machte dieser Unterschied seine Schönheit als Schwan aus. Auch im Geschäftsleben ist das Kontext-Reframing von unschätzbarem Wert. Wir hielten unseren widerspruchsorientierten Partner für eine Plage, bis uns klar wurde, daß er im Anschluß an unsere Gedankenflüge von großem Nutzen sein konnte, weil er mögliche Probleme schon im voraus sah.

Bedeutende Neuerungen werden meistens von Menschen eingeführt, die wissen, wie sich bestimmte Verhaltensweisen und Probleme in einem anderen Kontext in potentielle Ressourcen verwandeln lassen. Ölfunde auf einem Grundstück waren früher gefürchtet, weil sie es für den Getreideanbau wertlos machten. Sehen Sie, welchen Wert es heute hat.

Vor einigen Jahren hatten die Sägemühlen Schwierigkeiten, die riesigen Mengen an Sägemehl wegzuschaffen, die als Abfallprodukt anfielen. Dann tauchte jemand auf, der beschloß, das Sägemehl in einem anderen Kontext zu gebrauchen. Er preßte es mit Leim und erhielt so vielseitig verwendbare Preßspanplatten. Er schloß Verträge ab, in denen er sich verpflichtete, das ›wertlose‹ Sägemehl der Sägemühlen abzuholen, und hatte nach zwei Jahren ein mehrere Millionen Dollar schweres Unternehmen, das seinen wichtigsten Rohstoff umsonst bezog! Genau das macht einen Unternehmer aus: einen Zusammenhang finden zu können, in den Ressourcen mit Gewinn eingesetzt werden können. Er ist somit genaugenommen ein Meister des Reframing.

Beim Inhalts-Reframing bleibt die Situation die gleiche, nur ihre Bedeutung wird verändert. Nehmen wir an, Sie beklagen sich darüber, daß Ihr Sohn zuviel redet. Er könne einfach nicht den Mund halten. Nach einem Inhalts-Reframing würden Sie vielleicht sagen, er müsse ein sehr intelligenter junger Mann sein, weil er soviel zu sagen habe. Ein berühmter

»Zehn Salate.«

General soll seine Truppen während eines heftigen gegnerischen Angriffes ›reframt‹ haben, indem er sagte: »Wir ziehen uns nicht zurück, wir gehen nur in eine andere Richtung vor.«

Eine andere Variante des Inhalts-Reframing besteht darin, die Art und Weise, wie Sie eine Situation sehen, hören oder repräsentieren, zu verändern. Wenn Sie sich über etwas ärgern, das jemand zu Ihnen gesagt hat, könnten Sie sich vorstellen, wie Sie darüber lächeln, während er Ihnen noch mal das gleiche sagt, nur diesmal mit der Stimme Ihres Lieblingssängers. Oder Sie könnten sich das gleiche Ereignis wieder vorstellen, nur sehen Sie den Betreffenden diesmal umgeben von Ihrer Lieblingsfarbe. Oder Sie könnten sogar das verändern, was er zu Ihnen gesagt hat. Sie könnten in Gedanken hören, wie er sich bei Ihnen entschuldigt. Oder Sie könnten ihn sich vorstellen, wie Sie ihn – während er spricht – aus einer Perspektive betrachten, die ihn unbedeutend und klein erscheinen läßt. Durch das Reframing der gleichen Situation wird dem Gehirn eine andere Bedeutung mitgeteilt, wodurch andere Zustände und Verhaltensweisen ausgelöst werden. Dieses Buch ist voller Reframes. ›Die sieben Lügen des Erfolgs‹ handeln nur von Reframes.

In der *Baltimore Sun* erschien vor nicht allzu langer Zeit ein sehr eindrucksvoller Artikel. Er handelte von einem Jungen namens Calvin Stanley. Calvin fährt Fahrrad, spielt Baseball, geht zur Schule und tut alles, was andere elfjährige Jungen auch tun – mit der Ausnahme, daß er nicht sehen kann.

Wie hatte es dieser Junge fertiggebracht, all diese Dinge zu tun, während viele Menschen in der gleichen Situation aufgeben oder verzweifeln? Als ich den Artikel las, wurde mir klar, daß Calvins Mutter eine Meisterin des Reframing sein mußte. Sie hat jede Erfahrung, die Calvin machte – Erfahrungen, die andere als ›Einschränkung‹ empfunden haben würden, für Calvin in einen Vorteil verwandelt. Ich möchte Ihnen einige Beispiele dafür geben, wie sie mit ihm kommunizierte:

Calvins Mutter erinnert sich, wie Calvin sie eines Tages fragte, warum er blind sei. »Ich erklärte ihm, daß er so geboren sei und daß niemand Schuld daran habe. Er fragte: ›Warum ich?‹ Ich sagte: ›Ich weiß nicht warum, Calvin. Vielleicht bist du für etwas ganz Besonderes auserwählt.‹ Später sagte sie ihm: ›Du kannst sehen, Calvin. Du benutzt nur die Hände anstatt der Augen. Und denke immer daran, es gibt nichts, was du nicht tun könntest.‹«

Calvin war eines Tages sehr traurig, weil ihm bewußt geworden war, daß er nie das Gesicht seiner Mutter sehen würde. »Aber Mrs. Stanley wußte, wie sie ihr Kind trösten könnte«, hieß es in dem Artikel weiter. »Ich sagte: ›Calvin, du kannst mein Gesicht sehen. Du kannst es mit deinen Händen sehen und du kannst es durch meine Stimme sehen, und du kannst so mehr über mich sagen, als jemand, der seine Augen benutzt.‹« In dem Artikel hieß es weiter, daß sich Calvin völlig sicher und mit dem unerschütterlichen Vertrauen eines Kindes, dessen Mutter immer für es da war, selbstverständlich in der sichtbaren Welt bewegt. Calvin möchte Programmierer werden und später Computerprogramme für Blinde entwerfen.

Die Welt ist voller Calvins. Wir benötigen nur mehr Menschen wie Mrs. Stanley, die es verstehen, Unglück in eine kreative Chance umzuwandeln.

Denken Sie an einen größeren Fehler, den Sie im vergangenen Jahr gemacht haben. Vielleicht sind Sie deswegen immer noch betrübt, aber es könnte doch sein, daß dieser Fehler Teil einer Erfahrung ist, die Ihnen letztlich mehr Vorteile als Nachteile eingebracht hat. Wenn Sie ein wenig darüber nachdenken, werden Sie erkennen, daß Sie aus diesem Fehler wahrscheinlich mehr gelernt haben als aus vielen anderen Erfahrungen.

Sie können also auf dem beharren, was Sie falsch gemacht haben. Sie können die Erfahrung aber auch auf eine Weise reframen, daß hervorgehoben wird, was Sie daraus gelernt haben. Eine Erfahrung hat immer mehrere Bedeutungen. Die Bedeutung ist jeweils das, worauf Sie die Betonung legen, genauso wie der Inhalt Ihrer Erfahrungen durch das bestimmt wird, was Sie darin sehen. Einer der Schlüssel zum Erfolg besteht darin, für jede Erfahrung den nützlichsten Rahmen zu finden, damit Sie sie in etwas umwandeln können, das Sie unterstützt, anstatt Sie zu behindern.

Gibt es eine Erfahrung, die Sie nicht verändern können? Gibt es ein Verhalten, das ein fester Teil Ihrer selbst ist? Sind Sie ein Opfer Ihres Verhaltens, oder haben Sie es unter Kontrolle? Wenn es eine Aussage gibt, die ich das ganze Buch hindurch wiederholt habe, dann ist es die, daß Sie die Kontrolle erlangen können.

Sie steuern Ihr Gehirn. Sie selbst sind für die Resultate in Ihrem Leben verantwortlich. Reframing ist eine der wirksamsten Möglichkeiten, um negative Erfahrungen in positive umzuwandeln.

Nehmen Sie sich einen Augenblick Zeit, und reframen Sie die folgenden Situationen um:

1. Mein Chef schreit mich andauernd an.
2. In diesem Jahr mußte ich 20% mehr Einkommensteuer zahlen als im vergangenen Jahr.
3. Wir hatten dieses Jahr kein Geld, um Weihnachtsgeschenke zu kaufen.
4. Jedesmal, wenn ich kurz vor einem Erfolg stehe, mache ich ihn mir selbst kaputt.

Hier sind einige Änderungsmöglichkeiten:

1 a. Toll, daß ihm soviel an mir liegt und er mir sagt, was er von mir hält. Er hätte mich ja auch einfach rauswerfen können.

2 a. Toll! Dann muß ich ja in diesem Jahr eine ganze Menge mehr verdient haben als im vergangenen Jahr.

3 a. Großartig! Dann können wir uns ja diesmal etwas Neues einfallen lassen, anstatt die üblichen Geschenke zu kaufen.

4 a. Nun bin ich mir endlich im klaren darüber, wie ich mich früher benommen habe. Jetzt brauche ich bloß noch herauszufinden, woran es lag, damit ich es verändern kann.

Reframing ist eine wesentliche Voraussetzung, um mit uns selbst und anderen effektiv zu kommunizieren. Auf persönlicher Ebene bestimmt es, welche Bedeutung wir Ereignissen beimessen. Auf einer allgemeineren Ebene ist es eine der wirksamsten Kommunikationsmethoden. Denken Sie z. B. nur an das Verkaufen. Denken Sie an jede andere Form der Überzeugung. Wer den Rahmen vorgibt, wird auch den größten Einfluß haben. Viele der größten Erfolge, ob in der Werbung, der Politik oder anderen Bereichen, sind das Ergebnis kunstvoller Reframes: Die Art und Weise, wie Menschen ein Ereignis wahrnahmen, wurde so verändert, daß ihre neuen Repräsentationen davon einen Zustand bewirken, in dem sie anders fühlen und handeln können. Ein Freund von mir hat seine Restaurant-Kette für ein Vielfaches ihres ursprünglichen Wertes verkauft. Wie ihm das gelang? Es gelang ihm, dem Käufer klarzumachen, daß die Firma, wenn sie jetzt nicht verkauft würde und weiter expandierte, in fünf Jahren soviel wert sein würde. Er hätte ohne weiteres auch warten können, um sie ihm dann zu verkaufen. Doch der Käufer brauchte sie sofort, um die Ziele seiner Firma verwirklichen zu können, daher akzeptierte er diesen Rahmen. Jemanden überzeugen, heißt, seine Wahrnehmung zu verändern. Meistens sind wir nicht die Urheber von Reframes, sondern reagieren auf die Veränderung des Rahmens, die jemand anderer durchführt. Was ist die Werbung anderes, als eine riesige Industrie, die versucht, Wahrnehmungsrahmen vorzugeben und zu verändern? Glauben Sie wirklich, daß ein bestimmtes Getränk etwas besonders Lässiges oder eine Zigarettensorte etwas besonders Männliches hat? Dieser Rahmen wird uns vorgegeben, und wir reagieren darauf. Sollten wir nicht im Sinne der Werbeindustrie reagieren, probieren sie einen neuen Rahmen, um zu sehen ob der besser funktioniert. Eines der größten Reframes in der Werbung ist von Pepsi-Cola inszeniert worden. Seit jeher war Coca-Cola das bevorzugte Getränk gewesen. Seine Tradition und Stellung auf dem Markt waren unangefochten. Pepsi hatte keine Chance, Coca-Cola auf diesem Gebiet zu schlagen. Wenn man gegen ein traditionsreiches Produkt antreten muß, kann man nicht einfach sagen: »Wir sind noch traditionsreicher als sie.« Das glaubt einem keiner.

Statt dessen drehte Pepsi den Spieß einfach um und veränderte die Wahrnehmung der Menschen. Sie prägten den Begriff der Pepsi-Generation, und verwandelten damit ihre Schwäche in eine Stärke. Pepsi sagte: »Sicher, die andern waren die Nummer eins, aber was ist heute? Wollen Sie ein Produkt von gestern, oder wollen Sie eins von heute?« Die Anzeigen verwandelten die traditionelle Stärke von Coca-Cola in eine Schwäche – plötzlich war es ein Getränk, das der Vergangenheit angehörte. Der zweite Platz, den Pepsi bis dahin eingenommen hatte, wurde damit in einen Vorzug der Firma verwandelt.

Was passierte daraufhin? Coca-Cola reagierte innerhalb des Rahmens, den Pepsi vorgegeben hatte. Die Firma brachte eine ›neue‹ Cola heraus, und der Rest ist Marketinggeschichte. Dieser Vorgang ist ein klassisches Beispiel für das Reframing, weil es dabei um nichts anderes ging als um ein Image. Es ging darum, wessen Wahrnehmungs-Rahmen sich im Kopf der Menschen festsetzen würde. An dem Geschmack von Pepsi ist genaugenommen nichts zeitgenössischer als an dem von Coca-Cola, aber indem Pepsi den Begriffsrahmen veränderte, hat es einen der größten Erfolge in der Geschichte der Werbung erzielt.

Vielen fällt es leichter, Reframing in der Kommunikation mit anderen zu nutzen, als es auf sich selbst anzuwenden. Wenn wir versuchen, jemandem ein altes Auto zu verkaufen, wissen wir, daß wir unsere Darstellung in einen Rahmen stellen müssen, die die Vorteile hervorhebt und die Nachteile herunterspielt. Wenn der potentielle Käufer einen anderen Rahmen hat, dann ist es Ihre Aufgabe, seine Wahrnehmung zu verändern. Aber nur wenige von uns überlegen sich, wie wir unsere Kommunikation mit uns selbst verändern können. Wir erleben etwas, bilden eine internale Repräsentation von dieser Erfahrung und verhalten uns so, als müßten wir wohl oder übel damit leben. Bedenken Sie, wie verrückt das ist. Es ist so, als würde man sein Leben dem Zufall überlassen. Statt dessen muß man lernen, mit sich selbst genauso zweckmäßig, zielbewußt und überzeugend zu kommunizieren wie mit anderen. Man muß damit beginnen, seine Erfahrungen in einen Rahmen zu stellen, der die eigenen Ziele unterstützt. Sorgfältiges und bewußtes Denken ist ein Weg dorthin.

Manche werden nach einer unglücklichen Liebesbeziehung sehr scheu und zurückgezogen. Sie sind verletzt und haben Angst, neue Beziehungen einzugehen. Doch in Wirklichkeit hat diese Beziehung ihnen mehr Freude als Leid eingebracht. Darum ist ja auch die Trennung so schwer. Wenn man aber die guten Erinnerungen löscht und sich nur auf die schlechten konzentriert, so hat man damit den ungünstigsten Rahmen gefunden, den man einer Erfahrung geben kann. Man muß diesen Rahmen ändern und die Freude, die Bereicherung und das Wachstum sehen. Dann ist es möglich, von einem positiven, statt von einem negativen Rahmen auszugehen und Kraft zu schöpfen für eine noch bessere Beziehung in der Zukunft.

Nehmen Sie sich eine Minute Zeit und denken Sie an drei Situationen in Ihrem Leben, die Sie besonders herausfordern. Wie viele verschiedene Möglichkeiten gibt es, jede dieser Situationen wahrzunehmen? Wie viele verschiedene Wahrnehmungsrahmen können Sie für sie finden? Was lernen Sie daraus, wenn Sie sich auf verschiedene Weise sehen? Fällt es Ihnen dadurch leichter, sich anders zu verhalten?

Ich höre bereits einige von Ihnen sagen: »Das ist gar nicht so einfach. Manchmal bin ich viel zu deprimiert, um das zu tun.« Das stimmt nicht. Was ist Niedergeschlagenheit? Es ist ein Zustand. Erinnern Sie sich doch einmal an die Stelle in diesem Buch, als wir über Assoziation und Dissoziation gesprochen haben. Die Voraussetzung um sich selbst reframen zu können, ist die Fähigkeit, sich von der deprimierenden Erfahrung zu dissoziieren und sie aus einer neuen Perspektive zu sehen. Dann können Sie Ihre internalen Repräsentationen und Ihre Physiologie ändern. Auf diese Weise können Sie einen ressourcearmen Zustand verändern. Wenn Sie eine Erfahrung in einen Wahrnehmungsrahmen gestellt haben, der Ihnen nicht hilft, dann ändern Sie den Rahmen!

Eine Möglichkeit des Reframings besteht darin, die Bedeutung einer Erfahrung oder eines Verhaltens zu ändern. Denken Sie an eine Situation, in der jemand etwas tut, das Ihnen nicht gefällt und Sie diesem Verhalten eine bestimmte Bedeutung geben. Nehmen wir beispielsweise ein Ehepaar, bei dem der Ehemann besonders gern kocht und großen Wert darauf legt, daß seine Kochkünste Anerkennung finden. Seine Frau bleibt nun während des ganzen Essens still. Der Mann ärgert sich darüber. Wenn ihr das Essen schmeckt, könnte sie es ja schließlich sagen. Wenn sie nichts sagt, dann schmeckt es ihr wahrscheinlich auch nicht. Was könnte man tun, um seine Wahrnehmung vom Verhalten seiner Frau zu reframen?

Erinnern Sie sich: Für ihn ist Anerkennung wichtig. Bei einem Reframing der Bedeutung werden die Wahrnehmungen so verändert, daß sie die Ziele der Person unterstützen, und zwar auf eine Weise, die sie selbst nie in Betracht gezogen hätte. Wir könnten dem Koch sagen, daß seine Frau das Essen zu sehr genießt, um Zeit mit Reden zu verschwenden. Sind Taten nicht schließlich viel beredter als Worte?

Eine andere Möglichkeit wäre, ihn dazu zu bringen, selbst die Bedeutung ihres Verhaltens zu reframen. Wir könnten ihn fragen: »Ist es schon mal vorgekommen, daß Sie während eines Essens schweigsam waren, weil es Ihnen sehr gut geschmeckt hat? Was ist da in Ihnen vorgegangen?« Das Verhalten seiner Frau war nur innerhalb des Rahmens ärgerlich, in den er es gestellt hatte. In solchen Fällen ist nur etwas Flexibilität nötig, um den Rahmen zu verändern.

Es gibt auch die Möglichkeit, eine eigene Verhaltensweise, die man nicht mag, zu reframen. Normalerweise gefällt uns ein Verhalten nicht, weil es mit unserem Selbstbild nicht übereinstimmt oder wir mit den Folgen dieses Verhaltens nicht zufrieden sind. Man kann es reframen, indem man sich eine andere Situation oder einen anderen Kontext vorstellt, in dem dieses Verhalten nützlich wäre, um etwas Bestimmtes zu erreichen. Nehmen wir an, Sie wären ein Verkäufer. Sie geben sich große Mühe, Ihre Ware genau zu kennen. Im Gespräch mit Kunden neigen Sie dazu, sie mit Informationen förmlich zu überschwemmen, so daß sie verwirrt sind und sich deshalb nicht zum Kauf entscheiden können. Die Frage wäre dann: In welchem Zusammenhang wäre dieses Verhalten effektiv? Vielleicht sollten Sie Testberichte oder Gebrauchsanweisungen verfassen? Über eine Fülle von Informationen leicht verfügen zu können, ist auch ein großer Vorteil, wenn man für eine Prüfung lernt oder mit seinen Kindern Hausaufgaben macht. Sie sehen also: Nicht das Verhalten selbst ist das Problem, sondern der Zusammenhang, in dem es eingesetzt wird. Fallen Ihnen Beispiele aus Ihrem Leben ein? Jedes menschliche Verhalten ist in irgendeinem Zusammenhang nützlich. Faulheit und Unzuverlässigkeit erscheinen meistens als Übel, aber wäre es nicht schön, wenn man seinen Ärger oder seine Trauer einfach auf den nächsten Tag verschieben könnte, um sie dann zu vergessen?

Sie können Reframing auf Vorstellungen und Erfahrungen anwenden, die Sie stören. Denken Sie zum Beispiel an eine Erfahrung, die Ihnen nicht aus dem Kopf geht. Sie kommen nach einem anstrengenden Arbeitstag nach Hause und können an nichts anderes denken als an das dumme Projekt, das Ihnen Ihr Vorgesetzter in letzter Minute übertragen hat. Anstatt Ihren Frust im Büro zu lassen, nehmen Sie ihn mit nach Hause. Sie sitzen mit Ihren Kindern vorm Fernseher, und können an nichts anderes denken als an Ihren ›blöden‹ Chef und sein idiotisches Projekt.

Anstatt sich von Ihren Gedanken das ganze Wochenende verderben zu lassen, können Sie lernen sie zu reframen. Dissoziieren Sie sich zuerst von ihnen. Verlegen Sie die Vorstellung aus Ihrem Kopf in Ihre Handfläche. Setzen Sie ihm eine lustige Brille und eine Pappnase mit Schnurrbart auf. Lassen Sie ihn mit einer komischen krächzenden Mickey-Maus-Stimme sprechen. Stellen Sie sich vor, daß er sich weich und kuschelig anfühlt wie ein Stofftier und daß er Ihnen sagt, wie dringend er Sie für dieses Projekt benötigt, Sie geradezu anfleht, ihm zu helfen. Vielleicht können Sie nach dieser Vorstellung akzeptieren, daß er unter Druck steht und vielleicht einfach vergessen hat, Ihnen schon früher etwas zu sagen. Vielleicht fällt Ihnen auch ein, daß Sie selbst schon einmal das gleiche mit jemand anders gemacht haben. Fragen Sie sich, ob es sich wirklich lohnt, sich von dieser Sache das ganze Wochenende verderben zu lassen.

Ich sage damit nicht, daß es sich hier um kein wirkliches Problem handele. Vielleicht brauchen Sie einen neuen Job, oder vielleicht sollten Sie versuchen, Ihre jetzigen Arbeitsbedingungen zu verbessern. Doch wenn das wirklich der Fall ist, müssen Sie sich mit dem tatsächlichen Problem befassen, anstatt sich gedankliche Scheingefechte zu liefern, die Sie daran hindern, zu handeln. Wiederholen Sie diese Vorstellung einige Male, und wenn Sie Ihrem Vorgesetzten dann das nächste Mal begegnen, sehen Sie ihn vielleicht mit Brille und Pappnase vor sich und können ihm anders begegnen – was somit auch für ihn eine neue Situation schafft und beiden von Ihnen die Gelegenheit gibt, besser miteinander zu kommunizieren. Ich habe diese Art des Reframing selbst für größere Probleme verwendet. Es kann aber auch vorkommen, daß Sie bei komplexen Situationen eine Reihe kleinerer Reframings durchführen müssen, um stufenweise aber zuverlässig den erwünschten Zustand zu erreichen.

Im weitesten Sinne kann man Reframings dazu verwenden, um unangenehme Gefühle, ganz gleich in welchem Zusammenhang aufzulösen. Eine der wirksamsten Techniken besteht darin, sich vorzustellen, man sei im Kino und würde die betreffende Erfahrung als Film auf der Leinwand sehen. Sie können den Film schnell ablaufen lassen – wie einen Zeichentrickfilm. Dann können Sie ihn mit Zirkusmusik untermalen, den Film rückwärts laufen lassen und zusehen, wie die Bilder immer absurder werden. Probieren Sie diese Technik mit irgend etwas aus, das Sie stört. Sie werden bald feststellen, daß es seine negative Kraft verliert.

Die gleiche Technik funktioniert auch bei Phobien, nur muß man in diesem Fall die Intensität etwas erhöhen. Eine Phobie ist oft auf kinästhetischer Ebene fest verwurzelt, daher müssen Sie einen größeren Abstand zu der Erfahrung herstellen, um ein wirksames Reframing durchzuführen. Phobische Reaktionen sind manchmal so stark, daß sie schon bei dem bloßen Gedanken an die auslösende Situation auftreten. In diesem Fall muß man die Person mehrfach von ihren Repräsentationen dissoziieren. Sollten Sie in einem bestimmten Zusammenhang eine phobische Reaktion haben, probieren Sie folgende Übung aus. Versetzen Sie sich in eine Zeit zurück, als Sie sich stark und vital gefühlt haben. Erleben Sie diesen Zustand wieder, und verspüren Sie noch einmal dieses Gefühl von Stärke und Sicherheit. Stellen Sie sich dann vor, daß Sie von einem strahlenden Schutzschirm umgeben sind. Begeben Sie sich dann in Gedanken in Ihr Lieblingskino. Nehmen Sie in einem bequemen Sessel Platz, von dem aus Sie eine gute Sicht auf die Leinwand haben. Fühlen Sie als nächstes, wie Sie Ihren Körper verlassen und hinaufschweben und dabei die ganze Zeit den Schutzschirm spüren, der Sie einhüllt. Wenn Sie hinuntersehen, können Sie sich selbst im Zuschauerraum sitzen und auf die Leinwand blicken sehen.

Schauen Sie dann wieder auf die Leinwand, wo Sie ein schwarz-weißes Standbild der phobischen Situation oder einer traumatischen Erfahrung sehen können. Schauen Sie dann wieder auf sich hinunter, im Zuschauerraum, und beobachten Sie sich dabei, wie Sie verfolgen, was auf der Leinwand vor sich geht – Sie sind jetzt doppelt dissoziiert. Lassen Sie in diesem Zustand das Schwarzweißbild in Bewegung kommen und dann extrem schnell zurücklaufen, so daß die Erfahrung, die Sie so lange belastet hat, nun wie ein alter Slapstick-Film erscheint.

Beobachten Sie, wie Sie im Zuschauerraum sitzen und den Film auf der Leinwand mit Belustigung verfolgen.

Lassen Sie uns noch einen Schritt weitergehen. Ich möchte, daß Ihr ressourcevoller Teil wieder hinunterschwebt und in Ihren Körper eintritt. Stehen Sie dann auf und gehen Sie zur Leinwand. Achten Sie dabei darauf, daß Sie sich in einem sehr starken, zuversichtlichen Zustand befinden. Sagen Sie dann Ihrem früheren Selbst, daß Sie es beobachtet haben und zwei oder drei neue Möglichkeiten gefunden haben, wie Sie diese Erfahrung verändern können, zwei oder drei Reframings der Bedeutung oder des Inhalts, die Ihrem Selbst helfen werden, von nun an anders mit dem Problem umzugehen. Sie brauchen nicht mehr zu leiden und keine Angst mehr zu haben. Sie sind jetzt ressourcevoller als Sie es früher waren, und diese alte Erfahrung gehört nun der Vergangenheit an. Helfen Sie Ihrem Selbst, mit der Situation umzugehen, mit der es früher nicht fertig geworden ist, und gehen Sie dann zurück an Ihren Platz und beobachten Sie, wie sich der Film verändert. Wiederholen Sie dieselbe Szene in Gedanken und achten Sie jetzt darauf, wie Ihr jüngeres Selbst die gleiche Situation sehr zuversichtlich bewältigt. Gehen Sie danach zur Leinwand zurück und gratulieren Sie Ihrem jüngeren Selbst dafür, daß es sich von der Phobie oder dem Trauma befreit hat. Nehmen Sie dann dieses jüngere Selbst in sich auf, in dem Bewußtsein, daß es nun ressourcevoller ist als je zuvor.

Verfahren Sie mit jeder anderen phobischen oder traumatischen Situation auf die gleiche Weise und probieren Sie das gleiche mit einem Partner aus.

Das kann eine unglaublich starke Erfahrung sein. Ich konnte schon Menschen, die jahrelang an phobischen Reaktionen gelitten hatten, damit von ihren Ängsten befreien, oft schon innerhalb weniger Minuten. Warum funktioniert das? Um eine phobische Reaktion zu schaffen, sind bestimmte internale Repräsentationen nötig. Wenn Sie diese Repräsentationen ändern, ändern Sie auch den Zustand, in den die Person gerät, sobald sie an die betreffende Erfahrung denkt.

Einige dieser Übungen verlangen mehr an geistiger Disziplin und Vorstellungskraft als manche bisher entwickelt haben. Daher können Ihnen die mentalen Strategien, die ich Ihnen hier vorstelle, zuerst ein wenig merkwürdig vorkommen. Ihr Gehirn kann jedoch ohne weiteres in dieser Weise funktionieren, und mit sorgfältiger Übung werden Ihnen diese Strategien immer leichter fallen.

Im Zusammenhang mit dem Reframing ist es wichtig, sich daran zu erinnern, daß jedes menschliche Verhalten in irgendeinem Kontext einen Sinn erfüllt. Wenn Sie rauchen, dann tun Sie es nicht, weil Sie gern Karzinogene in Ihrer Lunge haben wollen, sondern weil das Rauchen Sie entspannt oder Sie sich in bestimmten gesellschaftlichen Situationen damit wohler fühlen. Sie haben sich dieses Verhalten angewöhnt, weil Sie einen Vorteil davon hatten. In manchen Fällen wird es Ihnen unmöglich sein, Ihr Verhalten zu ändern, ohne das zugrundeliegende Bedürfnis zu erkennen, das durch dieses Verhalten befriedigt wird. Dieses Problem taucht z. B. auf, wenn jemand versucht, sich mit Elektroschocks das Rauchen abzugewöhnen. Vielleicht wird er in ein genauso schädliches Verhalten ›hineingeschreckt‹ wie zum Beispiel phobische Reaktionen oder ein problematisches Eßverhalten. Ich sage nicht, daß Elektroschocks nichts nützen, ich sage nur, daß es gut ist, die unbewußte Absicht zu erkennen, die unseren schlechten Angewohnheiten zugrunde liegt, damit wir diesem Bedürfnis besser nachkommen können.

Jedes menschliche Verhalten ist auf die eine oder andere Weise adaptiv und erfüllt ein bestimmtes Bedürfnis. Es ist nicht sehr schwer, jemandem das Rauchen zu verleiden. Doch ich möchte auch sicherstellen, daß ich neue Verhaltensmöglichkeiten schaffe, die dieselben Bedürfnisse erfüllen, ohne die negativen Nebenwirkungen, wie sie beim Rauchen entstehen. Wenn sich jemand durch das Rauchen entspannt, selbstsicher und gelöst gefühlt hat, dann muß er ein besseres Verhalten finden, das dieselben Bedürfnisse erfüllt.

Richard Bandler und John Grinder haben ein Sechs-Schritte-Reframing entwickelt, mit dem jedes unerwünschte Verhalten in ein wünschenswertes Verhalten verwandelt werden kann, ohne daß die Vorteile des alten Verhaltens aufgegeben werden müssen.

1. Bestimmen Sie das Verhaltensmuster, das Sie verändern wollen.

2. Stellen Sie Kontakt zu dem Teil Ihres Unbewußten her, der dieses Verhalten erzeugt. Gehen Sie nach innen, stellen Sie sich folgende Fragen und seien Sie neugierig, welche Veränderung der Körperempfindungen Ihrer inneren Bilder, Klänge oder Stimmen als Reaktion auf diese Frage erfolgt. Die Frage lautet: »Ist der Teil von mir, der das Verhalten X erzeugt, bereit, mit mir in meinem Bewußtsein zu kommunizieren?« Bitten Sie diesen Teil von sich, wir werden ihn Teil X nennen, das Signal (die Veränderung) zu verstärken, wenn er zustimmt, und es abzuschwächen, wenn er es ablehnt. Überprüfen Sie die Antwort, indem Sie den Teil bitten, Ihnen noch einmal das Ja- und dann das Nein-Signal zu schicken, damit Sie die beiden Antworten unterscheiden können.

3. Trennen Sie die Absicht vom Verhalten. Danken Sie dem Teil X für seine Bereitschaft, mit Ihnen zusammenzuarbeiten. Bitten Sie ihn, ob er bereit sei, Sie wissen zu lassen, was er mit dem Verhalten X für Sie tun wollte. Wenn Sie diese Frage gestellt haben, achten Sie darauf, ob ein Ja- oder ein Nein-Signal erfolgt. Machen Sie sich bewußt, welche Vorteile Ihnen dieses Verhalten in der Vergangenheit gebracht hat, und bedanken Sie sich bei diesem Teil dafür, daß er diese Vorteile für Sie sichergestellt hat.

4. Finden Sie alternative Verhaltensweisen, die diese Absicht erfüllen. Gehen Sie nach innen, nehmen Sie Kontakt mit dem kreativsten Teil Ihrer selbst auf und bitten Sie ihn, drei alternative Verhaltensweisen zu erzeugen, die genausogut oder sogar besser sind als das Verhalten X, um der Absicht des Teils, mit dem Sie kommuniziert haben, gerecht zu werden. Bitten Sie Ihren kreativen Teil, Ihnen ein Ja-Signal zu schikken, wenn er die drei neuen Verhaltensweisen gefunden hat... Fragen Sie den kreativen Teil dann, ob er bereit ist, Ihnen mitzuteilen, um welche drei neuen Verhaltensweisen es sich handelt.

5. Fragen Sie den Teil X ob er bereit ist, die neuen Verhaltensmöglichkeiten zu akzeptieren und die Verantwortung dafür zu übernehmen, daß sie ausgeführt werden, wenn sie gebraucht werden. Fragen Sie Teil X, ob die drei neuen Verhaltensweisen genauso wirksam sind wie Verhalten X.

Fragen Sie Teil X dann, ob er bereit ist, die Verantwortung dafür zu übernehmen, die neuen Verhaltensweisen auszuführen, wenn die betreffende Absicht erfüllt werden soll.

6. Überprüfen Sie die Ökologie. Gehen Sie nach innen, und fragen Sie, ob irgendein Teil von Ihnen etwas gegen die Abmachungen, die eben getroffen wurden, einzuwenden hat oder ob alle Teile bereit sind, Sie zu unterstützen. Versetzen Sie sich dann in die Zukunft und stellen Sie sich eine Situation vor, die das alte Verhalten ausgelöst hätte und versuchen Sie nun, eine Ihrer neuen Möglichkeiten einzusetzen, und damit die gewünschten Vorteile zu erreichen. Versuchen Sie es dann noch einmal mit einer anderen zukünftigen Situation, die das unerwünschte Verhalten ausgelöst hätte, und verwenden Sie diesmal eine andere der drei Möglichkeiten.

Wenn Sie das Signal erhalten, daß andere Teile gegen diese neuen Möglichkeiten Einwände erheben, dann müssen Sie wieder von vorne beginnen und herausfinden, welcher Teil die Einwände erhebt, welche Vorteile er Ihnen in der Vergangenheit gebracht hat, und ihn bitten, mit Teil X zusammenzuarbeiten, um neue Möglichkeiten zu erzeugen, die die Vorteile aufrechterhalten würden, die Ihnen Ihr ursprüngliches Verhalten gesichert hat.

Es hört sich vielleicht etwas sonderbar an, sich mit Teilen seiner selbst zu unterhalten, aber es handelt sich dabei um ein grundlegendes hypnotisches Muster, das Erickson, Bandler und Grinder als äußerst nützlich empfunden haben.

Wenn Sie beispielsweise häufig viel essen, könnten Sie die Swish-Technik verwenden, durch die neue Verhaltensweisen ausgelöst würden, oder Sie könnten ein Reframing durchführen und Ihr Unbewußtes auffordern, Ihnen die Vorteile, die Ihnen dieses Muster in der Vergangenheit geboten hat, mitzuteilen. Möglicherweise entdecken Sie dann, daß Sie das Essen dazu verwendet haben, Ihren Zustand zu verändern, wenn Sie einsam waren. Oder vielleicht hat es Ihnen ein Gefühl von Sicherheit gegeben und Sie beruhigt. Als nächstes könnten Sie drei neue Möglichkeiten erzeugen, um sich das Gefühl von Geborgenheit, Zugehörigkeit oder Sicherheit und Entspannung zu verschaffen. Vielleicht könnten Sie einem Fitneßclub beitreten, der Ihnen einen Rahmen dafür bietet, Verbindungen mit anderen Menschen aufzunehmen und sich geborgen und entspannt zu fühlen, wie es unter Freunden üblich ist, dabei gleichzeitig auch noch abzunehmen und so die Sicherheit zu entwickeln, daß Sie gut aussehen. Vielleicht könnten Sie meditieren und ein Gefühl der Verbundenheit mit dem Universum herstellen und dadurch mehr Sicherheit erlangen und entspannter sein, als Sie es mit Ihren früheren Eßgewohnheiten je waren.

Überprüfen Sie, ob diese Alternativen für Sie kongruent sind – das heißt, ob Sie sicher sind, daß alle Teile von Ihnen bereit sind, Sie in Zukunft bei der Ausführung dieser neuen

Das SECHS-SCHRITTE-REFRAMING

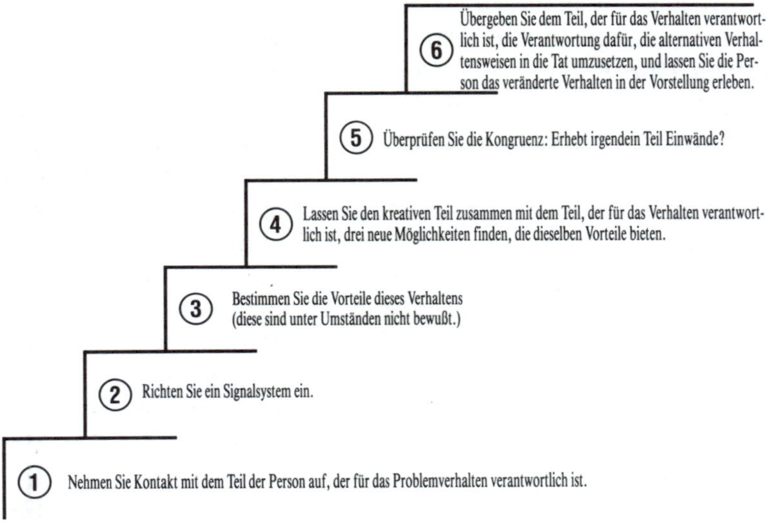

Verhaltensmöglichkeiten zu unterstützen. Wenn sie kongruent sind, werden diese Möglichkeiten Verhaltensweisen erzeugen, die Ihnen dabei helfen, das zu bekommen, was Sie sich wünschen, ohne daß Sie zu diesem Zweck Essen einsetzen müssen.

Versetzen Sie sich in Gedanken in die Zukunft und stellen Sie sich vor, diese Möglichkeiten wirksam anzuwenden; achten Sie besonders darauf, welche Ergebnisse Sie jetzt erzielen. Danken Sie Ihrem Unbewußten für diese neuen Möglichkeiten und freuen Sie sich über Ihr neues Verhalten. Sie können im Anschluß daran noch die Swish-Technik durchführen und das alte Verhalten durch das gewünschte Verhalten ersetzen. Damit haben Sie sich selbst neue Möglichkeiten geschaffen.

Fast jede scheinbar negative Erfahrung kann in eine positive umgewandelt werden. Wie oft haben Sie schon gesagt: »Eines Tages werde ich daran zurückdenken und lachen.« Warum nicht jetzt gleich daran zurückdenken und darüber lachen? Es ist nur eine Frage der Perspektive.

Sie können die Repräsentationen einer Person auch durch die Swish-Technik und andere Verfahren neu programmieren, aber wenn Sie aus Ihren alten Verhaltensweisen größere Vorteile gezogen haben als durch die neuen, dann werden Sie wahrscheinlich zu den alten Verhaltensweisen zurückkehren. Wenn eine Frau zum Beispiel aus unerklärlichen Gründen kein Gefühl im Fuß hat, und dann lernt, wie sie in ihrem Kopf und in ihrer Physiologie dieses Symptom erzeugt, und welche Signale sie ihrem Körper geben muß, um das taube Gefühl zu beseitigen, dann ist ihr Problem gelöst. Es könnte jedoch wieder auftreten, wenn sie nach Hause kommt und dann die vielen sekundären Gewinne verliert, die sie durch den lahmen Fuß hatte – zum Beispiel, daß ihr Ehemann das Geschirr abwäscht, sich um sie kümmert, ihren Fuß massiert und so weiter. Während der ersten zwei Wochen oder Monate ist er glücklich darüber, daß das Problem nun aus der Welt geschafft ist. Nach einer Weile hört er dann auf, das Geschirr abzuwaschen, ihr den Fuß zu massieren, und sich wie früher um sie zu kümmern. Dann dauert es nicht lange, und ihr altes Leiden kehrt zurück. Sie tut das nicht bewußt, ihr Unbewußtes entscheidet lediglich, daß das alte Verhalten besser das erreicht hat, was sie will – und schon hat sie wieder einen tauben Fuß.

In diesem Fall muß sie andere Verhaltensweisen finden, die ihr die gleiche Erfahrung mit ihrem Mann vermitteln: Das neue Verhalten muß mehr Vorteile für sie haben als das alte. In meinem Seminar war eine Frau, die seit acht Jahren blind war und einen ungewöhnlich geschickten und konzentrierten Eindruck machte. Später entdeckte ich, daß sie gar nicht blind war. Doch sie führte ihr Leben so, als sei sie blind. Warum?

Sie hatte einmal bei einem Unfall einen Teil ihres Augenlichts tatsächlich eingebüßt. Damals bemühte sich ihre Umgebung sehr um sie, half ihr und schenkte ihr mehr Aufmerksamkeit und Zuwendung, als sie je in ihrem Leben erfahren hatte. Sie merkte auch, daß ihr die anderen schon für ganz gewöhnliche, alltägliche Verrichtungen Anerkennung zuteil werden ließen, nur weil sie glaubten, sie sei blind. Sie behandelten sie als etwas Besonderes, und deshalb behielt sie dieses

Verhalten bei, und redete sich manchmal selbst ein, blind zu sein. Sie wußte nicht, wie sie die Menschen anders hätte dazu bringen können, sie so nachsichtig und liebevoll zu behandeln. Sogar Fremde behandelten sie mit besonderer Rücksicht. Sie würde ihr Verhalten nur ändern, wenn dieser Zustand für sie unangenehm geworden wäre, oder sie etwas gefunden hätte, das ihr noch mehr Vorteile verschafft hätte als ihr gegenwärtiges Verhalten.

Bis jetzt haben wir uns darauf konzentriert, wie wir negative Wahrnehmungen in positive umwandeln können. Doch ich möchte nicht, daß Sie glauben, Reframing sei eine Art Therapie, mit der Sie aus unangenehmen in angenehme Situationen gelangen können. Reframing ist nicht mehr und nicht weniger als eine Metapher für Potential und Möglichkeiten. Es gibt nur wenige Dinge in Ihrem Leben, die sich nicht in einen besseren Rahmen stellen ließen.

Neue Möglichkeiten sollten immer ein zentraler Punkt Ihrer Überlegung sein. Wir neigen häufig dazu, immer wieder in den gleichen Trott zu verfallen. Wir können auf diese Weise zwar ›bequeme‹ Resultate erzielen, aber anders könnten wir viel bessere Resultate erzielen. Probieren Sie einmal die folgende Übung aus. Nennen Sie fünf Bereiche in Ihrem Leben, mit denen Sie zur Zeit zufrieden sind. Es kann sich dabei um etwas handeln, das mit Ihrer Partnerschaft, Ihrer Arbeit, Ihren Kindern, Finanzen oder ähnlichem zu tun hat.

Stellen Sie sich diese ›Dinge‹ jetzt noch positiver vor, als sie in Wirklichkeit sind. Nehmen Sie sich für diese Vorstellung ein paar Minuten Zeit. Wahrscheinlich werden Ihnen einige Möglichkeiten einfallen, wie Sie Ihr Leben deutlich verbessern können. Jeder von uns kann mehr aus seinem Leben machen. Er braucht dazu nur die geistige Flexibilität, um Möglichkeiten zu erkennen, und die persönliche Power, um zu handeln.

Ich möchte noch einen letzten Gedanken hinzufügen, der auf alles, was in diesem Buch steht, zutrifft! Das Reframing ist eine Fähigkeit, die es Ihnen ermöglichen wird, bessere Resultate zu erzielen. Betrachten Sie es als einen anhaltenden Prozeß, in dessen Verlauf Sie Vorannahmen überprüfen und einen nützlichen Kontext für das finden können, was Sie bereits gut beherrschen. Führungspersönlichkeiten und alle guten Kommunikatoren sind Meister des Reframing. Sie wissen, wie man Menschen motivieren und inspirieren kann, indem man jedes Ereignis zu einer Gelegenheit für neue Erfahrungen und Möglichkeiten macht.

Es gibt eine berühmte Geschichte, die man sich über Tom Watson, den Begründer von IBM, erzählt. Einem seiner Angestellten war ein verhängnisvoller Fehler unterlaufen, der die Firma zehn Millionen Dollar kostete. Als er in Watsons Büro gerufen wurde, sagte er: »Ich nehme an, Sie erwarten meine Kündigung.« Watson sah ihn an und sagte: »Machen Sie Witze? Wir haben gerade zehn Millionen Dollar für Ihre Ausbildung ausgegeben.«

Jedes Ereignis enthält eine wertvolle Lektion. Die besten Kommunikatoren haben die Fähigkeit, diese Lektion anzunehmen und jedes Ereignis in den sinnvollsten Rahmen zu stellen. Das gilt für die Politik, das Geschäftsleben, den Unterricht und auch für Ihr Privatleben.

Wir alle kennen Menschen, die Ereignisse negativ reframen. Ganz gleich, wie hell die Sonne scheint – sie finden immer eine dunkle Wolke. Doch für jede lähmende Einstellung, für jedes störende Verhalten gibt es ein wirksames Reframing. Etwas gefällt Ihnen nicht? Ändern Sie es. Ihr Verhalten führt nicht zu den Ergebnissen, die Sie sich wünschen? Tun Sie etwas anderes. Es genügt jedoch nicht, nur neue, wirksame Verhaltensweisen zu erzeugen, wir müssen auch sicherstellen, daß sie verfügbar sind, wenn wir sie brauchen. Im nächsten Kapitel werden wir erfahren, wie wir nützliche Verhaltensweisen in jedem Augenblick unseres Lebens neu abrufen können.

17

Anker

Tu was du kannst,
mit dem was du hast, wo immer du bist.

THEODORE ROOSEVELT

Es gibt Menschen, denen es jedesmal einen Ruck gibt, wenn Sie die Flagge ihres Landes sehen. Rein analytisch betrachtet, ist das eine merkwürdige Reaktion. Schließlich ist eine Fahne nur ein Stück Stoff mit einem hübschen, bunten Muster. Daran ist nichts von sich aus Magisches. Doch diese Interpretation geht selbstverständlich am wesentlichen vorbei. Es ist nur ein Stück Stoff, aber gleichzeitig das Symbol für die Werte und Merkmale der betreffenden Nation.

Eine Flagge ist, wie zahllose andere Dinge in unserer Umgebung, ein ›Anker‹, ein Reiz, der mit bestimmten Zuständen verknüpft ist. Ein Anker kann ein Wort, ein Satz, eine Berührung oder ein Gegenstand sein. Er kann etwas sein, das wir sehen, hören, fühlen, schmecken oder riechen. Anker haben eine sehr starke Wirkung, weil sie sofort sehr intensive Zustände auslösen können. Das passiert, wenn jemand seine Nationalflagge sieht. Er erlebt sofort das Gefühl, das er gegenüber seinem Land empfindet, denn dieses Gefühl ist mit den besonderen Farben und dem Muster des Stoffes assoziiert.

Dieser Teil des Buches endet aus gutem Grund mit einem Kapitel über das Ankern. Anker können einer Erfahrung Dauer verleihen. Wir können unsere internalen Repräsentationen oder unsere Physiologie innerhalb eines einzigen Augenblicks verändern, aber diese Veränderungen erfordern bewußtes Denken. Doch mit Hilfe von Ankern können wir einen dauerhaften Auslösemechanismus einrichten, der es uns erlaubt, in jeder beliebigen Situation automatisch einen Zustand herzustellen, ohne darüber nachdenken zu müssen. Wenn Sie einen Zustand wirksam ankern, wird er Ihnen zur Verfügung stehen, wann immer Sie ihn benötigen. Sie haben bisher in diesem Buch schon eine ganze Reihe wertvoller Techniken gelernt. Das Ankern ist die wirksamste Methode, die ich kenne, um starke unbewußte Reaktionen jederzeit zur Verfügung zu haben. Lesen Sie noch einmal das Zitat, das am Anfang dieses Kapitels steht. Wir alle versuchen, mit dem, was wir haben, das Beste zu machen. Wir alle versuchen, die Ressourcen, die uns zur Verfügung stehen, so gut wie möglich zu nutzen. Anker ermöglichen uns, schneller Zugang zu unseren stärksten Ressourcen zu haben.

Wir benutzen ständig Anker, ob wir wollen oder nicht. Jeder Anker ist die Verbindung eines bestimmten Reizes. Erinnern Sie sich an das, was Pawlow getan hat. Pawlow legte hungrigen Hunden Fleischstücke vor, so daß sie diese riechen und sehen, aber nicht erreichen konnten. Der Anblick des Fleisches löste eine starke Speichelbildung bei den Hunden aus. Während sie sich in diesem Zustand befanden, betätigte Pawlow wiederholt eine Klingel. Nach einiger Zeit brauchte er nur mehr zu klingeln, um die gleiche Speichelbildung bei den Hunden auszulösen, wie früher der Anblick des Fleisches. Er hatte eine neurologische Verbindung zwischen dem Klingelton und der Speichelbildung der Hunde hergestellt. Von da an brauchte er nur noch die Klingel zu betätigen, und den Hunden lief buchstäblich das Wasser im Mund zusammen.

Auch ein großer Teil unseres Verhaltens besteht aus unbewußt programmierten Reaktionen. Zum Beispiel greifen viele Menschen bei Streß sofort zu einer Zigarette, zu Alkohol oder zu Drogen. Sie denken nicht darüber nach. Sie verhalten sich wie die Pawlowschen Hunde. Viele von ihnen würden ihr Verhalten gern ändern, glauben aber, es nicht kontrollieren zu können. Die Lösung liegt darin, sich diese Vorgänge bewußt zu machen, um unerwünschte Anker durch solche ersetzen zu können, die automatisch erwünschte Zustände auslösen.

Wie lassen sich solche Anker einrichten? Immer wenn sich jemand in einem intensiven Zustand befindet und ein bestimmter Reiz wiederholt während dieses Zustands dargeboten wird, entsteht eine neurologische Verbindung zwischen Reiz und Zustand, so daß in Zukunft bei Darbietung des Reizes automatisch dieser Zustand ausgelöst wird. Manche Anker lösen sehr unangenehme Gefühle aus. Wenn Sie einen Strafzettel wegen Geschwindigkeitsüberschreitung erhalten haben, werden Sie in Zukunft vermutlich jedesmal, wenn Sie an der betreffenden Stelle vorbeifahren, ein ungutes Gefühl haben. Oder was passiert, wenn Sie im Rückspiegel das Blaulicht eines Polizeiwagens aufleuchten sehen? Verändert sich nicht augenblicklich Ihr Zustand?

Wie groß die Macht eines Ankers ist, hängt von der Intensität des ursprünglichen Zustandes ab. Manchmal macht jemand eine derart intensive unangenehme Erfahrung – ein

»RUF DIE KATZE, HARRY.«

Streit mit dem Lebensgefährten oder Chef –, daß er von nun an, wann immer er das Gesicht dieses Menschen sieht, sofort Zorn in sich aufsteigen fühlt – und von diesem Augenblick an hat er wenig Freude an seiner Beziehung oder seiner Arbeit. Wenn es in Ihrem Leben solche negativen Anker gibt, können Sie in diesem Kapitel lernen, wie Sie sie durch positive ersetzen können. Sie werden nicht daran zu denken brauchen, es wird automatisch geschehen.

Viele ›Anker‹ wirken durchaus angenehm. Man hört einen Beatles-Song an einem herrlichen Sommertag, und für den Rest seines Lebens wird man sich, wann immer man dieses Lied hört, an diesen Tag erinnern.

Vielleicht haben Sie an Ihrem ersten Rendezvous Apfelkuchen mit Schokoladeneis gegessen, und von da an ist es Ihr Lieblingsnachtisch geblieben. Sie denken nicht häufiger darüber nach als Pawlows Hunde, aber Sie reagieren jeden Tag mehrmals auf Anker, die ganz bestimmte Reaktionen in Ihnen auslösen.

Die meisten Anker werden rein zufällig eingerichtet. Fernsehen, Radio und Umgebung bombardieren uns täglich mit Informationen – manche davon werden zu Ankern, andere nicht. Dabei spielen nicht zuletzt Zufälle eine große Rolle. Wenn wir uns in einem intensiven Zustand befinden – gleichgültig ob angenehm oder unangenehm –, und ein bestimmter Reiz auf uns einwirkt, bestehen gute Aussichten, daß er zu einem Anker wird. Die wiederholte Darbietung eines Reizes schafft eine starke Verbindung. Wenn Sie etwas oft genug hören, wie z. B. Werbeslogans, ist es wahrscheinlich, daß es sich in Ihrem Nervensystem festsetzt. Das Gute daran ist allerdings, daß Sie lernen können, diesen Prozeß zu kontrollieren, und somit positive Anker installieren und negative neutralisieren können.

Erfolgreiche Politiker haben immer gewußt, wie sie gezielt bestimmte Anker verwenden konnten. Wenn sich beispielsweise Politiker in die Frage ihres Landes ›einwickeln‹, versuchen sie, sich damit den Zauber und die Macht dieses Symbols zunutze zu machen. Er versucht, sich mit all den positiven Emotionen in Verbindung zu bringen, die die Fahne weckt. Auf diese Weise stellt er einen Zusammenhang her, zwischen sich und den patriotischen Gefühlen seiner Mitmenschen. Hitler war ein Genie, was den Mißbrauch von Ankern betrifft. Er brachte bestimmte Geisteszustände und Gefühle mit Hakenkreuz, marschierenden Soldaten und Massenansammlungen in Verbindung. Er versetzte die Menschen in intensive Zustände, und bot dann beständig ganz bestimmte Reize dar, die er später nur zu wiederholen brauchte, wie z. B. den Hitlergruß –, um die Emotionen, die er damit assoziiert hatte, heraufzubeschwören. Er verwendete dieses Mittel ständig zur Manipulation der Gefühle und somit auch der Zustände und des Verhaltens einer ganzen Nation.

In dem Kapitel über das Reframing haben wir festgestellt, daß ein und derselbe Reiz verschiedene Bedeutungen haben kann, je nach dem Rahmen, innerhalb dessen man ihn betrachtet. Der gleiche Anker kann sowohl positive als auch negative Reaktionen auslösen. Für die Anhänger Hitlers waren die Nazisymbole mit positiven, starken, stolzen Gefühlen verbunden, für seine Gegner mit Angst. Welche Bedeutung hatte z. B. das Hakenkreuz für einen Verfolgten des Nazi-Regimes und welche für ein Mitglied der NSDAP?

Die Wirkung von Symbolen ist nicht auf tiefe Gefühle und Erfahrungen beschränkt. Schauspieler sind Meister im Gebrauch von Ankern. Gute Schauspieler wissen, wie sie einen ganz bestimmten Ton, einen Satz oder ihren Körper einsetzen müssen, um Gelächter zu erzeugen. Wie tun sie das? Sie tun etwas, um Sie zum Lachen zu bringen, und während Sie sich in diesem intensiven Zustand befinden, setzen sie einen bestimmten Reiz – ein Lächeln oder einen Gesichtsausdruck, oder einen bestimmten Tonfall. Sie tun es immer wieder, bis das Lachen mit diesem Ausdruck automatisch verbunden ist. Nicht lange, und sie brauchen nur einen bestimmten Gesichtsausdruck aufzusetzen – und schon brechen alle in schallendes Gelächter aus.

Ich möchte Ihnen von einer Gelegenheit erzählen, als ich die zur Verfügung stehenden Anker optimal einsetzen konnte.

John Grinder und ich verhandelten mit der US-Army wegen der Entwicklung neuer Trainingsmethoden, mit deren Hilfe die Leistungen der Soldaten auf verschiedenen Gebieten verbessert werden sollten. Der zuständige General arrangierte ein Treffen mit uns und einigen Offizieren, um die näheren Einzelheiten auszuhandeln. Wir trafen uns in einem großen Konferenzsaal, in dem ein hufeisenförmiger Tisch stand. Oben, an der Stirnseite des Tisches, stand ein für den General reservierter Sessel. Es war klar, daß sein Sessel, selbst wenn er nicht anwesend war, der mächtigste Anker im Raum war. Alle Offiziere behandelten ihn mit Ehrfurcht. Dort, in diesem Sessel, wurden Entscheidungen getroffen und Befehle erteilt, die niemand in Frage stellte. John und ich achteten darauf, immer wieder einmal um den Sessel des Generals herumzugehen, ihn anzufassen und uns am Ende sogar hineinzusetzen. Wir taten dies so lange, bis die Offiziere einen Teil des Respekts, den sie gegenüber dem General und seinen Symbolen hegten, auf uns übertrugen. Als ich unser Honorar nannte, stellte ich mich dicht neben den Stuhl des Generals und gab meiner Stimme den bestimmten Befehlston, den er an sich hatte. Früher hatten wir das Honorar aushandeln müssen, aber diesmal stellte niemand meine Forderung in Frage. Weil wir uns die dem General zugeordneten Symbole zunutze gemacht hatten, brauchten wir um den Preis nicht erst zu feilschen. Die meisten Verhandlungen, die auf höchster Ebene stattfinden, verwenden das Ankern in sehr wirksamer Weise.

Auch viele professionelle Sportler verwenden Anker. Sie nennen es vielleicht nicht so, sind sich dessen vielleicht nicht einmal bewußt, doch sie nutzen das Prinzip. Tennisspieler tippen vor dem Aufschlag den Ball in einem bestimmten Rhythmus auf dem Boden auf, oder sie atmen in einem bestimmten Rhythmus, um sich in einen guten Zustand zu versetzen.

Ich habe Anker und Reframing eingesetzt, als ich mit Michael O'Brien arbeitete, dem Goldmedaillengewinner im 1500-Meter-Freistilschwimmen bei den Olympischen Spielen 1984. Ich habe seinen Glauben umgewandelt und seinen optimalen Zustand an den Knall der Startpistole und an die schwarze Linie auf dem Grund des Schwimmbeckens geankert, auf die er sich während des Rennens konzentrieren würde.

Sehen wir uns also im einzelnen an, wie man für sich selbst oder andere ganz bewußt einen Anker erzeugt. Das geschieht im wesentlichen in zwei Schritten. Zuerst muß man sich selbst oder denjenigen, den man ankern will, in den betreffenden Zustand versetzen, der geankert werden soll. Wenn der Betreffende diesen Zustand maximal erlebt, müssen Sie wiederholt einen bestimmten, unverkennbaren Reiz darbieten. Wenn jemand lacht, befindet er sich zum Beispiel in einem kongruenten Zustand – sein ganzer Körper ist in diesen Prozeß einbezogen. Wenn Sie ihn dabei auf eine besondere, unverwechselbare Weise ins Ohr kneifen und gleichzeitig ein bestimmtes Geräusch wiederholen, können Sie ihn auf dieselbe Weise später jederzeit wieder zum Lachen bringen.

Eine Möglichkeit, für jemanden einen Anker für Selbstvertrauen zu schaffen, besteht darin, ihn aufzufordern, sich an eine Zeit zu erinnern, als er sich in einem Zustand befunden hat, den er gern jederzeit bewußt herstellen können möchte. Dann veranlassen Sie ihn, diese Erfahrung noch einmal zu erleben, so daß er voll mit ihr assoziiert ist und dieses Gefühl im ganzen Körper spürt. Während er das tut, können Sie Veränderungen in seiner Physiologie beobachten – Gesichtsausdruck, Körperhaltung, Atmung. Wenn die Person diesen Zustand maximal erlebt, müssen Sie mehrmals hintereinander einen bestimmten und unverwechselbaren Reiz darbieten.

Sie können diese Ankerreize verstärken, indem Sie der Person dabei helfen, möglichst schnell in einen Zustand von Selbstvertrauen zu kommen. Sie können ihn zum Beispiel auffordern, Ihnen zu zeigen, welche Körperhaltung er einnimmt, wenn er Selbstvertrauen spürt, und in dem Augenblick, in dem er seine Haltung verändert, setzen Sie den Anker. Sie können ihn bitten, Ihnen zu zeigen, wie er atmet, wenn er sich absolut sicher fühlt, und sobald er es tut, setzen Sie noch einmal denselben Anker. Fragen Sie ihn dann, was er zu sich sagt, wenn er sich absolut sicher fühlt, und fordern Sie ihn auf, in genau diesem Ton zu sich zu sprechen. Während er es tut, setzen Sie wieder ganz genau denselben Anker, indem Sie ihm zum Beispiel auf die Schulter klopfen.

**VIER BEDINGUNGEN
FÜR ERFOLGREICHES ANKERN**

Intensität des Zustands
Timing (Höhepunkt der Erfahrung)
Unverwechselbarkeit des Reizes
Wiederholung des Reizes

Wenn Sie glauben, einen Anker etabliert zu haben, müssen Sie ihn testen. Versetzen Sie die Person in einen anderen, neutralen Zustand. Das gelingt Ihnen am leichtesten, wenn Sie sie dazu bringen, ihre Körperhaltung zu verändern oder an etwas anderes zu denken. Um die Wirksamkeit des Ankers zu testen, setzen Sie einfach den entsprechenden Reiz und beobachten was passiert. Ist die Physiologie wieder die gleiche, wie in dem Zustand, den Sie ankern wollten? Wenn ja, war der von Ihnen eingerichtete Anker wirksam. Wenn nicht, haben Sie vielleicht eines der vier Elemente erfolgreichen Ankerns nicht beachtet:

1. Um einen wirksamen Anker zu errichten, muß sich die Person in einem völlig assoziierten, kongruenten Zustand befinden, der ihren ganzen Körper miteinbezieht. Es muß also ein intensiver Zustand sein. Je intensiver dieser Zustand, um so leichter ist er zu ankern, und um so länger wird der Anker wirken. Wenn Sie jemanden ankern, während ein Teil von ihm an das eine und ein anderer an etwas zweites denkt, wird der Reiz mit verschiedenen Signalen assoziiert werden und daher nicht wirksam sein. Wenn jemand sich dissoziiert an ein früheres Ereignis erinnert, wird er sich auch in Zukunft, wenn Sie den Anker einsetzen, eher an die entsprechende bildliche Vorstellung erinnern, als den betreffenden Zustand geistig und körperlich wieder zu erleben.

2. Sie müssen den Reiz auf dem Höhepunkt des betreffenden Zustands setzen. Wenn Sie zu früh oder zu spät ankern, werden Sie nicht die volle Intensität erreichen. Sie können den Höhepunkt eines Zustandes erkennen, indem Sie den Betreffenden dabei beobachten, wie er in den Zustand gelangt, und darauf achten, was passiert, wenn der Zustand beginnt, schwächer zu werden. Sie können ihn auch bitten, Ihnen zu sagen, wenn er sich dem Höhepunkt des Zustands nähert, um sich darauf kalibrieren und den Reiz im richtigen Augenblick darbieten zu können.

3. Wählen Sie einen unverwechselbaren Reiz. Es ist wesentlich, daß der Anker dem Gehirn des Betreffenden ein klares und unmißverständliches Signal gibt. Wenn jemand einen besonders intensiven Zustand erreicht, und Sie versuchen, diesen Zustand zu ankern, indem Sie ihn auf gewohnte Weise anschauen, wird das wahrscheinlich nicht besonders effektiv sein, weil der Anker nicht eindeutig unterscheidbar ist und das Gehirn Schwierigkeiten haben wird, ihn als Signal zu erkennen. Ein Händedruck wird aus dem gleichen Grund nicht besonders viel bewirken, weil wir uns sehr häufig die Hand geben. Es könnte allerdings funktionieren, wenn der Händedruck unverkennbar wäre. Am besten wirkt ein Anker, der mehrere Repräsentationssysteme – das visuelle, auditive, kinästhetische und so weiter – gleichzeitig anspricht. Wenn Sie jemanden mit einer bestimmten Berührung *und* einem bestimmten Tonfall ankern, ist das gewöhnlich wirksamer als die Berührung alleine.

4. Wiederholen Sie jedesmal genau den gleichen Anker. Wenn Sie den Zustand einer Person durch einen ganz bestimmten Druck an einer bestimmten Stelle der Schulter ankern wollen, dann können Sie die gleiche Reaktion nicht dadurch auslösen, indem Sie ihn an einer anderen Stelle oder mit stärkerem oder schwächerem Druck berühren.

Wenn Sie beim Ankern diese vier Regeln befolgen, werden Sie Erfolg haben. Bei den Feuerlauf-Seminaren zeige ich den Teilnehmern, wie sie mit Hilfe von Ankern ihre ressourcevollsten und positivsten Energien mobilisieren können. Sie konditionieren sich selbst, indem sie jedesmal, wenn sie in einem starken, energievollen Zustand sind, eine Faust ballen. Am Ende des Tages können sie dann, sobald sie eine Faust ballen, diesen Zustand auslösen.

Lassen Sie uns nun eine kleine Ankerübung machen. Stehen Sie auf und denken Sie an eine Zeit, als Sie voller Selbstvertrauen waren und das Gefühl hatten, tun zu können, was immer Sie wollten. Bringen Sie Ihren Körper wieder in die gleiche Physiologie wie damals. Stellen Sie sich so hin, wie Sie gestanden haben, als Sie absolut zuversichtlich waren. Ballen Sie eine Faust, wenn dieses Gefühl auf dem Höhepunkt ist und sagen Sie mit kräftiger und überzeugter Stimme: »Ja!« Atmen Sie so, wie Sie es getan haben, als Sie absolut zuversichtlich waren. Ballen Sie wieder die Faust und sagen Sie in genau dem gleichen Ton: »Ja!« Sprechen Sie jetzt mit der Stimme eines Menschen, der absolut sicher und zuversichtlich ist. Während Sie das tun, ballen Sie die Faust und sagen wieder auf die gleiche Weise: »Ja!«

Wenn Sie sich nicht an eine solche Erfahrung erinnern können, überlegen Sie, wie eine solche Erfahrung aussehen würde. Versetzen Sie sich in die Physiologie, in der Sie sein würden, wenn Sie wüßten, wie es wäre, absolut sicher und zuversichtlich zu sein. Atmen Sie so, wie Sie es tun würden, wenn Sie sich absolut sicher fühlen würden. Ich möchte Sie bitten, das wirklich zu tun – so wie bei jeder anderen Übung in diesem Buch. Das Lesen allein wird Ihnen nicht helfen. Die Übungen durchzuführen, wirkt Wunder.

Wenn Sie nun einen Zustand absoluter Sicherheit erleben, ballen Sie auf der Höhe dieser Erfahrung die Faust und sagen Sie mit kraftvoller Stimme: »Ja!« Seien Sie sich der Kraft und der unglaublichen physischen und geistigen Ressourcen, die Sie besitzen, bewußt, und fühlen Sie das Entstehen dieser Kraft. Wiederholen Sie diesen Vorgang noch fünf- oder sechsmal und fühlen Sie, wie Sie es jedesmal stärker erleben, und die Verbindung in Ihrem Nervensystem zwischen diesem Zustand, dem Ballen der Faust und dem ›JA‹ immer enger wird. Verändern Sie dann Ihren Zustand und Ihre Physiologie. Machen Sie eine Faust und sagen Sie: »Ja!« auf die gleiche Weise, wie Sie es beim Ankern getan haben, und achten Sie darauf, wie Sie sich fühlen. Tun Sie das in den nächsten Tagen mehrmals. Versetzen Sie sich in den zuversichtlichsten, energievollsten Zustand, den Sie sich vorstellen können, und ballen Sie auf dem Höhepunkt dieses Zustands Ihre Faust in der beschriebenen Weise.

Sie werden bald feststellen, daß Sie, sobald Sie die Faust ballen, diesen Zustand willentlich hervorrufen können, und zwar innerhalb eines Augenblicks. Vielleicht geschieht dies noch nicht nach ein- oder zweimaligem Üben, aber es wird nicht lange dauern, bis Sie es mit Erfolg tun können. Sie können sich mit einer oder zwei Wiederholungen wirksam ankern, wenn der Zustand intensiv genug und der Reiz unverwechselbar ist.

Wenn Sie sich auf diese Weise selbst geankert haben, sollten Sie den Anker ausprobieren, wenn Sie sich in einer schwierigen Situation befinden. Ballen Sie die Faust und fühlen Sie sich absolut ressourcevoll. Das Ankern besitzt deshalb eine solche Macht, weil es Ihr Nervensystem innerhalb eines Augenblicks mobilisiert. Beim traditionellen positiven Denken müssen Sie innehalten und nachdenken. Durch Ankern können Sie innerhalb eines einzigen Augenblicks Ihre stärksten Ressourcen mobilisieren.

Es ist wichtig, zu wissen, daß Anker noch wirksamer werden, wenn man sie ›stapelt‹, indem man mehrere ähnliche ressourcevolle Erfahrungen kombiniert. Ich kann z. B. einen der für mich ressourcevollsten Zustände dadurch herstellen, indem ich die Physiologie und Haltung eines Karate-Meisters annehme. In diesem Zustand habe ich zahllose Feuerläufe

ANKERN

1. Bestimmen Sie das Ziel, für das Sie einen Anker verwenden wollen, und den Zustand, der Ihnen oder einer anderen Person am besten dabei helfen kann, dieses Ziel zu erreichen.
2. Kalibrieren Sie sich auf den entsprechenden Zustand.
3. Bringen Sie sich oder die andere Person durch Verwendung verbaler oder nonverbaler Kommunikationsmuster in den gewünschten Zustand.
4. Warten Sie, bis der Höhepunkt des gewünschten Zustands erreicht ist, und setzen Sie in diesem Augenblick den Anker.
5. Testen Sie den Anker, indem Sie:
   a) die Physiologie verändern, um den Zustand zu unterbrechen und
   b) den Anker setzen und beobachten, ob dadurch der gewünschte Zustand erreicht wird.

und Fallschirmsprünge ausgeführt und andere Herausforderungen gemeistert. In jeder dieser Situationen mache ich, sobald ich mich in einen sehr ressourcevollen Zustand versetzt habe, auf dem Höhepunkt der Erfahrung auf ganz besondere Weise eine Faust. Wenn ich nun auf die gleiche Weise die Faust balle, werden diese intensiven Gefühle und Physiologien gleichzeitig ausgelöst. Keine Droge der Welt könnte ein so großartiges Gefühl hervorrufen. Ich habe dann das Gefühl, als würde ich gleichzeitig mit dem Fallschirm abspringen, nachts vor Hawaii im Meer tauchen, mit Delphinen schwimmen, über Feuer laufen, Grenzen überwinden und einen Wettkampf gewinnen. Je häufiger ich also diesen Zustand erlebe und neue, intensive, positive Erfahrungen damit verbinde, um so wirkungsvoller wird dieser Anker. Ich möchte Ihnen eine Aufgabe geben: Ankern Sie drei verschiedene

Menschen, die sich in positiven Zuständen befinden. Bringen Sie sie dazu, sich an eine Zeit zu erinnern, in der sie ein überwältigendes Gefühl der Freude und Stärke empfunden haben. Vergewissern Sie sich, daß sie es intensiv wiedererleben und ankern Sie diesen Zustand mehrmals hintereinander. Testen Sie dann später während einer Unterhaltung die Anker, während die Betreffenden abgelenkt sind. Kommen sie wieder in den gleichen Zustand? Wenn nicht, überprüfen Sie noch einmal die vier Bedingungen und ankern Sie wieder.

Wenn der Anker den gewünschten Zustand nicht auslöst, haben Sie eine der vier Bedingungen erfolgreichen Ankerns nicht berücksichtigt. Vielleicht waren Sie oder die andere Person nicht ausreichend in den Zustand assoziiert. Vielleicht haben Sie den Anker zur falschen Zeit gesetzt, als der Höhepunkt des Zustands bereits überschritten war. Vielleicht war der Reiz nicht ausgeprägt genug, oder Sie haben ihn nicht genau genug wiederholt, als Sie den geankerten Zustand erneut auslösen wollten. In allen diesen Fällen benötigen Sie lediglich die Wahrnehmungsgenauigkeit, um das Ankern genau auszuführen und gegebenenfalls so oft neu zu versuchen, bis Sie einen Anker finden, der wirkt.

Hier ist nun eine weitere Aufgabe für Sie: Wählen Sie drei oder vier Zustände oder Gefühle, die Sie gern zu Ihrer Verfügung hätten, und ankern Sie jeden dieser Zustände an einem bestimmten Körperteil, so daß er Ihnen leicht zugänglich ist. Nehmen wir an, Sie hätten Schwierigkeiten, Entscheidungen zu treffen, und würden sich in diesem Punkt gern ändern. Sie möchten entschlußfreudiger werden. Sie können das Gefühl, schnell, effektiv und leicht Entscheidungen treffen zu können, zum Beispiel an den Knöchel Ihres Zeigefingers ankern. Erinnern Sie sich dann an eine Zeit in Ihrem Leben, in der Sie sich absolut entschlußfreudig gefühlt haben. Versetzen Sie sich in Gedanken in diese Situation, und assoziieren Sie sich voll mit dem entsprechenden Zustand, damit Sie sich wieder genauso fühlen, wie Sie sich damals gefühlt haben. Erleben Sie noch einmal, wie Sie damals diese wichtige Entscheidung getroffen haben. Drücken Sie auf dem Höhepunkt der Erfahrung, wenn Sie sich am entschlußfreudigsten fühlen, Ihren Zeigefinger und sagen Sie in Gedanken ein Wort – zum Beispiel: »Ja!« Wiederholen Sie dann das gleiche noch einmal mit einer anderen Erfahrung, drücken Sie auf dem Höhepunkt dieses Zustandes wieder Ihren Zeigefinger und sagen Sie wieder das gleiche Wort. Tun Sie dies fünf- oder sechsmal, um möglichst viele wirksame Anker zu stapeln. Denken Sie dann an eine Entscheidung, die Sie zu treffen haben. Aktivieren Sie dann Ihren Anker. Sie müßten jetzt fähig sein, schnell und leicht die Entscheidung zu fällen. Sie können, wenn Sie möchten, einen anderen Finger verwenden, um das Gefühl von Entspannung zu ankern. Ich habe das Gefühl von Kreativität an einen Finger geankert. Ich kann mich damit innerhalb weniger Augenblicke von einem Gefühl der Ratlosigkeit zu dem Gefühl bringen, kreativ zu sein. Nehmen Sie sich die Zeit, fünf verschiedene Zustände auszusuchen und herzustellen, und spielen Sie dann damit, Ihr Nervensystem präzise und schnell steuern zu können. Versuchen Sie es jetzt gleich.

Anker sind in der Regel am wirksamsten, wenn die betreffende Person nicht weiß, was eigentlich geschieht. Jimmy Carter berichtet in seiner Biographie von folgender Begebenheit: Bei einem Gespräch über Rüstungskontrolle setzte ihn Leonid Breschnew in Erstaunen, als er seine Hand auf Carters Schulter legte und in perfektem Englisch zu ihm sagte: »Wenn wir keinen Erfolg haben, Kummy, wird Gott uns nie verzeihen.«

Jahre später beschrieb Carter Breschnew in einem Fernseh-Interview als ›einen Mann des Friedens‹ und erzählte von dieser Begebenheit. Dabei hob Carter die Hand und legte sie auf seine Schulter und sagte: »Ich spüre noch immer seine Hand auf meiner Schulter.« Carter erinnerte sich so deutlich daran, weil er so erstaunt war, daß Breschnew in perfektem Englisch und noch dazu von Gott redete. Carter, selbst tiefreligiös, war von den Worten Breschnews stark berührt, doch der wichtigste Moment dieser Szene war, als Breschnew die Hand auf seine Schulter legte. Die Intensität seiner Gefühle und die Bedeutung der Angelegenheit machen es wahrscheinlich, daß Carter sich für den Rest seines Lebens daran erinnern wird.

KALIBRIERUNGSHINWEISE FÜR ZUSTANDSVERÄNDERUNGEN

Achten Sie auf Veränderungen in der

Atmung:
Lokalisierung
Unterbrechungen
Frequenz
Amplitude

Augenbewegung
Größe der Unterlippe
Körperhaltung
Muskeltonus
Pupillengröße
Hautfarbe

Stimme:
Prädikat
Tempo
Timbre
Tonfall
Lautstärke

Ankern ist äußerst erfolgreich, wenn es darum geht, Ängste zu überwinden und Verhaltensweisen zu ändern. Ich will Ihnen ein Beispiel nennen, das ich häufig in Seminaren verwende. Ich bitte jemanden, der Schwierigkeiten mit dem anderen Geschlecht hat, nach vorn zu kommen. Vor kurzem kam ein junger Mann dieser Aufforderung nach. Als ich ihn fragte, wie er sich fühle, wenn er eine Frau ansprechen oder sich mit ihr verabreden will, konnte ich eine unmittelbare körperliche Reaktion feststellen. Er sackte etwas in sich zusammen, senkte seinen Blick und bekam eine zittrige Stimme.

»Sehr wohl fühle ich mich dabei nicht gerade«, antwortete er, was mich nicht sehr überraschte. Seine Physiologie hatte mir bereits verraten, was ich wissen wollte. Ich unterbrach diesen Zustand, indem ich ihn fragte, ob er sich an eine Gelegenheit erinnern könne, in der er starkes Selbstvertrauen erlebt habe und zuversichtlich und sicher gewesen sei, daß er Erfolg haben würde. Er nickte, und ich half ihm dabei, in diesen Zustand zu kommen. Ich ließ ihn die entsprechende Haltung einnehmen, auf selbstbewußte Weise atmen, und sich in jeder Hinsicht so zuversichtlich fühlen wie in dieser Situation. Ich forderte ihn auf, sich an das zu erinnern, was er sich selbst gesagt hatte, während er sich in diesem Zustand befand. Dann, auf dem Höhepunkt seiner Erfahrung, legte ich ihm die Hand auf die Schulter.

Ich ließ ihn die gleiche Erfahrung mehrmals hintereinander erleben und vergewisserte mich jedesmal, ob er auch wirklich genau die gleichen Dinge fühlte und hörte wie damals. Auf dem Höhepunkt jeder Erfahrung berührte ich ihn in der gleichen Weise an der Schulter. Ich achtete sorgfältig darauf, ihn jedesmal auf die gleiche Weise zu berühren und in genau den gleichen Zustand zu versetzen.

Ich beschloß dann, den Anker zu testen, unterbrach seinen Zustand und fragte ihn wieder, was für ein Gefühl er in bezug auf Frauen habe. Sofort fiel er wieder in seine niedergeschlagene Haltung zurück. Er ließ die Schultern hängen und begann unregelmäßig zu atmen. Als ich die Hand auf seine Schulter legte, veränderte sich seine Körperhaltung automatisch, und es erschien wieder seine Ressourcephysiologie. Es ist erstaunlich, wie schnell man jemand durch Anker aus einem Zustand der Verzweiflung oder Furcht in einen Zustand des Selbstvertrauens bringen kann. Es genügt, nur eine bestimmte Stelle zu berühren, um den gewünschten Zustand auszulösen. Doch wir können noch weiter gehen. Wir können diesen positiven Zustand mit demselben Reiz verknüpfen, der ursprünglich das Gefühl der Unzulänglichkeit ausgelöst hat, so daß er in Zukunft positive Gefühle verursacht! Das geht folgendermaßen: Ich forderte den gleichen jungen Mann auf, sich unter den Zuhörern eine attraktive Frau auszusuchen, die er normalerweise nie anzusprechen gewagt hätte. Er zögerte einen Augenblick, bis ich meine Hand auf seine Schulter legte. In dem gleichen Augenblick veränderte sich seine ganze Körperhaltung, und er suchte sich ohne Zögern eine attraktive Frau aus. Ich bat sie, nach vorn zu kommen. Ich sagte ihr, daß er versuchen werde, sich mit ihr zu verabreden, und daß sie ihn entschieden zurückweisen solle.

Ich berührte seine Schulter, und die ressourcevolle Physiologie stellte sich wieder ein, er blickte auf, atmete tief durch, und seine Schultern strafften sich. Er ging auf sie zu und sagte: »Hallo, wie geht's?«

Sie zischte ihn an: »Laß mich in Ruhe.« Es störte ihn nicht weiter. Früher hatte ihn schon allein die Tatsache, einer Frau gegenüberzustehen, völlig durcheinandergebracht. Jetzt lächelte er nur. Ich ließ meine Hand auf seiner Schulter, und er machte einen weiteren Versuch. Auch wenn sie verbal immer heftiger wurde, blieb er weiter in seinem Ressourcezustand. Er fühlte sich auch ressourcevoll und zuversichtlich, nachdem ich meine Hand von seiner Schulter nahm. Es war eine neurologische Verbindung geschaffen worden, die bewirkte, daß er in einen ressourcevollen Zustand kam, wenn er eine Frau sah, von der er sich angezogen fühlte oder wenn er auf Widerstand stieß. In diesem Fall sagte die Frau schließlich: »Können Sie mich nicht in Ruhe lassen?« Und er antwortete ihr mit fester Stimme: »Erkennen Sie einen interessanten Mann nicht, wenn er vor Ihnen steht?« Die Zuhörer brachen in schallendes Gelächter aus.

Er war nun aus eigener Kraft in einen sehr powervollen Zustand gekommen, und dieser Zustand wurde durch den Anblick einer Frau aufrechterhalten – durch den gleichen Stimulus, der ihn zuvor in Schrecken versetzt hatte. Kurz gesagt, es war ein bestehender Anker umgewandelt worden. Dadurch, daß er einen ressourcevollen Zustand aufrechterhalten hatte, während er zurückgewiesen wurde, assoziierte sein Gehirn diese Erfahrung mit seinem ruhigen, zuversichtlichen Zustand. Es ist bemerkenswert, wie sich eine derartige Veränderung in kürzester Zeit vollziehen kann. Sie werden vielleicht sagen: Na ja, in einem Seminar mag so etwas gehen. Aber wie wird es in Wirklichkeit sein? Genauso! Es wird die gleiche Reiz/Reaktions-Schleife wirksam werden. Wir fordern die Teilnehmer sogar auf, es am gleichen Abend auszuprobieren, und die Ergebnisse sind erstaunlich. Da sie keine Angst mehr haben, nehmen sie nun Kontakt mit Menschen auf, die sie früher nie angesprochen hätten. Wenn Sie es sich genau überlegen, ist eigentlich nichts Erstaunliches dabei. Schließlich mußte jeder von uns lernen, mit Zurückweisung zurechtzukommen. Es gab ausreichend Modelle dafür. Jetzt steht uns lediglich ein neues Modell zur Verfügung, das wir wählen können. Eine Abwandlung der Anker-Technik verwende ich, um phobische Reaktionen zu verändern.

Wenn Sie das tun,
was Sie immer getan haben,
werden Sie auch das bekommen,
was Sie immer bekommen haben.
SPRICHWORT

Es ist wichtig, sich der Wirksamkeit des Ankerns bewußt zu sein, weil es ein unglaublich häufiger Vorgang ist. Wenn Sie sich dessen bewußt sind, können Sie damit umgehen und die Situation in Ihrem Sinne beeinflussen. Wenn Sie sich dieses Mechanismus nicht bewußt sind, werden Sie verschiedensten Zuständen ausgeliefert sein, die anscheinend ohne jeden Grund kommen und wieder vergehen. Ich möchte Ihnen ein Beispiel geben. Nehmen wir an, jemand hat einen Todesfall in seiner Familie zu beklagen. Er befindet sich in einem Zustand tiefer Trauer. Nach der Beerdigung sprechen ihm viele Menschen ihr Beileid aus und berühren dabei mitfühlend seinen linken Oberarm. Wenn ihn genug Leute auf diese Weise anfassen und er dabei im gleichen Zustand bleibt, kann die Berührung an dieser Stelle ein Anker für den Zustand der Trauer werden, was auch tatsächlich häufig der Fall ist. Wenn ihn jemand Monate später auf die gleiche Weise, mit gleichem

Druck, in einem anderen Zusammenhang am linken Oberarm anfaßt, kann dadurch wieder das gleiche Gefühl der Trauer ausgelöst werden, ohne daß der Betreffende sich erklären kann, warum er sich so fühlt.

Haben Sie es schon einmal erlebt, daß Sie ganz plötzlich niedergeschlagen waren und nicht wußten, warum? Bestimmt. Vielleicht ist Ihnen nicht einmal die Melodie aufgefallen, die im Hintergrund zu hören war, die Sie an jemanden erinnert, den Sie geliebt haben und der jetzt nicht mehr in Ihrem Leben ist. Vielleicht war es aber auch ein ganz bestimmter Blick, den Ihnen jemand zugeworfen hat. Vergessen Sie nicht, daß Anker wirken, ohne daß sie uns bewußt werden müssen.

Ich möchte Ihnen einige Techniken zeigen, wie Sie mit negativen Ankern umgehen können. Die eine besteht darin, gleichzeitig entgegengesetzte Anker auszulösen. Nehmen wir zum Beispiel das Gefühl der Trauer, das bei der Beerdigung geankert wurde. Wenn es mit der Berührung Ihres linken Oberarmes verbunden ist, haben Sie die Möglichkeit, Ihr powervollstes und ressourcevollstes Gefühl an die gleiche Stelle Ihres rechten Oberarms zu ankern. Wenn Sie beide Anker gleichzeitig auslösen, werden Sie feststellen, daß etwas Erstaunliches geschieht. Das Gehirn verbindet die beiden Anker miteinander, so daß es jedesmal, wenn einer der beiden Anker ausgelöst wird, die Wahl zwischen Reaktionen hat. In fast allen Fällen wird es die positivere Reaktion wählen. Es wird Sie entweder in den positiven Zustand versetzen oder in einen neutralen, bei dem sich beide Reflexe gegenseitig aufheben.

Das Ankern ist auch von entscheidender Bedeutung, wenn Sie eine dauerhafte Partnerschaft entwickeln wollen. Meine Frau Becky und ich reisen zum Beispiel viel, um unsere Gedanken so vielen Menschen wie möglich vermitteln zu können. Wir versetzen uns regelmäßig in ressourcevolle Zustände, und schauen uns dann in solchen Momenten an oder berühren uns. Als Folge davon gibt es eine Vielzahl positiver Anker in unserer Beziehung – immer wenn wir uns ansehen, werden diese ressourcevollen, liebevollen, glücklichen Augenblicke wachgerufen, die wir gemeinsam erlebt haben. Wenn sich andererseits zwei Partner nicht mehr ausstehen können, sind häufig negative Anker der Grund dafür. In vielen Liebesbeziehungen gibt es eine Zeit, in der beide Partner mehr negative als positive Erfahrungen miteinander verbinden. Wenn sie sich wiederholt sehen, während sie in negativen Zuständen sind, stellen sie eine Verbindung zwischen dem anderen und diesem Zustand her; manchmal genügt es, daß sie sich nur ansehen, um genug voneinander zu haben. Das geschieht vor allem, wenn sich ein Paar viel streitet und dabei Dinge gesagt werden, die den anderen verletzen oder erzürnen sollen. (Denken Sie in solchen Fällen daran, Musterunterbrechungen einzusetzen!) Diese intensiven Zustände werden mit dem Gesicht des anderen Menschen assoziiert. Nach einer Weile wünscht sich jeder der beiden, mit jemand anderem zusammen zu sein, mit dem man nur positive Erfahrungen verbindet.

Becky und ich haben so etwas erlebt, als wir eines Abends in ein Hotel kamen. Da es am Eingang keinen Hoteldiener gab, baten wir den Empfangschef, das Auto parken und unser Gepäck ins Zimmer bringen zu lassen. Er sagte es zu, und wir gingen hinauf in unser Zimmer und ruhten uns ein bißchen aus. Nach einer Stunde waren unsere Koffer noch immer nicht gebracht worden, und wir telefonierten nach unten. Um es kurz zu machen: Alles, was wir bei uns gehabt hatten, war gestohlen worden – unsere Kreditkarten, unsere Pässe und ein hoher Barscheck, den ich bereits unterzeichnet hatte. Wir hatten uns auf eine zweiwöchige Reise vorbereitet. Sie können sich vorstellen, in was für einer Verfassung ich war. Während ich mich in diesem wütenden, aufgeregten Zustand befand, sah ich immer wieder Becky an, und sie war ebenfalls wütend. Nach etwa fünfzehn Minuten wurde mir klar, daß es nichts nutzte, wütend zu sein, weil es nichts ändern würde, und da ich daran glaube, daß alles immer aus einem bestimmten Grund geschieht, mußte an diesem Vorfall auch irgend etwas Gutes sein. Daher änderte ich meinen Zustand und fühlte mich wieder besser. Als ich jedoch etwa zehn Minuten später Becky ansah, begann ich mich plötzlich über einige Dinge zu ärgern, die sie an diesem Tag nicht erledigt hatte. Schließlich gab ich mir einen Ruck und fragte mich, was hier eigentlich vor sich ging? Mir wurde klar, daß ich meine unangenehmen Gefühle wegen der gestohlenen Sachen mit Becky in Verbindung brachte, obwohl sie überhaupt nichts damit zu tun hatte. Sobald ich sie ansah, hatte ich ein unangenehmes Gefühl. Als ich ihr sagte, was mit mir los war, stellte sich heraus, daß es ihr ähnlich erging. Als uns das klar geworden war, beschlossen wir, die Anker zu verwandeln. Wir begannen uns gemeinsam mit einigen interessanten, positiven Dingen zu beschäftigen, so daß wir uns schon zehn Minuten später beide in einem angenehmen Zustand befanden, wenn wir uns ansahen.

Virginia Satir, die berühmte Ehe- und Familienberaterin, verwendet in ihrer Arbeit andauernd Anker. Ihre Ergebnisse sind bemerkenswert. Als sie sie modellierten, stellten Bandler und Grinder den Unterschied zwischen ihrem Behandlungsstil und dem traditioneller Familientherapeuten fest. Wenn ein Ehepaar zur Therapie kommt, glauben viele Therapeuten, daß das zugrundeliegende Problem unterdrückte negative Gefühle seien, die die beiden Partner füreinander empfinden, und daß es hilfreich für sie sein wird, sich diese offen mitzuteilen. Sie können sich vorstellen, was häufig passiert, wenn beide damit beginnen, sich all die Dinge zu sagen, über die sie sich ärgern. Wenn der Therapeut sie dazu ermutigt, ihren Ärger und ihre Wut mit aller Kraft und Nachdruck zu vermitteln, schaffen sie noch stärkere negative Anker, die mit dem Anblick des anderen verbunden sind.

Ich kann natürlich verstehen, daß es hilfreich ist, diese Gefühle einmal zum Ausdruck zu bringen, wenn man sie lange zurückgehalten hat. Doch obwohl ich Aufrichtigkeit für eine wesentliche Voraussetzung für das Gelingen einer Beziehung halte, hege ich an dem Nutzen negativer Anker Zweifel. Wir haben alle schon einmal in einem Streit Dinge gesagt, die wir gar nicht so gemeint haben, mit dem Erfolg, daß der Streit nur um so heftiger wurde. Wann weiß man also, was man ›in Wirklichkeit‹ fühlt? Es gibt eine Reihe von Nachteilen, wenn man sich zuerst in einen negativen Zustand versetzt, bevor man einem nahestehenden Menschen seine Gefühle mitteilt. Anstatt Ehepartner dazu aufzufordern, sich gegenseitig anzuschreien, läßt Virginia Satir sie sich so ansehen, wie sie sich angesehen haben, als sie sich ineinander verliebt haben. Im Verlauf der Sitzung fährt sie fort, positive Anker zu stapeln, so daß die beiden Partner am Ende sehr liebevolle Gefühle haben, wenn sie einander ansehen. In diesem Zustand können sie ihre Probleme durch eine klare Kommunikation lösen, ohne die Gefühle des anderen verletzen zu müssen. Sie behandeln einander jetzt so rücksichtsvoll und einfühlsam, daß ein neues Muster der Problembewältigung entsteht.

Ich möchte Ihnen noch eine andere wirksame Methode für den Umgang mit negativen Ankern zeigen. Lassen Sie uns dafür zunächst einen powervollen positiven Anker erzeugen. Es ist besser, mit dem Positiven zu beginnen, denn so haben Sie bereits eine Möglichkeit, sich schnell und mühelos aus unangenehmen Zuständen zu bringen, wenn eine Situation schwierig werden sollte.

Erinnern Sie sich an die angenehmste Erfahrung, die Sie in Ihrem Leben gemacht haben. ›Legen‹ Sie nun diese Erfahrung und die dazugehörigen Gefühle in Ihre rechte Hand. Stellen Sie sich vor, wie Sie das tun, und fühlen Sie, wie es ist, diese Erfahrung in Ihrer rechten Hand zu halten. Denken Sie dann an eine Zeit, als Sie sehr stolz auf etwas waren, das Sie getan hatten, und legen Sie diese Erfahrung und dieses Gefühl ebenfalls in Ihre rechte Hand. Denken Sie jetzt an eine Zeit, in der Sie starke, positive liebevolle Gefühle verspürt haben, und legen Sie sie ebenfalls in Ihre rechte Hand, und erleben Sie, wie es sich anfühlt. Erinnern Sie sich an eine Zeit, als Sie aus ganzem Herzen lachen mußten, und legen Sie sie ebenfalls in Ihre rechte Hand und erleben Sie, wie es sich anfühlt – zusammen mit den anderen liebevollen, ressourcevollen, positiven Gefühlen. Beobachten Sie, welche Farbe diese Gefühle zusammen in Ihrer rechten Hand ergeben. Achten Sie einfach darauf, welche Farbe Ihnen zuerst in den Sinn kommt. Stellen Sie fest, welche ›Form‹ diese Gefühle gebildet haben. Wenn Sie ihnen einen Ton geben müßten, wie würde sich dieser Ton anhören? Welche Beschaffenheit haben diese Gefühle in Ihrer Hand? Wenn all diese Gefühle gemeinsam Ihnen eine Botschaft mitteilen würden, wie, glauben Sie, würde sie lauten? Genießen Sie diese Gefühle, schließen Sie Ihre rechte Hand, und bewahren Sie sie einfach weiter dort.

Öffnen Sie jetzt Ihre linke Hand. Legen Sie eine negative, frustrierende, deprimierende oder ärgerliche Erfahrung hinein, etwas, das Sie stört oder früher gestört hat. Vielleicht etwas, vor dem Sie sich fürchten, etwas, das Ihnen Sorgen bereitet. Legen Sie es in Ihre linke Hand. Sie brauchen es nicht unbedingt zu spüren. Vergewissern Sie sich, daß Sie sich davon dissoziieren – das negative Gefühl ist einfach nur dort, in Ihrer linken Hand. Machen Sie sich nun die dazugehörigen Submodalitäten bewußt. Welche Farbe schafft diese negative Situation in Ihrer linken Hand? Wenn Sie nicht sofort eine Farbe sehen oder eine Gefühl verspüren, tun Sie einfach so, als sei es doch der Fall. Welche Farbe hätte Ihr Gefühl, wenn es eine Farbe hätte? Gehen Sie nun die anderen Submodalitäten durch. Welche Form würde es haben? Würde es sich leicht oder schwer anfühlen? Wie wäre es beschaffen? Welcher Ton gehört dazu? Wenn es Ihnen etwas sagen würde, wie würde das lauten?

Jetzt werden wir diese beiden Anker mischen. Sie können das auf jede beliebige Weise tun, die Ihnen sinnvoll erscheint. Spielen Sie ein wenig damit! Eine Möglichkeit wäre, die Farbe in Ihrer ›positiven‹ rechten Hand in eine Flüssigkeit zu verwandeln und ganz schnell in Ihre linke Hand fließen zu lassen. Tun Sie das so lange, bis der negative Anker in Ihrer linken Hand die Farbe der positiven Erfahrung in Ihrer rechten Hand angenommen hat.

Nehmen Sie als nächstes das Geräusch aus Ihrer linken Hand und legen Sie es in Ihre rechte Hand. Achten Sie darauf, was in Ihrer rechten Hand damit geschieht. Nehmen Sie dann die Gefühle aus Ihrer rechten Hand und geben Sie sie in

Ihre linke. Achten Sie darauf, was in dem Moment geschieht, in dem sie in Ihre linke Hand gelangen. Falten Sie dann Ihre Hände, und lassen Sie sie einen Augenblick ineinander verschränkt, bis sie sich ausgeglichen haben. Jetzt sollte in Ihrer rechten und in Ihrer linken Hand die gleiche Farbe sein. Auch die Gefühle in beiden Händen sollten gleich sein.

Wenn Sie mit dieser Übung fertig sind, achten Sie darauf, was für ein Gefühl Sie in der linken Hand haben. Wahrscheinlich haben Sie diesem Gefühl die Macht genommen, Sie weiter zu stören. Sollte das nicht der Fall sein, so probieren Sie das Ganze noch einmal. Berücksichtigen Sie dabei andere Submodalitäten und gehen Sie spielerischer an das Ganze heran. Nach zwei oder drei Versuchen kann man fast jeden negativen Anker völlig neutralisieren. Sie müßten sich jetzt entweder wohl fühlen oder zumindest ein neutrales Gefühl im Hinblick auf diese Erfahrung haben.

Die gleiche Methode können Sie anwenden, wenn Sie auf jemanden böse sind und dieses Gefühl verändern wollen. Sie können sich in Ihrer rechten Hand das Gesicht von jemandem vorstellen, den Sie wirklich mögen, und in Ihrer linken Hand das Gesicht von jemandem, den Sie nicht besonders leiden können. Schauen Sie zunächst das Gesicht der Person an, die Sie nicht mögen, dann das Gesicht der Person, die Sie mögen, und wechseln Sie dann noch einige Male hin und her. Wechseln Sie immer schneller und schneller hin und her, ohne weiter bei jedem Mal zu unterscheiden, welches Gesicht Sie gerade sehen. Bringen Sie Ihre Hände dann zusammen, atmen Sie einige Male ruhig ein und aus und warten Sie einen Augenblick. Denken Sie dann an die Person, die Sie nicht mögen. Sie müßte Ihnen jetzt etwas sympathischer oder zumindest weniger unangenehm sein. Das Schöne an dieser Übung ist, daß sie sich in kürzester Zeit durchführen läßt, und daß Sie mit ihrer Hilfe Ihre Gefühle in bezug auf fast alles ändern können! Ich habe diese Drei-Minuten-Übung kürzlich in einem Seminar mit einer ganzen Gruppe durchgeführt. Eine Frau in der Gruppe ›legte‹ jemanden, den sie sehr gern mochte, in ihre rechte Hand, und in ihre linke Hand ›legte‹ sie das

Gesicht ihres Vaters, mit dem sie seit fast zehn Jahren nicht mehr gesprochen hatte. Auf diese Weise gelang es ihr, ihre negativen Gefühle gegenüber ihrem Vater zu neutralisieren. Sie rief ihn noch am gleichen Abend an und sprach bis vier Uhr morgens mit ihm. Durch diese Übung konnte sie eine ganz neue Beziehung zu ihm herstellen.

Es ist sehr wichtig, daß wir uns bewußtmachen, wie sehr unsere Handlungen als Anker für Kinder wirken. In der Schule, die mein Sohn Joshua besucht, fand eines Tages eine Informationsveranstaltung statt, die zum Ziel hatte, den Kindern zu vermitteln, wie gefährlich es sei, zu Fremden ins Auto zu steigen – ein an sich sehr wichtiges und begrüßenswertes Anliegen. Ich war froh, daß mein Sohn darüber aufgeklärt werden sollte. Das Problem war die Art und Weise, wie diese Botschaft vermittelt wurde. Man zeigte den Kindern ähnlich grausame Dias, wie sie Erwachsenen in den USA im Verkehrsunterricht vorgeführt werden. Man zeigte ihnen Plakate, auf denen vermißte Kinder abgebildet waren. Man zeigte ihnen sogar Fotos von Leichen kleiner Kinder, die entführt worden waren. Der Kommentar lautete, daß sie mit Fremden im Auto mitgefahren waren, und daß jedes Kind, das so etwas tue, so enden könne. Offenbar eine Motivationsstrategie, die auf Abschreckung angelegt war.

Das Ergebnis war jedoch ziemlich destruktiv, zumindest für meinen Sohn, und ich vermute, auch für eine Reihe anderer Kinder. Im Grunde hatte man in den Kindern eine phobische Reaktion installiert. Mein Sohn hatte jetzt diese lebhafte, plastische Vorstellung davon, umgebracht zu werden, die er mit dem Heimweg von der Schule in Verbindung brachte. Er weigerte sich an diesem Tag, nach Hause zu gehen, und mußte von der Schule abgeholt werden. Während der nächsten zwei oder drei Tage wachte er nachts mit Alpträumen auf und weigerte sich am Morgen, mit seiner Schwester in die Schule zu gehen. Zum Glück weiß ich, wie dieses Verhalten erzeugt und verändert werden kann. Ich war damals gerade verreist, und als ich von der Sache erfuhr, neutralisierte ich eine Reihe Anker, die auf Joshua wirkten und hob so seine phobische Reaktion am Telefon auf. Am nächsten Tag ging er allein in die Schule – ohne Angst. Er würde deshalb nichts Leichtsinniges tun – er wußte, was er zu beachten hatte und wie er auf sich aufpassen mußte. Doch er konnte jetzt wieder ein normales Leben führen, anstatt ängstlich und verunsichert zu sein.

Ich bin sicher, daß die Leute, welche die Veranstaltung durchgeführt haben, nur die besten Absichten hatten. Das verhindert aber noch nicht, daß durch Unwissenheit über die Wirkung des Ankerns Schaden angerichtet wird. Achten Sie darauf, welche Wirkung Sie auf andere Menschen ausüben – vor allem auf die kleinsten!

Wir wollen noch eine letzte Übung durchführen. Versetzen Sie sich in Ihren ressourcevollen Zustand und wählen Sie die Farbe, die die stärkste positive Wirkung auf Sie hat. Wählen Sie dann eine Form, einen Ton und ein Gefühl, das für Sie dieses starke ressourcevolle Gefühl repräsentiert. Überlegen Sie sich dann einen Satz, den Sie sagen würden, wenn Sie sich glücklicher, konzentrierter und stärker fühlten, als Sie sich je gefühlt haben. Denken Sie dann an ein unangenehmes Erlebnis, an eine Person, die einen negativen Anker für Sie darstellt oder an etwas, vor dem Sie sich fürchten. Legen Sie in Gedanken diese negative Erfahrung in die positive Form, die Sie soeben bestimmt haben. Wenn Sie das tun, müssen Sie davon überzeugt sein, das negative Gefühl darin einfangen zu können. Nehmen Sie dann die ressourcevolle Farbe und blasen Sie sie wie ein Pulver über den negativen Anker, so daß dieser sich einfach auflöst. Hören Sie den ressourcevollen Ton und spüren Sie das Gefühl, das auftritt, wenn Sie sich in Ihrem ressourcevollsten Zustand befinden. Sagen Sie sich schließlich, was Sie in Ihrem powervollsten Zustand zu sich sagen würden. Während sich der negative Anker in Ihrer Lieblingsfarbe auflöst, sagen Sie den Satz, der Ihre Stärke noch unterstreicht. Was für ein Gefühl haben Sie jetzt, in bezug auf die negative Situation? Wahrscheinlich wird es Ihnen schwerfallen, sich vorzustellen, daß Sie sich davon so sehr gestört gefühlt haben. Tun Sie dasselbe mit drei anderen

Erfahrungen, und versuchen Sie dann die Übung mit jemand anderem.

Wenn Sie dieses Kapitel nur überflogen haben, werden Ihnen diese Übungen etwas sonderbar, vielleicht sogar albern vorkommen. Doch wenn Sie sie durchführen, werden Sie erkennen, welche unglaubliche Wirkung sie haben. Eine wesentliche Voraussetzung für Erfolg ist die Fähigkeit, Auslöser für negative oder ressourcearme Zustände aus Ihrem Leben zu verbannen und durch Auslöser für positive und ressourcevolle Zustände zu ersetzen. Eine Möglichkeit dafür besteht darin, eine Liste der wichtigsten positiven und negativen Anker in Ihrem Leben aufzustellen. Stellen Sie fest, ob Sie vor allem auf visuelle, auditive oder kinästhetische Reize reagieren. Wenn Sie erst einmal Ihre Anker kennen, sollten Sie sich daranmachen, die negativen zu neutralisieren und die positiven so gut wie möglich zu nutzen.

Denken Sie bloß daran, was Sie alles bewirken können, wenn Sie lernen, diese positiven Zustände wirksam bei sich und anderen zu ankern. Nehmen wir an, Sie haben ein Gespräch mit Mitarbeitern und könnten diese in einen motivierten und kooperativen Zustand versetzen, den Sie durch eine Berührung, ein Wort oder einen bestimmten Tonfall ankern, so daß Sie diesen Zustand jederzeit wieder herstellen könnten? Die Arbeit würde Ihnen mehr Spaß machen, und jeder würde davon profitieren. Denken Sie daran, was Sie in Ihrem persönlichen Leben erreichen könnten, wenn Sie Dinge, die Sie früher gestört haben, nun dazu nutzen könnten, um sich ressourcevoll zu fühlen. Sie haben die Macht, das zu tun.

Zum Schluß dieses Kapitels möchte ich Ihnen noch etwas zu den verschiedenen Techniken sagen, die Sie bisher gelernt haben. Die Beherrschung jeder dieser Techniken schafft ungeheure Synergie. So wie ein Stein, der in einen Teich geworfen wird, Kreise zieht, so bewirkt Erfolg mit einer dieser Techniken wieder neuen Erfolg. Sie haben vermutlich schon ein Gefühl dafür, wie wirksam die hier beschriebenen Techniken sind. Ich hoffe, daß Sie sie anwenden werden, nicht nur heute, sondern bei jeder Gelegenheit, die sich Ihnen bietet. So wie die Anker, die ich mit der Karate-Grundstellung verbunden habe, bei jedem Mal, wenn ich sie anwende, wirksamer werden, so werden auch Sie Ihre persönliche Power mit jeder Technik, die Sie lernen, beherrschen und anwenden, vergrößern. Es gibt einen Filtermechanismus für unser Erleben, der bestimmt, was wir in unserem Leben tun oder nicht tun. Diese Filter haben Einfluß auf Anker, wie auch auf alles andere, was wir in diesem Buch besprochen haben. Ich meine damit die Werte, die wir haben.

III

POWER:
DER MUT ZUR FÜHRUNG

18

Die Hierarchie der Werte

Ein Musiker muß musizieren,
ein Maler muß malen,
ein Dichter muß schreiben,
wenn er in Frieden mit sich leben will.

ABRAHAM MASLOW

Jedes komplexe System, ob es eine Maschine, ein Computer oder ein Mensch ist, muß kongruent sein. Seine einzelnen Teile müssen zusammenarbeiten, alle Aktivitäten müssen zusammenwirken, wenn das System optimal funktionieren soll. Wenn die Teile einer Maschine gleichzeitig in verschiedene Richtungen arbeiten, gerät die Maschine aus dem Takt und bricht schließlich zusammen.

Mit Menschen ist es das gleiche. Wir können zwar lernen, die wirksamsten Verhaltensweisen in uns zu erzeugen, wenn diese Verhaltensweisen aber anderen Dingen, die uns wichtig sind, entgegenwirken, entsteht ein innerer Konflikt, und wir werden inkongruent, was verhindert, daß wir wirklich Erfolg haben. Wenn jemand etwas anderes geschenkt bekommt, als er sich gewünscht hat, wird er nicht vollkommen glücklich sein. Wenn jemand sein Ziel erreicht, aber dafür seine eigenen Überzeugungen verrät, wird er in Schwierigkeiten geraten. Um uns wirklich zu ändern und zu wachsen, müssen wir uns bewußt werden, woran wir unseren und den Erfolg anderer messen. Sonst kann es uns passieren, daß wir dies erreicht haben und doch nicht zufrieden sind. Was uns diesbezüglich Klarheit verschaffen kann, ist, die Werte zu kennen, nach denen wir leben.

Was sind Werte? Werte sind Ihre persönlichen Überzeugungen darüber, was Sie für besonders wichtig halten. Ihre Werte sind Ihre Glaubenssätze in bezug auf *richtig, falsch, gut* und *böse.* Maslow spricht in dem zu Anfang des Kapitels genannten Zitat von Künstlern, aber dieses Thema geht uns alle an. Wir alle brauchen Werte, um uns auf etwas zubewegen zu können. Ohne sie werden wir uns nicht erfüllt und zufrieden fühlen. Das Gefühl von Kongruenz oder persönlicher Geschlossenheit und Ganzheit beruht auf der Übereinstimmung zwischen unserem aktuellen Verhalten und unseren Werten. Unsere Werte bestimmen auch, wovon wir uns fortbewegen. Sie beherrschen unseren gesamten Lebensstil. Sie bestimmen, wie wir auf jede einzelne Erfahrung in unserem Leben reagieren. Sie ähneln dem Betriebssystem eines Computers. Sie können dem Computer jedes beliebige Programm eingeben, doch ob er es akzeptiert, ob er es verwendet oder nicht, hängt einzig und allein von seinem Betriebssystem ab. Werte sind das Betriebssystem des menschlichen Gehirns.

Was Sie anziehen, welchen Wagen Sie fahren, wo Sie heiraten (falls Sie heiraten), wie Sie Ihre Kinder erziehen, welche Politik Sie unterstützen und womit Sie Ihren Lebensunterhalt verdienen, hängt alles von den Werten ab, die Sie haben. Sie sind die Grundlage, auf der wir unser Verhalten in den verschiedenen Lebenssituationen bestimmen. Sie sind der Schlüssel zum Verständnis und zur Vorhersage menschlichen Verhaltens – sie öffnen das Tor zu unseren größten inneren Kräften.

Wie entstehen nun diese Überzeugungen darüber, was richtig oder falsch, was gut und böse ist, was wir tun und was wir vermeiden sollen? Da Werte spezifische, stark gefühlsmäßig besetzte Glaubenssätze sind, gilt für ihren Ursprung das gleiche, was wir schon in dem Kapitel über Glaubenssätze gesagt haben. Unsere Umgebung spielt bereits ab unserer Geburt eine wichtige Rolle. Die Eltern haben den größten Anteil an der Programmierung der für uns fundamentalen Werte. Sie teilten uns ständig ihre Werte mit, in dem sie uns vormachten, was wir tun, sagen und glauben sollten. Wenn wir ihre Werte akzeptierten, wurden wir belohnt und waren ein gutes Kind. Wenn wir sie ablehnten, gerieten wir in Schwierigkeiten – dann waren wir böse und wurden bestraft.

Tatsächlich werden uns die meisten Werte durch Strafe und Belohnung einprogrammiert. Wenn man älter wird, werden die Werte zunehmend durch Altersgenossen bestimmt. Wenn man zum ersten Mal auf der Straße anderen Kindern begegnet, haben sie vielleicht andere Werte als man selbst. Allmählich nimmt man dann andere Werte an und ändert die eigenen, um nicht verprügelt zu werden, oder was noch schlimmer wäre – seine Spielkameraden zu verlieren. Dieser Prozeß setzt sich das ganze Leben lang fort, man nimmt ständig weiter neue Werte an und gibt seine eigenen Werte an andere weiter. Während seines ganzen Lebens hat man Helden oder Antihelden, die man bewundert und denen man daher nacheifern möchte. Viele Kinder beginnen ihren Drogenmißbrauch aus diesem Grund. Glücklicherweise sind sich heute viele Stars ihrer Verantwortung bewußt und wissen, daß sie die Werte vieler Menschen beeinflussen. Daher beziehen sie öffentlich Stellung gegen Drogen. Sie machen deutlich, daß sie für eine positive Veränderung der Welt eintreten. Dadurch werden wiederum die Werte vieler Menschen geformt. Bob Geldof* hat erkannt, welche Möglichkeiten die Medien bieten, um Mittel für humanitäre Zwecke aufzubringen, und hat eine Vielzahl anderer Künstler für seine Ideen gewinnen können. Durch ihre gemeinsamen Bemühungen und ihr Vorbild, haben sie die Bedeutung solcher Werte wie Solidarität und Mitgefühl wieder betont. Viele Menschen, für die diese Werte vorher keine Rolle spielten, änderten ihre Einstellung, nachdem ihre Helden und Vorbilder – Bruce Springsteen, Michael Jackson, Kenny Rogers, Bob Dylan, Stevie Wonder, Diana Ross, Lionel Richie und andere –, sie wiederholt durch ihre Musik und ihre Videos darauf hinwiesen, daß überall auf der Welt Menschen an Hunger sterben, und es unsere Aufgabe ist, ihnen zu helfen. Im nächsten Kapitel werden

* Britischer Rockmusiker

wir uns eingehend damit befassen, wie Trends entstehen. Für den Augenblick genügt es, wenn Sie sich klarmachen, welche Macht die Medien haben, Werte und Verhalten zu erzeugen und zu steuern.

Die Ausbildung von Werten geschieht jedoch nicht nur durch Vorbilder. Sie vollzieht sich auch am Arbeitsplatz, wo das gleiche Prinzip von Bestrafung und Belohnung gilt, wie bei der Erziehung von Kindern. Wenn man für jemanden arbeitet und in seiner Firma aufsteigen will, übernimmt man automatisch einige seiner Werte. Wenn man nicht dieselben Werte hat wie der Chef, wird man kaum befördert werden, und wenn man nicht von Anfang an die Werte der Firma teilt, für die man arbeitet, wird man dort nie zufrieden sein. In der Schule bringen Lehrer ständig ihre Werte zum Ausdruck, und verwenden, häufig ganz unbewußt, das gleiche Bestrafungs-Belohnungs-System, um ihre Werte auch durchzusetzen.

Unsere Werte verändern sich mit unseren Zielen und unserem Selbstbild. Wenn Sie sich zum Ziel setzen, eine leitende Stellung in Ihrer Firma zu bekommen, werden Sie, wenn Sie dieses Ziel erreicht haben, mehr Geld verdienen und andere Erwartungen an Ihre Mitarbeiter haben. Ihre Einstellung in bezug darauf, wie hart Sie selbst nun arbeiten müssen, kann sich auch verändern. Ihre Vorstellung von einem ›angemessenen‹ Wagen wird sich ändern. Selbst die Menschen, mit denen Sie Ihre Zeit verbringen, werden sich mit Ihrem ›neuen‹ Image ändern. Statt mit Freunden auf ein Bier zu gehen, sitzen Sie jetzt vielleicht lieber mit Leuten aus Ihrer Abteilung zusammen, nippen an einem Mineralwasser und planen den Ausbau der Firma.

Sie sehen also, wie wichtig es für uns ist, unsere Werte zu kennen. Den meisten Menschen sind viele ihrer Werte nicht bewußt. Sie wissen häufig nicht, warum sie bestimmte Dinge tun – sie haben nur das Gefühl, daß sie sie tun müssen. Viele fühlen sich in Gegenwart von Menschen, die sehr andere Werte haben als sie selbst, unbehaglich und mißtrauisch. Viele Konflikte entstehen durch die Gegensätzlichkeit von Werten. Das gilt auf persönlicher Ebene genauso wie in der internationalen Politik. Fast jeder Krieg ist ein Krieg um Werte. Nehmen Sie z. B. den Mittleren Osten, Korea, Vietnam. Was geschieht, nachdem ein Land ein anderes erobert hat? Die Sieger beginnen, die Kultur der Besiegten den eigenen Werten anzupassen.

Nicht nur verschiedene Länder und verschiedene Menschen haben unterschiedliche Werte; für jeden einzelnen von uns sind bestimmte Werte wichtiger als andere. Fast jeder hat unverzichtbare Werte, die ihm wichtiger sind als alles andere. Für manche Menschen ist es Ehrlichkeit; für andere ist es Freundschaft. Manche Menschen lügen vielleicht, um einen Freund zu schützen, auch wenn Ehrlichkeit für sie sehr wichtig ist. Wie können sie so etwas tun? Weil in diesem Kontext Freundschaft in ihrer Wertehierarchie höher rangiert als Ehrlichkeit. Sie legen vielleicht sehr viel Wert auf geschäftlichen Erfolg, aber zugleich auch auf ein intensives Familienleben. Es entsteht also ein Konflikt, wenn Sie Ihrer Familie versprechen, den Abend zu Hause zu verbringen, und sich dann plötzlich eine geschäftliche Besprechung ergibt. Wie Sie sich entscheiden werden, hängt davon ab, was Sie zu diesem Zeitpunkt höher bewerten. Anstatt also zu sagen, daß es schlecht sei, die Zeit mit geschäftlichen Dingen zu verbringen und nicht mit Ihrer Familie oder umgekehrt, versuchen Sie herauszufinden, welche Werte sie haben. Dann werden Sie verstehen können, warum Sie bestimmte Dinge tun oder warum andere Menschen das tun, was sie tun. Die Werte eines Menschen sind einer der wichtigsten Zugänge, um ihn zu verstehen.

Um erfolgreich mit Menschen umzugehen, müssen wir wissen, was für sie am wichtigsten ist, und insbesondere, wie ihre Wertehierarchie aussieht. Sie können große Schwierigkeiten haben, das Verhalten oder die Motivationen anderer zu verstehen, solange Sie nicht wissen, wie wichtig ihnen bestimmte Werte sind. Wenn Sie ihre Werte kennen, werden Sie fast voraussagen können, wie sie auf etwas reagieren werden. Wenn Sie Ihre eigene Wertehierarchie kennen, sind Sie in der Lage, jede Beziehung oder jede internale Repräsentation zu verändern, die einen Konflikt verursacht.

Es gibt keinen wirklichen Erfolg, wenn man nicht seinen wichtigsten Werten treu bleibt. Manchmal muß man erst lernen, wie man zwischen verschiedenen Werten, die miteinander in Konflikt stehen, vermittelt. Wenn sich jemand nicht auf seine Arbeit konzentrieren kann, weil seine Familie für ihn den größten Wert darstellt, während er seine ganze Zeit an seinem Arbeitsplatz verbringt, dann muß zunächst dieser Konflikt und das daraus entstehende Gefühl von Inkongruenz aufgehoben werden. Dazu genügt es häufig, ein Reframing durchzuführen, oder die Absicht des Problemverhaltens herauszufinden. Sie können eine Milliarde Dollar besitzen – doch wenn Ihr Leben mit Ihren Werten in Konflikt steht, werden Sie nicht glücklich sein. Sie können genug Beispiele dafür finden. Reiche und mächtige Menschen führen oft ein freudloses Dasein. Andererseits kann jemand arm wie eine Kirchenmaus sein, aber wenn sein Leben mit seinen Werten übereinstimmt, wird er ein Gefühl der Erfüllung haben.

Es geht hier nicht um die Frage, welche Werte richtig und welche falsch sind. Ich will Ihnen meine Werte nicht aufdrängen. Wichtig ist nur, daß Sie wissen, welches Ihre Werte sind, um sich selbst steuern, motivieren und unterstützen zu können. Wir alle haben höchste Werte, etwas, das wir uns in jeder Situation verwirklichen möchten, sei es in einer Beziehung oder in unserer Arbeit. Das kann Freiheit sein, Liebe, Abenteuer, Sicherheit o. ä. Vermutlich lesen Sie diese Aufzählung und sagen sich: »Ich will alle diese Dinge.« Das wollen die meisten von uns, doch wir gewichten sie verschieden. Der eine sucht in einer Beziehung Leidenschaft, ein anderer Liebe, ein dritter offenen Austausch, ein vierter ein Gefühl von Sicherheit. Die meisten wissen nichts von der Werthierarchie, die sie bestimmt, und sie kennen auch nicht die Werte anderer, nicht einmal der Menschen, die ihnen sehr nahestehen. Sie haben ein vages Verlangen nach Liebe, Herausforderung oder Leidenschaft, wissen aber nicht, wie diese Dinge zusammenpassen. Doch diese Unterscheidungen sind absolut entscheidend. Sie bestimmen darüber ob die wichtigsten Sehnsüchte einer Person erfüllt werden oder nicht. Sie können die Bedürfnisse eines anderen Menschen nicht erfüllen, wenn Sie sie nicht kennen. Wir können nicht jemand anderen bitten, unsere Bedürfnisse zu erfüllen, oder mit unseren eigenen in Konflikt stehenden Werten zurechtkommen, bevor wir die Hierarchie unserer Werte kennen.

Wie kann man seine eigene oder die Werthierarchie anderer Menschen herausfinden? Zunächst benötigen Sie einen Rahmen für die Werte, nach denen Sie suchen. Das heißt, Sie müssen sie in einen bestimmten Kontext stellen. Wir haben häufig verschiedene Werte in der Arbeit, in Beziehungen oder in Familienangelegenheiten. Sie können also z. B. fragen: »Was ist Ihnen in einer persönlichen Beziehung am wichtigsten?« Sie erhalten dann vielleicht die Antwort: »Das Gefühl, jemanden zu haben, der mich unterstützt.« Sie können dann weiter fragen: »Was ist für Sie wichtig daran, jemanden zu haben, der Sie unterstützt?« Mögliche Antwort: »Es gibt mir das Gefühl, daß mich jemand liebt.« Sie können weiterfragen: »Was ist für Sie das Wichtigste daran, geliebt zu werden?« Mögliche Antwort: »Es gibt mir ein Gefühl der Freude.« Indem Sie immer wieder fragen »Was ist das Wichtigste daran?« erhalten Sie nach und nach eine Liste der Werte. Um die Rangordnung der Werte zu bekommen, brauchen Sie nur die Begriffe auf der Liste miteinander zu vergleichen. Fragen Sie: »Was ist wichtiger für Sie – jemanden zu haben, der Sie unterstützt, oder Freude zu erleben. Wenn die Antwort lautet, ›Freude zu erleben‹, dann steht das in der Hierarchie der Werte der betreffenden Person höher. Als nächstes könnten Sie fragen: »Was ist wichtiger für Sie, Freude zu erleben oder geliebt zu werden?« Wenn die Antwort lautet, ›Freude zu erleben‹, dann ist Freude unter diesen drei Werten der höchste. Fragen Sie dann: »Was ist wichtiger für Sie? Sich geliebt zu fühlen oder unterstützt zu werden?« Ihr Gesprächspartner sieht Sie vielleicht verdutzt an und sagt: »Nun, das ist beides wichtig.« Sie können darauf erwidern: »Ja, aber was ist wichtiger, daß jemand Sie liebt, oder daß jemand Sie unterstützt?« Vielleicht erhalten Sie die Antwort: »Nun, es ist mir wichtiger, daß mich jemand liebt.« Jetzt wissen Sie also, daß in der Werthierarchie ›Liebe‹ nach ›Freude‹ kommt und ›Unterstützung‹ auf Rang drei folgt. Das können Sie mit jeder beliebigen Liste von Werten tun, um zu verstehen, was für einen Menschen der wichtigste Wert ist, und welches Gewicht die anderen Werte haben. In diesem Beispiel kann sich die betreffende Person in einer Beziehung noch wohl fühlen, auch wenn sie nicht das Gefühl hat, daß ihr Partner sie unterstützt. Für einen anderen sind Beistand und Unterstützung jedoch mehr wert als Liebe (Sie würden erstaunt sein, für wie viele das zutrifft).

Ein solcher Mensch wird nicht glauben, daß ihn jemand liebt, wenn er ihn nicht unterstützt, und es wird ihm nicht genügen, nur geliebt zu werden, wenn er nicht zugleich auch das Gefühl hat, unterstützt zu werden.

Manche Menschen brechen eine Beziehung ab, wenn ihre Werte mißachtet werden. Wenn zum Beispiel Unterstützung die Nummer eins auf der Werteliste eines Menschen ist und er nicht das Gefühl hat, daß der geliebte Mensch ihm beisteht, könnte es sein, daß er die Beziehung beendet. Jemand anderer, der Unterstützung an dritte, vierte oder fünfte Stelle stellt, und Liebe an die erste, wird die Beziehung so lange aufrechterhalten, wie er sich geliebt fühlt.

Ich bin sicher, daß Sie mehrere Dinge nennen können, die für Sie in einer Beziehung von Bedeutung sind. Ich habe einige der wichtigsten unten aufgeführt.

__________ Liebe
__________ Leidenschaft
__________ gegenseitiges Verständnis
__________ Achtung
__________ Vergnügen
__________ Entwicklung
__________ Unterstützung
__________ Herausforderung
__________ Kreativität
__________ Schönheit
__________ Anziehung

__________ Spiritualität
__________ Freiheit
__________ Ehrlichkeit

Das sind keineswegs alle wichtigen Werte, die es gibt. Sie können andere finden, die für Sie wichtiger sind als die oben angeführten. Wenn Ihnen welche einfallen, schreiben Sie sie auf.

Ordnen Sie diese Werte in der Reihenfolge der Bedeutung ein, die sie für Sie haben – Nummer eins ist der wichtigste und Nummer vierzehn der am wenigsten wichtige Wert.

Finden Sie das schwierig? Wenn Sie es nicht systematisch machen, wird die Einstufung um so mühsamer und verwirrender, je umfangreicher die Liste ist. Lassen Sie uns also einige Werte miteinander vergleichen, um festzustellen, welche besonders wichtig sind. Beginnen wir mit den ersten beiden, die auf der Liste aufgeführt sind: Was ist für Sie wichtiger, ›Liebe‹ oder ›Leidenschaft‹? Wenn die Antwort ›Liebe‹ heißt, ist ›Liebe ‹ dann für Sie auch wichtiger als ›gegenseitiges Verständnis‹? Sie müssen die Liste bis zum Ende durchgehen und prüfen, ob für Sie etwas wichtiger ist als der Wert, mit dem Sie begonnen haben. Wenn nicht, dann steht er an der Spitze der Rangordnung. Gehen Sie zu dem nächsten Begriff auf der Liste über. Was bedeutet Ihnen mehr, ›Leidenschaft‹ oder ›gegenseitiges Verständnis‹? Wenn die Antwort ›Leidenschaft‹ lautet, gehen Sie die Liste weiter durch und prüfen Sie jeden weiteren Wert. Wenn Sie an irgendeiner Stelle einen anderen Wert dem zuerstgenannten (in diesem Fall ›Leidenschaft‹) vorziehen, dann setzen Sie den Vergleich mit diesem Begriff fort.

Wenn Sie ›gegenseitiges Verständnis‹ beispielsweise als wichtiger einstufen als ›Leidenschaft‹, dann würden Sie weiterfragen: »Was ist wichtiger, ›gegenseitiges Verständnis‹ oder ›Achtung‹?« Wenn es noch immer ›gegenseitiges Verständnis‹ ist, fragen Sie weiter: ›Gegenseitiges Verständnis‹ oder ›Vergnügen‹? Wenn in diesem Schritt kein Wert als wichtiger eingestuft wird als ›gegenseitiges Verständnis‹, dann kommt dieser Wert in der Hierarchie an zweiter Stelle.

Wenn ein anderer Wert als wichtiger angesehen wird, würden Sie alle anderen Werte so lange mit diesem vergleichen, bis Sie die Liste vervollständigt haben.

Wenn Sie zum Beispiel ›gegenseitiges Verständnis‹ mit allen übrigen Begriffen verglichen hätten und dann zum letzten auf der Liste aufgeführten Wert ›Ehrlichkeit‹ kämen, und herausfänden, daß Ihnen dieser wichtiger ist als ›gegenseitiges Verständnis‹, dann brauchten Sie es nicht mehr mit ›Kreativität‹ zu vergleichen, denn ›Kreativität‹ ist für Sie nicht so wichtig wie ›gegenseitiges Verständnis‹. Auf diese Weise wissen wir, daß ›Ehrlichkeit‹, da sie wichtiger als ›gegenseitiges Verständnis‹ ist, auch höher eingestuft wird als ›Kreativität‹ oder jeder andere Wert auf der Liste, der bereits unter ›gegenseitigem Verständnis‹ rangiert. Um die Rangordnung zu vervollständigen, wiederholen Sie das Ganze mit jedem Begriff auf der Liste.

Wie Sie sehen werden, ist die Einstufung nicht immer ganz einfach. Wir müssen sehr feine Unterscheidungen treffen, die wir häufig nicht gewöhnt sind. Wenn eine Entscheidung nicht klar ist, müssen Sie noch präziser fragen. Sie könnten etwa fragen: »Was ist wichtiger, Leidenschaft oder Entwicklung?« Die Antwort könnte lauten: »Nun, wenn ich mich entwickeln kann, lebe ich mit mehr Leidenschaft.« Dann müssen Sie fragen: »Was bedeutet Leidenschaft für Sie? Was bedeutet Entwicklung für Sie?« Wenn die Antwort lautet: »Leidenschaft ist für mich das Gefühl absoluter Freude, und Entwicklung heißt, Hindernisse zu überwinden«, dann können Sie fragen: »Was ist wichtiger, Hindernisse zu überwinden oder das Gefühl absoluter Freude?« Das wird die Entscheidung erleichtern.

Wenn die Unterschiede noch immer nicht klar sind, können Sie fragen, was geschehen würde, wenn einer der beiden Werte wegfiele. »Wenn Sie niemals wieder leidenschaftlich sein könnten, sich dafür aber entwickeln könnten, wären Sie damit einverstanden? Oder wäre es Ihnen lieber, sich nicht zu entwickeln, dafür aber leidenschaftlich zu sein?« Auf diese Weise erhalten Sie gewöhnlich die Information, die nötig ist, um zu entscheiden, welcher Wert wichtiger ist.

Ihre persönliche Wertehierarchie aufzustellen, ist eine der wichtigsten Übungen in diesem Buch. Nehmen Sie sich jetzt die Zeit, zu entscheiden, was Sie sich von einer Beziehung wünschen. Machen Sie das gleiche für Ihren Partner, wenn Sie in einer festen Beziehung leben. Sie werden dadurch beide ein viel genaueres Verständnis für die Bedürfnisse des anderen entwickeln. Stellen Sie eine Liste all der Dinge auf, die Ihnen in einer Beziehung am wichtigsten sind – zum Beispiel Anziehung, Vergnügen, Leidenschaft und Achtung. Um diese Liste zu erweitern, könnten Sie fragen: »Was ist an Achtung so wichtig?« Ihr Partner antwortet möglicherweise: »Es ist das wichtigste in einer Beziehung.« Sie haben damit bereits den höchsten Wert ermittelt. Oder Ihr Partner könnte antworten: »Wenn ich mich geachtet fühle, dann fühle ich mich mit einem anderen Menschen verbunden.« Sie haben also einen weiteren Begriff, ›Verbundenheit‹. Sie könnten fragen: »Was ist wichtig daran, sich mit dem Partner verbunden zu fühlen?« Und Ihr Partner könnte sagen: »Wenn ich mich einem anderen Menschen verbunden fühle, dann fühle ich mich von ihm geliebt.« Sie könnten weiterfragen: »Was ist wichtig daran, sich geliebt zu fühlen?« Fahren Sie auf diese Weise fort, eine Liste mit Begriffen herzustellen, bis Sie glauben, die meisten wichtigen Werte erfaßt zu haben, die für Ihre Beziehung von Bedeutung sind. Legen Sie dann die Rangordnung fest, indem Sie die oben besprochene Technik anwenden. Vergleichen Sie systematisch alle Werte, bis Sie eine Hierarchie aufgestellt haben, die Ihnen zutreffend erscheint.

Nachdem Sie für Ihre persönlichen Beziehungen eine Hierarchie der Werte geschaffen haben, tun Sie das gleiche für Ihr Berufsleben. Fragen Sie: »Was ist mir an meiner Arbeit wichtig?« Sie könnten etwa antworten: »Kreativität.« Die nächste folgerichtige Frage wäre dann: »Was ist an Kreativität wichtig?« Sie könnten antworten: »Wenn ich kreativ bin, habe ich das Gefühl, mich zu entwickeln.« »Was ist wichtig daran, sich zu entwickeln?« Machen Sie einfach so weiter. Wenn Sie Kinder haben, schlage ich vor, daß Sie mit ihnen das gleiche tun. Indem Sie die Dinge herausfinden, durch die sie wirklich motiviert werden, werden Sie wichtige und sehr hilfreiche Informationen gewinnen, die es Ihnen gestatten, die Entwicklung Ihrer Kinder wirksam zu fördern.

Was haben Sie entdeckt? Wie fühlen Sie sich in bezug auf die Liste, die Sie aufgestellt haben? Sind Sie der Meinung, daß sie stimmt? Wenn nicht, stellen Sie weitere Vergleiche an, bis Sie zufrieden sind. Die meisten Menschen sind überrascht, wenn sie ihre höchsten Werte entdecken. Doch wenn Sie Ihre Wertehierarchie kennen, werden Sie auch verstehen, warum Sie das tun was Sie tun. In Ihren persönlichen Beziehungen und am Arbeitsplatz wissen Sie nun, worauf es Ihnen ankommt, können es auch ausdrücken und folglich damit beginnen, Ihre Energie darauf zu verwenden, Ihre wirklichen Ziele zu erreichen.

Eine Rangordnung zu finden, ist jedoch noch nicht genug. Wie wir später noch sehen werden, haben die einzelnen Wertbegriffe für verschiedene Menschen sehr verschiedene Bedeutungen. Nachdem Sie nun also die Rangordnung Ihrer Werte kennen, nehmen Sie sich etwas Zeit, und fragen Sie sich, was diese im einzelnen bedeuten.

Wenn der höchste Wert in einer Beziehung Liebe ist, könnten Sie fragen: »Wann fühlen Sie sich geliebt?« oder »Was veranlaßt Sie dazu, jemanden zu lieben?« Oder: »Woher wissen Sie, wenn Sie nicht geliebt werden?« Sie sollten mindestens die ersten vier der auf Ihrer Liste verzeichneten Werte mit Hilfe solcher Fragen genau analysieren. Allein das Wort ›Liebe‹ hat für Sie wahrscheinlich schon ein Dutzend verschiedene Bedeutungen, und es lohnt sich, herauszufinden, welche. Es ist bestimmt nicht einfach, aber wenn Sie sich Mühe geben und sorgfältig vorgehen, werden Sie mehr über sich selbst erfahren – was Sie wirklich wollen und welche Beweise Sie benötigen, um überzeugt zu sein, daß Ihre Wünsche tatsächlich erfüllt sind.

Sie können natürlich nicht ständig umfassende Wertbestimmungen für jeden anstellen, den Sie kennen. Wie präzise und spezifisch Sie sein wollen, hängt allein davon ab, was Sie erreichen wollen. Wenn es sich um eine dauerhafte Beziehung handelt, Ihren Lebensgefährten oder Ihr Kind, werden Sie alles wissen wollen, was Sie in Erfahrung bringen können. Wenn Sie ein Trainer sind, der einen Spieler motivieren möchte, oder ein Geschäftsmann, der einen Kunden einschätzen möchte, werden Sie zwar immer noch die Werte der Person wissen wollen, aber Sie brauchen nicht bis ins kleinste Detail zu gehen. Es genügt, wenn Sie einen Überblick gewinnen. Denn in jeder menschlichen Beziehung – ob sie so intensiv ist wie zwischen Vater und Sohn oder so beiläufig wie zwischen Kunde und Verkäufer – gibt es einen ›Vertrag‹, unabhängig davon, ob er ausgesprochen ist oder nicht. Sie erwarten beide bestimmte Dinge voneinander, Sie beurteilen beide die Worte und Handlungen des anderen nach Ihren eigenen Werten, zumindest unbewußt. Deshalb sollten Sie sich bereits am Anfang Ihrer ›Beziehung‹ darüber klar werden, wie diese Werte aussehen, damit Sie von vornherein wissen, wie sich Ihr Verhalten auf den andern auswirkt und welches jeweils Ihre wahren Bedürfnisse sind.

Sie können diese allgemeinen Werte während einer beiläufigen Unterhaltung herausfinden. Eine einfache, aber wertvolle Technik besteht darin, genau hinzuhören, was der andere sagt. Die Menschen neigen dazu, immer wieder dieselben Schlüsselwörter zu verwenden, anhand derer man erkennen kann, welche Werte sie hochschätzen. Zwei Menschen haben zum Beispiel ein gemeinsames aufregendes Erlebnis gehabt. Der eine schwärmt von der Erfahrung und sagt, wie sehr sie seine Kreativität angeregt habe. Der andere ist genauso begeistert und sagt, wie stark das Gefühl der Gemeinsamkeit gewesen sei. Beide geben Ihnen deutliche Hinweise auf ihre höchsten Werte, so daß Sie nun wissen, was Sie berücksichtigen müssen, wenn Sie sie zu etwas motivieren möchten.

Die Werte des anderen zu kennen, ist also sowohl im persönlichen wie auch im beruflichen Leben wichtig. Es gibt einen entscheidenden Wert, nach dem jeder in seinem Beruf strebt. Dieser Wert veranlaßt uns dazu, eine Stelle anzunehmen oder – falls er nicht erfüllt wird, wieder aufzugeben. Für manche Menschen ist Geld wichtig. Wenn sie gut bezahlt werden, wechseln sie ihre Arbeitsstelle so gut wie nie. Aber für viele ist etwas anderes wichtig. Es kann Kreativität sein oder die Herausforderung durch eine Aufgabe oder ein gutes Betriebsklima.

Für einen Arbeitgeber ist es wichtig zu wissen, welche Werte seine Angestellten am höchsten einstufen. Um das zu erfahren, kann er z. B. fragen: »Was war für Sie bei der Wahl Ihrer Arbeitsstelle besonders wichtig?« Nehmen wir an, der Angestellte antwortet: »Die kreativen Möglichkeiten.« Dann fragen Sie weiter, was außerdem für den Betreffenden wichtig war. Schließlich fragen Sie, was ihn veranlassen könnte wegzugehen. Angenommen, die Antwort lautet: »Mangelndes Vertrauen.« Sie können dann fortfahren, indem Sie fragen: »Was könnte Sie trotz mangelnden Vertrauens veranlassen, zu bleiben?« Manche werden antworten, daß sie niemals in einer Firma bleiben würden, in der man ihnen kein Vertrauen entgegenbringt. Wenn das der Fall ist, dann ist das ihr entscheidender Wert – das was erfüllt sein muß, damit sie an einer Arbeitsstelle bleiben. Jemand anderer sagt vielleicht, er würde bleiben, auch wenn man ihm kein Vertrauen entgegenbringt, solange er die Chance hat, in der Firma aufzusteigen. Probieren Sie es weiter und fragen Sie so lange, bis Sie herausgefunden haben, was für den Betreffenden erfüllt sein muß, damit er zufrieden ist und in Ihrer Firma bleibt, und was ihn dazu veranlassen würde, seinen Job aufzugeben. Die Begriffe, die Menschen im Zusammenhang mit ihren Werten verwenden, sind sehr mächtige Anker – sie haben starke emotionale Wirkung. Um mehr Wirkung zu erzielen, genügt es, präziser zu werden: »Woran würden Sie erkennen, daß es erfüllt ist?« Es ist außerordentlich wichtig, zu wissen, welche konkreten Beweise jemand braucht, um festzustellen, inwiefern sich Ihre eigene Vorstellung von Vertrauen, zum Beispiel, unterscheidet. Vielleicht glaubt er nur, daß man ihm vertraut, wenn seine Entscheidungen nie in Frage gestellt werden. Oder er könnte es für einen Mangel an Vertrauen halten, wenn seine Zuständigkeit für einen bestimmten Bereich ohne Erklärung geändert wird. Es ist von unschätzbarem Wert, wenn ein Arbeitgeber die Werte seiner Mitarbeiter kennt und weiß, wie er dieses Wissen im Umgang mit ihnen einsetzen muß.

Manche Arbeitgeber glauben, daß sie ihre Angestellten gut motivieren, wenn sie das tun, womit sie selbst gut motiviert wären. Sie glauben, ihnen gutes Geld zu bezahlen und daher von ihnen auch Höchstleistungen erwarten zu dürfen. Das stimmt jedoch nur teilweise, denn andere Menschen können ganz andere Dinge hochschätzen. Für manche ist es am wichtigsten, mit Kollegen zusammenzuarbeiten, die sie mögen. Wenn diese Kollegen nicht mehr da sind, verliert die Arbeit ihren Reiz. Für manche haben Kreativität und Herausforderung einen hohen Stellenwert. Für andere sind es wieder andere Dinge. Wenn Sie ein guter Vorgesetzter sein wollen, müssen Sie die Werte Ihrer Mitarbeiter kennen und wissen, wie Sie diese erfüllen können. Wenn nicht, werden Sie Mitarbeiter verlieren, oder sie werden nicht soviel leisten, wie sie könnten, und ihre Arbeit wird ihnen wenig Freude bereiten.

Braucht man dazu Zeit und Einfühlungsvermögen? Sicher. Doch wenn Ihnen Ihre Mitarbeiter wichtig sind, dann wird sich das auch bezahlt machen – für Sie selbst und für die anderen. Denken Sie daran, daß Werte eine starke emotionale Wirkung haben. Wenn Sie nur von Ihren eigenen Werten ausgehen, dann werden Sie wahrscheinlich sehr oft verbittert sein und sich enttäuscht fühlen, auch wenn Sie das Gefühl haben, von Ihrer Warte aus gesehen, fair zu sein. Wenn Sie aber die Verschiedenheit von Werten berücksichtigen, werden Sie mit Ihren Mitarbeitern, Freunden und Familienmitgliedern viel besser auskommen – und auch selbst zufriedener sein. Es kommt nicht darauf an, die gleichen Werte zu haben wie ein anderer, doch es ist wichtig, sich mit anderen Menschen verständigen zu können, ihre Werte zu kennen und zu respektieren.

Werte sind die wirksamsten Mittel der Motivierung. Wenn Sie eine schlechte Angewohnheit verändern wollen, so können Sie das sehr schnell erreichen, wenn Sie diese Veränderung als Zeichen für die Erfüllung eigener Werte ansehen. Ich kenne eine Frau, für die ihre Selbstachtung den höchsten Wert darstellte. Sie schrieb den fünf Menschen, die sie am meisten achtete und teilte ihnen mit, daß sie nicht mehr rauchen werde, und daß ihr ihre Gesundheit und die Gesundheit ihrer Mitmenschen viel zu wichtig seien, um von diesem Entschluß abzurücken. Nachdem sie die Briefe abgeschickt hatte, rauchte sie nie wieder eine Zigarette. Es kam oft vor, daß sie viel für eine Zigarette gegeben hätte, aber ihr Stolz erlaubte es ihr nicht, wieder schwach zu werden. Ihre Selbstachtung war ihr mehr wert als der Genuß einer Zigarette. Heute ist sie eine gesunde Nichtraucherin. Werte, richtig eingesetzt, haben eine ungeheure Macht, unser Verhalten zu ändern.

Ich will Ihnen erzählen, was ich kürzlich erlebt habe. Ich arbeitete mit einem Footballteam, das drei Starspieler hatte. Alle drei hatten sehr verschiedene Wertvorstellungen. Ich erhielt Aufschluß über ihre Werte, indem ich sie einzeln fragte, was für sie an diesem Sport so wichtig sei – was ihnen das Spiel gebe. Einer sagte, es gebe ihm die Gelegenheit, seine Familie stolz auf ihn zu machen und Gott und Jesus Christus zu dienen. Der zweite sagte, Football sei für ihn ein Ausdruck von Macht – er könne dabei Widerstände überwinden und andere besiegen. Der dritte Spieler war ein junger Mann aus den Slums, der überhaupt keinen besonderen Sinn im Football sehen konnte. Als ich ihn fragte: »Was ist für Sie besonders wichtig an diesem Sport?«, erwiderte er, er wisse es nicht. Wie sich herausstellte, war seine Motivierungsstrategie, sich von Dingen fortzubewegen, von der Armut und den bedrückenden Verhältnissen seiner Jugend. Er besaß keine klare Vorstellung davon, was ihm am Football besonders wichtig war.

Es ist klar, daß ich die drei Spieler auf ganz verschiedene Weise motivieren müßte. Wenn ich versuchen wollte, den ersten (der Wert darauf legte, Gott und Jesus zu dienen und seine Familie stolz zu machen) zu motivieren, indem ich ihm vor Augen führte, wie er seine Gegner besiegen und überwältigen könnte, würde ihn dies wahrscheinlich eher in einen inneren Konflikt bringen, weil für ihn das Footballspielen einen positiven und keinen gewalttätigen, negativen Wert hatte. Wenn ich mit dem zweiten ein begeistertes Gespräch darüber führen würde, wie er mit seinem Spiel Gott dienen und seine Familie stolz auf ihn machen könne, dann hätte ihn das kaum motiviert, weil es ihm nichts bedeutete.

Der dritte war der talentierteste von allen, aber er machte wenig Gebrauch davon. Die Trainer hatten ziemliche Mühe, ihn zu motivieren, weil er keine klaren Wertvorstellungen besaß – nichts, auf das er sich hätte zu- oder von dem er sich hätte fortbewegen können. Sie mußten etwas finden, das ihm in einem anderen Kontext viel bedeutete – zum Beispiel, seinen Stolz – und diesen mit dem Footballspiel in Zusammenhang bringen. Obgleich er sich schon vor dem ersten Spiel eine Verletzung zuzog, konnte er so motiviert werden, seine Mannschaft zu unterstützen, und die Trainer konnten ihn von nun an auf dieselbe Weise zu Leistungen motivieren.

Werte wirken auf genauso komplexe und differenzierte Weise wie alles, was wir bisher in diesem Buch besprochen haben. Erinnern Sie sich noch, daß wir gesagt haben, daß, wenn wir Wörter verwenden, wir gleichsam eine Landkarte benutzen, aber diese Karte nicht das Gebiet selbst sei? Wenn ich Ihnen sage, daß ich Hunger habe oder mit dem Auto fortfahren will, dann müssen Sie sich auf Ihre eigene Landkarte beziehen. ›Hunger‹ könnte sowohl bedeuten, sich auf eine große Mahlzeit oder nur auf einen kleinen Imbiß vorzubereiten. Wenn Sie ›Auto‹ hören, können Sie sich sowohl einen Kleinwagen wie einen Zwölfzylinder vorstellen. Doch unsere Landkarten wären sich so ähnlich, daß wir nicht allzuviel Mühe hätten, uns zu verständigen. Werte stellen sehr entwikkelte Landkarten dar. Wenn ich Ihnen sage, welches meine Werte sind, dann haben Sie es mit der Landkarte einer Landkarte zu tun. Ihre Landkarte, das was Sie konkret unter einem Wert verstehen, kann sehr verschieden sein. Wenn wir beide sagen, daß Freiheit unser höchster Wert sei, würde das Rapport und Übereinstimmung zwischen uns herstellen, weil wir das gleiche sagen wollen, die gleichen Ziele haben. Wir sind in gleicher Weise motiviert. Doch so einfach ist es nicht.

Freizeit kann für mich bedeuten, tun und lassen zu können, was ich will, wann ich es will und wo ich es will. Freiheit kann für Sie hingegen bedeuten, jemanden zu haben, der sich ständig um Sie kümmert. Für jemand anderes könnte Freiheit ein bestimmtes politisches Konzept bedeuten.

Wenn ein Mensch nichts gefunden hat,
für das er sterben würde,
so ist er auch nicht fähig, zu leben.
MARTIN LUTHER KING

Werte haben eine sehr große emotionale Bedeutung. Es gibt nichts, wodurch man Menschen stärker aneinander binden könnte als ihre höchsten Werte. Aus diesem Grund wird eine Armee von Freiwilligen, die ihr Land verteidigt, einer Truppe von Söldnern fast immer überlegen sein. Es gibt nichts, das Menschen nachhaltiger entzweit, als wenn das Verhalten des anderen den eigenen Werten widerspricht. Die Dinge, die uns am meisten bedeuten, sei es nun Patriotismus oder Liebe zur Familie, sind alle Ausdruck unserer Werte. Indem Sie also eine genaue Hierarchie aufstellen, schaffen Sie etwas, das Sie vorher nicht besessen haben – die nützlichste Landkarte, die Sie von den Wünschen und Zielen eines Menschen haben können.

Wir können die explosive Kraft und die deutlichen Unterschiede von Werten gut in Beziehungen beobachten. Jemand kann sich durch das Ende einer Liebesbeziehung verraten fühlen. »Er hat mir gesagt, daß er mich liebt«, sagt sie. »Was für ein Witz.« Für den einen ist Liebe ein Bund, der ewig währt. Für einen anderen ist Liebe eine kurze aber intensive Verbindung. Der andere muß also nicht unbedingt ein Schuft sein, möglicherweise hat er nur ein völlig anderes Verständnis davon, was Liebe ist.

Daher ist es von entscheidender Bedeutung, daß Sie die Landkarte des anderen so genau wie möglich kennen. Es genügt nicht, wenn Sie nur die Worte kennen, die ein anderer verwendet, Sie müssen auch wissen, was sie bedeuten. Um das herauszubekommen, müssen Sie so flexibel und beharrlich Fragen stellen, wie nötig ist, um die konkrete Entsprechung der Wertehierarchie des anderen zu kennen.

Die Vorstellungen von Werten gehen häufig so sehr auseinander, daß zwei Menschen, die angeblich die gleichen Werte hochhalten, trotzdem so gut wie nichts gemeinsam haben, und andere, mit völlig verschieden lautenden Werten, stellen möglicherweise fest, daß sie in Wirklichkeit dasselbe wollen. Der eine versteht unter Spaß, Drogen zu nehmen, seine Nächte auf Partys zu verbringen und bis in den frühen Morgen zu tanzen. Ein anderer versteht unter Spaß, auf Berge zu klettern oder in Wildwasser Kanu zu fahren – alles, was neu oder aufregend ist. Das einzige, was sie gemeinsam haben, ist, daß sie für ihre Erfahrungen das gleiche Wort verwenden. Ein dritter sagt vielleicht, Herausforderung sei für ihn das wichtigste. Das könnte für ihn unter Umständen bedeuten, auf Berge zu klettern und in Wildwasser Kanu zu fahren. Wenn Sie ihn aber fragen, ob ›Spaß‹ für ihn eine große Bedeutung hat, tut er es vielleicht als banal und unwichtig ab. Doch er meint mit ›Herausforderung‹ genau das gleiche, was die zweite Person in unserem Beispiel mit ›Spaß‹ benennt.

Gemeinsame Werte bilden die entscheidende Grundlage für Rapport. Wenn die Werte zweier Menschen völlig miteinander übereinstimmen, kann ihre Beziehung ewig anhalten. Wenn sie völlig verschiedene Werte haben, besteht wenig Aussicht auf eine dauerhafte, harmonische Beziehung. Nur wenige Beziehungen lassen sich in eine dieser extremen Kategorien einordnen. Daher muß man zuerst zwei Dinge tun: erstens, die gemeinsamen Werte finden, um sie dazu zu verwenden, die nicht übereinstimmenden Werte zu überbrücken. Zweitens müssen Sie versuchen, die wichtigsten Werte des anderen zu berücksichtigen und, wann immer es geht, zu erfüllen. Das ist die Grundlage für eine starke, positive und dauerhafte Beziehung, sei es nun im persönlichen Leben, in der Familie oder im beruflichen Bereich.

Unsere Werte sind der Faktor, der darüber entscheidet, ob wir uns kongruent oder inkongruent verhalten, ob wir zu etwas motiviert sind oder nicht. Wenn man die Werte eines Menschen kennt, besitzt man den Schlüssel zum Verständnis. Wenn man sie nicht kennt, ist der Einfluß, den man auf das Verhalten anderer hat, bestenfalls zufällig und kurzfristig und führt häufig zu anderen als den gewünschten Zielen. Wenn ein Verhalten mit den Werten eines Menschen in Konflikt steht, wirkt es wie ein Unterbrecher in einem Stromkreis. Die Werte sind die letzte, entscheidende Instanz eines Menschen, sie bestimmen, welches Verhalten richtig und welches nicht richtig ist, um etwas zu erreichen.

Genau wie es verschiedene Vorstellungen über die Bedeutung eines Wertes gibt, gibt es auch verschiedene Möglichkeiten, zu entscheiden, wodurch ein bestimmter Wert erfüllt wird. Eines der nützlichsten Verfahren, um sich Ziele zu setzen, besteht darin, festzulegen, wodurch genau die persönlichen Werte erfüllt würden. Hier eine Übung dazu: Wählen Sie fünf Werte, die für Sie wichtig sind, und fragen Sie sich: Was muß geschehen, damit ich weiß, daß meine Werte erfüllt werden? Beantworten Sie jetzt die Frage, und schreiben Sie die Antworten auf ein Blatt Papier. Prüfen Sie, ob Ihre Erfüllungskriterien nützlich und realistisch sind oder nicht.

Sie können Ihre Erfüllungskriterien selbst bestimmen und verändern. Es sind lediglich mentale Konstrukte, sonst nichts. Sie sollten uns nützlich sein, nicht uns behindern.

Werte verändern sich. Manchmal verändern sie sich radikal, doch gewöhnlich vollzieht sich dieser Prozeß langsam und unbewußt. Viele von uns haben Erfüllungskriterien, die kontraproduktiv oder veraltet sind. Als Jugendlicher brauchten Sie vielleicht eine Fülle von Liebesbeziehungen, um sich anziehend zu fühlen. Als Erwachsener haben Sie vielleicht bereits etwas elegantere Strategien entwickelt. Wenn Ihnen Ihr Aussehen wichtig ist, Sie sich aber nur attraktiv finden, wenn Sie so aussehen wie eine Schönheitskönigin oder ein Filmstar, dann schaffen Sie sich damit selbst die Voraussetzung für häufige Frustration. Wir kennen alle Menschen, die auf ein bestimmtes Ziel fixiert waren, das für sie einen absoluten

Wert darstellte. Als sie es dann erreicht hatten, mußten sie feststellen, daß es ihnen nichts bedeutete. Ihre Werte hatten sich mittlerweile geändert, doch sie haben immer weiter ihre ursprünglichen Erfüllungskriterien verfolgt. Manchmal verfolgen Menschen bestimmte Erfüllungskriterien, die mit keinerlei Werten verbunden sind. Sie wissen zwar, was sie wollen, aber sie wissen nicht, warum. Wenn sie es dann erhalten, stellt sich ihr Ziel als Täuschung heraus, etwas, das sie sich als erstrebenswert haben einreden lassen, das sie in Wirklichkeit aber gar nicht wollten. Die Inkongruenz zwischen Werten und Verhalten ist eines der großen Themen in Literatur und Film von ›*Citizen Kane*‹ bis zu ›*Der große Gatsby*‹. Es ist wichtig, eine genaue Kenntnis der eigenen Werte zu haben und zu merken, wann sie sich ändern. Deshalb müssen Sie die Werte, die Sie am meisten motivieren, immer wieder überprüfen.

Eine andere Möglichkeit, Erfüllungskriterien zu überprüfen, besteht darin, festzustellen, ob sie innerhalb eines vernünftigen Zeitrahmens zu verwirklichen sind. Nehmen Sie zum Beispiel zwei Jugendliche, die gerade die Schule beendet haben und sich jetzt für einen Beruf entscheiden müssen. Der eine versteht unter Erfolg, eine Familie zu haben, vierzigtausend Dollar im Jahr zu verdienen, in einem Einhunderttausend-Dollar-Haus zu leben und gesund zu sein. Der andere wünscht sich eine Muster-Familie, ein Einkommen von zweihundertvierzigtausend Dollar im Jahr, ein Zwei-Millionen-Dollar-Haus, das Aussehen eines Athleten, einen Haufen Freunde, ein eigenes Fußballteam und einen Rolls Royce mit Chauffeur. Hochgesteckte Ziele zu haben, ist nicht verkehrt, solange sie erreichbar sind. Ich habe mir selbst auch hohe Ziele gesetzt, und als Folge dieser internalen Repräsentationen konnte ich die Verhaltensweisen entwickeln, die mir dazu verholfen haben, sie zu erreichen.

Doch in gleichem Maße, wie sich Ziele und Werte verändern, verändern sich auch die Erfüllungskriterien. Meistens ist es lohnender, wenn man auch mittelfristige Ziele hat, auf die man zusteuern kann. Denn diese geben Ihnen Feedback darüber, daß Sie Ihren Träumen näherkommen. Manche werden durch das Ziel, absolut durchtrainiert zu sein, ein Zwei-Millionen-Dollar-Haus zu besitzen und einen Rolls Royce zu fahren, optimal motiviert. Andere brauchen zuerst die Erfahrung, daß sie zehn Kilometer laufen, sich an eine Diät halten oder ein Einhunderttausend-Dollar-Haus besitzen zu können, um an ihren Erfolg zu glauben. Wenn sie diese Ziele erreicht haben, können sie sich wieder neue Ziele setzen. Sie können immer noch sehr hochgesteckte Ziele verfolgen, aber Sie werden mehr Befriedigung daraus gewinnen, wenn Sie zunächst Ihre vorherigen Ziele erreicht haben.

Ein anderer Aspekt der Erfüllungskriterien ist ihre Spezifität. Wenn für Sie eine Liebesbeziehung wichtig ist, könnte Ihr Erfüllungskriterium dafür ein Verhältnis mit einer attraktiven, liebevollen Frau sein. Das ist sicher ein Ziel, das sich zu verfolgen lohnt. Vielleicht haben Sie sogar eine deutliche Vorstellung von ihrem Aussehen und ihrem Wesen. Auch das wäre in Ordnung. Jemand anderer wünscht sich vielleicht ein stürmisches Liebesabenteuer mit einem blonden, blauäugigen ›Playboy‹-Mädchen, mit großem Busen, einer luxuriösen Wohnung auf der 5th Avenue und einem sechsstelligen Einkommen. Nur genau das könnte ihn zufriedenstellen. Es ist nicht verkehrt, ein solches Ziel zu haben, doch Sie können sehr leicht enttäuscht werden, wenn Sie Ihre Werte mit einem Bild verbinden, das allzu spezifisch und detailliert ist. Denn Sie lassen dabei neunundneunzig Prozent der Menschen, Dinge oder Erfahrungen außer acht, die Ihre Werte erfüllen könnten. Das soll nicht heißen, daß Sie solche Ziele nicht erreichen können, doch mit flexibleren Erfüllungskriterien wird es Ihnen leichter fallen, Ihre Wünsche und Werte zu verwirklichen. Die Bedeutung der Flexibilität zeigt sich allenthalben. Sie erinnern sich, daß in jedem Kontext das System der größten Flexibilität, mit den meisten Wahl- und Handlungsmöglichkeiten, stets am effektivsten sein wird. Es ist wichtig, zu wissen, daß Werte eine vorrangige Bedeutung für uns haben, und daß wir ihre Bedeutung durch die Erfüllungskriterien repräsentieren, die wir wählen. Wir können uns eine so detaillierte Karte von der Welt anfertigen, daß sie Enttäuschung geradezu herausfordert. Viele von uns tun das. Wir sagen, Erfolg sieht genau so und so aus und eine gute Zweierbeziehung hat genau so und so zu sein. Doch ein System ohne ausreichende Flexibilität kann keinen Erfolg haben.

Die schmerzlichsten Fragen, mit denen sich der Mensch auseinanderzusetzen hat, betreffen gewöhnlich seine Werte. Manchmal ziehen uns zwei verschiedene Werte – wie zum Beispiel Freiheit und Liebe – in entgegengesetzte Richtungen. Freiheit kann bedeuten, jederzeit das tun zu können, was man gern tun möchte. Liebe kann bedeuten, sich einem Menschen sehr verbunden zu fühlen. Die meisten von uns kennen diesen Konflikt. Es ist kein sehr angenehmer Zustand. Daher ist es außerordentlich wichtig, daß wir unsere wichtigsten Werte kennen, um das Verhalten wählen zu können, das sie unterstützt. Wenn wir es nicht tun, werden wir später den Preis dafür zahlen müssen, daß wir nicht das getan haben, was nötig war um die wichtigsten Ziele in unserem Leben zu erreichen. Verhaltensweisen, die mit unseren höherrangigen Werten gekoppelt sind, werden sich gegenüber Verhaltensweisen, die mit niedriger eingestuften Werten verbunden sind, durchsetzen.

Es gibt kaum etwas, das so unangenehm ist, als wenn uns zwei unserer Werte in entgegengesetzte Richtungen führen. Das schafft eine ungeheuer starke Inkongruenz, die, wenn sie länger anhält, Beziehungen zerstören kann. Man kann nämlich den einen Wert so verwirklichen – zum Beispiel seine Freiheit ausleben –, daß dadurch der andere Wert Schaden nimmt. Man kann versuchen, sich anzupassen – zum Beispiel den eigenen Freiheitsdrang unterdrücken –, bis man schließlich frustriert ist, und die Beziehung in die Brüche geht. Oder man erlebt, da man die eigenen Werte nicht kennt und versteht, ständig Frustration und ein dumpfes Unbehagen; bald beginnen diese Gefühle alle unsere Erfahrungen zu überschatten, bis sie ein Teil von uns sind, und wir unsere Unzufriedenheit durch übermäßiges Essen, Rauchen und ähnliches zu lindern versuchen.

Wenn Sie nicht wissen, wie Werte wirken, wird es Ihnen schwerfallen, einen guten Kompromiß zu finden. Doch wenn Sie es wissen, brauchen Sie weder Ihre Beziehung noch Ihren Wunsch nach Freiheit aufzugeben. Es genügt, wenn Sie Ihre Erfüllungskriterien ändern. Als Sie noch Teenager waren, bedeutete Freiheit vielleicht für Sie, wie ein umjubelter Rockstar leben zu können. Doch vielleicht bietet Ihnen die Befriedigung und Freude, die Sie in einer liebevollen Beziehung zu einem einzigen Partner erleben können mehr Freiheit, als eine Fülle flüchtiger Beziehungen. Das ist im wesentlichen der Prozeß des Reframing, bei dem eine Erfahrung so verarbeitet wird, daß kongruentes Verhalten möglich ist. Manchmal entsteht die Inkongruenz nicht durch die Werte selbst, sondern durch die Erfüllungskriterien für verschiedene Werte. Erfolg und Spiritualität müssen nicht unbedingt Inkongruenz schaffen. Sie können großen Erfolg haben und trotzdem Ihren spirituellen Interessen nachgehen. Doch was geschieht, wenn Ihr Nachweis für Erfolg darin besteht, eine große Villa zu besitzen, und der Nachweis Ihrer Spiritualität darin, ein einfaches bescheidenes Leben zu führen? Sie werden dann entweder Ihre Erfüllungskriterien neu definieren oder Ihre Wahrnehmungen reframen müssen, weil Sie sonst in einen unauflöslichen inneren Konflikt geraten. In diesem Zusammenhang ist es vielleicht nützlich, sich an W. Mitchell zu erinnern, der daran glaubte, daß er sein Schicksal und die Umstände, die sein Leben einschränkten, dazu nutzen könne, ein erfolgreiches und glückliches Leben zu führen. Es gibt nicht notwendigerweise eine zwangsläufige Verbindung zwischen zwei Faktoren. Für ihn bedeutete gelähmt zu sein nicht, unbedingt auch unglücklich sein zu müssen. Viel Geld zu besitzen, heißt nicht, auf spirituelle Interessen verzichten zu müssen, ein bescheidenes Leben allein ist noch kein Beweis dafür, daß man auf dem spirituellen Weg ist.

Das *Neurolinguistische Programmieren* bietet Methoden, um Erfahrungen so zu verändern, daß Kongruenz entsteht. Ich habe einmal mit einem Mann gearbeitet, dessen Problem gar nicht so ungewöhnlich war. Er lebte in einer festen Beziehung, doch zugleich legte er auch hohen Wert darauf, andere Frauen kennenzulernen und auf sie sexuell attraktiv zu wirken. Wenn er dann bei einer attraktiven Frau Interesse geweckt hatte, bekam er Schuldgefühle, weil seine feste Beziehung einen hohen Wert für ihn darstellte.

Wenn er einer attraktiven Frau begegnete, funktionierte sein Denken folgendermaßen: Er sah sie (Ve) und sagte sich (Aid): »Das ist eine sehr anziehende Frau, und sie ist an mir interessiert.« Das weckte in ihm den Wunsch, sie kennenzulernen (Ki). Manchmal gab er diesem Wunsch nach und handelte (Ke). Doch sowohl sein Interesse als auch die romantischen Abenteuer, die sich daraus ergaben, brachten ihn in einen ernsten Konflikt, denn ihm lag auch sehr viel an einer festen Zweierbeziehung.

Ich zeigte ihm, wie er seine Strategie, die Ve-Aid-Ki-Ke gelautet hatte, erweitern konnte. Nachdem er eine Frau gesehen (Ve) und zu sich gesagt hatte: »Das ist eine sehr anziehende Frau, und sie ist an mir interessiert« (Aid), fügte ich einen weiteren Satz hinzu: »Doch ich liebe die Frau, mit der ich zusammen bin.« Dann ließ ich ihn sich vorstellen, wie ihn die Frau, mit der er zusammenlebte, ansah und liebevoll anlächelte (Vi), was wiederum in ihm ein sehr liebevolles Gefühl für seine Partnerin erzeugte (Ki). Ich ließ ihn diese Strategie mehrmals wiederholen, um sie einzuüben. Ich bat ihn, sich einfach eine Frau vorzustellen, durch die er sich angezogen fühlte, und sich zu sagen: »Das ist eine sehr anziehende Frau, und sie ist an mir interessiert«, und sofort im Anschluß darauf in liebevollem Ton: »Doch ich liebe die Frau, mit der ich zusammen bin.« Dann stellte er sich vor, wie ihn seine Partnerin liebevoll ansah. Ich ließ ihn diese Strategie so lange wiederholen, bis sie fest installiert war und automatisch ausgelöst wurde, sobald er einer attraktiven Frau begegnete. Diese Strategie ermöglichte ihm beides. Seine alte Strategie hatte ihn gleichzeitig in zwei verschiedene Richtungen gezogen und seine Beziehung großen Belastungen ausgesetzt. Hätte man seinen Wunsch, attraktiv zu wirken, lediglich unterbunden, wäre er frustriert gewesen und in einen anderen Konflikt geraten. Die neue Strategie gestattet es ihm, seine Attraktivität zu genießen, ohne Gewissensbisse zu haben und seine Beziehung zu gefährden. Je mehr hübsche Frauen er jetzt ansieht, desto stärker spürt er die Liebe zu seiner Lebensgefährtin.

Die Wirkung von Werten kann man am besten nutzen, wenn man sie mit Metaprogrammen kombiniert. Werte sind die entscheidenden Filter. Die Metaprogramme wirken als Muster, die unsere Wahrnehmungen und unser Verhalten steuern. Wenn Sie wissen, wie beide in Übereinstimmung zu bringen sind, können Sie sehr präzise Motivationsmuster entwickeln.

Ich habe einmal mit einem jungen Mann gearbeitet, dessen Mangel an Verantwortungsbewußtsein seine Eltern zur Verzweiflung brachte. Sein Problem bestand darin, daß er ausschließlich in der Gegenwart lebte, ohne sich über die Folgen seines Tuns Gedanken zu machen. Wenn sich etwas Interessantes ergab, blieb er die ganze Nacht außer Haus, ohne daß es dabei seine Absicht war, verantwortungslos zu handeln. Er bewegte sich einfach auf das zu, was im Augenblick geschah, anstatt an mögliche Folgen seines Verhaltens zu denken. (Dinge, von denen er sich besser fortbewegen sollte.)

Während ich mit diesem jungen Mann sprach, bestimmte ich seine Metaprogramme. Ich erfuhr, daß er sich auf Dinge zubewegte und vor allem dann auf etwas reagierte, wenn es ihm notwendig erschien. Dann stellte ich fest, welche Werte er hatte. Die drei höchsten Werte für ihn waren Sicherheit, Glück und Vertrauen. Das war für ihn das Wichtigste im Leben.

Ich stellte zunächst Rapport her, indem ich sein Verhalten spiegelte. Dann erklärte ich ihm, wie er durch sein Verhalten all die Dinge gefährdete, die für ihn am wichtigsten waren. Er war gerade zwei Tage lang nicht nach Hause gekommen und seine Eltern waren wütend und verzweifelt, weil er ihnen nicht einmal Bescheid gegeben hatte. Ich sagte ihm, daß sie mit ihrer Geduld am Ende seien, und daß er mit seinem Verhalten, die Sicherheit, das Glück und das Vertrauen seiner Familie aufs Spiel setze. Wenn er so weitermache, werde er bald irgendwo landen, wo es wenig Sicherheit, Glück und Vertrauen gab – zum Beispiel im Gefängnis oder in einer Besserungsanstalt, denn seine Eltern würden ihn wegschicken müssen, damit jemand anderer für ihn die Verantwortung übernehme.

Ich gab ihm also etwas, wovon er sich wegbewegen konnte, etwas, das das Gegenteil seiner Werte darstellte. (Die meisten Menschen, die sich normalerweise auf etwas zubewegen, werden sich vom Gegenteil ihrer Schlüsselwerte fortbewegen.) Als nächstes gab ich ihm eine positive Alternative, etwas, auf das er sich zubewegen konnte. Ich gab ihm ganz bestimmte Aufgaben, die ein Zeichen dafür sein sollten, daß es für seine Eltern sinnvoll war, ihn weiter in seinen Werten zu unterstützen. Er mußte jeden Abend um zehn Uhr zu Hause sein. Er mußte sich innerhalb von sieben Tagen eine Arbeit suchen. Er mußte jeden Tag im Haus seine Pflichten erledigen. Ich sagte ihm, daß wir in zwei Monaten überprüfen würden, ob er sich an die Abmachungen gehalten hatte. Falls ja, würden seine Eltern wieder Vertrauen zu ihm fassen und ihm weiter dabei helfen, seine wichtigsten Werte zu erfüllen. Ich machte ihm klar, daß diese Dinge notwendig waren und er sie umgehend in Angriff nehmen sollte. Wenn er unsere Abmachung nur einmal breche, würden wir dies als Lernerfahrung betrachten. Beim zweitenmal würde er verwarnt, beim drittenmal würden seine Eltern ihm jede weitere Unterstützung entziehen.

Ich gab ihm also Ziele, auf die er sich sofort zubewegen konnte, um sich das zu erhalten, woran er am meisten Freude hatte und worauf er Wert legte. Bis dahin hatte er einfach nichts gehabt, auf das er sich zubewegen konnte, um sein Verhältnis zu seinen Eltern zu verbessern. Ich verdeutlichte ihm auch, daß diese Veränderungen absolut notwendig seien, und gab ihm sehr präzise Anweisungen, die er befolgen mußte. Als ich das letzte Mal von ihm hörte, hielt er sich immer noch musterhaft an unsere Abmachung. Seine Werte und Metaprogramme lieferten die entscheidenden Motivationselemente. Ich hatte dem Jungen die Möglichkeit gegeben, sich die Sicherheit, das Glück und das Vertrauen, das er brauchte, selbst zu schaffen.

Wer viel über andere weiß, ist vielleicht gebildet, aber wer sich selbst kennt, ist klug. Wer andere beherrscht, ist vielleicht mächtig, aber wer sich selbst beherrscht, ist noch viel mächtiger.

LAO-TSE, TAO-TE-KING

Sie sehen also, welchen Einfluß Werte haben können, und wie wertvoll sie als Instrumente für eine Veränderung sind. In der Vergangenheit haben Sie vorwiegend unbewußt auf Ihre Werte reagiert. Jetzt haben Sie die Möglichkeit, sie zu verstehen und sie zu Ihrem Vorteil zu nutzen. Es gab eine Zeit, als wir nicht wußten, was ein Atom ist, und uns daher seine unglaubliche Macht auch nicht zunutze machen konnten. Das gleiche trifft auf Werte zu. Jetzt, nachdem wir sie uns bewußt gemacht haben, sind wir zu unglaublichen Leistungen in der Lage. Wir haben mit einem Mal Möglichkeiten, die wir uns vorher nicht erträumt hätten. Vergessen Sie nicht – Werte sind Glaubensgrundsätze, die umfassende Wirkungen haben. Indem wir also unsere Werte beeinflussen – sei es, indem wir innere Konflikte lösen oder die Wirkung positiver Werte verstärken –, können wir tiefgreifende Veränderungen in unserem Leben erreichen.

Anstatt durch Wertkonflikte, die wir bisher kaum verstehen konnten, belastet zu sein, wissen wir jetzt, was in uns oder zwischen uns und anderen vor sich geht, und können neue Ziele erreichen. Wir tun es auf viele verschiedene Arten. Wir können eine Erfahrung so reframen, daß sie uns hilft, die größtmögliche Wirkung zu erzielen. Wir können unsere Erfüllungskriterien ändern, indem wir die Submodalitäten manipulieren, wie wir es im Verlauf des Buches immer wieder getan haben. Wenn Werte miteinander in Konflikt stehen, liegt die Schwierigkeit häufig in einem von mehreren Erfüllungskriterien. Wir können das Bild und den Ton so reduzieren, daß der Konflikt kaum mehr wahrzunehmen ist. In manchen Fällen können wir sogar die Werte selbst verändern. Wenn Sie einen Wert haben, von dem Sie wollen, daß er in Ihrer Rangordnung weiter oben steht, können Sie seine Submodalitäten so verändern, daß er den über ihm rangierenden Werten mehr ähnelt. In den meisten Fällen ist es viel leichter und wirksamer, solche Umwandlungen mit Hilfe der Submodalitäten durchzuführen. Auf diese Weise können Sie die Bedeutung von Werten verändern – indem Sie sie auf eine neue Art und Weise repräsentieren.

Ich habe einmal einen Mann beraten, für den ›Nützlichkeit‹ der höchste Wert war. ›Liebe‹ kam bei ihm an neunter Stelle. Wie Sie sich vorstellen können, gelang es ihm mit dieser Wertehierarchie sehr gut, viele Dinge zu meistern, die nicht sehr viel Rapport mit anderen Menschen voraussetzen. Ich fand heraus, daß er seinen höchsten Wert, Nützlichkeit, als großes Bild repräsentierte, etwas rechts von ihm, sehr strahlend und mit einem ganz bestimmten Ton verbunden. Nachdem ich dieses Bild mit seiner Repräsentation von ›Liebe‹, einem viel niedriger eingestuften Wert in seiner Hierarchie, verglichen hatte (ein viel kleineres Bild in Schwarzweiß, an anderer Stelle, niedriger, dunkler, trüber, unscharf), brauchte ich nur noch die Submodalitäten der beiden Repräsentationen miteinander zu vertauschen und diese Veränderung mit Hilfe einer Swish-Technik zu stabilisieren. Dadurch veränderten wir seine Einstellung in bezug auf diese Werte und damit seine Wertehierarchie. Liebe stand jetzt an oberster Stelle, was dazu führte, daß er die Welt völlig anders wahrnahm, ihm ganz andere Dinge wichtig waren als vorher und er sich folglich auch anders verhielt.

Eine Wertehierarchie zu ändern, kann gewaltige Folgen haben, die nicht sofort zu erkennen sind. Am besten beginnt man, indem man die Erfüllungskriterien der Person herausfindet und wenn nötig die Beweise ändert, die sie braucht, um ihre Werte für erfüllt zu halten, bevor man die Hierarchie der Werte selbst verändert.

Ich glaube, Sie können erkennen, wie günstig sich das auf eine persönliche Beziehung auswirken würde. Angenommen, der höchste Wert des einen Partners wäre ›Attraktivität‹, an zweiter Stelle käme ›aufrichtige Kommunikation‹, an dritter ›Kreativität‹ und an vierter ›Respekt‹. Es gibt nun zwei Möglichkeiten, vorzugehen, um eine befriedigende Beziehung zu ermöglichen. Die eine wäre, ›Respekt‹ an erste Stelle zu setzen und ›Attraktivität‹ an die vierte. Dadurch würde für den Betreffenden die äußere Erscheinung des Partners weniger wichtig als der Respekt, den er für ihn empfindet. Solange er den anderen achtet, hätte er das Gefühl, daß sein größtes Bedürfnis erfüllt wird. Einfacher und weniger radikal wäre es, die Erfüllungskriterien zu ändern, die der Betreffende für ›Attraktivität‹ hat. Was muß er sehen, hören und fühlen, damit er jemanden für attraktiv hält? Er muß entweder seine Strategie für Attraktivität verändern oder seinem Partner mitteilen, welches seine Kriterien sind, um diesen Wert für erfüllt zu halten.

Die meisten von uns haben einige Werte, die miteinander in Konflikt stehen. Wir wollen uns einsetzen und die Welt erobern, und wir wollen am Strand liegen und uns sonnen; wir wollen unsere Zeit mit unserer Familie verbringen, und wir wollen hart arbeiten, um im Beruf Erfolg zu haben. Wir wollen Sicherheit, und wir wollen Abenteuer. Ein gewisses Maß an Wertkonflikten ist unvermeidbar; es verleiht dem Leben sogar Reiz und Spannung. Problematisch wird es erst, wenn wir von grundlegenden Werten in verschiedene Richtungen gezogen werden. Wenn Sie dieses Kapitel zu Ende gelesen haben, sollten Sie einen Blick auf Ihre Wertehierarchie und Ihre Erfüllungskritierien werfen, um zu erfahren, wo in Ihrem Fall Konflikte liegen. Sie klar zu erkennen, ist der erste Schritt zu ihrer Auflösung.

Werte sind sowohl für die Gesellschaft als Ganzes wie auch für Einzelpersonen von größter Bedeutung. In den vergangenen zwanzig Jahren war die Geschichte der Vereinigten Staaten ein schmerzlicher Beweis für die Bedeutung und Verschiedenartigkeit elementarer Werte. Die Unruhen der sechziger Jahre waren ein überwältigendes Beispiel für miteinander in Konflikt geratene Werte. Ein großer Teil der Gesellschaft sprach sich auf einmal für Werte aus, die zu den bis dahin bestehenden Werten der Gesellschaft in krassem Gegensatz standen. Viele der am höchsten geschätzten Werte unseres

Landes – Patriotismus, Familie, Ehe, Arbeitsmoral – wurden plötzlich in Frage gestellt. Die Folge davon war eine Zeit gesellschaftlicher Inkongruenz und Unruhen.

Zwischen heute und damals bestehen zwei wesentliche Unterschiede. Der eine besteht darin, daß die meisten jungen Menschen der sechziger Jahre inzwischen neue und positivere Wege gefunden haben, um ihre Werte auszudrücken. In den sechziger Jahren hatten manche vielleicht das Gefühl, daß Drogen oder lange Haare Freiheit bedeuteten. Heute glauben dieselben Menschen, daß ein eigenes Unternehmen und ein geregeltes Leben zum gleichen Ergebnis führen. Der andere Unterschied liegt darin, daß sich unsere Werte verändert haben. Wenn man die Entwicklung allgemeiner Werte in den Vereinigten Staaten während der letzten fünfundzwanzig Jahre verfolgt, läßt sich nicht erkennen, daß bestimmte Werte über andere gesiegt hätten. Statt dessen sieht man, daß neue Werte entstanden sind. In manchen Punkten, wie Patriotismus oder Familie, haben wir auf traditionelle Werte zurückgegriffen. Auf anderen Gebieten haben wir viele Werte aus den sechziger Jahren übernommen. Wir sind toleranter, wir haben andere Vorstellungen in bezug auf die Rechte der Frau und Rechte von ethnischen Minderheiten und auch in bezug darauf, was wir für produktive und befriedigende Arbeit halten.

In dieser Entwicklung ist eine nützliche Lektion für uns alle enthalten. Die Werte und die Menschen ändern sich. Wir ändern uns, solange wir leben. Es ist wichtig, sich dieser ständigen Veränderung bewußt zu sein und mit ihr Schritt zu halten. Denken Sie an das Beispiel der Menschen, die auf ein einziges Ziel fixiert geblieben sind, nur um festzustellen, daß dieses irgendwann einmal nicht mehr ihren Werten entspricht. Viele von uns befinden sich gelegentlich in dieser Situation. Das läßt sich vermeiden, indem wir uns unsere Werte und Erfüllungskriterien bewußt machen.

Mit einem gewissen Maß an Inkongruenz müssen wir leben. Das ist Teil der menschlichen Existenz. Genau wie manche Gesellschaften Zeiten der Veränderung durchmachen, wie etwa die westlichen Länder in den sechziger Jahren, so erlebt auch der einzelne Mensch solche Zeiten der Veränderung. Aber wenn wir wissen, was um uns herum und in uns vor sich geht, können wir viel besser mit diesen notwendigen Veränderungen umgehen. Wenn wir eine Inkongruenz wahrnehmen, sie aber nicht verstehen, werden wir häufig das Falsche tun. Wir werden zur Zigarette oder zur Flasche greifen oder das tun, was wir gewöhnlich tun, um mit Frustrationen fertig zu werden, die wir uns nicht erklären können. Um mit Wertkonflikten umgehen zu lernen, muß man sie zunächst einmal verstehen. Die absolute Erfolgsformel gilt genauso für Werte wie für alles andere. Sie müssen wissen, was Sie wollen – Sie müssen Ihre höchsten Werte und Ihre Werthierarchie kennen. Sie müssen handeln. Sie müssen Ihre Sinne schärfen, um die Ergebnisse erkennen zu können, die Sie erzielen, und Sie müssen die für Veränderung nötige Flexibilität entwickeln. Wenn Ihre gegenwärtigen Verhaltensweisen Ihren Werten nicht angemessen sind, müssen Sie Ihr Verhalten ändern, um den Konflikt zu lösen.

Und noch ein letzter Punkt, den wir in Betracht ziehen müssen. Vergessen Sie nicht: Wir modellieren andauernd. Unsere Kinder, unsere Angestellten und unsere Geschäftspartner modellieren uns auf verschiedene Weise. Wenn wir gute Vorbilder sein wollen, gibt es nichts Wichtigeres, als für seine Werte einzutreten und kongruent zu handeln. Verhalten zu modellieren ist wichtig, aber Werte sind entscheidend. Wenn Sie ein Vorbild der Hingabe sein wollen, während Ihr Leben Unglück und Verwirrung widerspiegelt, dann werden alle, die in Ihnen ein Vorbild sehen, Hingabe mit Unglück und Verwirrung in Zusammenhang bringen. Wenn Sie für Hingabe eintreten und Ihr Leben Erfüllung und Freude widerspiegelt, dann liefern Sie ein stimmiges Vorbild, in dem Hingabe und Freude miteinander verbunden sind.

Erinnern Sie sich an die Menschen, die Sie im Leben am meisten beeinflußt haben. Wahrscheinlich waren sie als Modelle so kongruent, daß ihre Werte und Verhaltensweisen für uns die überzeugendsten Erfolgsrezepte abgaben. Die wichtigsten Geisteswerke in der Geschichte, mit der stärksten Motivationskraft, wie die Bibel etwa, befassen sich mit nichts so sehr wie mit Werten. Die Geschichten, die sie erzählen, die Situationen, die sie beschreiben, enthalten Modelle, die das Leben der Menschen bereichert haben, die sie für sich übernommen haben.

Wenn man wissen will, welche Werte jemand hat, genügt es, herauszufinden, was für ihn am wichtigsten ist. Wenn man das weiß, hat man zugleich auch ein genaueres Verständnis seiner Bedürfnisse.

Im nächsten Kapitel werden wir uns mit den fünf Dingen beschäftigen, mit denen jeder erfolgreiche Mensch konfrontiert wird und die er bewältigen muß, um das, wovon in diesem Buch die Rede ist, anwenden und nutzen zu können.

19

Die fünf Schlüssel zu Reichtum und Glück

Es sind nicht die Umstände,
die den Menschen schaffen.
Der Mensch ist es,
der die Umstände schafft.

BENJAMIN DISRAELI

Sie verfügen nun über die Mittel, Ihr Leben selbst in die Hand zu nehmen. Sie haben die Fähigkeit, Ihre internalen Repräsentationen selbst zu formen und die Zustände zu erzeugen, die zu Erfolg und Power führen. Doch allein der Besitz dieser Fähigkeit genügt noch nicht, man muß sie auch anwenden. Es gibt Erfahrungen, die immer wieder ressourcearme Zustände erzeugen. Es gibt immer wieder Hindernisse, die wir zu bewältigen haben. Es gibt Einflüsse, die uns daran hindern, all das zu sein, was wir sein können. In diesem Kapitel möchte ich Ihnen zeigen, wo mögliche Gefahren liegen, und was Sie wissen müssen, um sie zu bestehen.

Ich habe dieses Wissen in den ›fünf Schlüsseln zu Reichtum und Glück‹ zusammengefaßt. Wenn Sie alle Fähigkeiten anwenden wollen, die Sie jetzt besitzen, wenn Sie all das sein wollen, was Sie sein können, dann müssen Sie zuerst diese Schlüssel kennen. Jeder Mensch, der Erfolg hat, muß sie früher oder später verstehen. Wenn Sie gelernt haben, mit ihnen umzugehen, wird Ihr Leben unerhört erfolgreich sein.

Vor einiger Zeit war ich in Boston. Eines Abends machte ich nach dem Seminar einen Spaziergang. Ich sah mir die Gebäude an – Wolkenkratzer und Bauten, die so alt sind wie Amerika selbst, als mir ein Mann schwankenden Schrittes entgegenkam. Er sah ziemlich ungepflegt aus und roch nach Alkohol.

Ich vermutete, er würde mich um Geld bitten. Und was man denkt, fordert man geradezu heraus. Er kam auf mich zu und sagte: »Haben Sie einen Vierteldollar für mich?« Zuerst überlegte ich, ob ich dieses Verhalten noch belohnen solle. Dann sagte ich mir, daß ich nicht möchte, daß es ihm schlecht gehe. Auf jeden Fall würde ein Vierteldollar keinen großen Unterschied machen. Daher wollte ich versuchen, ihm etwas beizubringen. »Einen Vierteldollar? Mehr wollen Sie nicht, nur fünfundzwanzig Cent?« »Ja, nur einen Vierteldollar«, antwortete er. Ich griff in meine Jackentasche, zog einen Vierteldollar heraus und sagte: »Das Leben gewährt Ihnen genau das, was Sie von ihm verlangen.« Der Mann musterte mich mit erstauntem Blick und schwankte davon.

Während ich ihm nachsah, dachte ich über die Unterschiede nach, zwischen denjenigen, die Erfolg haben, und denjenigen, die keinen haben. Ich fragte mich, welcher Unterschied zwischen ihm und mir bestand. Warum ist mein Leben so erfüllt, daß ich tun kann, was ich will, wann immer ich will? Er war an die sechzig Jahre alt und lebt auf der Straße, bettelt um einen Vierteldollar. Ist Gott herabgestiegen und hat zu mir gesagt: »Robbins, du warst brav. Dein Lebenstraum soll in Erfüllung gehen«? Wohl kaum. Hat mir jemand übernatürliche Ressourcen oder Vorteile gegeben? Ich glaube nicht. Ich habe mich einmal in einem ähnlich schlimmen Zustand befunden, auch wenn ich nicht soviel Alkohol getrunken oder auf der Straße geschlafen habe.

Ich glaube, der Unterschied liegt zum Teil in der Antwort, die ich ihm gegeben habe – das Leben wird das gewähren, worum man es bittet. Bitte um einen Vierteldollar, und du bekommst ihn, bitte um Freude und Erfolg, und du bekommst sie auch. Nach allem, was ich gelernt habe, weiß ich, daß man einfach alles ändern kann, wenn man erst einmal seine Zustände und sein Verhalten beeinflussen kann. Man kann lernen, was vom Leben zu fordern ist, und wie man sicher sein kann, es auch zu bekommen. In den Monaten darauf traf ich noch eine Menge Stadtstreicher und fragte sie über ihr Leben aus, um zu erfahren, wieso sie dazu geworden waren. Ich stellte fest, daß wir alle den gleichen Herausforderungen begegnet waren. Der Unterschied bestand nur darin, wie wir mit ihnen umgegangen sind.

Ich werde Ihnen fünf Dinge nennen, die Ihnen als Wegweiser zum Erfolg dienen können. Sie sind weder besonders tiefgründig noch schwerverständlich, aber absolut entscheidend. Wenn Sie sie beherrschen, gibt es kaum Grenzen für das, was Sie erreichen können. Wenn Sie sie nicht verwenden, haben Sie bereits selbst die Grenze Ihrer Möglichkeiten festgesetzt. Affirmationen und positives Denken sind ein Anfang, aber sie sind noch nicht genug. Affirmationen ohne Disziplin sind eine Selbsttäuschung. Affirmationen in Verbindung mit Disziplin schaffen Wunder.

Der erste der fünf Schlüssel zu Reichtum und Glück: **Lernen Sie, mit Frustrationen umzugehen.** Wenn Sie all das werden wollen, was Sie werden können, all das tun wollen, was Sie tun können, hören wollen, was Sie hören können, sehen wollen, was Sie sehen können, dann müssen Sie lernen, mit Frustrationen umzugehen. Frustrationen können Träume zerstören. Dafür gibt es zahllose Beispiele. Frustrationen können eine positive Einstellung in eine negative, einen produktiven Zustand in einen lähmenden verwandeln. Das Schlimmste, was eine negative Einstellung bewirken kann, ist, daß sie die Selbstdisziplin zerstört. Wenn die Selbstdisziplin verloren ist, dann sind auch alle Ziele, die Sie anstreben, verloren.

Um also dauerhaften Erfolg zu haben, müssen Sie lernen, Ihre Frustrationen zu beherrschen. Glauben Sie mir, Frustrationen sind der Schlüssel zum Erfolg. Wenn Sie sich große Erfolge genauer anschauen, werden Sie feststellen, daß bei fast allen irgendwann große Frustrationen im Spiel waren. Jeder, der Ihnen etwas anderes erzählt, weiß nicht, wovon er redet. Es gibt zwei Arten von Menschen – solche, die mit Frustrationen fertig geworden sind, und solche, die sich wünschen, daß es ihnen gelungen wäre.

Es gibt eine kleine Firma mit dem Namen Federal Express. Ein Mann namens Fred Smith hat die Firma gegründet, und er hat – aus reiner Frustration – ein mehrere Millionen Dollar schweres Unternehmen daraus gemacht. Er hatte jeden Pfennig, den er besaß in die Firma gesteckt und hoffte, am ersten Tag ungefähr hundertfünfzig Pakete befördern zu können. Statt dessen waren es nur sechzehn und fünf davon waren Pakete, die er an Mitarbeiter der Firma schickte. Von da an ging es immer weiter bergab. Zeitweise konnte er die Gehälter der Angestellten nicht auszahlen. Die Lastflugzeuge der Firma gingen verloren, da sie nicht abbezahlt werden konnten, und manchmal mußte Fred Smith Bestände der Firma verkaufen, um überhaupt die laufenden Kosten decken zu können. Federal Express ist heute eine Firma mit Milliardenumsatz. Der einzige Grund dafür, daß es diese Firma noch gibt, ist Fred Smiths Fähigkeit, mit einer Frustration nach der anderen fertig zu werden.

Ein großer Unterschied zwischen Menschen, die finanziell abgesichert sind und denen, die es nicht sind, liegt in der Art, wie sie mit Frustrationen umgehen. Ich will nicht behaupten, daß Armut nicht Frustrationen mit sich bringt. Ich sage nur, daß der Weg aus der Armut heraus darin besteht, mehr und mehr Frustrationen zu überwinden, bis man sein Ziel erreicht. Es heißt, daß Leute mit Geld keine Probleme haben. Ich glaube eher, daß sie mehr Probleme haben. Nur wissen sie, wie sie mit ihnen umgehen müssen, wie sie neue Strategien anwenden, neue Alternativen ausprobieren können, um mit ihnen fertig zu werden. Reich sein bedeutet nicht nur, Geld zu haben. Auch eine gute menschliche Beziehung bringt Probleme und Herausforderungen mit sich. Wenn Sie keine Probleme haben wollen, sollten Sie keine Beziehung eingehen. Auf dem Weg zu jedem großen Erfolg gibt es eine Fülle von Frustrationen zu überwinden – im Geschäftsleben, in partnerschaftlichen Beziehungen, im Leben überhaupt.

Das größte Geschenk, das wir der *Technik der Erfolgsmaximierung* verdanken, besteht darin, daß uns diese Methode zeigt, wie wir effektiv mit Frustrationen umgehen können. Sie können etwas, das Sie bis jetzt immer frustriert hat, so umprogrammieren, daß es Ihnen als Herausforderung erscheint. Methoden wie das *neurolinguistische Programmieren* sind nicht bloß eine andere Variante des positiven Denkens. Der Nachteil beim positiven Denken ist, daß Sie erst einmal daran denken müssen, und häufig ist es dann schon zu spät, das zu tun, was Sie tun wollen.

Das *NLP* bietet die Möglichkeit, Streß in Gelegenheiten zu verwandeln. Sie wissen bereits, wie Sie Bilder, die Sie früher deprimiert haben, zum Verblassen und Verschwinden bringen oder so verändern können, daß sie Sie in einen positiven Zustand bringen. Das ist nicht schwer. Sie wissen schon, wie es geht.

Hier ein Zwei-Schritte-Programm, um mit Streß fertig zu werden. *Schritt 1: Regen Sie sich nicht über Kleinigkeiten auf. Schritt 2: Denken Sie daran: Es gibt nur Kleinigkeiten.*

Alle erfolgreichen Menschen haben die Erfahrung gemacht, daß Erfolg am Ende eines frustrationsreichen Weges liegt. Leider kommen viele nie dort an. Menschen, die ihre Ziele nicht erreichen, haben sich meistens durch Frustrationen entmutigen lassen. Sie lassen sich von Frustrationen davon abhalten, das zu tun, was nötig ist, um ihr Ziel zu erreichen. Sie können dieses Hindernis überwinden, indem Sie Frustrationen einstecken und jeden Rückschlag als Feedback auffassen, aus dem Sie lernen können. Ich glaube kaum, daß Sie einen erfolgreichen Menschen finden werden, der diese Erfahrung nicht gemacht hat.

Der zweite Schlüssel: **Lernen Sie, mit Ablehnung umzugehen.** Wenn ich das in meinen Seminaren vorbringe, kann ich beobachten, wie sich die Physiologie der Menschen im Raum verändert. Gibt es ein Wort, das einen spitzeren Stachel hat als ein einfaches ›Nein‹? Was macht für einen Verkäufer den Unterschied zwischen hundert- und fünfundzwanzigtausend Dollar Umsatz aus? Der wichtigste Unterschied besteht darin, zu lernen, wie man mit Ablehnung fertig wird, sich von der Angst davor befreit und sich durch Ablehnung nicht davon abhalten läßt, immer wieder etwas zu unternehmen. Die besten Verkäufer sind immer die mit den meisten Mißerfolgen. Sie nehmen ein ›Nein‹ als Ansporn, um daraus ein ›Ja‹ zu machen.

Für Menschen unserer Kultur stellt der Umgang mit dem Wörtchen ›nein‹ eine enorme Schwierigkeit dar. Erinnern Sie sich noch an die Frage, die ich Ihnen schon einmal gestellt habe? Was würden Sie tun, wenn Sie wüßten, daß Sie keinen Mißerfolg haben würden? Denken Sie noch einmal darüber nach. Würden Sie Ihr Verhalten ändern, wenn Sie wüßten, daß Sie keinen Mißerfolg haben können? Wären Sie dann in der Lage, genau das zu tun, was Sie tun wollen? Was hält Sie also davon ab, es zu tun? Es ist dieses kleine Wörtchen ›nein‹. Um Erfolg zu haben, müssen Sie lernen, mit Ablehnungen fertig zu werden, und ihnen die Macht zu nehmen, die sie über Sie haben.

Ich habe einmal mit einem Hochspringer zusammengearbeitet. Er hatte schon an Olympischen Spielen teilgenommen, war aber an einem Punkt angelangt, da er kaum noch seine Körpergröße überspringen konnte. Als ich ihm beim Springen zusah, erkannte ich sofort, was mit ihm los war. Er riß die Latte und begann fast zu verzweifeln. Er machte aus jedem Mißerfolg eine große Niederlage. Ich rief ihn zu mir und verbot ihm, dieses Lamentieren zu wiederholen, wenn ich mit ihm arbeiten sollte. Er verbuchte jeden mißlungenen Versuch als Scheitern. Er schickte seinem Gehirn ein Signal, das das Bild des Mißerfolgs noch verstärkte, so daß es beim nächsten Sprung noch immer vorhanden war. Jedesmal, wenn er sprang, war sein Gehirn damit beschäftigt, sich wegen eines eventuellen Mißerfolgs Sorgen zu machen, anstatt ihm dabei zu helfen, sich in einen Zustand zu versetzen, der ihm zum Erfolg verhelfen könnte.

Ich sagte ihm, er solle, wenn er wieder die Latte riß, zu sich selbst sagen: »Aha! Wieder etwas dazugelernt!« und nicht: »Schon wieder versagt.« Er solle sich dann in einen ressourcevollen Zustand versetzen und es wieder probieren. Nach drei weiteren Sprüngen sprang er besser als in den ganzen letzten zwei Jahren. Es gehört nicht viel dazu, diese Änderung herbeizuführen. Der Unterschied zwischen 2,13 m und 1,93 m beträgt nur zehn Prozent. Hinsichtlich der Höhe macht das keinen großen Unterschied, aber für die Leistung ist er gewaltig. Genauso können kleine Veränderungen große Folgen für Ihre Lebensqualität haben.

Kennen Sie Rambo? Sylvester Stallone? Glauben Sie, er hätte einfach an die Tür eines Agenten oder Filmstudios geklopft, und man hätte ihm gesagt: »Hey, Sie haben einen tollen Körper. Sie sind engagiert«? Bestimmt nicht. Sylvester Stallone hatte Erfolg, weil er fähig war, eine Ablehnung nach der anderen hinzunehmen. Bevor er Karriere machte, wurde er über tausendmal abgewiesen. Er ging zu jedem Agenten, den er in New York auftreiben konnte, und alle sagten: »Nein.« Doch er machte weiter, er versuchte es immer wieder, bis er schließlich die Hauptrolle in dem Film *Rocky* spielte. Er hat tausendmal ein ›Nein‹ hingenommen und dann an die tausendunderste Tür geklopft.

Wie oft können Sie ein ›Nein‹ vertragen? Wie oft haben Sie schon den Wunsch gehabt, jemanden anzusprechen, den Sie anziehend fanden, und es dann doch nicht getan, weil Sie das Wörtchen ›nein‹ nicht hören wollten? Wie oft haben Sie schon beschlossen, sich nicht für eine Stelle zu bewerben oder ein Telefongespräch nicht zu führen oder eine Forderung nicht zu stellen, weil Sie nicht zurückgewiesen werden wollten? Denken Sie doch bitte einmal darüber nach, wie verrückt das ist. Bedenken Sie, welche Einschränkungen Sie hinnehmen, nur weil Sie Angst vor diesem kleinen Wort haben. Das Wort selbst besitzt keine Macht. Es kann Ihnen nichts tun und Ihnen auch nicht Ihre Kraft nehmen. Seine Macht entsteht durch die Art wie Sie es repräsentieren. Seine Macht verdankt es den Einschränkungen, die Sie selbst errichten, und Einschränkungen in Gedanken führen zu Einschränkungen in der Wirklichkeit.

Wenn Sie also lernen, Ihr Gehirn zu steuern, können Sie auch lernen, mit Ablehnungen umzugehen. Sie können sogar einen Anker einrichten, der es Ihnen ermöglicht, sich durch das Wörtchen ›nein‹ ermutigt zu fühlen. Sie können jede Ablehnung in eine Chance umwandeln. Wenn Sie Verkaufsgespräche am Telefon führen, dann können Sie sich so ankern, daß Sie schon allein der Griff nach dem Hörer in einen ressourcevollen Zustand versetzt und Sie die Angst vor einer möglichen Ablehnung verlieren. Vergessen Sie nicht: Der Weg zum Erfolg ist mit Zurückweisungen gepflastert.

Es gibt keinen wirklichen Erfolg ohne vorherige Ablehnung. Je öfter Sie zurückgewiesen werden, um so besser werden Sie. Um so mehr lernen Sie, um so näher kommen Sie Ihrem Ziel. Das nächste Mal, wenn Ihnen jemand etwas ablehnt, können Sie noch freundlicher zu ihm sein. Das wird seine Physiologie verändern. Erwidern Sie ein ›Nein‹ mit Freundlichkeit. Wenn Sie mit Zurückweisungen umzugehen lernen, können Sie alles erhalten, was Sie sich wünschen.

Der dritte Schlüssel zu Reichtum und Glück. **Lernen Sie mit finanziellem Druck umzugehen.** Der einzige Weg, ohne finanziellen Druck zu leben, besteht darin, ganz auf Geld zu verzichten. Es gibt viele Formen finanziellen Drucks, und viele Menschen sind darunter zusammengebrochen. Dieser Druck kann zu Habgier, Neid, Hinterlist oder Paranoia führen. Er kann Ihnen Ihre Sensibilität und Ihre Freunde nehmen. Ich möchte jedoch betonen: Finanzieller Druck kann all das bewirken, er muß es jedoch nicht in jedem Fall. Mit finanziellem Druck umgehen zu können, bedeutet zu wissen, wie man etwas bekommen kann und wann man etwas geben muß, zu wissen, wie man verdient, und zu wissen, wie man spart.

Als ich anfing, Geld zu verdienen, war ich wie besessen davon. Es dauerte nicht lange, und meine Freunde wendeten sich von mir ab. Sie sagten: »Du bist ja wie verrückt hinter dem Geld her. Was ist los mit dir?« Ich sagte: »Ich bin nicht hinter dem Geld her. Ich habe es bloß.« Sie sahen es jedoch anders. Menschen begannen anders auf mich zu reagieren, nur weil sich meine finanzielle Situation geändert hatte. Manche nahmen es mir richtig übel. Das ist auch eine Art finanziellen Drucks. Nicht genug Geld zu haben, ist eine andere

Art finanziellen Drucks. Wahrscheinlich bekommen Sie diesen Druck täglich zu spüren. Die meisten Menschen kennen ihn. Ganz gleich, ob Sie viel oder wenig Geld haben – Sie stehen immer unter finanziellem Druck.

Alles was wir im Leben tun, wird von unserer persönlichen Philosophie geleitet, von unseren inneren Repräsentationen darüber, wie wir handeln sollen. Sie liefern uns die Modelle für unser Verhalten. George S. Clason hat in seinem Buch *The Richest Man in Babylon* ein großartiges Modell dafür geliefert, wie man mit finanziellem Druck umgehen kann. Es ist ein wirklich lesenswertes Buch. Es ist ein Buch, das Ihnen Wohlstand, Glück und Begeisterung bescheren kann. Das Wichtigste, was ich aus diesem Buch gelernt habe, ist, daß man zehn Prozent von allem, was man verdient, fortgeben soll. Es stimmt! Warum? Ein Grund dafür ist, daß man zurückgeben sollte, was man bekommen hat. Ein anderer Grund ist, daß dadurch Werte für einen selbst und für andere geschaffen werden. Doch der wichtigste Grund ist, daß Sie damit der Welt und Ihrem Unbewußten signalisieren, daß mehr als genug vorhanden ist. Und das ist ein Glaube, den man unbedingt pflegen sollte. Wenn mehr als genug da ist, bedeutet das, daß Sie haben können, was Sie wollen, und daß andere auch haben können was sie wollen. Wenn Sie an diesem Gedanken festhalten, werden Sie ihn verwirklichen können.

Wann beginnen Sie damit, zehn Prozent Ihrer Einkünfte abzugeben? Wenn Sie reich und berühmt sind? Nein. Sie sollten es tun, wenn Sie gerade am Anfang stehen. Denn was Sie abgeben, wird wie ein Samenkorn sein. Sie müssen es investieren, nicht aufessen, und die beste Möglichkeit, es zu investieren, ist, es wegzugeben, so daß es für andere Werte schaffen kann. Sie werden keine Mühe haben, einen Weg zu finden. Es gibt Gelegenheiten genug. Einer der größten Gewinne dabei ist das Gefühl, das es Ihnen vermitteln wird. Wenn Sie jemand sind, der sich bemüht, die Bedürfnisse anderer Menschen aufzuspüren und zu befriedigen, dann werden Sie sich selbst mit anderen Augen sehen und Sie werden ein Gefühl der Dankbarkeit dem Leben gegenüber spüren.

Ich besuchte vor einiger Zeit meine frühere Schule in Glendora, Kalifornien. Ich wollte dort ein Seminar für Lehrer abhalten, als Anerkennung für die Lehrer, die mein Leben beeinflußt haben. In der Schule erfuhr ich, daß die Rhetorik-Kurse, durch die ich damals gelernt hatte, mich sprachlich auszudrücken, aus Mangel an Geld und Interesse gestrichen worden waren. Ich hielt diesen Kurs für sehr wichtig und beschloß daher, die Mittel zu einer Fortführung zu stellen. Ich habe es nicht getan, weil ich ein netter Mensch bin. Ich habe es getan, weil ich es ihnen schuldig war. Es ist angenehm, zu wissen, daß man zurückzahlen kann, was man schuldet. Das ist das Beste am Geld, daß man damit seine Schulden zurückzahlen kann.

Als ich klein war, mußten meine Eltern sehr hart arbeiten, um uns durchzubringen. Aus verschiedenen Gründen befanden wir uns in einer außerordentlich angespannten finanziellen Lage. Ich weiß noch, daß wir an einem Thanksgiving Day* kein Geld hatten. Wir waren alle recht niedergeschlagen, als plötzlich jemand mit einem Karton voller Lebensmittel und einem Truthahn an der Haustür klingelte. Der Mann, der all dies ablieferte, sagte, es sei von jemandem, der wisse, daß wir niemanden um etwas bitten würden, der aber aus Sympathie für uns wollte, daß wir einen schönen Thanksgiving Day verbringen. Ich werde diesen Tag nie vergessen. Daher tue ich nun an jedem Thanksgiving Day das, was ein anderer damals für mich getan hat: Ich kaufe genug Essen für etwa eine Woche und liefere es bei einer Familie ab, die in Not ist. Ich liefere das Essen immer als Bote ab, nicht als der, der das Geschenk selbst macht. Ich hinterlasse immer einen Zettel, auf dem steht: »Das ist von jemandem, der Sie mag, und der hofft, daß Sie eines Tages so gut für sich selbst sorgen werden, daß Sie dann auch jemandem helfen können, der in Not ist.«

Dieses Ereignis ist für mich einer der Höhepunkte des ganzen Jahres. Die Gesichter der Menschen zu sehen, wenn sie

* Nationalfeiertag in den USA (letzter Donnerstag im November), zu dem traditionellerweise ein Truthahnessen gehört. Anm. d. Ü.

erfahren, daß jemand an sie denkt, das ist einer der Momente, die im Leben zählen. Einmal wollte ich in Harlem Truthähne verschenken, aber wir hatten keine Lastwagen, nicht einmal ein Auto, und alle Läden waren geschlossen. Meine Mitarbeiter sagten: »Dann lassen wir es diesmal eben ausfallen.« Ich war jedoch entschlossen, es auch dieses Jahr durchzuführen. Sie fragten: »Wie sollen wir es denn machen? Wir haben nicht einmal einen Wagen für die Lieferung.« Ich sagte, daß es in den Straßen genug Lieferwagen gebe und wir nur einen zu finden brauchten, der uns mitnehme. Ich begann, Lieferwagen anzuhalten, was ich sonst übrigens niemandem in New York empfehlen möchte. Die meisten Fahrer sind darüber sehr ungehalten, und die Tatsache, daß Thanksgiving Day war, änderte überhaupt nichts daran.

Ich ging also zu einer Ampel, klopfte an die Wagenfenster und erklärte den Leuten, ich würde ihnen hundert Dollar geben, wenn sie bereit seien, mich nach Harlem zu fahren. Als sich auch das nicht bewährte, dachte ich mir etwas anderes aus. Ich fragte einige Fahrer, ob sie wohl eineinhalb Stunden Zeit hätten, um an bedürftige Menschen in einer ›verarmten Gegend‹ der Stadt Essen zu verteilen. Das brachte uns der Sache schon ein bißchen näher.

Ich hatte mir bereits überlegt, daß ich einen großen Lieferwagen brauchen würde, um mein Vorhaben auszuführen. Tatsächlich hielt plötzlich ein nagelneuer, dunkelroter Lieferwagen mit der richtigen Größe an der Ampel. Ich sagte mir: »Das ist er.« Einer meiner Mitarbeiter lief über die Straße, klopfte ans Fenster und bot dem Fahrer hundert Dollar an, wenn er uns fahren würde. Der Fahrer sagte: »Hören Sie, Sie brauchen mir dafür nichts zu bezahlen. Ich nehme Sie auch so mit.« Das war der zehnte Wagen, bei dem wir es versucht hatten. Er nahm seine Mütze vom Beifahrersitz und setzte sie auf. Auf der Mütze stand ›Heilsarmee‹. Er stellte sich als Hauptmann John Rondon vor, und sagte, er wolle dafür sorgen, daß wir das Essen zu den Menschen brächten, die es auch wirklich benötigten. Anstatt also nur nach Harlem, fuhren wir noch in die South Bronx, einen der ärmsten Stadtteile.

Wir fuhren an leerstehenden Häuserreihen und ausgebrannten Gebäuden entlang, bis zu einem Lebensmittelgeschäft. Dort kauften wir das Essen und verteilten es an Menschen, die in der Umgebung lebten – Landflüchtige, Obdachlose, und Familien, die verzweifelt um ein anständiges Leben kämpften.

Ich weiß nicht, ob wir das Leben dieser Menschen verändert haben, aber Hauptmann Rondon sagte, es habe ihren Glauben verändert, daß sie von allen vergessen seien. Kein Geld kann das kaufen, was man bekommt, wenn man etwas von sich selbst hergibt. Kein noch so ausgefeilter finanzieller Plan kann Ihnen mehr nützen, als wenn Sie die besagten zehn Prozent Ihres Einkommens weggeben. Sie lernen daraus, was man mit Geld bewirken kann, und was man mit Geld nicht bewirken kann. Das sind zwei der wertvollsten Lektionen, die es gibt. Ich habe früher geglaubt, man könne armen Leuten am besten helfen, wenn man zu ihnen gehört. Ich habe festgestellt, daß genau das Gegenteil der Fall ist. Die beste Art, armen Menschen zu helfen, besteht darin, ihnen ein Modell anderer Möglichkeiten zu geben, ihnen zu zeigen, daß es andere Möglichkeiten gibt, und ihnen dabei zu helfen, die Ressourcen zu erwerben, die sie brauchen, um sich selbst helfen zu können.

Nachdem Sie zehn Prozent Ihres Einkommens weggegeben haben, nutzen Sie weitere zehn Prozent, um Ihre Schulden abzubezahlen, und weitere zehn Prozent, um Ihr Kapital aufzustocken, indem Sie sie anlegen.

Sie sollten mit siebzig Prozent von dem, was Sie verdienen, auskommen. Wir leben in einer kapitalistischen Gesellschaft, in der die meisten Mitglieder keine Kapitalisten sind. Folglich können sie nicht den Lebensstil führen, den sie sich wünschen. Wozu in einer kapitalistischen Gesellschaft leben, umgeben von einer Fülle von Möglichkeiten, und nicht die Vorteile des Systems nutzen? Lernen Sie, Ihr Geld als Kapital zu nutzen. Wenn Sie es aufgeben, werden Sie nie Kapital besitzen. Sie werden nie die Ressourcen haben, die Sie benötigen. Das durchschnittliche Einkommen in Kalifornien soll derzeit bei fünfundzwanzigtausend Dollar pro Jahr liegen. Die durchschnittlichen Ausgaben liegen bei dreißigtausend Dollar. Das bedeutet finanziellen Druck. Sie sollten versuchen, diesen Fehler zu vermeiden.

Das Fazit der bisherigen Ausführungen ist, daß es sich mit Geld wie mit allem anderen verhält. Sie können es für sich arbeiten lassen, oder Sie können es gegen sich arbeiten lassen. Sie sollten fähig sein, in Ihren Gedanken mit Geld genauso zielorientiert und elegant umzugehen wie mit allem anderen auch.

Lernen Sie, es zu verdienen, es zu sparen und es auszugeben. Wenn Sie das können, werden Sie auch lernen, mit finanziellem Druck umzugehen, und dann wird Geld für Sie nie wieder ein Auslöser für negative Zustände sein.

Wenn Sie mit den ersten drei Schlüsseln umgehen können, werden Sie Ihr Leben bereits als erfolgreich empfinden. Wenn Sie Frustration, Ablehnung und finanziellen Druck bewältigen können, sind Ihnen keine Grenzen mehr gesetzt. Haben Sie schon einmal Tina Turner auf der Bühne gesehen? Sie hat diese drei Punkte großartig gemeistert. Nachdem sie ein Star geworden war, ging ihre Ehe in die Brüche, sie verlor ihr ganzes Geld und arbeitete acht Jahre im Fegefeuer des Showgeschäfts – in Hotels und billigen Nachtclubs. Keine Plattenfirma beantwortete ihre Telefonanrufe, oder machte ihr auch nur Hoffnungen auf einen Schallplattenvertrag. Doch sie gab nicht auf, sie schob jedes ›Nein‹ auf die Seite, arbeitete weiter, um ihre Schulden abzubezahlen und ihre Finanzen in Ordnung zu bringen. Am Ende stand sie wieder ganz oben, an der Spitze des Showgeschäfts. Sie können alles erreichen.

Damit kommen wir zum vierten Schlüssel. **Lernen Sie, Bequemlichkeit zu vermeiden.** Sie kennen gewiß Menschen – seien es Geschäftsleute, Sportler oder Künstler – die einen gewissen Erfolg erreichen und dann nicht mehr weiterkommen. Sie werden bequem und verlieren das, was ihnen den Erfolg anfangs ermöglicht hat.

Das was vollendet ist, hat noch immer eine Zukunft,
die es zu vollenden gilt.
LAO-TSE, TAO-TE-KING

Bequemlichkeit kann einer der verhängnisvollsten Zustände sein, die man haben kann. Was geschieht, wenn ein Mensch bequem wird? Er hört auf, sich zu entwickeln, hört auf zu arbeiten, hört auf, neue Werte zu schaffen. Werden Sie nicht allzu bequem. Wenn Sie mit allem rundherum zufrieden sind, besteht die Gefahr, daß Sie aufgehört haben, sich weiterzuentwickeln. Entweder man klettert, oder man rutscht ab. Ray Kroc, der Gründer der McDonald's-Imbißkette, wurde einmal gefragt, ob er einen Ratschlag geben könne, der lebenslangen Erfolg garantiere. Er sagte, es genüge, sich folgendes zu merken: »Was grün ist, wächst, was reif ist, verdirbt.« Solange man ›grün‹ bleibt, wächst man. Sie können jede Erfahrung für Ihren Aufstieg oder für Ihren Abstieg nutzen. Sie können Ihre Pensionierung als den Anfang eines reicheren Lebens ansehen, oder Sie können sie als das Ende Ihres Arbeitslebens betrachten. Sie können Erfolg als ein Sprungbrett für größere Dinge ansehen, oder Sie können sie als das Ende Ihres Arbeitslebens betrachten. Sie können Erfolg als ein Sprungbrett für größere Dinge ansehen, oder Sie können sich auf ihm ausruhen. Wenn Sie ihn jedoch als Ruhebett betrachten, werden Sie ihn wahrscheinlich nicht lange halten können. Eine Art der Bequemlichkeit entsteht durch den Vergleich mit anderen. Ich habe immer geglaubt, ich sei erfolgreich, da ich mehr erreicht hatte als andere, mit denen ich mich verglich. Das ist einer der größten Fehler, den man begehen kann. Denn vielleicht bedeutet es nur, daß es die anderen nicht weit gebracht haben. *Lernen Sie, sich nach Ihren eigenen Maßstäben zu beurteilen, anstatt nach den Erfolgen Ihrer Bekannten.* Warum? Weil Sie immer Leute finden werden, hinter deren Mißerfolgen Sie sich verbergen können.

Haben Sie das nicht als Kind manchmal getan? Haben Sie nicht gesagt: »Die anderen machen es auch, warum darf ich es nicht?« Wahrscheinlich hat Ihre Mutter geantwortet: »Es ist mir völlig egal, was die anderen tun«, und sie hatte recht damit. Sie sollten sich nicht darum kümmern, was andere tun. Kümmern Sie sich lieber um das, wozu Sie selbst fähig sind. Kümmern Sie sich darum, was Sie tun können und was Sie tun wollen. Setzen Sie sich dynamische, entwicklungsfähige, weiterführende Ziele, die Ihnen helfen, das zu tun, was Sie selbst tun wollen, und nicht das, was andere getan haben. Es wird immer jemanden geben, der mehr hat als Sie. Es wird auch immer jemanden geben, der weniger hat. Beides ist unwichtig. Sie müssen sich nach Ihren eigenen Maßstäben beurteilen, und nach sonst gar nichts.

Kleine Dinge beeinflussen kleine Geister.
BENJAMIN DISRAELI

Es gibt noch einen anderen Weg, um Bequemlichkeit zu vermeiden. Halten Sie sich von ›Kaffeekränzchen-Seminaren‹ fern. Sie wissen, wovon ich rede – von den Veranstaltungen, bei denen die Arbeitsgewohnheiten, das Geschlechtsleben, der finanzielle Status und alles, was andere Menschen sonst noch in ihrem Privatleben tun, unter die Lupe genommen werden. ›Kaffeekränzchen-Seminare‹ sind der reinste Selbstmord. Sie vergiften Ihr Gehirn, indem sie Sie dazu bringen, Ihre Aufmerksamkeit auf das Privatleben anderer zu konzentrieren, anstatt darauf, was Sie tun können, um Ihre Lebenserfahrungen zu bereichern. Von solchen ›Seminaren‹ läßt man sich nur allzu leicht einfangen, aber man darf dabei nicht vergessen, daß es nur dazu dient, sich von der Langeweile abzulenken, die entsteht, weil man unfähig ist, das zu erreichen, was man sich in seinem Leben wünscht.

Rolling Thunder, ein indianischer Weiser, hat einmal gesagt: »Sprich nur, wenn du einen guten Grund hast.« Ein guter Rat! Denn was wir geben, kommt zu uns zurück. Ich rate Ihnen also, sich von den Mülltonnen dieser Welt fernzuhalten. *Geben Sie sich nicht mit kleinen Dingen ab!* Wenn Sie bequem und mittelmäßig sein wollen, verbringen Sie ruhig Ihre Zeit damit, darüber zu klatschen, wer mit wem ins Bett geht. Wenn Sie aber etwas Besonderes erreichen wollen, dann müssen Sie sich selbst herausfordern, sich selbst prüfen, um das aus Ihrem Leben zu machen, was Sie sich wünschen.

Nun zum letzten Schlüssel. **Geben Sie immer mehr, als Sie zurückerwarten.** Das könnte der wichtigste von allen Schlüsseln sein, denn dieser Grundsatz ist so gut wie eine Garantie für wahres Glück.

Ich erinnere mich an einen Abend, als ich nach einer Veranstaltung nach Hause fuhr und so müde war, daß ich Mühe hatte, nicht einzuschlafen. Nur die Erschütterungen des Wagens hielten mich davon ab. In diesem halbwachen Zustand versuchte ich dahinterzukommen, was dem Leben Bedeutung verleiht. Plötzlich hörte ich eine Stimme in meinem Kopf sagen: »Das Geheimnis des Lebens ist Geben.«

Wenn Sie aus Ihrem Leben etwas machen wollen, dann müssen Sie lernen, zu geben. Die meisten Menschen denken über nichts anderes nach, als darüber, wie sie etwas bekommen können. Das ist keine Schwierigkeit. Doch es ist wichtig, daß man beginnt zu geben, um den Prozeß in Gang zu setzen. Das Problem ist, daß die meisten immer zuerst etwas haben wollen. Ein Ehepaar kam zu mir, und der Mann beklagte sich darüber, daß ihn seine Frau nicht gut behandle. Die Frau antwortete, das komme daher, weil er nicht besonders nett zu ihr sei. Sie erwarten also beide vom anderen, daß er den ersten Schritt macht und den Beweis seiner Zuneigung liefert.

Was für eine Beziehung ist das? Wie lange wird sie wohl halten? Der Schlüssel für jede Beziehung ist, als erster zu geben und wieder und wieder zu geben. Man darf nicht aufhören und erwarten, daß man etwas erhält. Wenn man anfängt, eine Strichliste zu führen, ist es aus. Es ist so als würde man sagen: »Ich habe etwas gegeben, jetzt bist du an der Reihe.« Damit ist das Spiel zu Ende, und man steht bald allein da. Säen Sie den Samen und geben Sie der Pflanze, was sie zum Wachsen braucht.

Was würde wohl passieren, wenn Sie zur Erde sagten: »Gib mir Früchte. Gib mir Pflanzen«? Sie würde Ihnen wahrscheinlich antworten: »Entschuldigen Sie bitte, mein Herr, aber ich glaube, Sie sind ein bißchen durcheinander. Sie müssen sich an die Spielregeln halten.« Dann würde sie Ihnen erklären, daß Sie zuerst den Samen legen müssen. Dann müssen Sie sich um ihn kümmern, ihn bewässern und den Boden lokker halten, ihn düngen, schützen und pflegen. Dann, wenn Sie alles richtig gemacht haben, werden Sie irgendwann einmal Ihre Pflanze oder Ihre Frucht erhalten. Sie könnten Forderungen ohne Ende an die Erde stellen, aber das würde nichts ändern. Sie müssen immer wieder geben, den Boden mit Nahrung versorgen, damit er Früchte trägt. Ganz genauso ist es im Leben.

Sie können eine Menge Geld verdienen. Sie können ein Königreich regieren, große Geschäfte tätigen oder riesige Ländereien besitzen. Doch wenn Sie es nur für sich selbst tun, ist es kein wirklicher Erfolg. Dann haben Sie keine wirkliche Macht. Dann sind Sie nicht wirklich reich. Wenn Sie auf diese Weise den Gipfel des Erfolgs erklimmen, werden Sie wahrscheinlich schon bald wieder herunterkommen.

Wissen Sie, was die größte Illusion in bezug auf Erfolg ist? Daß er wie ein hoher spitzer Berg ist, den man besteigt, daß er eine Sache ist, die man besitzt, oder ein statisches Ziel ist, das man erreichen kann. Wenn Sie Erfolg haben wollen, dann müssen Sie den Erfolg als einen Prozeß verstehen, als eine Art zu leben, eine Art zu denken, eine Lebensstrategie. Davon hat dieses Kapitel gehandelt. Sie müssen wissen, was Sie haben, und Sie müßten die Gefahren kennen, die Ihnen begegnen können. Wenn Sie wahren Reichtum und wahres Glück erleben wollen, müssen Sie die Fähigkeit haben, Ihre Macht auf verantwortungsvolle und liebevolle Weise anzuwenden. Wenn Sie mit den fünf Schlüsseln, die ich Ihnen gegeben habe, richtig umgehen können, werden Sie alles, was Sie in diesem Buch gelernt haben, dazu verwenden können, um wunderbare Dinge zu leisten.

20

Trends schaffen: Die Kunst zu überzeugen

Wir werden in unserem Raumschiff Erde
nicht mehr lange dahinreisen, wenn wir es nicht
als ein Ganzes ansehen –
als unser gemeinsames Schicksal.
Es geht um alles oder nichts.

Buckminster Fuller

Bis jetzt haben wir uns vor allem mit individuellen Veränderungen befaßt, mit dem Wachstum und der Befähigung der einzelnen. Doch einer der unzweideutigsten Aspekte der modernen Welt ist die Veränderung, die auf allgemeiner Ebene stattfindet. Die Idee des globalen Dorfes ist ein bekanntes Klischee, aber sie ist noch immer wahr. Noch nie zuvor in der Geschichte unseres Planeten hat es so viele mächtige Mechanismen zur massiven und anhaltenden Beeinflussung großer Menschenmengen gegeben. Das kann bedeuten, daß nur immer mehr Menschen Coca-Cola kaufen, Levi's Jeans tragen und Rock 'n' Roll-Musik hören. Es kann aber auch bedeuten, daß sich tiefgreifende, positive Einstellungsveränderungen auf der ganzen Welt vollziehen. Das hängt allein davon ab, wer die größte Überzeugungskraft besitzt und zu welchem Zweck er sie anwendet. In diesem Kapitel werden wir uns die weitreichenden gesellschaftlichen Veränderungen ansehen, wir werden sehen, wie sie vor sich gehen, und wir werden untersuchen, welche Bedeutung sie haben. Dann werden wir uns mit der Frage befassen, wie man lernen kann, überzeugend zu kommunizieren, und was man mit dieser Fähigkeit alles bewirken kann.

Wir glauben, daß wir heute mit Reizen überflutet werden, doch das ist nicht das Wichtigste, was die Gegenwart von früheren Zeiten unterscheidet. Ein Indianer, der durch die Wälder streifte, nahm eine Unzahl von Bildern, Geräuschen und Gerüchen wahr, die für ihn den Unterschied zwischen Leben und Tod, zwischen Essen und Verhungern, bedeuten konnten. Auch in seiner Welt gab es viele Reize.

Der größte Unterschied zwischen damals und heute ist die Intention und die Reichweite der Reize. Die Reize, denen der Indianer im Wald ausgesetzt war, waren zufällig. Im Unterschied dazu werden die Reize, mit denen wir es heute zu tun haben, bewußt gelenkt, um uns zu einer ganz bestimmten Handlung zu bewegen. Es kann sich darum handeln, einen Wagen zu kaufen oder einen bestimmten Kandidaten zu wählen. Es kann der Appell sein, hungernden Kindern zu helfen, oder das verlockende Angebot, mehr Kuchen und Süßigkeiten zu konsumieren. Es kann der Versuch sein, uns ein gutes Gefühl zu vermitteln, weil wir etwas Bestimmtes besitzen, oder eine Botschaft, die versucht, in uns das Verlangen nach etwas zu schaffen, das wir nicht haben. Doch das Wichtigste und Charakteristischste an unserer modernen Welt ist die Beharrlichkeit, mit der wir pausenlos von etwas überzeugt werden sollen. Wir sind pausenlos von Menschen umgeben, die die Mittel, die Techniken und das Know-how haben, um uns dazu zu überreden, etwas Bestimmtes zu tun. Die Reichweite dieser Überzeugungsversuche ist beträchtlich. Das gleiche Bild, das uns gerade dargeboten wird, um uns zu beeinflußen, kann im gleichen Moment Millionen von Menschen dargeboten werden.

Betrachten wir zum Beispiel das Zigarettenrauchen. Früher hätten sich die Menschen mit Unwissenheit herausreden können. Heute wissen wir jedoch genau, wie schädlich Zigaretten für unsere Gesundheit sind. Sie tragen zu fast allen Krankheiten bei, vom Krebs bis zum Herzinfarkt. Es gibt sogar umfassende öffentliche Anstrengungen – Antiraucherkampagnen und dergleichen –, die den Rauchern zeigen sollen, daß sie etwas Falsches tun. Es gibt eine Fülle guter Gründe, nicht zu rauchen. Trotzdem macht die Tabakindustrie weiter ihre Gewinne, Millionen Menschen rauchen weiter ihre Zigaretten, und ständig kommen neue hinzu. Woran liegt das?

Vielen vermittelt es einen Genuß, zu rauchen, doch das ist nicht der Grund, warum sie damit angefangen haben. Sie mußten zuerst lernen, wie man eine Zigarette als Auslöser für Genuß verwendet, denn das ist keine natürliche Reaktion. Was passierte, als Sie das erstemal eine Zigarette geraucht haben? Sie fanden es scheußlich. Sie husteten und würgten, und es wurde Ihnen übel. Ihr Körper sagte: »Das ist ein schreckliches Zeug. Weg damit!« Eigentlich würde man erwarten, daß man auf seinen Körper hört, wenn er einem mitteilt, daß ihm etwas nicht behagt. Im allgemeinen ist das auch der Fall. Warum also nicht beim Rauchen? Warum rauchen die Menschen so lange, bis der Körper nachgibt und am Ende süchtig wird?

Sie tun es, weil man sie in bezug auf das, was Rauchen bedeutet, reframt hat und diese neuen Repräsentationen und dieser neue Zustand fest in ihnen verankert ist. Jemand, der sehr viel von suggestiver Beeinflussung versteht, hat Millionen und Abermillionen Dollar dafür ausgegeben, um die Öffentlichkeit davon zu überzeugen, daß Rauchen etwas Wünschenswertes sei. Es wurden raffinierte Bilder und Töne verwendet, um uns in einen positiven Zustand zu versetzen; dann wurde dieser bewußt herbeigeführte Zustand mit einem Produkt in Verbindung gebracht – der Zigarette. Durch massive Wiederholung ist das Rauchen mit verschiedenen angenehmen Zuständen in Verbindung gebracht worden. Das Rauchen an sich hat keinen natürlichen Wert und keine positive soziale Wirkung. Doch man hat uns davon überzeugt, daß Rauchen sexy, wohltuend, erwachsen oder männlich sei. Wollen Sie auch so sein wie der Marlboro-Mann? Dann rauchen Sie eine Zigarette. Möchten Sie zeigen, daß Sie eine Frau von Welt sind? Dann rauchen Sie eine Zigarette. Vielleicht wirken Sie damit wie eine Frau von Welt, doch wenn Sie weiterrauchen, werden Sie bald nicht mehr von dieser Welt sein.

Ist das nicht verrückt? Wie, um alles in der Welt, kann man sich ein ›Vergnügen‹ wünschen, das darin besteht, sich die Lungen mit krebserzeugenden Substanzen vollzupumpen? Doch die Werbeleute tun – im großen Stil – genau dasselbe, wovon wir in diesem Buch gesprochen haben. Sie präsentieren Ihnen Bilder, die Sie in einen aufnahmebereiten, positiven Zustand versetzen – und auf dem Höhepunkt der Erfahrung wird Ihnen dann die Botschaft suggeriert, die man verkaufen will. Die Botschaft kommt im Fernsehen, in Zeitschriften oder im Radio so oft, daß der Ankerreiz ständig verstärkt, immer wieder neu ausgelöst wird.

Warum zahlt Coca-Cola wohl an Bill Cosby* oder Pepsi Cola an Michael Jackson so viel Geld? Warum hüllen sich Politiker in die Nationalflagge? Warum mögen die Amerikaner Hot Dogs, Baseball und Chevrolets? All diese Menschen und Symbole sind bereits feste Bestandteile unserer Kultur, und die Werbeleute übertragen das Gefühl, das wir für diese Menschen oder Symbole hegen, auf ihre Produkte. Sie verwenden sie dazu, uns für ihre Produkte empfänglich zu machen. Warum wurde in der TV-Werbung für Reagan das bedeutungsvolle Symbol des Bären im Wald verwendet? Der Bär, der die Sowjetunion symbolisiert, war ein mächtiger negativer Anker, der uns die Notwendigkeit einer starken Führungspersönlichkeit nahelegen sollte, als die Reagen sich anbot. Dabei können Bären auch durchaus niedlich wirken. Warum hatte diese Werbung eine so starke Wirkung? Wegen der Ausstattung – des Lichts, des Textes und der Musik, die dazu verwendet wurden.

Sie können jede wirksame Werbesendung oder jede politische Kampagne in ihre Einzelteile zerlegen, und Sie werden feststellen, daß ihre einzelnen Elemente in ganz genau denselben Rahmen passen, den Sie in diesem Buch kennengelernt haben. Als erstes verwendet die Werbung visuelle und auditive Reize, um Sie in den Zustand zu versetzen, in dem Sie der Werbeträger haben will. Dann wird Ihr Zustand an ein Pro-

---

* Amerikanischer Fernsehstar (Anm. d. Ü.)

dukt oder ein Verhalten geankert. Das wird so oft und so lange wiederholt, bis Sie automatisch den gewünschten Zustand mit dem bestimmten Produkt in Verbindung bringen. Wenn die Werbung gut ist, wird sie Bilder und Töne verwenden, die die drei wichtigen Repräsentationssysteme ansprechen und beeinflussen: das visuelle, auditive und kinästhetische. Das Fernsehen ist deshalb so wirksam, weil es alle drei am besten einsetzen kann. Es kann Ihnen hübsche Bilder zeigen, es kann Ihnen einschmeichelnde Töne und Lieder vorspielen, und es kann eine Botschaft mit viel emotionaler Wirkung versehen. Denken Sie an die effektvollen Werbespots für Coca-Cola oder McDonald's. Sie alle haben eines gemeinsam – sie bieten eine Kombination visueller, auditiver und kinästhetischer Anker und sprechen damit so gut wie jeden Zuschauer an.

Natürlich gibt es auch Fälle, in denen durch Werbung andere Bilder erzeugt werden sollen, der bestehende Zustand drastisch unterbrochen wird. So etwa in der Anti-Raucher-Werbung. In Amerika gibt es ein Plakat, auf dem ein Fötus in der Gebärmutter eine Zigarette raucht und ein anderes zeigt Brooke Shields, völlig von Zigarettenrauch eingenebelt, mit Zigaretten in Nase und Mund. Diese Werbeplakate sind am wirksamsten, weil sie als Musterunterbrecher funktionieren und die Aura von Glanz und Glamour zerstören, von der ein ungesundes Produkt bis dahin umgeben war.

In einer Welt voller ›Überzeuger‹ haben Sie die Wahl, selbst einer zu werden – oder der zu sein, der überzeugt wird. Sie können Ihr Leben steuern oder sich steuern lassen. Dieses Buch handelt im wesentlichen von der Kunst der Überzeugung. Es hat Ihnen gezeigt, wie Sie persönliche Power entwickeln können, um sich selbst zu kontrollieren, so daß Sie jemand sind, der andere überzeugen kann, seien es nun Ihre Kinder oder Ihre Arbeitskollegen und Geschäftspartner. Wer Power hat, überzeugt. Wer keine Power hat, muß auf die Bilder und Befehle reagieren, die er erhält.

Power bedeutet die Fähigkeit, zu kommunizieren und zu überzeugen. Wenn Sie keine Beine haben, müssen Sie jemanden überzeugen, Sie zu tragen. Wenn Sie kein Geld haben, müssen Sie jemanden überzeugen, Ihnen etwas zu leihen. Überzeugungskraft ist die wichtigste Fähigkeit, um Veränderungen herbeizuführen. Wenn Sie überzeugen können und Gesellschaft suchen, werden Sie bestimmt jemanden finden, der Ihnen Gesellschaft leistet. Wenn Sie ein gutes Produkt verkaufen wollen, werden Sie jemanden finden, der es kauft. Sie können Ideen oder Produkte haben, die die Welt verändern könnten – ohne Überzeugungskraft nützen sie Ihnen nichts. Wie Sie das, was Sie haben, anbringen, ist entscheidend. Es ist das wichtigste Talent, das Sie entwickeln können.

Ich will Ihnen an einem Beispiel zeigen, wie wirksam die Techniken des *Neurolinguistischen Programmierens* sind und was Sie mit ihnen anfangen können, wenn Sie sie beherrschen. Als ich mein erstes zwölftägiges neurolinguistisches Trainingsprogramm entwickelte, beschloß ich, eine Übung einzuschließen, die die Teilnehmer dazu bringen sollte, das, was sie gelernt hatten, auch wirklich anzuwenden. Ich trommelte also alle Teilnehmer des Kurses nachts um halb zwölf zusammen und forderte sie auf, mir ihre Schlüssel, ihr Bargeld, ihre Kreditkarten und ihre Geldbörsen zu geben – alles – außer den Kleidungsstücken, die sie trugen.

Ich wolle ihnen beweisen, sagte ich, daß sie, um Erfolg zu haben, nichts anderes benötigten als ihre persönliche Power und Überzeugungskraft. Sie besäßen bereits die Fähigkeit, die Bedürfnisse anderer Menschen herauszufinden und darauf einzugehen, und daß sie dazu weder Geld noch Status oder sonst irgend etwas benötigten, was in unserer Kultur als notwendig gilt, um sich sein Leben so einzurichten, wie man es sich wünscht.

Wir befanden uns in Carefree, Arizona. Die erste Aufgabe bestand darin, eine Möglichkeit zu finden, nach Phoenix zu kommen, das eine Autostunde entfernt ist. Ich sagte ihnen, sie sollten gut auf sich aufpassen, gesund in Phoenix ankommen, sich einen netten Platz zum Übernachten suchen, gut essen und ihre Überzeugungskünste auf jede mögliche Weise nutzen, die für sie und andere etwas erreicht. Das Ergebnis war erstaunlich. Vielen von ihnen gelang es, in Banken Summen von hundert bis fünfhundert Dollar zu leihen – nur aufgrund ihrer Überzeugungskraft und ihres kongruenten Auftretens. Bedenken Sie: Sie hatten keinerlei Ausweispapiere, und sie waren in einer fremden Stadt, in der sie noch nie zuvor gewesen waren. Eine Frau ging in ein großes Kaufhaus und erhielt ohne Ausweis Kreditkarten, die sie auf der Stelle benutzte. Von den hundertzwanzig Teilnehmern fanden achtzig einen Job, und sieben hatten sogar drei oder mehr Jobs an diesem einen Tag bekommen. Eine Frau wollte im Zoo arbeiten. Man sagte ihr, der Zoo habe eine sechsmonatige Wartezeit allein für Freiwillige. Doch mit Hilfe ihrer Überzeugungskraft schaffte sie es, daß man ihr erlaubte, mit Tieren zu arbeiten. Sie behandelte sogar einen kranken Papagei mit *NLP*-Techniken, um sein Nervensystem anzuregen. Der Zoodirektor war so beeindruckt, daß sie sogar für ein kleines Seminar eingeladen wurde, um zu erklären, wie sich diese Methoden anwenden ließen, um Tiere positiv zu beeinflussen. Ein Mann, der Kinder gern hatte und schon immer zu einer großen Gruppe von Kindern sprechen wollte, ging in eine Schule und sagte: »Ich soll den Vortrag halten. Wann können wir anfangen?« Die Leute fragten: »Was für einen Vortrag?« Er antwortete: »Nun, der Vortrag, der für heute geplant war. Ich habe einen ziemlich weiten Weg hinter mir. Ich kann eine Stunde warten, aber dann müssen wir anfangen.« Niemand wußte so richtig, wer er war, doch er war so sicher und überzeugend in seinem Auftreten, daß die Lehrer beschlossen, ihn seinen Vortrag halten zu lassen. Sie brachten also die Kinder zusammen, und er erzählte ihnen eineinhalb Stunden lang, wie sie ihr Leben verbessern könnten. Die Kinder und die Lehrer waren begeistert.

Eine andere Frau ging in ein Buchgeschäft und signierte ein Buch der Fernseh-Predigerin Terry Cole-Whittaker. Sie sah zwar überhaupt nicht so aus wie Terry Cole-Whittaker, die übrigens auf dem Umschlag abgebildet war, doch sie ahmte ihren Gang, ihren Gesichtsausdruck und ihr Lachen so gut nach, daß der Geschäftsführer der Buchhandlung – der sich zuerst darüber geärgert hatte, daß eine fremde Frau in seinen Büchern herumkritzelte – seine Meinung änderte und sagte: »Tut mir leid, Mrs. Cole-Whittaker. Es ist mir eine große Ehre, Sie hier zu haben.« Einige Leute baten um Autogramme und kauften das Buch, während sie dort war. Eine weitere Gruppe von Teilnehmern half einer ganzen Reihe von Menschen, sich von ihren Phobien oder verschiedenen anderen emotionalen Problemen zu befreien. Das Wesentliche dieser Übung bestand darin, den Kursteilnehmern zu zeigen, daß sie nicht mehr benötigten, als ihre eigenen ressourcevollen Verhaltensweisen und Fähigkeiten, um sich zurechtzufinden – ganz ohne die üblichen Hilfsmittel (Auto, Geld, Status, Beziehungen und so weiter). Die meisten von ihnen verbrachten einen wunderbaren und erfreulichen Tag. Sie gewannen viele Freunde und halfen vielen Menschen.

Im ersten Kapitel war davon die Rede, wie verschieden die Gefühle der Menschen in bezug auf Macht sind. Manche glauben, Macht sei irgendwie ungehörig; Macht bedeute, unrechtmäßige Kontrolle über andere zu besitzen. Ich möchte Ihnen eines sagen: In unserer modernen Welt sind wir ständig den verschiedensten Einflüssen ausgesetzt. Das ist eine Tatsache des Lebens. Irgend jemand übt immer Einfluß auf uns aus. Es werden Millionen und Abermillionen Dollar dafür ausgegeben, um Botschaften mit Nachdruck und Wirkung anzubringen. Entweder Sie schaffen es, zu überzeugen, oder jemand anderes wird es tun. Die Zukunft Ihrer Kinder kann davon abhängen, wer überzeugender ist, Sie oder der Drogendealer. Wenn Sie Kontrolle über Ihr Leben haben wollen, wenn Sie das überzeugendste, wirksamste Modell für diejenigen sein wollen, an denen Ihnen etwas liegt, dann müssen Sie lernen, wie Sie andere überzeugen können. Wenn Sie diese Verantwortung nicht tragen wollen, gibt es genug andere, die bereit sind, sie Ihnen abzunehmen.

Inzwischen wissen Sie, was all die verschiedenen Kommunikationstechniken für Sie persönlich bedeuten können. Wir müssen uns nun überlegen, was sie für uns alle gemeinsam bedeuten können. Wir leben in einer bemerkenswerten Ära der menschlichen Geschichte, in einer Zeit, in der Veränderungen, die früher Jahrzehnte lang gedauert haben, in wenigen Tagen stattfinden, in der Reisen, die früher Monate gedauert haben, in wenigen Stunden zurückgelegt werden können. Viele dieser Veränderungen sind positiv. Wir leben länger, komfortabler und haben mehr Anregungen und Freiheiten als je zuvor.

Manche dieser Veränderungen können jedoch auch sehr nachteilige Folgen haben. Zum ersten Mal in der Geschichte wissen wir, daß wir die Fähigkeit besitzen, den gesamten Planeten zu zerstören – durch Explosionen von unvorstellbarer Gewalt oder durch einen langen, langsamen Tod infolge der Verschmutzung und Vergiftung des Planeten und unserer selbst. Niemand spricht gern über diese Dinge – wir bewegen uns lieber von diesen Themen fort als auf sie zu. Doch es ist eine Tatsache unseres Lebens. Das Gute daran ist, daß Gott, die menschliche Intelligenz, der reine Zufall oder was auch sonst immer, die Situation herbeigeführt hat, in der wir uns heute befinden, uns auch die Mittel gegeben hat, diese Situation zu ändern. Ich glaube, daß alle Probleme der Welt eine Rolle dabei spielen, aber ich glaube auch an etwas, das viel größer ist als mein gegenwärtiges Verständnis. Wenn wir sagen, daß es keinen Ursprung des Geistes gibt, den wir Gott nennen können, dann ist das genauso, als würden wir sagen, *Webster's Wörterbuch* sei durch die Explosion in einer Druckerei entstanden, die alle Worte vollkommen aneinandergereiht hätte.

Eines Tages, als ich über die ›Probleme‹ der Welt nachdachte, geriet ich in Aufregung, weil ich eine gemeinsame Beziehung zwischen ihnen allen feststellte. Alle menschlichen Probleme sind Verhaltensprobleme! Ich hoffe, Sie verwenden jetzt Ihr Präzisionsmodell und fragen: »Alle?« Nun, ich will es einmal so sagen: Selbst wenn menschliches Verhalten nicht die unmittelbare Ursache des Problems ist, dann läßt es sich gewöhnlich dennoch durch eine Veränderung des Verhaltens lösen. Im Verbrechen selbst liegt nicht die Ursache des Problems – vielmehr schafft das Verhalten von Menschen das, was wir Verbrechen nennen.

Häufig reden wir über unser Verhalten wie über eine Sache, als sei unser Verhalten gleichsam eine physikalische Gegebenheit, obgleich es sich in Wirklichkeit um Prozesse handelt. Solange wir mit menschlichen Problemen umgehen, als seien es Dinge, entmachten wir uns selbst, indem wir sie in etwas Übermächtiges verwandeln, das unserer Kontrolle entzogen ist. Der Atomstrom oder atomare Abfall sind nicht das Problem. Die Art, wie wir das Atom verwenden, kann zu Problemen führen. Wenn wir beschließen, daß diese Techniken nicht die wirksamsten und gesündesten zur Energiegewinnung sind, können wir unser Verhalten ändern. Der Atomkrieg ist nicht an sich ein Problem. Die Art und Weise, wie die Menschen sich verhalten, ist das Problem. Sich gegenseitig das Land zu zerstören, trägt nicht dazu bei, größere Nahrungsvorräte zu schaffen. Wenn Nahrungsmittel aus aller Welt herbeigeschafft werden und dann in Lagerhallen verrotten, weil sich die Menschen nicht einigen können, dann ist das ein Problem menschlicher Verhaltensweisen. Die Israelis haben gezeigt, daß man selbst die Wüste urbar machen kann.

Wenn wir uns also auf die nützliche Verallgemeinerung einigen können, daß menschliches Verhalten die Quelle menschlicher Probleme ist oder daß neue menschliche Verhaltensweisen die meisten Probleme lösen könnten, dann ist das schon eine ziemlich aufregende Erkenntnis, weil wir wissen, daß Verhaltensweisen die Ergebnisse der Zustände sind, in denen sich die Menschen befinden, und der Modelle, die sie für den Umgang mit diesen Zuständen haben.

Wir wissen auch, daß die Zustände, aus denen sich unser Verhalten ableitet, das Ergebnis unserer internalen Repräsentationen sind. Wir wissen beispielsweise, daß Menschen das Rauchen mit einem bestimmten Zustand verbinden. Sie rauchen nicht Tag und Nacht und jede Minute, sondern nur, wenn sie sich in einem bestimmten Zustand befinden. Menschen, die zuviel essen, tun das nicht andauernd, sondern nur, wenn sie sich in einem Zustand befinden, den sie mit übermäßigem Essen in Verbindung gebracht haben. Wenn man diese Verknüpfungen oder die damit verbundenen Reaktionen erfolgreich verändert, dann kann man auch das Verhalten der Menschen ändern.

Wir leben in einem Zeitalter, in dem die Technologie verfügbar ist, Botschaften in alle Teile der Welt zu senden. Diese Technologie sind die Medien – Radio, Fernsehen, Kinofilme und Druckerzeugnisse.

Die Filme, die wir heute in New York und Los Angeles sehen, können bereits morgen in Paris und London gezeigt werden, und einen Tag später vielleicht in Beirut und Managua und nur wenige Tage später an jedem Ort der Welt. Wenn diese Filme, Bücher, Fernsehprogramme oder andere Medienprodukte die internalen Repräsentationen und Zustände der Menschen zum Besseren hin verändern, dann können sie auch die Welt zum Besseren hin verändern. Wir haben gesehen, wie wirksam die Medien sind, um Produkte zu verkaufen und Kultur zu verbreiten. Wir sind jetzt gerade dabei, zu lernen, wie wirksam sie zur Verbesserung der Welt beitragen können. Denken Sie nur an die Live-Aid-Konzerte. Sie sind der sichtbare Beweis für die positive Macht der Kommunikationstechnologie.

Es stehen uns also heutzutage die Mittel zur Verfügung, um die internalen Repräsentationen großer Menschenmengen zu verändern und damit ihre Zustände und damit ihr Verhalten. Wenn wir unser Verständnis der Mechanismen menschlichen Verhaltens sowie der gegenwärtig vorhandenen Technologien zur Übermittlung dieser neuen Repräsentationen erfolgreich anwenden, können wir die Zukunft unserer Welt verändern.

Der Dokumentarfilm *Scared Straight* ist ein gutes Beispiel dafür, wie wir die internalen Repräsentationen und damit die Verhaltensweisen von Menschen mit Hilfe der Medien verändern können. Der Film zeigt ein Programm, in dem Jugendliche, die Gesetzesverstöße begangen hatten, ein Gefängnis besuchen, wo in Gesprächen mit Insassen ihre Repräsentationen von Verbrechen und Haft nachhaltig verändert wurden. Die Jugendlichen zeigten sich in vorher durchgeführten Interviews recht hartgesotten und gaben an, daß ihnen eine Haftstrafe nicht viel ausmachen würde. Doch das änderte sich schnell, als ihnen ein mehrfacher Mörder in erschütternden Details den Gefängnisalltag beschrieb. In dem Presseecho, das diese Dokumentation fand, war allenthalben die Rede davon, wie positiv diese Maßnahme auf das Verhalten der Kinder gewirkt habe. Durch das Fernsehen konnte die gleiche Erfahrung einer großen Zahl von Jugendlichen (und Erwachsenen) vermittelt werden, wodurch die Repräsentation und das Verhalten vieler Menschen gleichzeitig geändert werden konnte.

Wir können das Verhalten von Menschen in großem Maßstab verändern, wenn wir ihnen die entsprechenden Informationen so nahebringen, daß alle wichtigen Vorstellungssysteme angesprochen werden, und unsere Botschaften in einem Rahmen darbieten, auf den die wichtigsten Metaprogramme der Zuschauer reagieren. Wenn wir das Verhalten großer Menschenmassen verändern, verändern wir den Lauf der Geschichte.

Was für ein Gefühl hatten damals beispielsweise viele junge Amerikaner, als man sie fragte ob sie am Ersten Weltkrieg teilnehmen würden? In der Regel ein recht positives. Warum? Die Vorstellungen, die die meisten jungen Männer vom Krieg hatten, wurden durch Songs wie ›Over there‹ und durch Onkel-Sam-Poster mit der Aufschrift ›Ich will dich‹ geprägt. Die jungen Männer aus der Zeit des Ersten Weltkriegs sahen sich wahrscheinlich als Retter der Demokratie und Freiheit der ganzen Welt. Diese äußeren Anreize stellten den Krieg auf eine Weise dar, die sie in einen positiven Zustand versetzte und in ihnen den Wunsch weckte, nach Europa zu gehen und mitzukämpfen. Sie taten es freiwillig. Was passierte im Gegensatz dazu, als der Vietnamkrieg ausbrach? Welche Einstellung hatten die meisten jungen Männer dazu, ›hinüberzugehen‹ und zu kämpfen? Eine völlig andere. Warum? Weil einer enormen Zahl von Menschen jetzt tagtäglich durch die Abendnachrichten eine andere Art äußerer Reize dargeboten wurde, die ihre Repräsentationen beständig veränderte. Der Krieg war in den Repräsentationen vieler Menschen nun etwas völlig anderes als früher. Er war nicht mehr nur ›da drüben‹ – er war jetzt in ihren Wohnzimmern, beim Abendessen, und konnte in allen Einzelheiten beobachtet werden. Er hatte wenig Ähnlichkeit mit den großen Paraden oder einem noblen Kampf zur Rettung der Demokratie. Man sah mit an, wie Achtzehnjährigen, die aussahen wie der eigene Sohn oder der Nachbarjunge, das Gesicht zerschossen wurde, und wie sie in einem fernen Dschungel starben. Die Folge war, daß immer mehr Menschen neue Repräsentationen davon entwickelten, was dieser Krieg bedeutete, und ihr Verhalten änderten. Es geht nicht darum, ob der Vietnamkrieg gerechter oder ungerechter war als irgendein anderer Krieg; ich möchte nur verdeutlichen, daß, nachdem sich die Repräsentationen der Menschen verändert hatten, sich auch ihr Verhalten veränderte. Diese Veränderungen wurden durch die Medien erzeugt.

Unsere Gefühle und Verhaltensweisen ändern sich in jedem Augenblick; manchmal sogar, ohne daß wir es bemerken. Was halten Sie, zum Beispiel, von außerirdischen Wesen? Denken Sie an Filme wie *E. T., Starman, Cocoon* oder *Unheimliche Begegnung der dritten Art*. Wir haben uns diese Wesen früher als schreckliche, widerliche Ungeheuer vorgestellt, die Städte verwüsten und Köpfe abreißen. Heute sehen wir sie als Wesen, die sich im Kleiderschrank eines kleinen Jungen versteckt halten und mit unseren Kindern Fahrrad fahren – oder Großvätern ihren Swimming-pool leihen, damit sie sich an heißen Tagen abkühlen können. Wenn Sie ein außerirdisches Wesen wären und von den Menschen gern freundlich aufgenommen werden möchten, würden Sie ihnen dann lieber begegnen, nachdem Sie einen Film wie *Body Snatchers* (dt.: Die Körperfresser kommen) oder einige von Steven Spielbergs Filmen gesehen haben? Wenn ich ein extraterrestrisches Wesen wäre, würde ich, bevor ich auf die Erde käme, erst dafür sorgen, daß jemand eine Reihe von Filmen dreht, in denen ich als sympathischer, umgänglicher Typ dargestellt werde, damit sie mich mit offenen Armen empfangen. Ich würde mir einen tüchtigen PR-Mann suchen, der die internalen Repräsentationen der Menschen in bezug auf mich positiv beeinflußt. Vielleicht hat schon jemand Spielberg für diese Aufgabe gewonnen.

Wie beeinflußt ein Film wie *Rambo* Ihre Einstellung zum Krieg? Schien es Ihnen nicht auch so, daß Töten und Abwerfen von Napalmbomben ein wildes Riesenvergnügen sein müsse? Würde uns dieser Film eher ermutigen oder davon abhalten, in einen Krieg zu ziehen? Natürlich wird ein einziger Film kaum das Verhalten eines ganzen Volkes verändern. Ich möchte in diesem Zusammenhang auch betonen, daß Sylvester Stallone nicht das Töten von Menschen befürwortet. Ganz im Gegenteil – seine Filme handeln vielmehr davon, wie man durch harte Arbeit und Disziplin Einschränkungen überwinden kann. Sie sind ein Modell dafür, daß es möglich ist, sich selbst unter schlechtesten Bedingungen durchzusetzen. Wichtig bleibt jedoch, sich den ständigen Einfluß der Massenkultur bewußt zu machen. Wichtig ist auch, daß wir uns darüber klar werden, welchen Einflüssen wir uns aussetzen, und uns vergewissern, ob sie die Ziele, die wir anstreben, unterstützen.

Was würde geschehen, wenn man auf der gesamten Welt die internalen Repräsentationen vom Krieg ändern würde? Was wäre, wenn dieselbe Macht, dieselbe Technologie, die Massen von Menschen dazu bringt, in den Krieg zu ziehen und zu kämpfen, wirksam dazu verwendet werden könnte, Gegensätze zu überbrücken und die Einheit aller Menschen anzustreben? Besteht diese Technologie? Ich glaube, ja. Verstehen Sie mich nicht falsch – ich will damit nicht sagen, daß es leicht sei, und wir nichts weiter zu tun brauchten, als ein paar Filme zu drehen, sie jedem zu zeigen – und schon würde die Welt eine bessere. Ich will damit nur sagen, daß die für eine Veränderung notwendigen Mechanismen genauso zur Verfügung stehen wie die Mittel zur Zerstörung. Ich halte es für wichtig, daß wir alle uns dessen, was wir sehen, hören und erfahren, mehr bewußt werden und darauf achten, wie wir unsere Erfahrungen individuell und gesellschaftlich repräsentieren. Wenn wir unsere Ziele im Rahmen unserer Familie, unserer Städte, und Länder wie auch auf der Welt insgesamt erreichen wollen, müssen wir unsere Bewußtheit erhöhen. Was ständig millionenfach repräsentiert wird, wird mit der Zeit von Millionen von Menschen verinnerlicht. Diese Repräsentationen beeinflussen die zukünftige Struktur der Kultur und der Welt. Wenn wir also eine Welt schaffen wollen, die funktioniert, werden wir aufmerksam überprüfen und planen müssen, was wir tun können, um Repräsentationen zu schaffen, die auf einer globalen Ebene unsere Möglichkeiten vergrößern.

Sie können Ihr Leben auf zwei verschiedene Arten leben. Sie können sich wie ein Pawlowscher Hund verhalten und auf alle Trends und Botschaften reagieren, die Sie gerade empfangen. Sie können romantische Vorstellungen vom Krieg hegen, sich von Fertiggerichten ernähren und jedem Trend, den Ihnen das Fernsehen zeigt, nachlaufen. Die Werbung ist einmal als »die Wissenschaft« beschrieben worden, »die menschliche Intelligenz so lange lahmzulegen, bis sie Geld aus ihr herausgeholt hat«. Manche von uns leben in einer Welt, in der dies ein Dauerzustand ist.

Die Alternative besteht darin, etwas Wirksameres zu versuchen. Wir können lernen, wie wir unser Gehirn nutzen können, um das Verhalten und die Repräsentationen wählen zu können, die uns zu besseren Menschen und unseren Planeten zu einem besseren Ort machen. Man kann lernen, zu erkennen, wann man programmiert und manipuliert wird. Man kann bestimmen, wann die Verhaltensweisen und Modelle, die einem präsentiert werden, tatsächlich die eigenen Werte widerspiegeln und wann nicht. Wenn Sie die Einflüsse ausgeschaltet haben, die Ihnen nicht entsprechen, werden Sie so handeln können, wie es Ihren Werten gemäß ist.

Wir leben in einer Welt, in der es jeden Monat einen neuen Trend zu geben scheint. Wenn Sie andere überzeugen können, werden Sie sie eher aktiv gestalten, als nur passiv auf die vielen Milliarden Botschaften zu reagieren, die ständig auf uns eindringen. Die Richtung, in die sich die Dinge entwikkeln, ist genauso wichtig wie das, was geschieht. Die Richtung bestimmt die möglichen Ziele. Daher ist es wichtig, die Richtung eines Stroms von vornherein zu erkennen und nicht erst so lange zu warten, bis man sich in einem Boot ohne Ruder am Rande der Niagara-Fälle wiederfindet. Die Aufgabe eines überzeugungsfähigen Menschen ist es, den Weg zu weisen, das Gelände abzustecken und auf dem Weg voranzugehen, der zu lohnenswerten Zielen führt. Trends werden von einzelnen Menschen geschaffen; zum Beispiel wurde der in den USA begangene Thanksgiving Day nicht von offiziellen Stellen durchgesetzt, sondern von einer einzelnen Frau, die das Ziel hatte, den durch den Bürgerkrieg entzweiten Norden und Süden der USA wieder zu vereinen. Ihr Name ist Sarah Joseph Hale, und sie hatte Erfolg, nachdem sich andere über zweihundertfünfzig Jahre lang umsonst bemüht hatten.

Viele Menschen in den USA glauben fälschlicherweise, daß der Thanksgiving Day seit dem Oktober 1621 besteht, als die Pilgerväter zum ersten Mal ›ihren Dank gaben‹. Doch das stimmt nicht, denn danach gab es hundertfünfundfünfzig Jahre lang keine regelmäßige und gemeinsame Thanksgiving-Feier in den Kolonien. Der Unabhängigkeitskrieg endete mit einem Sieg, der erstmals vom ganzen Land gemeinsam gefeiert wurde. Die Tradition wurde jedoch auch danach nicht aufrechterhalten. Der dritte Thanksgiving Day wurde nach der Unterzeichnung der Verfassung gefeiert, als Präsident George Washington den 26. November 1789 zum nationalen Thanksgiving Day ernannte. Doch selbst dann war es noch immer kein regelmäßig wiederkehrendes Ereignis.

Erst im Jahre 1827 nahm Sarah Joseph Hale mit Hingabe und Ausdauer die Sache in die Hand. Die Mutter von fünf Kindern hatte beschlossen, ihre Familie durch schriftstellerische Arbeit zu ernähren, in einer Zeit, in der nur ganz wenige Frauen in diesem Beruf Erfolg hatten. Sie war Herausgeberin eines Frauenmagazins, das sie zu einer bedeutenden Zeitschrift mit einer Auflage von hundertfünfzigtausend Exemplaren entwickelte. Bekannt wurde sie vor allem wegen Kampagnen, in denen sie sich für die Einrichtung höherer Schulen für Mädchen, für öffentliche Spielplätze und Kindertagesstätten einsetzte. Doch die wichtigste Tat ihres Lebens war die

Begründung des nationalen Thanksgiving Days. Sie nutzte ihre Zeitschrift, um eine Vielzahl von Menschen von dieser Idee zu überzeugen. Fast sechsunddreißig Jahre lang kämpfte sie für ihren Traum, indem sie beständig Briefe an Präsidenten und Gouverneure schrieb. In ihrer Zeitschrift veröffentlichte sie jedes Jahr Vorschläge für Thanksgiving-Menüs, Geschichten und Gedichte, die den Thanksgiving Day zum Thema hatten, und schrieb ein Editorial nach dem anderen, in dem sie sich für einen jährlichen Thanksgiving Day aussprach.

Schließlich lieferte ihr der Bürgerkrieg die Gelegenheit, ihren Standpunkt auf überzeugende Weise darzulegen. Sie schrieb: »Wäre es nicht von großem sozialen, nationalen und religiösen Vorteil, unseren amerikanischen Thanksgiving Day feierlich zu begehen?« Im Oktober 1863 schrieb sie: »Wenn man einmal die Gefühle beiseite läßt, die infolge der Teilung des Landes und der lokalen Ereignisse vorherrschen, und die jeder einzelne Staat und jedes einzelne Territorium vorbringen würden, um ihren Standpunkt klarzumachen und um zu erklären, warum ein bestimmtes Datum vorzuziehen sei, dann muß man zugeben, daß es doch eine höchst noble, wahrhaft amerikanische Tat wäre, nationale Einigkeit darüber herzustellen, wann wir Gott unsere Freude und unseren Dank für die Segnungen des Jahres darbringen wollen.« Sie schrieb 1863 einen Brief an Innenminister William Seward, der ihn Abraham Lincoln zeigte. Dieser fand, daß der Gedanke eines nationalen Dank- und Gedenktages gerade zur rechten Zeit kam und machte vier Tage später den letzten Donnerstag im November zu einem nationalen Feiertag zur Begehung des Thanksgiving Days. Der Rest ist Geschichte. Das alles geschah, weil sich eine Frau mit Ausdauer und Überzeugungskraft erfolgreich der bestehenden Medien bediente.

Ich möchte Ihnen nun zwei mögliche Modelle für die erfolgreiche Schaffung von Trends vorstellen. Wenn wir die Zukunft positiv beeinflussen wollen, müssen wir der nächsten Generation wirksame Methoden mit auf den Weg geben, die ihr helfen, sich eine Welt nach ihren eigenen Wünschen zu schaffen. Ich halte, zum Beispiel, Trainingslager ab, in denen wir Kindern zeigen, wie sie lernen können, ihr Gehirn und ihr eigenes Verhalten zu steuern und somit auch die Ziele zu bestimmen, die sie in ihrem Leben erreichen wollen. Sie lernen, wie sie mit Menschen aus allen Gesellschaftsschichten einen intensiven Rapport herstellen, wie sie andere modellieren, Grenzen durchbrechen und ihre Einschätzung von dem, was sie für möglich halten, ändern können. Am Ende des Lehrgangs sagen mir die meisten Kinder, daß sie noch nie zuvor soviel gelernt hätten und daß es ein großes Erlebnis gewesen sei. Dieses Programm mit Kindern gehört zu den erfreulichsten und lohnendsten Veranstaltungen, die ich durchführe.

Doch ich und meine Mitarbeiter können nur eine begrenzte Anzahl von Kindern erreichen. Daher haben wir ein Trainingsprogramm für Lehrer entwickelt, um sie mit *NLP* und anderen Techniken der *Erfolgsmaximierung* bekannt zu machen. Das war ein großer Schritt, um mehr Kinder zu erreichen, wenn auch noch nicht groß genug, um einen allgemeinen, wirklich neuen Trend in der Ausbildung von Kindern zu schaffen. Im Augenblick sind wir dabei, das Konzept für ein weiteres Projekt fertigzustellen, das wir *Challenge Foundation* nennen. Ein Problem, dem sich viele Kinder gegenübersehen – vor allem solche, die in unterprivilegierten Gegenden leben –, besteht darin, daß sie keine starken positiven Vorbilder haben. Die Challenge Foundation stellt eine Videothek zusammen, in denen die stärksten und positivsten Vorbilder unserer Kultur gezeigt werden: Menschen unserer Zeit – Richter des Obersten Gerichtshofs, Persönlichkeiten aus der Unterhaltungsbranche und dem Geschäftsleben; aber auch Größen aus früheren Tagen – John F. Kennedy, Martin Luther King oder Mahatma Gandhi. Die jungen Menschen bekommen dadurch Vorbilder, denen sie nacheifern können. Sie können von einem Lehrer etwas über Martin Luther King erfahren, und sie können Kings Werke lesen, aber das ist nur ein Teil der Erfahrung. Stellen Sie sich vor, Sie könnten ihm dreißig Minuten zuhören, wie er von seinen Überzeugungen und Ideen erzählt. Stellen Sie sich vor, er würde Sie am Ende auffordern, etwas aus Ihrem Leben zu machen? Ich möchte Kindern die Gelegenheit geben, nicht nur die Sprache, sondern auch den Tonfall, die Physiologie und die gesamte Erscheinung dieser überragenden Persönlichkeiten zu modellieren. Viele Kinder zum Beispiel, die die amerikanische Verfassung lesen, haben keine Ahnung, was sie mit dem Leben heute zu tun hat. Was wäre, wenn wir ein Video vom Vorsitzenden des Obersten Gerichtshofs hätten, der den Schülern sagt, warum er jeden Tag seines Lebens dieser Arbeit und der Erhaltung des Rechts in den Vereinigten Staaten widmet, und wie dieses Recht auch ihr Leben beeinflußt. Stellen Sie sich vor, er würde diesen jungen Menschen am Ende eine Aufgabe stellen? Was glauben Sie, würde passieren, wenn Kinder überall im Land Zugang zu solchen positiven Erfahrungen und Herausforderungen hätten? Ein solches Programm könnte die Zukunft verändern!

Ein anderes Beispiel dafür, wie man positive neue Trends schaffen kann, ist die Arbeit von Amory Lovins, dem Forschungsdirektor im Rocky Mountain Institute von Snowmass, Colorado. Lovins hat sich mehrere Jahre mit alternativen Energieprojekten beschäftigt. Viele Menschen halten die Verwendung der Kernkraft für zu kostspielig, zu ineffektiv und gefährlich. Trotzdem ist die Antiatomkraftbewegung in den USA nur vorangekommen – eben weil sie nur *gegen* die Atomkraft ist. Viele Menschen, die nach Lösungen suchen, wissen nicht, *für* welche Ziele diese Bewegung eigentlich ist. Lovins hat bei den Energiegesellschaften großen Erfolg gehabt, weil er überzeugt und nicht nur protestiert hat. Anstatt die Energiegesellschaften wegen der Atomkraft zu attackieren, bietet ihnen Lovins Alternativen, die mehr Gewinn bringen, weil sie keine riesigen, superkostspieligen Anlagen erfordern.

Lovins nennt sein Vorgehen ›Aikido-Strategie‹. Er verwendet das gleiche Prinzip wie der Zustimmungsrahmen, um Verhalten in einer Weise zu steuern, die Konflikt verwendet. In einem Fall wurde er gebeten, anläßlich eines Anhörungsverfahrens zur Errichtung einer großen Kernkraftanlage als Sachverständiger auszusagen. Mit dem Bau war noch nicht begonnen worden, trotzdem hatte man bereits dreihundert Millionen Dollar in die Anlage investiert. Er begann seine Ausführungen, indem er erklärte, er sei nicht hier, um für oder gegen die Anlage auszusagen. Es läge in aller Interesse – dem der Betreiber und dem der Kunden –, daß eine Anlage gebaut werde, die aus Steuermitteln finanziert werden könne. Er rechnete ruhig und sachlich vor, was die Firma in finanzieller Hinsicht zu erwarten habe, ohne auch nur das geringste gegen die Anlage selbst oder die Kernkraft im allgemeinen zu sagen.

Als er fertig war, bat ihn der Finanzdirektor des Betriebes zu einer Besprechung, in der er Lovins darlegte, wie sich der Bau der Anlage auf die Finanzen der Firma auswirken würde. Er räumte ein, daß die Firma durch den Bau der Anlage in finanzielle Schwierigkeiten geraten könnte und sie möglicherweise keine Dividende würde zahlen können, was verheerende Auswirkungen auf den Aktienkurs der Firma hätte. Schließlich erklärte er, daß sie bereit seien, auf den Bau der Anlage zu verzichten und den Verlust von dreihundert Millionen Dollar in Kauf zu nehmen. Wäre Lovins konfrontativ vorgegangen, hätte die Firma mit Sicherheit ihren Standpunkt verteidigt, und keine der beiden Parteien hätte etwas davon gehabt. Aber indem er einen gemeinsamen Ausgangspunkt gefunden hatte, indem er versuchte, eine entwicklungsfähige Alternative anzubieten, konnten sie ein Übereinkommen treffen, von dem beide Seiten profitierten. Lovins wurde später von anderen Elektrizitätsgesellschaften als Berater unter Vertrag genommen, um ihnen zu helfen, ihre Abhängigkeit von der Atomkraft einzuschränken und ihre Gewinne zu steigern.

Ein anderer Fall betraf Bauern in Colorado und Neumexiko. Die Bauern nutzen dort traditionsgemäß Holz als ihre wichtigste Energiequelle. Das war unmöglich geworden, nachdem die Landbesitzer das Holzsammeln in ihren Wäldern verboten hatten. Obwohl die Bauern sehr arme Leute waren, gelang es einigen ihrer Sprecher, sie davon zu überzeugen, daß die Situation keinen Rückschritt, sondern eher eine günstige Gelegenheit darstelle. Sie starteten ein großes Projekt für Sonnenenergie, das zu einem der erfolgreichsten auf der ganzen Welt wurde, und lernten aus dieser Erfahrung, was gemeinsames Handeln und guter Wille bewirken können.

Lovins berichtet von einem weiteren Fall, in dem eine gemeinnützige Betriebsgesellschaft einer kleinen Gemeinde erkannte, daß der elektrische Strom nicht effektiv genutzt wurde. Sie begannen eine Initiative, die die Bewohner ermutigen sollte, ihre Häuser besser zu isolieren und mehr Energie zu sparen, was sich als so erfolgreich herausstellte, daß die Gesellschaft innerhalb von zwei Jahren drei Beitragssenkungen vornehmen konnte und ihre Kunden, in einer Stadt mit dreitausendachthundert Einwohnern, jährlich 1,6 Millionen Dollar an Energiekosten einsparten.

Diese beiden Fälle verdeutlichen zwei Dinge. Die Menschen konnten sich gegenseitig nützlich sein, weil sie einen Rahmen fanden, der für beide Seiten vorteilhaft war. Darüber hinaus konnten sie einen neuen Sinn für ihre eigene Stärke entwikkeln, weil sie lernten, selbst zu handeln, um ihre Ziele zu erreichen. Die Zunahme der Solidarität und des Gemeinschaftsgeistes, die als Folge der gemeinsamen Arbeit und des gemeinsamen Handelns zu verzeichnen war, war vielleicht noch wichtiger als das Geld, das eingespart wurde. Das sind die positiven Trends, die von einigen wenigen engagierten Menschen mit Überzeugungskraft erzeugt werden können.

In der Computer-Welt gibt es einen Spruch, der heißt: »GIGO: Garbage In – Garbage Out.« Das bedeutet, daß die Qualität dessen, was ein System liefert, von der Qualität dessen abhängt, was man eingegeben hat. Wenn man schlechte, fehlerhafte oder unvollständige Informationen eingegeben hat, erhält man entsprechende Resultate. Viele Menschen in unserer Gesellschaft verschwenden kaum einen Gedanken an die Qualität der Informationen und Erfahrungen, die täglich auf sie einwirken. Statistiken zufolge sitzt der Durchschnittsamerikaner sieben Stunden pro Tag vor dem Fernseher. *U. S. News & World Report* berichtet, daß Jugendliche zwischen ihrem neunten und zwölften Lebensjahr im Durchschnitt achtzehntausend Morde sehen. Sie sitzen zweiundzwanzigtausend Stunden vor dem Fernseher – mehr als doppelt soviel Zeit, wie sie in zwölf Schuljahren in der Schule verbringen. Es ist entscheidend, daß wir darauf achten, welchen Einflüssen wir uns aussetzen, wenn wir uns weiterentwickeln und unsere Fähigkeit ausbauen wollen, das Leben in seiner ganzen Fülle zu erfahren, und uns an ihm zu freuen. Wir funktionieren ähnlich wie ein Computer. Wenn wir internale Repräsentationen bilden, die uns bestätigen, daß das Auslöschen ganzer Dörfer eine tolle Angelegenheit sei, oder daß erfolgreiche Menschen nur Fertiggerichte zu sich nehmen, dann werden diese Repräsentationen unser Verhalten bestimmen.

Wir haben heute mehr Möglichkeiten als je zuvor, die Wahrnehmungen, die unser Verhalten bestimmen, selbst zu formen. Es gibt keine Garantie dafür, daß wir sie in jedem Fall verbessern werden, doch das Potential ist vorhanden, und wir sollten anfangen, etwas damit zu tun. Die wichtigsten Probleme, denen sich die Menschheit heute gegenübersieht, haben mit den Vorstellungen und Repräsentationen zu tun, durch die Massen von Menschen beeinflußt werden. Die Botschaft dieses Buches ist, Sie in die Lage zu versetzen, Trends zu schaffen, was die wichtigste Aufgabe jeder Führungspersönlichkeit ist. Sie wissen jetzt, wie Sie Ihr Gehirn steuern können, um Informationen am wirksamsten zu verarbeiten. Sie wissen, wie Sie die Lautstärke und die Bildschärfe der verdummenden Einflüsse verringern können, mit denen Sie täglich eingedeckt werden, und Sie wissen, wie Sie Ihre Wertkonflikte lösen können. Doch wenn Sie wirklich etwas bewirken wollen, müssen Sie auch wissen, wie Sie Führungsfähigkeit entwickeln, wie Sie mit Ihrer Überzeugungsfähigkeit diese Welt ein wenig besser machen können als sie jetzt ist. Das bedeutet für Ihre Kinder, Angestellten und Geschäftsfreunde ein noch positiveres Modell zu sein als bisher. Sie können das im Gespräch mit einer Person oder vor einer Zuhörerschaft von Tausenden von Menschen tun. Anstatt sich durch Bilder wie die eines amoklaufenden Rambos beeinflussen zu lassen, können Sie Ihr Leben dazu nutzen, solche Botschaften weiterzugeben, die dazu beitragen können, die Welt nach Ihren Wünschen zu gestalten.

Eines dürfen Sie nie vergessen: die Welt wird von Menschen beherrscht, die die größte Überzeugungskraft besitzen. Alles, was Sie in diesem Buch gelernt haben, und alles, was Sie um sich herum beobachten können, ist Beweis dafür. Wenn Sie Ihre Repräsentationen davon, was human, schön, nützlich und positiv ist, im großen Maßstab kommunizieren können, dann werden Sie die Richtung beeinflussen, in die sich Ihre Kinder, Ihre Stadt, Ihr Land und unsere Welt entwickeln. Wir besitzen die Möglichkeit, es zu tun. Lassen Sie uns Gebrauch davon machen.

Das ist es letztlich, worum es in diesem Buch geht: Um die Optimierung Ihrer persönlichen Macht, darum, zu lernen, das, was man tut, wirksam und erfolgreich zu tun. Doch es hat keinen Sinn, Herrscher eines sterbenden Planeten zu sein. Alles, wovon wir gesprochen haben – die Bedeutung des Zustimmungsrahmens, das Wesen des Rapports, das Modellieren besonderer Leistungen, die Syntax des Erfolgs und all das andere –, wirkt sich am besten aus, wenn man es auf positive Weise anwendet und Erfolge für andere wie auch für sich selbst erzielt.

Die größte Macht beruht auf Kooperation. Sie entsteht, wenn Menschen zusammen und nicht jeder für sich arbeitet. Uns stehen heute Methoden zur Verfügung, um unsere eigenen und die Wahrnehmungen anderer Menschen in einem einzigen Augenblick zu ändern. Es wird Zeit, daß wir diese Möglichkeit positiv nutzen – zum Wohle aller. Thomas Wolfe hat einmal geschrieben: »Es gibt nichts, was einen besser mit der Welt versöhnt als das Gefühl von Erfolg.« Das ist die wahre Herausforderung – unsere Fähigkeiten auf breiter Basis anzuwenden, um uns selbst und andere positiv zu beeinflussen und gemeinsam zu großen beglückenden Erfolgen zu gelangen.

Jetzt ist die Zeit dafür!

21

Erfolg: Das Leben als Herausforderung

Der Mensch ist nicht die Summe dessen,
was er hat,
sondern die Gesamtheit dessen,
was er noch nicht hat,
dessen was er haben könnte.

JEAN-PAUL SARTRE

Wir sind gemeinsam einen langen Weg gegangen. Ob Sie noch weitergehen wollen und wie weit, ist allein Ihre Entscheidung. Dieses Buch hat Ihnen Methoden und Ideen vorgestellt, die Ihr Leben verändern können. Was Sie damit anfangen, liegt ganz bei Ihnen. Wenn Sie das Buch weglegen, können Sie es in dem Gefühl tun, ein wenig dazugelernt zu haben, und dann genauso weitermachen wie bisher. Sie können aber auch eine konzentrierte Anstrengung unternehmen, Ihr Leben und Ihr Selbst zu steuern. Sie können für sich die Glaubenssätze und Zustände schaffen, die für Sie und Menschen in Ihrer Umgebung Wunder bewirken können. Doch das wird nur der Fall sein, wenn Sie selbst dafür sorgen.

Lassen Sie uns noch einmal die wichtigsten Punkte gemeinsam durchgehen. Sie wissen jetzt, daß das mächtigste Arbeitsmittel auf unserem Planeten der Biocomputer in Ihrem Kopf ist. Wenn Sie Ihr Gehirn richtig einsetzen, können Sie aus Ihrem Leben mehr machen als Sie sich je erträumt haben. Sie kennen jetzt die absolute Erfolgsformel: Ihr Ziel definieren, handeln, Wahrnehmungsfähigkeit entwickeln, um zu erkennen, welche Veränderungen Sie bewirken, und Ihr Verhalten so lange verändern, bis Sie erreichen, was Sie erreichen wollen. Sie wissen, daß wir in einem Zeitalter leben, in dem für uns alle großartige Erfolge möglich sind, man sein Ziel aber nur erreicht, wenn man etwas unternimmt. Wissen ist wichtig, aber Wissen allein genügt nicht. Viele hatten Zugang zu den gleichen Informationen wie Steve Jobs oder Ted Turner. Doch nur die, die gehandelt haben, konnten Erfolg haben und die Welt verändern.

Sie haben von der Bedeutung des Modellierens erfahren. Sie können aus Erfahrungen lernen, durch Versuch und Irrtum – Sie können den Prozeß aber auch erheblich beschleunigen, indem Sie lernen, zu modellieren. Jedes Ergebnis, das eine Person erzielt, kommt durch ganz spezifische Handlungen in einer ganz spezifischen Syntax zustande. Sie können die Zeit, um etwas zu erlernen, sehr verkürzen, indem Sie das internale (mentale) und das externale (physische) Verhalten anderer Menschen, die herausragende Ergebnisse erzielt haben, modellieren. In ein paar Stunden, Tagen oder Jahren, je nach Art der Aufgabe, können Sie lernen, wozu andere Monate oder Jahre gebraucht haben.

Sie wissen nun, daß die Qualität Ihres Lebens von der Qualität Ihrer Kommunikation abhängt. Es gibt zwei verschiedene Arten der Kommunikation. Erstens Ihre Kommunikation mit sich selbst. Jedes Ereignis hat die Bedeutung, die Sie ihm beimessen.

Sie können Ihrem Gehirn mächtige, positive, ermutigende Signale geben, die sich zu Ihren Gunsten auswirken, oder Sie können ihm signalisieren, was Sie nicht können. Außergewöhnlich erfolgreiche Menschen können jede Situation für sich nutzen und die schrecklichste Tragödie in einen Triumph verwandeln. Wir können die Zeit nicht zurückdrehen. Wir können nicht ändern, was schon geschehen ist. Doch wir können unsere Vorstellungen kontrollieren, damit sie in Zukunft positiv auf uns wirken. Die zweite Art der Kommunikation ist die mit anderen Menschen. Die Menschen, die unsere Welt verändert haben, waren Meister der Kommunikation mit anderen. Sie können das gleiche erreichen, wenn Sie das, was in diesem Buch steht, verwenden und herausfinden, was andere

Menschen wollen – um effektiv und elegant mit ihnen zu kommunizieren.

Sie haben von der wunderbaren Macht des Glaubens erfahren. Mit einem positiven Glauben können Sie alles erreichen. Durch einen negativen Glauben können Sie alles verlieren. Sie wissen auch, daß Sie Ihre Glaubenssätze verändern können, damit sie für Sie arbeiten. Sie haben von der Macht verschiedener Zustände und der Macht der Physiologie erfahren. Sie haben die Syntax und die Strategien gelernt, die erfolgreiche Menschen verwenden, und Sie haben gelernt, Rapport herzustellen. Sie haben wirksame Techniken des Reframing und des Ankerns kennengelernt. Sie haben gelernt, wie Sie präzise und elegant kommunizieren und schwammige Floskeln, die jede Kommunikation töten, vermeiden können, und wie Sie schließlich das Präzisionsmodell anwenden können, um andere dazu zu bringen, sich genau auszudrücken. Sie haben ferner gelernt, wie Sie die fünf Hindernisse auf dem Weg zum Erfolg beiseite räumen können, und Sie haben alles über die, für unser Verhalten grundlegenden, Metaprogramme und Werte gelernt.

Ich erwarte von Ihnen nicht, daß Sie nach der Lektüre dieses Buchs völlig verwandelt sind. Manche Dinge, von denen wir gesprochen haben, werden Ihnen leichterfallen als andere. Doch das Leben hat einen Prozeßcharakter. Eine Veränderung führt zur nächsten. Wachstum führt zu weiterem Wachstum. Indem Sie damit beginnen, Veränderungen einzuleiten, indem Sie Schritt für Schritt vorausschreiten, können Sie langsam aber stetig Ihr Leben verändern. Wie ein Stein, der in einen Teich fällt und Wellen schlägt, können Sie auch durch kleine Veränderungen zunehmende Wirkung in Ihrem Leben erzielen. Oft sind es sehr kleine Dinge, die mit der Zeit die größten Veränderungen hervorrufen.

Stellen Sie sich zwei Pfeile vor, die in die gleiche Richtung weisen. Wenn Sie die Richtung des einen nur ganz wenig verändern, indem Sie ihn um drei oder vier Grad drehen, dann wird die Veränderung zuerst vielleicht kaum wahrzunehmen sein. Doch wenn Sie ihn weiter verfolgen, werden Sie feststellen, daß der Unterschied immer größer wird – bis es zwei völlig verschiedene Flugbahnen sind.

Auf die gleiche Weise kann Ihnen dieses Buch helfen. Es wird Sie nicht über Nacht verändern (außer, Sie fangen noch heute abend damit an, an sich zu arbeiten!). Wenn Sie lernen, Ihr Gehirn zu steuern, wenn Sie mit der Syntax, den Submodalitäten, Werten und Metaprogrammen umgehen können, dann werden Sie nach sechs Wochen, sechs Monaten oder sechs Jahren Ihr Leben verändert haben. Manche der in diesem Buch zur Sprache gekommenen Methoden, zum Beispiel das Modellieren, praktizieren Sie bereits auf die eine oder andere Weise. Andere sind neu für Sie. Vergessen Sie jedoch nicht, daß im Leben alles kumulativ verläuft. Wenn Sie heute eine der in diesem Buch dargestellten Techniken anwenden, haben Sie bereits den ersten Schritt getan. Sie haben etwas in Bewegung gesetzt, das eine Wirkung zeigen oder zu einem Ergebnis führen wird, und jedes Ergebnis wird sich an das vorherige Ergebnis anschließen und Sie in der Richtung weiterbringen, die Sie zu Ihrem Ziel führt.

Es gibt im Leben zwei Dinge, die wichtig sind:
Erstens, das zu bekommen, was man will,
und zweitens, sich dann daran zu erfreuen.
LOGAN PEARSALL SMITH

Noch eine letzte Frage. Welche Richtung verfolgen Sie im Augenblick? Wo werden Sie in fünf oder zehn Jahren stehen, wenn Sie diese Richtung weiterverfolgen? Wollen Sie wirklich dahin? Seien Sie ehrlich mit sich! John Naisbitt hat einmal gesagt, daß sich die Zukunft am besten voraussagen läßt, wenn man sich darüber klar ist, was im Augenblick geschieht. Das trifft auch für Ihr Leben zu. Wenn Sie das Buch zu Ende gelesen haben, nehmen Sie sich etwas Zeit und denken Sie über die Richtung nach, in die Sie gehen, und ob es die Richtung ist, in die Sie wirklich gehen wollen. Falls sie es nicht ist, schlage ich vor, daß Sie sie ändern. Wenn Sie etwas aus diesem Buch gelernt haben, dann vor allem, in sehr kurzer Zeit eine positive Veränderung herbeiführen zu können – für Sie selbst und für andere. Macht bedeutet, die uneingeschränkte Fähigkeit zu Veränderung, Wachstum und Entwicklung zu besitzen. Das bedeutet nicht, immer Erfolg oder nie Mißerfolg zu haben. Es bedeutet nur, daß man aus jeder menschlichen Erfahrung etwas lernen kann und jede Erfahrung für sich nutzen kann. Es bedeutet, seine Wahrnehmungen, Handlungen und Resultate ändern zu können. Es bedeutet auch, andere zu unterstützen, sie zu lieben, was alleine schon die größte Veränderung Ihrer Lebensqualität bedeuten kann.

Ich würde Ihnen noch einen anderen Weg vorschlagen, der Ihr Leben verändern und Ihnen dauerhaften Erfolg ermöglichen kann. Finden Sie ein Team, in dem Sie mitmachen können. – Wir haben schon darüber gesprochen, daß ›Macht‹ etwas ist, das Menschen gemeinsam erreichen können. Die größte Macht entsteht, wenn Menschen zusammenarbeiten anstatt getrennte Wege zu gehen. Das gilt für Ihre Familie wie für Ihre Freunde, Geschäftspartner und Mitarbeiter, an denen Ihnen liegt. Sie werden mit mehr Einsatz und Erfolg arbeiten, wenn Sie für sich und andere arbeiten – Sie geben mehr, aber Sie bekommen auch mehr.

Wenn Sie jemanden nach seinen schönsten Erfahrungen im Leben fragen, wird er Ihnen gewöhnlich von einem Erlebnis berichten, bei dem er Teil einer Gemeinschaft war, sei es in einer Fußballmannschaft, mit Kollegen oder im Kreis der Familie. Wenn man einem Team angehört, ist man stärker. Andere können Sie besser unterstützen und fordern, als Sie es selbst können. Für andere tut man Dinge, die man für sich selbst nicht tun würde. Das, was wir dafür von anderen zurückerhalten, entschädigt uns für alle unsere Anstrengungen.

Solange man lebt, gehört man einem Team an – der Familie, der Firma, einer Stadt, einem Land, der Menschheit. Sie können auf der Bank sitzen und zusehen, oder Sie können aufstehen und mitspielen. Spielen Sie mit! Nehmen Sie teil! Lassen Sie andere an Ihrem Leben teilhaben! Je mehr Sie geben, um so mehr werden Sie erhalten; je mehr Sie das, was

Sie durch dieses Buch gelernt haben, für sich und andere nutzen, um so mehr werden Sie davon haben.

Achten Sie darauf, daß Sie einem Team angehören, das Sie fordert. Oft verliert man sein Ziel aus den Augen. Oft weiß man zwar, was man tun muß, und tut es trotzdem nicht. Das scheint ein Teil des Lebens zu sein. Die Schwerkraft ist eine Konstante unseres Daseins und es kostet Kraft, sie zu überwinden. Jeder von uns kennt Tage, an denen er nicht ganz auf der Höhe ist. Jeder hat Zeiten, in denen er nicht anwendet, was er weiß. Doch wenn wir uns mit Menschen umgeben, die Erfolg haben, die sich vorwärtsbewegen, die positiv sind, die sich darauf konzentrieren, Resultate zu erzielen und die uns unterstützen, dann fühlen wir uns herausgefordert, uns weiterzuentwickeln, mehr zu leisten und mit ihnen unseren Erfolg zu teilen. Wenn Sie mit Menschen zusammen sein können, die nicht zulassen, daß Sie sich mit weniger zufriedengeben, als Sie sein können, dann ist das das größte Geschenk, das Sie sich wünschen können. Die Verbindung mit anderen ist eine große Hilfe. Sorgen Sie dafür, daß die Menschen, mit denen Sie zusammen sind, Sie in Ihrer Entwicklung fördern.

Wenn Sie Teil eines Teams geworden sind, besteht die nächste Herausforderung darin, Führungsaufgaben zu übernehmen. Das kann bedeuten, Chef einer großen Firma zu werden, oder der beste Lehrer zu werden, der Sie sein können. Es kann bedeuten, ein besserer Unternehmer oder ein besserer Vater oder eine bessere Mutter zu werden. Große Führungspersönlichkeiten haben einen Sinn dafür, mit allem was sie tun auf ihre Ziele hinzuarbeiten, und sie wissen auch, daß große Veränderungen durch viele kleine Dinge vorbereitet werden. Sie wissen, daß alles, was sie sagen und tun, andere aufbauen und motivieren kann.

Das ist in meinem Leben der Fall gewesen. In der Highschool forderte mich eines Tages ein Lehrer auf, nach dem Unterricht noch dazubleiben. Ich dachte, es ginge um etwas, das ich angestellt hatte, doch er sagte zu mir: »Robbins, ich glaube, Sie haben das Talent zu einem sehr guten Redner, und ich möchte Sie einladen, nächste Woche an einem Wettbewerb teilzunehmen.« Mir wäre nie eingefallen, mich für einen besonderen Redner zu halten, aber er war so überzeugend und kongruent, daß ich ihm Glauben schenkte. Seine Ermutigung veränderte mein Leben. Durch sie kam ich zu meinem Beruf. Er tat gar nichts besonders Großartiges, aber es hat mein Leben für alle Zeiten geändert.

Die Herausforderung einer Führungsaufgabe besteht darin, genug Power und Weitblick zu haben, um im voraus abzusehen, welche Wirkung die eigenen Handlungen morgen haben werden. Kommunikationsfertigkeiten, die in diesem Buch beschrieben sind, können wesentlich dabei helfen, die für Ihre Zukunft richtigen Entscheidungen zu treffen. Unsere Gesellschaft benötigt mehr Erfolgsmodelle, mehr Symbole, mehr Vorbilder für besondere Leistungen. Ich hatte das Glück, Lehrer und Mentoren zu haben, die mir unendlich wertvolle Dinge mit auf den Weg gegeben haben. Mein Ziel ist es, etwas davon weiterzugeben. Ich hoffe, daß dieses Buch und die Arbeit, die ich leiste, ein Beitrag dazu sind.

Mein erster Mentor war ein Mann namens Jim Rohn. Er hat mich gelehrt, daß Glück und Erfolg im Leben nicht davon abhängen, was wir haben, sondern davon, wie wir leben. Es kommt auf das an, was wir mit dem, was wir haben, tun. Jim hat mich gelehrt, daß selbst die kleinsten Dinge im Leben wichtig sind. Er riet mir zum Beispiel, immer ein ›Zwei-Quarter-Mensch‹* zu sein. Er erklärte es mir am Beispiel eines Schuhputzers, der seine Arbeit sehr gut verrichtet, ein Lied pfeift und seinen Schuhputzlappen rhythmisch dazu bewegt. Jemand, der so arbeitet, schafft damit einen Wert für andere. Jim sagte: »Wenn du hinterher in die Tasche greifst, um ihm ein Trinkgeld zu geben, und dir nicht sicher bist, ob du ihm einen oder zwei Quarter geben sollst, dann entscheide dich in jedem Fall für zwei Quarter. Du tust das nicht nur für ihn, sondern auch für dich selbst. Wenn du ihm nur einen Quarter gibst, wirst du später auf deine Schuhe sehen und dich daran erinnern, daß du ihm nur einen Quarter gegeben hast. Du

---

* Quarter = umgangssprachlich für einen Vierteldollar. Anm. d. Ü.

wirst denken: Wie konnte ich nur so knauserig sein, nachdem er meine Schuhe so toll geputzt hat? Wenn du ihm dagegen zwei Quarter gibst, wirst du hinterher anders über dich selbst denken – und zwar besser. Wie wäre es, wenn du es dir zum Prinzip machen würdest, jedesmal, wenn du an jemandem vorbeikommst, der für etwas sammelt, etwas Geld in die Sammelbüchse zu stecken? Wie wäre es, wenn du es dir zur Gewohnheit machen würdest, ab und zu deine Freunde anzurufen, nur um zu sagen: ›Ich rufe aus keinem besonderen Grund an, ich wollte dir nur sagen, daß ich an dich denke. Ich möchte dich nicht stören – ich wollte nur, daß du es weißt‹? Wie wäre es, wenn du es dir zum Prinzip machen würdest, dich bei Menschen, die etwas für dich getan haben, mit einem kleinen Brief zu bedanken? Wie wäre es, wenn du dir bewußt Zeit nehmen und dir die Mühe machen würdest, dir zu überlegen, wie du dein Leben bereichern kannst, indem du anderen Menschen eine Freude machst?« – Genau das ist gemeint, wenn wir von Lebensstil sprechen. Jeder von uns hat die Zeit dazu; unsere Lebensqualität hängt allein davon ab, wie wir unser Leben verbringen. Leben wir nach einem eingefahrenen Muster, oder versuchen wir beständig die Einzigartigkeit und Besonderheit unseres Lebens zu verwirklichen? Manche Entscheidungen erscheinen unbedeutend, aber die Wirkung dieser kleinen Dinge auf uns, was wir von uns selbst halten, ist enorm. Sie beeinflussen Ihre internalen Repräsentationen davon, wer Sie sind, und bestimmen damit Ihre Zustände und Ihr Leben. Ich habe mich an Jim Rohns Rat gehalten und sehr gute Erfahrungen damit gemacht. Ich ermutige Sie, es selbst auszuprobieren. Es ist eine Haltung, die Ihr Leben ungeheuer bereichern kann.

Der Chemiker, der aus den Elementen seines Herzens Leidenschaft, Achtung, Sehnsucht, Geduld, Bedauern, Überraschung und Vergebung ausscheiden und in einer Verbindung zusammenbringen kann, hat das Atom geschaffen, das Liebe heißt.

KAHLIL GIBRAN

Zum Schluß möchte ich Sie dazu auffordern, Ihr neuerworbenes Wissen mit anderen zu teilen, und das aus zwei Gründen. Erstens lehren wir immer das, was für uns selbst am wichtigsten ist. Wenn wir anderen unsere Gedanken mitteilen, hören wir diese Gedanken selbst auch wieder und erinnern uns daran, woran wir glauben und was wir im Leben für wichtig halten. Zweitens ist es ein unglaublich schönes Gefühl der Bereicherung und Freude, einem anderen Menschen dabei zu helfen, eine wirklich wichtige und positive Veränderung in seinem Leben herbeizuführen.

Im vergangenen Jahr erlebte ich bei einem unserer Kurse für Jugendliche etwas, was ich nie vergessen werde. Die Kurse dauern zwölf Tage, und in dieser Zeit bringen wir den Teenagern viel von dem bei, was auch in diesem Buch steht. Wir vermitteln ihnen Erfahrungen, die ihre Leistungs- und Lernfähigkeit verbessern und ihr Selbstvertrauen erhöhen. Im Sommer 1984 beendeten wir den Kurs mit einer Zeremonie, bei der alle Teilnehmer Goldmedaillen bekamen, ähnlich denen bei den Olympischen Spielen. Die Medaillen hatten die Aufschrift: »Du kannst Wunder bewirken.« Wir feierten bis zwei Uhr morgens, und es war ein sehr schönes Erlebnis.

Als ich in mein Zimmer ging, war ich hundemüde. Ich wußte, daß ich um sechs aufstehen mußte, um zum nächsten Kurs zu fliegen, doch ich hatte auch dieses befriedigende Gefühl, das man am Ende eines Tages hat, an dem man wirklich etwas bewirkt hat. Gegen drei Uhr wollte ich mich gerade schlafen legen, als es an meiner Tür klopfte. Ich fragte mich, wer, um alles in der Welt, kann das sein?

Ich öffnete die Tür, und vor mir stand ein junger Mann. Er sagte: »Mr. Robbins, Sie müssen mir helfen.« Ich wollte ihm gerade sagen, mich in der darauffolgenden Woche in San Diego anzurufen, als ich hinter ihm ein Geräusch hörte und ein Mädchen sah, das sich fast die Augen ausweinte.

Ich fragte, was passiert sei, und der junge Mann erzählte mir, daß das Mädchen nicht nach Hause fahren wolle. Ich bat sie ins Zimmer und sagte, ich würde ihr einen Anker geben, dann werde sie sich besser fühlen und imstande sein, nach

Hause zu fahren. Das sei nicht das Problem, erwiderte er. Er sagte, sie wolle nicht nach Hause, weil sie von ihrem Bruder seit sieben Jahren sexuell mißbraucht werde.

Wir setzten uns also hin, und mit Hilfe der Methoden, von denen wir in diesem Buch gesprochen haben, veränderte ich ihre internalen Repräsentationen, ihre früheren negativen Erfahrungen so, daß sie unter ihnen nicht mehr litt. Dann versetzte ich sie in ihren ressourcevollsten und powervollsten Zustand und verband diesen mit ihren neuen veränderten Repräsentationen, damit sie schon bei dem Gedanken an ihren Bruder, oder bei seinem Anblick in einen handlungsfähigen Zustand versetzt werde. Sie beschloß, ihren Bruder auf der Stelle anzurufen. Sie war in einem sehr ressourcevollen Zustand, als sie den Hörer nahm. Mit einer Stimme, wie er sie wahrscheinlich noch nie an ihr gehört hatte, sagte sie ihm: »Ich möchte, daß du weißt, daß ich nach Hause komme. Ich rate dir, daß du mich nicht einmal so ansiehst, als würdest du nur daran denken, mir zu nahe zu kommen. Sonst sorge ich dafür, daß du für den Rest deines Lebens ins Gefängnis kommst und für das bezahlst, was du mir angetan hast. Ich mag dich, weil du mein Bruder bist, aber ich werde nie wieder zulassen, daß du mich anfaßt. Wenn du auch nur ein einziges Mal daran denkst, wieder damit anzufangen, ist es aus mit dir. Ich meine es ernst, merk dir das. Gute Nacht.«

Sie legte den Hörer auf und fühlte sich zum ersten Mal in ihrem Leben sicher und stark. Ihr Retter, der sie begleitet hatte, nahm sie in den Arm, und beide weinten vor Erleichterung. Mir hat noch nie jemand so rührend für meine Arbeit gedankt, wie diese beiden. Der junge Mann bedankte sich und sagte, er wisse nicht, wie er es je wieder gutmachen könne. Ich sagte ihm, daß ihre Veränderung Dank genug sei. »Aber irgendwie muß ich Ihnen doch danken«, beharrte er und erklärte: »Ich weiß etwas, was mir sehr viel bedeutet.« Er nahm seine Goldmedaille ab und legte sie mir um. Dann gaben mir beide einen Kuß und versicherten, daß sie mich nie vergessen würden. Nachdem sie fort waren, ging ich zurück ins Schlafzimmer. Meine Frau Becky, die alles mitangehört hatte, lag im Bett und weinte, und auch ich mußte weinen. Sie sagte: »Es ist unglaublich. Das Leben dieses Mädchens wird nie wieder das gleiche sein.« »Vielen Dank«, antwortete ich, »aber das hätte jeder mit den gleichen Kenntnissen gekonnt.« Sie erwiderte: »Ja, Tony, natürlich hätte es jeder andere gekonnt – aber du hast es getan.«

Wenn man nur genug lieben könnte,
wäre man der mächtigste Mensch der Welt.
EMKETT FOX

Das ist die entscheidende Botschaft dieses Buchs. Seien Sie aktiv. Übernehmen Sie die Führung. Handeln Sie. Nutzen Sie, was Sie hier gelernt haben, nutzen Sie es jetzt. Tun Sie es nicht nur für sich selbst – tun Sie es auch für andere. Was Sie dadurch gewinnen, ist mehr, als Sie sich vorstellen können. Es gibt schon genug, die große Worte machen. Es gibt genug, die wissen, was richtig und wirksam ist, und trotzdem nicht die Ergebnisse erzielen, die sie sich wünschen. Es reicht nicht, dieses Wissen nur nachzuerzählen, man muß es auch anwenden. Erst dann hat man die Macht, sich selbst dazu zu bringen, das zu tun, was notwendig ist, um besondere Leistungen zu erzielen. Der berühmte Sportler Julius Erving hat die Lebensphilosophie eines Menschen der Tat folgendermaßen zusammengefaßt: »Ich fordere mehr von mir, als jemand anderer von mir erwarten könnte.« Darum ist er auch unter den Besten.

Es hat in der Antike zwei herausragende Redner gegeben. Der eine war Cicero, der andere Demosthenes. Wenn Cicero seine Rede beendet hatte, standen die Menschen auf, spendeten ihm Beifall und riefen: »Eine großartige Rede!« Wenn Demosthenes mit seiner Rede zu Ende war, riefen die Menschen: »Laßt uns anfangen«, und taten es dann auch. Das ist der Unterschied zwischen Darbietung und Überzeugung. Ich hoffe, zu der zweiten Kategorie zu gehören. Wenn Sie dieses Buch lesen und sich nur sagen: toll, ein großartiges Buch, und so viele gute Techniken – dann aber nichts davon verwenden, dann haben wir nur unsere Zeit verschwendet. Wenn Sie aber jetzt sofort anfangen, in diesem Buch zurückblättern und es als Leitfaden verwenden, um Ihren Geist und Ihren Körper zu lenken, als Anleitung, um das zu ändern, was Sie ändern wollen, dann beginnen Sie vielleicht eine neue, einzigartige Reise in Ihrem Leben, die die kühnsten Träume, die Sie vielleicht einmal hatten, in den Schatten stellen wird. Mir ist es so ergangen, als ich damit begann, mein Leben nach diesen Prinzipien auszurichten.

Ich fordere Sie auf, Ihr Leben zu einem Meisterwerk zu machen. Ich fordere Sie auf, zu den Menschen zu gehören, die ihr Wissen leben, deren Worte und Taten übereinstimmen.

Sie alle sind Modelle für außerordentliche Leistungen, die der Rest der Welt bestaunt. Schließen Sie sich diesen außergewöhnlichen Menschen an, den wenigen, die wirklich handeln, im Gegensatz zu den vielen, die es immer nur tun wollen – schließen Sie sich den zielorientierten Menschen an, die ihr Leben so gestalten, wie sie es sich wünschen. Ich lasse mich von den Berichten über Menschen inspirieren, die ihre Ressourcen nutzen, um zu immer neuen Erfolgen und Höchstleistungen zu gelangen. Vielleicht werde ich eines Tages auch Ihre Geschichte erzählen können. Wenn Ihnen dieses Buch dabei hilft, in dieser Richtung weiterzukommen, wäre ich sehr glücklich darüber.

Vorerst möchte ich Ihnen dafür danken, daß Sie bereit waren, zu lernen, zu wachsen und sich weiterzuentwickeln, und daß Sie mir erlaubt haben, Ihnen einige der Prinzipien zu zeigen, die mein Leben auf positive Weise verändert haben. Möge Ihr Streben nach besonderen Leistungen erfolgreich sein und nie enden. Beschränken Sie sich nicht nur darauf, die Ziele, die Sie sich gesetzt haben, zu erreichen, sondern setzen Sie sich weiter neue Ziele; verfolgen Sie nicht nur die Träume, die Sie früher einmal hatten, schaffen Sie neue, noch größere; erfreuen Sie sich nicht nur an unserer Welt und ihrer Schönheit, sondern helfen Sie dabei, sie noch schöner, besser und reicher zu machen; nehmen Sie nicht nur vom Leben, was Sie bekommen können, sondern geben Sie auch, seien Sie großzügig, geben Sie Ihre ganze Liebe.

Bevor ich mich von Ihnen verabschiede, möchte ich Ihnen noch einen irischen Segensspruch mit auf den Weg geben...:

»Möge dein Weg immer eben sein. Möge dir der Wind immer im Rücken sein. Möge dir die Sonne das Gesicht wärmen und der Regen sanft auf deine Felder rieseln, und möge Gott, bis wir uns wiedersehen... schützend seine Hand über dich halten.« *

Leben Sie wohl.

---

* Irischer Segensspruch, Copyright 1967 Bollind, Inc., Boulder, Co 80302

Glossar

Angleichen (Matching) – Das Übernehmen bestimmter Verhaltensweisen eines anderen Menschen – zum Beispiel bestimmter Gesten, des Gesichtsausdrucks, der Sprechweise, der Klangfarbe usw. Wenn es mit Feingefühl durchgeführt wird, hilft es, Rapport zu der anderen Person herzustellen.

Ankern – Der Vorgang, durch den jede Repräsentation (internal oder external) eine Reihe von Vorstellungen und Reaktionen auslöst oder mit ihnen verkoppelt wird. Anker können spontan entstehen oder bewußt gesetzt werden. Ein Beispiel für einen Anker, der bestimmte Reaktionen auslöst, ist die Art und Weise wie jemand, den Sie sehr gern haben, Ihren Namen ausspricht.

Augenbewegungsmuster – Eine Reihe von Zugangshinweisen, die insbesondere die Augenbewegung und die Sequenz der Augenbewegungen betrifft. Die Kenntnis des Zusammenhangs zwischen Augenposition und internalen Prozessen ist die Voraussetzung zum Verständnis und zum Elizitieren von Strategien.

Elizitieren – Das Sammeln von Informationen durch direkte Beobachtung der Zugangshinweise, Gesten usw. und durch gut formulierte Fragen, um die Struktur der internalen Erfahrung zu bestimmen.

Generalisierung – Der kognitive Vorgang, durch den ein Teil der internalen Erfahrungen einer Person von der ursprünglichen Erfahrung getrennt wird und eine eigene Klasse bildet. In vielen Fällen ist das sehr nützlich. Ein Kind verbrennt sich beispielsweise an einer heißen Herdplatte. Es kann nun generalisieren: »Herdplatten sind heiß« oder »Faß nie eine Herdplatte an, wenn sie eingeschaltet ist«. In anderen Fällen kann dadurch das Modell, das jemand von der Welt hat, unnötig stark eingeschränkt werden.

Internale Repräsentation – Die Konfiguration von Informationen, die man in seinem Kopf schafft und in Form von Bildern, Tönen, Gefühlen, Gerüchen und Geschmäcken speichert. Sich ›zu erinnern‹, wie das Haus, in dem man aufgewachsen ist, ausgesehen hat, ist eine internale Repräsentation.

Kalibrieren – Die Fähigkeit, Veränderungen zu bemerken und einzuschätzen. Die Voraussetzung dafür ist eine verfeinerte Wahrnehmungsfähigkeit. Wahrscheinlich merken Sie ziemlich gut, wenn sich jemand, den Sie gern haben, ein wenig unsicher oder sehr unglücklich fühlt. Das ist nur möglich, weil Sie sich sehr genau auf seine Physiologie kalibriert haben.

Kommunikation – Der Vorgang, Informationen durch Sprache, Zeichen, Symbole und Verhalten zu übermitteln. Eine Kommunikation kann gerichtet sein, das heißt, der Ausgangspunkt der Kommunikation unterscheidet sich von dem Endpunkt, etwa bei Verhandlungen, Therapien, Verkaufsgesprächen. Sie bewegt sich auf ein Ziel zu.

Kongruenz / Inkongruenz – Eine Situation, in der die Botschaft, die jemand übermittelt, in den Output-Kanälen die gleiche ist – d. h. die Worte vermitteln die gleiche Bedeutung wie der Tonfall, die Gesten übermitteln die gleiche Bedeutung wie Worte und Tonfall. Alle Output-Kanäle stimmen überein. Inkongruenz zeigt miteinander in Konflikt stehende Botschaften zwischen Output-Kanälen an. Beispiel: Wenn man mit leiser, klagender Stimme sagt: »Ja, ich bin ganz sicher!«

Modell – Eine Beschreibung davon, wie etwas funktioniert (nicht aber möglicher Gründe dafür, wieso es funktioniert). Wenn wir von dem Modell der Welt einer Person sprechen, dann meinen wir damit die Zusammensetzung seiner Glaubenssysteme, internaler Prozesse und Verhaltensweisen, die es ihm gestatten, auf eine bestimmte Weise zu funktionieren. Ein Modell ist eine Möglichkeit, Erfahrungen zu ordnen.

Modellieren – Der Vorgang, die Reihenfolge internaler Repräsentationen und Verhaltensweisen herauszufinden, die es jemandem ermöglichen, eine Aufgabe durchzuführen. Wenn die Komponenten der Strategie, die Glaubenssätze und das Verhalten im einzelnen erkannt sind, ist es viel einfacher, die Fähigkeiten des anderen nachzuvollziehen.

Ökologie – Die Gesamtheit oder das Muster von Beziehungen zwischen einer Person und ihrer Umgebung. Im NLP verwenden wir den Begriff auch in bezug auf die interne Ökologie eines Menschen – das Muster von Werten, Strategien und Verhaltensweisen, das jemand verwendet.

Pacen – Über eine bestimmte Zeit hinweg mit jemandem Rapport herstellen und beibehalten. Sie können Glaubenssätze, Ideen und auch Verhaltensweisen pacen.

Rapport – Das Phänomen übereinstimmender Verhaltenselemente zwischen kommunizierenden Personen. Es tritt spontan auf, wenn Menschen einige Zeit miteinander verbringen. Es kann bewußt hergestellt werden, z. B. durch Abbilden oder Angleichen, um die Kommunikation zu verbessern.

Repräsentationssysteme – Die Codierung sensorischer Informationen. Das betrifft das visuelle, das auditive, das kinästhetische, das Geruchs- und Geschmackssystem. Sie ermöglichen es uns, Informationen aufzunehmen, zu speichern, zu sortieren und zu verwenden. Die Unterscheidungen, die wir treffen (internal und external), werden durch diese Systeme vermittelt.

Sinnesspezifische Beschreibung – Die Verwendung von Worten zur Übermittlung von Informationen, die direkt durch unsere fünf Sinne beobachtbar und verifizierbar sind. Das ist der Unterschied zwischen »Sie hatte die Lippen zurückgezogen, ihre Zähne waren teilweise zu sehen, die Mundwinkel lagen höher als die Hauptlinie ihres Mundes« und »sie ist glücklich«.

Sinnesspezifische Erfahrung – Eine Erfahrung, die gesehen, gehört, gefühlt, gerochen und / oder geschmeckt wird.

Spiegeln – Bestimmte Verhaltensweisen einer anderen Person wie ein Spiegel wiedergeben. Wenn man jemandem gegenübersteht, der die linke Hand an die Wange geführt hat, legt man selbst die rechte Hand auf die gleiche Weise an seine Wange.

Strategie – Eine verankerte Folge von Repräsentationen, die verwendet werden, um unsere Verhaltensweisen zu steuern. Eine Strategie schließt gewöhnlich jedes der sensorischen Vorstellungssysteme (visuell, auditiv, kinästhetisch) in einer bestimmten Reihenfolge ein. Wir können Strategien entdekken, indem wir auf die Worte achten, die wir wählen, die Augenbewegungen beobachten und nach der Form und Reihenfolge internaler Repräsentationen fragen.

Submodalitäten – Die Untereinteilung externaler Erfahrungen: Helligkeit, Entfernung, Tiefe von Bildern. Volumen, Ursprung, Klangfarbe usw. von Geräuschen oder Stimmen.

Syntax – Ein miteinander verbundenes oder geordnetes System; die Folge, in der Ereignisse, internal und external, zusammengesetzt werden können. In der Sprache bezieht sie sich auf die Reihenfolge, in der einzelne Worte einen grammatikalisch korrekten Satz bilden.

Tilgung – Was in Ihrer ursprünglichen Erfahrung vorhanden war, in Ihrer internalen Repräsentation jedoch fehlt. Dabei handelt es sich um einen kognitiven Prozeß, der verhindert, daß wir von Wahrnehmungs-Daten überwältigt werden. Manchmal tilgen wir jedoch Wahrnehmungen, die wir sinnvollerweise berücksichtigen sollten.

Verzerrung – Der Vorgang, der bewirkt, daß manche Dinge in der internalen Repräsentation eines Menschen ungenau wiedergegeben werden, wodurch dieser in seinen Möglichkeiten eingeschränkt wird. Z. B. das, was wir umgangssprachlich damit bezeichnen, daß jemand ›falsche Proportionen‹, ›ein bißchen verdreht‹ u. dgl. ›aus einer Mücke einen Elefanten macht‹, ›Tatsachen verdreht‹ usw.

Wahrnehmungsgenauigkeit – Die Fähigkeit, feine Unterscheidungen in der visuellen, auditiven, kinästhetischen, Geschmacks- und Geruchsmodalität zu treffen. Dadurch erhalten wir vollständigere, reichere sensorische Erfahrungen und die Möglichkeit, detaillierte, sinnesspezifische Beschreibungen unserer Wechselwirkungen mit der äußeren Welt zu schaffen.

Zugangshinweise – Verhaltensweisen, die die Vorgänge in unserem Nervensystem auf eine Weise beeinflussen, die uns zu bestimmten Repräsentationssystemen leichteren Zugang ermöglicht als zu anderen. Zum Beispiel kann das Verlangsamen der Atmung Zugang zu der kinästhetischen Modalität verschaffen; das Neigen des Kopfes (wie beim Telefonieren) kann Zugang zum auditiven Bereich verschaffen, usw.

Zustand – Die Gesamtsumme aller neurologischen Prozesse zu jedem Zeitpunkt. Der Zustand, in dem man sich befindet, filtert oder beeinflußt die Interpretation der Erfahrung, die man in diesem Augenblick macht.